성인학습 및 상담론

Adult Learning and Counseling

최윤정 저

학지사

들어가는 말

'성인학습 및 상담론' 강좌는 평생교육사 양성과정 중의 하나로 '상담'이란 용어가 들어 있는 교과목이어서인지는 몰라도, 상담 전공자에게 적합할 것이라는 학과 내 암묵적인 합의가 있었던 것으로 기억합니다. 개인적으로 진로 상담 분야의 연구와 상담 실제의 전문성을 키워 오던 터라 진로와 관련된 학습의 영역 또한 자연스럽게 관심이 있었기 때문에 '성인학습 및 상담론'이라는 교과목은 저의 흥미를 이끄는 강좌였습니다. 학부시절 평생교육사의 전신인 사회교육전문요원 2급 자격증을 취득한 경험이 있어 평생교육 전공이 낯설지 않았고, 공부를 하면서 강의를 하면 되지 않을까 생각했습니다. 그러나 시중에 나와 있는 성인학습 및 상담론 교재를 이용해 강의를 준비 했을 때, 담당 교수로서 학생들에게 평생교육사 양성과정으로서 이 강좌가 왜 필요한지에 대해 명료하게 제시할 수 없었습니다. 그러한 궁금증을 해결하기 위해 좀 더 본격적으로 시작한 공부가 교재 집필로 이어져 지금의 결실을 맺게 되었습니다. 교재를 완성해 갈 무렵에 다행히 평생교육 분야에서 평생교육사의 상담자 역할을 강조하는 연구들이 나와서 제가 구상했던 성인학습 및 상담론의 필요성이 학계에서도 논의되고 있다는 것에 안도하고 있습니다.

강원대학교 교육학과 학부 학생들과 수업을 진행하면서 초반에는 영어 교재로만 수업을 진행해 학생들에게 적지 않은 부담을 주기도 했지만 함께 논문을 읽고 토론을 하면서 점차 평생교육사 양성과정에서 성인학습 및 상담론 교과목의 정체성을 명료화할 수 있었습니다. 평생교육에서 평생학습 사회로 전환되어 가는 오늘날, 평생교육사에게 학습 멘토 또는 학습 조력자로서의 상담 직무가 요구되고 있어, 상담자 역할을 수행하는 데 필요한 상담 직무 역량을 함양시키는 것이 이 교과목의 목적이라 하겠습니다.

무엇보다도 상담을 공부하고자 하는 대학원생들이 성인학습자라는 점에서, 성인학습을 하고자 하는 성인들에게 학습의 조력 방안으로서 상담의 역할이 필요하다는 것을 실감하고 있습니다. 성인학습 및 상담론이라는 강좌를 맡아 공부를 하면서 오히려 고등 교육 기관에서 성인 학습자들에게 어떤 교수자가 되어야 할지에 대한 성찰을 할 수 있었던 소중한 학습의 시간이기도 했습니다. 평생학습 사회에서 성인들에게 학습이란 단순한 배움이 아닌, 삶 그 자체라는 것을 성인학습의 새로운 이론을 통해 깨달을 수 있었고, 그러한 통찰이 성인 학습자를 이해하는 데 큰 도움이 되었습니다. 그들의 삶이 학습을 이끌어 내고 있고, 학습을 통해 끊임없이 성장하고 성숙하기를 원하는 삶을 살아가고 있다는 것을 여실히 볼 수 있었습니다. 때때로 상담자라는 역할을 통해 성인 학습자들이 겪는 학습에서의 어려움이 그들이 쌓아 온 삶의 경험과 분리될 수 없다는 사실 또한 확인할 수 있었습니다. 즉, 성인학습과정에서 성인 학습자들이 자기주도적인 학습자로 거듭나기 위해서는 '상담'이 필수적인 조력 방안이라는 것을 깨닫게 되었습니다.

이제 막 성인이 된 학부 학생들에게 때때로 30~40대 및 50~60대 성인 학습자들에 대한 이해를 하게 한다는 것은 어찌 보면 과한 일이기도 하지만, 현대사회의 맥락 측면에서 본다면 이 수업을 통해 대학생들은 향후 수십 년을 어떻게 살아가야 할지에 대해 미리 조망해 보기도 하고, 평생교육사로서 상담자의 역할을 연습해 봄으로써 인간에 대해 보다 깊은 이해를 할 수 있는 기회를 가질 수 있게 될 것입니다.

지난 4년 동안 수업한 내용과 수업활동 자료를 모아 한 권의 교재가 탄생하기까지 함께 학습에 참여해 준 강원대학교 교육학과 학생들에게 깊은 감사의 마음을 전합니다. 마지막 집필 과정 동안 수업에 참여했던 학생들과 수업 PPT 자료 및 교정 작업에 참여한 교육학과 4학년 김윤, 김예지 학생에게 특히 감사하다는 말을 전하고 싶습니다.

끝으로, 출판을 허락해 주신 학지사의 김진환 사장님과 편하게 책을 집필할 수 있도록 배려해 주신 이규환 과장님을 비롯한 편집부 관계자분들에게도 감사의 마음 전합니다.

2018. 9.

최윤정

이 책의 특징

한 학기 동안 강의를 진행할 수 있도록 책의 내용을 구성하였고, 각 장마다 수업 내용을 이해하고 적용하는 수업 활동 자료를 포함하였습니다. 수업 계획의 예시를 다음 페이지에 제시하였습니다. 수업 활동을 활용하여 학생들 자신에 대해 성찰하는 시간을 가지게 함으로써 성인 학습자를 이해하고 상담을 진행할 수 있는 인성적, 전문적 자질을 함양할 수 있을 것입니다. 이 책에 제시되어 있는 수업 활동의 방법에 대한 안내를 원하시거나 다양한 피드백을 제공해 주실 분들은 언제든지 저자에게 연락(cyjmom@kangwon.ac.kr)을 주시면 감사하겠습니다.

〈수업 계획의 예시〉

주차	수업 내용	교재범위
1	– 수업 내용에 대한 오리엔테이션 및 자기소개 – 성인학습과 상담의 개관 (1) 현대사회와 성인학습	1장
2	(2) 성인학습의 환경과 학습사회, 한국 성인의 평생학습 실태	1장
3	– 평생교육과 성인학습 상담: 평생교육과 성인학습의 의미, 평생교육사의 역할과 직무, 성인학습 상담의 필요성 – 성인 학습자에 대한 이해 (1) 성인 학습자의 발달적 특성: 생물학적 특성	2장
4	(2) 성인 학습자의 발달적 특성: 심리학적 · 사회적 특성	4장
5	(3) 성인 학습자의 유형: 학습참여 동기/학습양식 유형 – 전통적 학습이론 (1) 행동주의, 인지주의 (2) 사회학습이론, 인본주의	5장
6	– 성인학습의 이론 (1) 안드라고지, 성인학습 모형론 (2) 자기주도 학습이론	6장
7	(3) 전환 학습이론(Mezirow, Freire), 경험 학습이론(Kolb, Jarvis) – 성인학습의 실제 (1) 동기의 이해, 동기 향상 전략(목표의 확인, 정서 조절)	6장
8	(2) 행동 관리 전략(시간관리, 물리적/사회적 환경 관리) (3) 학습 전략(정보처리이론, 뇌과학 기반 학습 전략)	7장
9	– 성인학습 제도와 기관 – 중간고사 대체 보고서: 성인학습 기관 현장 탐방 및 보고서 제출	3장
10	– 상담의 기초 (1) 상담의 정의와 유형 (2) 상담의 목표, 원리와 과정	8장
11	– 상담조력 기술 (1) 주의 집중, 경청, 재진술 (2) 질문, 정보제공, 직접적 안내	9장
12	– 상담이론 (1) 정신분석상담 (2) 인간중심 상담	10장
13	(3) 인지–행동적 상담: 합리적 · 정서적 상담 (4) 인지–행동적 상담: 인지치료(학습 전략 검사 실시)	10장
14	– 성인학습 상담의 실제 (1) 성인학습 상담의 의미와 유형, 성인학습 상담의 원리와 과정 – 성인학습 상담의 주제별 상담 방법 및 시연 (1) 학습문제의 진단과 평가: 학습 전략 검사 해석 상담 워크숍	11, 12장
15	(2) 워크넷을 활용한 진로 상담 (3) 심리 · 정서적 상담	12장

차례

제2부 성인학습의 이론과 실제

제3부 성인학습 상담의 이론과 실제

제9장 상담조력 기술 • 263

제10장 상담이론 • 291

제11장 성인학습 상담의 실제 • 329

제12장 주제별 성인학습 상담 방법 • 345

제1부

성인학습과 상담의 개관

제1장 현대사회와 성인학습

제2장 평생교육과 성인학습 상담

제3장 성인학습 제도와 기관

평생교육사 양성과정으로서 성인학습과 상담을 학습하는 이유는 성인들이 어떻게 학습하는지에 관한 전문적 지식을 바탕으로, 성인 학습자들의 학습 성과를 높여 주기 위한 실천적 역량을 함양하기 위해서이다. 1부에서는 성인학습과 상담에 대해 평생교육과 평생학습의 관점에서 개괄적으로 살펴보고 오늘날 우리나라 평생학습의 제도는 어떠한지 그리고 형식적인 학교 교육 기관과는 다른 성인학습 기관들을 알아봄으로써 평생교육사로서 성인학습과 상담에 관한 지식이 왜 필요한지에 대해 학습하기로 한다.

제1장

현대사회와 성인학습

우리가 현재 살아가고 있는 21세기는 과학기술의 변화, 수명 연장으로 인한 인구 구조의 변화, 정보통신 수단의 발달 등의 여러 요인으로 인하여 평생 동안 학습을 해야만 적응할 수 있는 평생학습 사회가 되었다. 이 장에서는 현대사회의 특성을 통해 성인학습이 왜 더욱 부각되는지 그 필요성에 대해 살펴보고자 한다. 우리는 자각하지 못하고 있지만 오늘날은 일상적인 생활 속에서도 많은 학습이 일어나고 있다. 현대사회는 과거와 다르게, 예전에 없던 새로운 기기들(예: 스마트폰, 블루투스, 드론 등)이 늘어나면서 기기를 사용하는 방법을 배우고 터득하게 된다. 새로운 기기들을 다룰 수 있는 기술을 나도 모르게 습득하여 일상생활 속에 적용하며 살아가고 있지만, 정작 우리들은 그러한 현상들이 새로운 학습의 과정이라는 것을 알아차리지 못하고 일상생활의 도구들을 다루며 살아가고 있다. 이렇듯 현대사회는 흔한 말로 스마트한 세상으로서 우리에게 일상적인 삶을 살아가는 데 있어서조차 많은 학습을 요구하고 있다. 따라서 성인학습을 이해하기 위해서는 우리가 살아가고 있는 사회적 맥락을 함께 이해할 필요가 있다.

이 장에서는 성인학습의 사회적 배경과 이러한 사회적 배경 속에서 성인학습자들이 경험하게 되는 학습 환경은 어떠한지 알아보고, 학습조직 사회에서 의미하는 학습의 개념이란 무엇인지 그리고 오늘날 성인학습에 참여하는 성인 학습자들은 누구이며 왜 성인학습에 참여하는지 알아보고자 한다.

1. 사회적 배경과 성인학습의 필요성

학습은 우리가 살고 있는 세상과 깊은 관계가 있다. 우리들은 새로운 버전의 스마트폰 사용법을 익히기 위해서 인터넷을 활용하거나 사용법에 대한 안내서를 통해 부지불식간에 새로운 기기를 다룰 수 있도록 학습을 하고 있다. 여러분도 스마트폰을 활용하여 모임을 주선하기 위해 새로운 애플리케이션을 다운로드해서 동아리 모임을 만들고 동아리 활동을 위한 공지를 올리는 등, 예전과는 다르게 실시간 메시지를 주고받으며 집단 간 의사소통을 하는 소셜 네트워크 방법을 활용하고 있을 것이다. 이와 같이 학습은 오늘날 우리의 삶과 아주 밀접하게 연관되어 있다. 즉, 오늘날의 세상을 이끌어 가는 중요한 힘의 배경을 이해하는 것은 성인학습의 필요성과 그 현상을 이해하기 위해서는 필수적이다. 성인학습의 배경을 이해하기 위해서 현대사회의 대표적 특성인 세계화, 지식 사회, 기술의 발전과 4차 산업혁명 그리고 인구통계학적 변화를 중심으로 살펴보고자 한다.

1) 세계화

세계화란 국경을 넘은 재화, 서비스, 사람, 아이디어의 움직임으로 정의할 수 있다(Merriam & Bierema, 2014). 과거에도 무역을 통해서 국가 간 재화의 교류들은 이루어져 왔지만 현대사회의 특성은 그 이동의 속도와 강도가 엄청나다. 제품을 만들기 위해서 자국의 노동자만이 아니라 많은 국가에 제품 생산을 아웃소싱한다. 저임금의 노동자들을 고용하여 생산 가격을 낮춤으로써 기업의 경쟁력을 높이는 다국적 기업들이 세계화의 대표적인 예일 것이다.

역사적으로 세계화는 1944년에 열린 브레튼우즈 회의에서 국제 무역 기구를 설립하기 위한 합의를 도출하면서 등장하였다고 한다(Bostrom, 2009). 1944년 전까지 교역은 재화의 운송비용, 국가 간 정보 공유의 어려움 그리고 정부의 방어적인 보호주의로 인해 제약을 받았다. 하지만 1944년 이후 운송비용은 점점 낮아졌고 기술 발전 덕분에 세계 여러 지역이 신속하게 정보를 공유할 수 있게 되었으며 무역 장벽도 점차 사라졌다. 구매 및 이용 가능한 재화와 서비스의 세계화로 소비자들의 욕구 충족 방식도 바뀌었다. 무조건 국내 기업이 만든 제품을 구매했어야 하는 과거와는 달리, 오늘날의 소비자들은 인터넷 쇼핑몰을 통해 국내에서 판매하지 않는 상품들을 쉽게 구매할 수 있게 되면서 전 세계의 제품들에 대한 선택권을 갖게 되었다.

이러한 세계화의 힘은 우리의 삶과 직업 생활에 많은 영향을 끼치고 있는데, 바로 무한 경쟁의 시대를 연 것이다. 이제 더 이상 국내에 국한하여 경쟁하는 것이 아니라 세계를 무대로 인재를 유치해야 하는 기업과 직업의 글로벌 시장 속에서 자신의 경쟁력을 키워 가야 하는 현대인들에게 세계화의 물결은 생존하기 위한 지속적인 학습을 요구하고 있다. 더욱이 세계화의 물결 속에서 교육은 그 자체로 상품이 되어 가고 있다. MOOC(Massive Open Online Course)와 같은 강좌를 통해 세계 유명 대학의 교수들이 진행하는 강의를 무료로 들을 수 있고 개별 학습자들은 더 나은 강좌를 듣기 위해, 인터넷 쇼핑을 하듯이 교육에 대한 소비자로 전환하고 있다. 결국 고등기관인 대학들은 더 많은 학생을 유치하기 위해 세계화 물결 속에서 학문적 자본주의(Merriam & Bierema, 2014)를 추구할 수밖에 없는 현실에 직면하고 있다.

2) 지식 사회

세계화된 시장 경제와 복잡하게 관련된 것은 지식경제로, 오늘날의 기업들은 지식을 갖춘 인력과 사업을 유지하고 발전시킬 수 있는 교육 시스템이 있는 곳에서 사업을 시작한다고 한다. 지식경제 또는 지식 사회는 산업 사회를 바꾸고 전 세계에 걸쳐 그리고 인간의 전 생애를 통틀어 학습과 교육 시스템에 큰 영향을 주고 있다. 21세기의 경쟁력은 깊은 이해, 유연성, 창의적인 연결을 만들어 내는 능력과 좋은 팀워크를 포함하는 소위 '소프트 기술'이라 불리는 내용을 포함하고 있다(Dumont & Istance, 2010). 전통적인 교육 접근법만으로는 충분하지 않고 학습의 양과 질이 더욱 중요해지고 있다. 또한 지식은 이제 경제활동의 가장 중요한 원동력이 되었고, 개인과 기업, 국가의 번영은 인적자원과 지적자본에 점점 더 의존하게 되었다. 즉, 지식은 사회와 경제 발전에 핵심 사업이 되었으며, 교육과 학습 시스템은 이러한 시대적 흐름에서 매우 중요한 역할을 할 수밖에 없는 상황에 직면해 있다.

이러한 지식 사회는 이전의 정보 사회가 담고 있는 의미보다 훨씬 더 복잡하다고 한다. 우리가 정보의 바다 속에 빠져 있는 동안 정보가 유용하고 의미 있는 지식이 되기 위해서는 정보가 지식의 의미 있는 단위로 평가되고, 조직화되고, 구조화되어야 한다. 넘쳐 나는 정보와 데이터는 지식을 만들어 내는 구성요소이며 지식 기반의 사회에서 학습자들은 정보 검색의 수준이 아니라, 정보와 데이터들이 갖는 의미를 발견하고 조직화할 수 있어야 한다.

우리가 축적하는 새로운 통찰력과 새로운 이해, 그리고 새로운 상품들은 지식과 함께 학습을 더욱 풍요롭게 하는 데 기여하는 요소들이다. 그러나 이러한 지식 사회 속에서 일반인들은 변화의 속도에 의해 도전받고 있다. 대부분의 사람은 더 이상 그 속도를 따라잡는 것이 불가능하다고 느끼고 있다. 정보의 양은 2년마다 두 배가 되고, 전 세계 인터넷상의 정보는 90일마다 두 배로 늘어나고 있기 때문이다(Merriam & Bierema, 2014). 일상생활의 반복되는 일조차도 급변하기 때문에 우리는 늘 새로운 학습을 필요로 한다. 예를 들어, 지하철을 타기 위해서 무인 시스템으로 승차권을 구매하는 방법을 익혀야 하고, 향후 자율주행 시스템이 도입되면 새로운 혁신 기술을 이용하기 위해 새로운 학습을 해야 하는 시대에 우리는 살아가고 있다. 미래를 위해 준비한 전문적 지식은 그 사람이 직장에 자리 잡기도 전에 구식이 된다고 한다.

따라서 현대사회의 개인들은 평생학습자로서 자기주도적으로, 아직 존재하지 않는 직업이나 발명되지 않은 기술들을 사용하기 위해 항상 준비할 필요가 있다(Darling-Hammond et al., 2008). 즉, 지식 사회 속에서 삶을 유지하고 살아가기 위해서는 엄청난 변화의 속도를 따라잡아야 하며, 이것이 지속적으로 성인학습이 필요한 이유이기도 하다.

3) 기술의 발전

세계화와 지식 사회는 의사소통 기술과 인터넷에 의해 발전, 유지되고 있다. 기술발전의 스마트한 세상은 전 세계 수십억 명이 서로 연결되어 '글로벌 의식'을 형성하게 함으로써 세계화를 더욱 촉진하고 있다. 동시에 기술의 발전은 생산성을 향상시키고 연결망 속에서 문화와 협동, 팀워크와 같은 조직적 자산이 더욱 중요해지면서 집단 지성의 힘이 커지고 있다. 즉, 사용자 제작 콘텐츠(UCC)를 만들어 전 세계인과 인터넷상에서 공유함으로써 세계의 지식이 디지털화되고 있다. 이제는 형식적 교육 기관에서만 아니라, 지식을 디지털 형태로 이용할 수 있는 스마트한 세상으로 누구나 인터넷만 있다면 학습을 할 수 있는 세상이다. 예를 들어, 국가평생교육진흥원의 학점은행제를 통해서 학사 학위를 취득할 수 있고 진로 전환에 필요한 새로운 전공과목을 이수하여 재취업을 하는 등 성인학습 프로그램들은 기술의 발전과 아주 밀접하게 관련되어 발전하고 있다.

오늘날의 학습자들에게는 '기술이 주입된 삶'(Parker, 2013)이 학습의 내용을 구성할 뿐만 아니라 학습 그 자체를 구성한다는 것에 대해 의심하지 않을 것이다. 초등학교에서부터 고등교육에 이르는 전통적 교육 시스템에서도 교육과정을 설계하고 전달하는 데 있어 기술을 사용하고 있다. 기술의 발전 속에서 성장하고 있는 학생들에게 적합한 교수-학습 과정을 이끌어내기 위해서 교사와 교수들은 새로운 매체에 대해 개방적으로 다루고 이를 교수 활동에 활용하고 있다. 과거에는 수업 시간에 핸드폰을 사용하게 되면 감점을 주고 휴대전화를 교수-학습 활동에 방해가 되는 기기로 치부했다면, 오늘날 대학의 수업에서는 다양한 스마트폰 애플리케이션을 활용하여 수업을 진행할 수 있는 교수법들이 다채롭게 활용되고 있다.

4) 4차 산업혁명과 21세기 기술

새 천 년 시대가 막 시작한 2000년대만 해도 3차 산업혁명이라 불리는 정보화의 물결 속에서 국가 경쟁력을 위한 인력 개발이 중요한 국가사업의 목표였다. 어느새 20년이라는 세월이 흘러 4차 산업혁명의 시대를 준비하고 있다. 4차 산업혁명은 디지털 혁명을 기반으로 경제, 산업 등 사회 전반으로 이전에 경험하지 못했던 패러다임의 변화를 이끌어 내고 있다. 패러다임 변화는 '무엇'을 '어떻게' 하는 문제뿐 아니라 우리가 '누구'인가에 대한 생각에까지 영향을 미친다. 이를 통하여 4차 산업혁명은 국가 간, 기업 간, 산업 간, 그리고 사회 시스템 전체를 변혁시키는 중요한 요인이다(국가평생교육진흥원, 2016).

4차 산업혁명의 시기에 변화될 수많은 사안 중 가장 대표적인 것 중의 하나로 거론되고 있는 것은 인공지능이다. 일본의 경우에는 '로봇화 중심 플랫폼'을 4차 산업혁명 시기의 주요 산업 목표로 삼는 등(안문석, 이제은, 2016), 인공지능이 이미 일상생활 속에서 많이 활용되고 있다. 그렇다면, 인공지능이 인간의 삶에서 많은 역할을 수행하게 되는 4차 산업혁명 시기에 살아가고 있는 현대인들은 어떤 준비를 해야 할까? 이에 대한 답을 위해서는 먼저 디지털 시대의 맥락과 변화가 직업세계와 근로자에게 미치는 영향을 살펴볼 필요가 있다.

4차 산업혁명 시기인 2020년 내로 약 710만 개의 직업이 사라지게 될 것이라 예측하고 있다. 이 중 210만 개의 새로운 직업이 발생하게 될 것이라고 하더라도 결국 500만 개의 직종이 사라지게 된다는 것이다. 2015년부터 2020년까지 일자리가 가장 많이 사라지는 직업군은 사무 및 행정(−475만), 제조 및 생산(−160만), 건설 및 채굴(−49만), 예술 · 디자인 · 환경 · 스포츠 및 미디어(−15만), 법률(−10만), 시설 및 정비(−4만)로 나타났다(World Economic Forum, 2016). 그리고 여기에서 공통적인 의견으로 나타나는 것이 이러한 직업군들이 바로 '인공지능'에 의해 대체된다는 것이다.

과거에 인공지능에 의해서 사라지게 될 직업군 중 가장 가능성이 높았던 것은 제조 및 생산, 건설 및 채굴작업이었다. 왜냐하면 이러한 작업들의 대부분은 소모적인 단순작업이거나, 위험성이 매우 크기 때문에 인간의 편의를 위해서 자동화 시스템으로 대체할 것이라고 생각했기 때문이다. 그러나 현재 예측 결과는 오히려 사무직 등의 화이트컬러 직종이 제일 많이 사라질 것이라고 말하고 있다(이민화, 2016). 즉, 인공지능의 발달이 단순 노동의 수준을 넘어서서, 더 다양한 직종에 활용될 수 있다는 것을 의미한다. [그림 1-1]에서 볼 수 있듯이, 디지털 시대에 감소 추세의 직업들은 틀에 박힌 육체노동 기술과 단순 인지 기술을 요구하는 분야인 반면에, 틀에 얽매이지 않는 분석적 기술과 대인관계 기술을 요구하는 직업의 수는 상대적으로 증가하는 방향으로 노동시장은 변화하고 있다. 현재의 교육 시스템이 이러한 노동시장의 변화를 뒤따르지 못하고 있으며, 이에 따라 전 세계 기업들이 필요한 역량을 갖춘 노동력 선발에 어려움을 겪고 있다(국가평생교육진흥원, 2016).

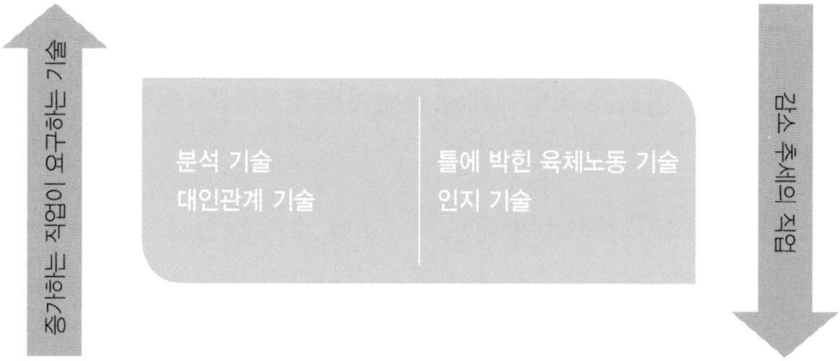

[그림 1-1] **디지털 시대 노동시장의 변화**

그렇다면 4차 산업혁명시기에 요구되는 역량은 무엇인가? 2016년 다보스 세계경제포럼에서 논의된 답은 '인간'으로 귀결된다. 즉, 인간의 정신, 마음, 영혼과 관련된 지능들을 개발하고 몸으로 적용하는 것을 통하여 혁신적 변화를 성공적으로 이끌어 낼 수 있다고 본다. 좀 더 구체적으로 살펴보면, 첫 번째, '인간의 정신'은 맥락적 지능으로 지식을 이해하고 적용하는 능력이다. 두 번째, '마음'은 정서적 지능으로, 생각과 감정을 처리하고 결합하여 자신과 타인과 관계를 맺을 수 있도록 하는 능력이다. 세 번째, '영혼'은 영감적 지능으로, 변화와 공동의 이익 실현을 위하여 개인과 집단의 목적의식, 신뢰, 덕목을 활용하는 능력이다. 네 번째, '몸'은 신체적 지능으로, 개인적 변화와 구조적 변화를 이끌 수 있는 에너지를 얻기 위하여 본인과 주변의 건강 및 행복을 촉진하고 유지하는 능력이다(국가평생교육진흥원, 2016). 결과적으로 4차 산업혁명 시대는 교육으로 하여금 개별 학습자들이 21세기를 위한 핵심 기술과 사회 정서 학습 기술(Social and Emotional Learning: SEL skills)을 개발할 것을 촉구하고 있다.

세계경제포럼(World Economic Forum: WEF)은 4차 산업혁명으로 인하여 가장 급속하게 시스템 재편이 이루어지고 있는 분야 중 하나로 교육을 꼽고 있다. 재편의 수준을 넘어선 노동시장의 급격한 변화 역시 전통적인 교육 시스템에 큰 영향을 미치고 있다. 노동시장의 변화는 특정 소수의 개인이 아닌 모든 개인으로 하여금 문해와 수해능력과 같은 '기초 기술(foundational skills)'뿐만 아니라 협력, 창의성, 문제해결력과 같은 '역량(competencies)', 그릿, 호기심, 주도성과 같은 '인성적 자질(character qualities)'을 갖추도록 요구하고 있

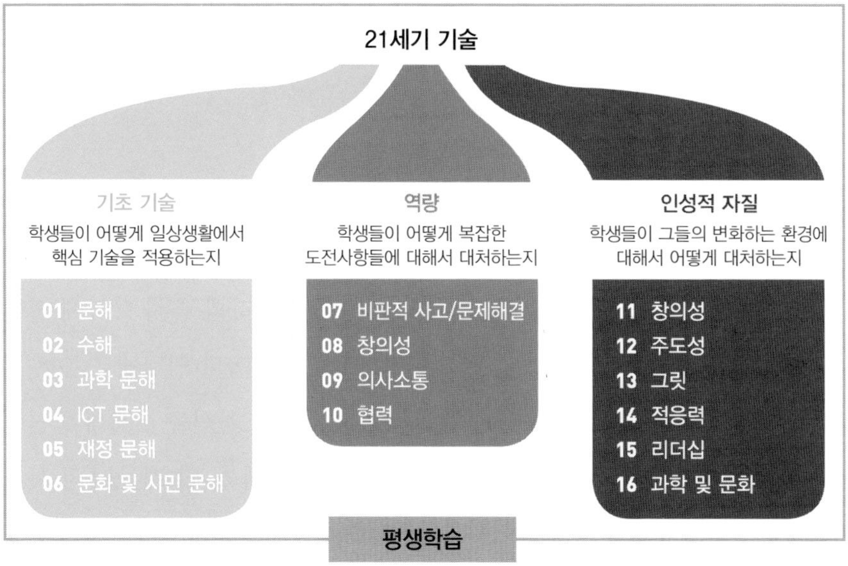

[그림 1-2] 21세기 기술과 평생학습(국가평생교육진흥원, 2016)

다. 세계경제포럼은 '21세기 기술'이라는 이름하에 다음의 그림과 같이 16가지 핵심 기술을 제안하였다([그림1-2] 참조).

앞의 그림에서 살펴볼 수 있듯이, 21세기에 요구되는 대부분의 기술이 역량과 인성 영역에 해당된다. 세계경제포럼은 이를 '사회 정서 학습 기술'로 명명하고, 4차 산업혁명이 진전될수록 이들 기술의 보유는 더욱 더 중요해질 것이며, 산업계, 교육계, 정부가 협력하여 모든 사람이 4차 산업혁명의 수혜자가 될 수 있도록 재훈련과 역량 강화에 적극적으로 임해야 할 것이라 주장하였다.

따라서 현대사회에서 평생학습은 모든 개인이 자신의 삶을 영위하기 위해서 형식적인 학교 교육과 연계하여 지속적으로 개인들이 기초지식과 관련된 기초 문해 영역에서부터 급변하는 환경에 적응할 수 있는 역량들(예: 비판적 사고, 창의성, 의사소통, 협력)과 주도적이고 창의적인 인성을 함양하는 방향으로 이루어질 필요가 있다.

5) 인구통계학적 변화

세계화로 인해 전 세계 70억 인구는 동시에 다양한 경험을 하고 있다. 영국에서 일어난 테러 사건이 실시간으로 전 세계에 알려지고 미국이나 중국의 경제 정책의 변화가 국제 정세에 영향을 미쳐 우리나라의 증시 급락에 변화를 가져오는 것을 우리는 실시간으로 지켜보고 있다. TV나 인터넷을 통해 세계가 다양하고 공존한다는 사실을 알게 되면서 이제는 자신을 세계의 중심이라 여기거나 다른 사람들보다 우월하다고 생각하는 '우물 안 개구리'의 사고에서 벗어나 지역 공동체를 넘어서 지구촌 공동체의 구성원으로서 자신을 볼 수 있게 되는 시대에 우리는 살고 있다.

세계의 총 인구 70억 명을 전체 100명의 사람들로만 존재하는 하나의 커뮤니티로 비유한 통계 자료(http://www.miniature-erth.com)는 우리들로 하여금, 지구촌 공동체의 일원으로서 객관화하여 살펴보게 하는 장점이 있다. 예를 들어, 만약 세계가 100명의 사람들로 구성되어 있다고 한다면, 61명은 아시아인, 14명은 북미와 남미인, 13명은 아프리카인이다.

성인학습에서 특히 주목해야 할 통계는 15세 이상의 사람들 중 16.3%가 문맹이고, 7%만이 대학 교육을 받는다는 사실이다. 그리고 성인 문맹 중 2/3를 구성하는 여성들은 기초 문해 교육이 결여되어 있다. 만약 전 세계 인구를 100이라고 한다면, 16명의 문맹자들 중에 11명이 여성이다. 교육의 동등한 기회는 어느 나라에서든지 사회 불평등과 사회 격차를 해소하기 위한 가장 중요한 조건 중의 하나(UNESCO, 2008)이므로, 이러한 통계 결과는 성인교육과 학습이 교육의 불평등을 완화하는 데 중추적인 역할을 수행하고 그 과제를 해결할 것을 요구한다.

〈표 1-1〉 **만약 세계가 100명의 사람들로 구성되어 있다면**

61명 아시아 인	8명 65세 이상
14명 아메리카 인	14명 장애인
14명 아프리카 인	30명 인터넷 사용자
11명 유럽 인	12명 집에 컴퓨터가 있는 사람
1명 오스트레일리아 인	21명 하루에 2달러 이하의 액수로 생계를 유지하는 사람
70명 백인 외	14명 굶주리거나 영양실조에 걸린 사람
30명 백인	16.3명 문맹(15세 이상)
67명 비기독교인	7명 대학교육을 받은 사람
33명 기독교인	

출처: http://www.miniature-erth.com

성인 교육자들이 관심을 갖고 보는 또 다른 인구통계학적 변화는 고령 인구의 극적인 상승이다(Merriam & Bierema, 2014). UN(2013)의 '세계 인구 전망'에 의하면, 2015~2060년 기간 중 세계와 한국의 유소년 인구 비중은 각각

5.5%p, 3.7%p 감소하고, 생산가능 인구 비중도 각각 3.8%p, 23.3%p 감소할 전망이다. 반면, 고령 인구 비중은 각각 9.3%p, 27.0%p 증가할 전망이다. 한국의 고령 인구 비중은 2015년 13.1%로 1960년(2.9%)에 비해 4.5배로 증가한 수준이며, 이후에도 계속 증가하여 2030년에는 24.3%, 2060년에는 40.1%

[2015~2060년 세계와 한국의 인구 구조]

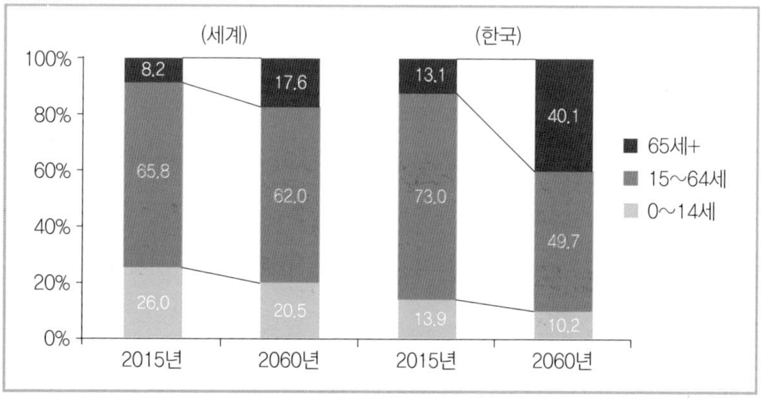

[1960~2060년 세계와 한국의 고령 인구 비중]

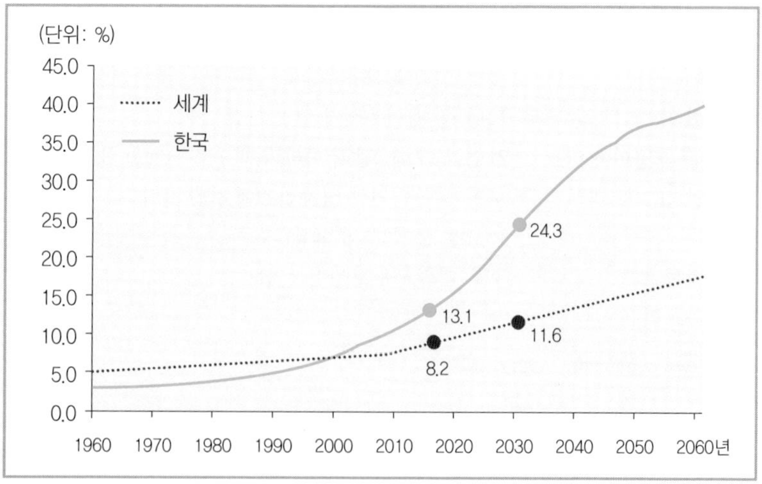

[그림 1-3] **우리나라 고령 인구 비율의 변화**

출처: 통계청(2015). 세계와 한국의 인구현황 및 전망.

로 높아질 전망이다. 고령 인구 비중 순위는 1960년 152위에서 2015년 51위, 2030년 15위, 2060년에는 2위 수준으로 높아질 전망이다(통계청, 2015). 이러한 인구통계학적 변화 추세는 노령화에 대응하기 위해 교육이 중요한 역할을 하도록 요구하는 것을 보여주며, 성인학습은 그 역할의 중심에 있다고 하겠다([그림 1-3] 참조).

전 세계적으로 고령화 인구가 증가하고 생산가능 인구가 감소하는 이러한 인구통계학적 변화의 추세는 경제활동을 위해 국경을 넘나드는 국제적인 인구 이동의 현상을 가속화시키고 있다. 게다가 국경에 상관없이 전문 교육을 받은 인력을 필요로 하는 지식 사회에서 발생하는 '두뇌 순환'은 인구의 이동을 더욱 촉진하고 있다. 이러한 인구 구조의 변화는 자국민 위주의 교육과 문화만을 생각하던 시대와는 다르게, 여러 문화 및 언어와 지배적인 문화 사이에서 긴장관계를 유발한다(Merriam & Bierema, 2014). 결국 이러한 인구 구성의 다양성은 성인 교육자들에게 도전적인 과제이며, 성인학습 프로그램을 설계할 때에 다양한 학습자의 욕구와 다양한 집단의 윤리적, 문화적 학습 스타일을 고려해야 함을 시사하고 있다.

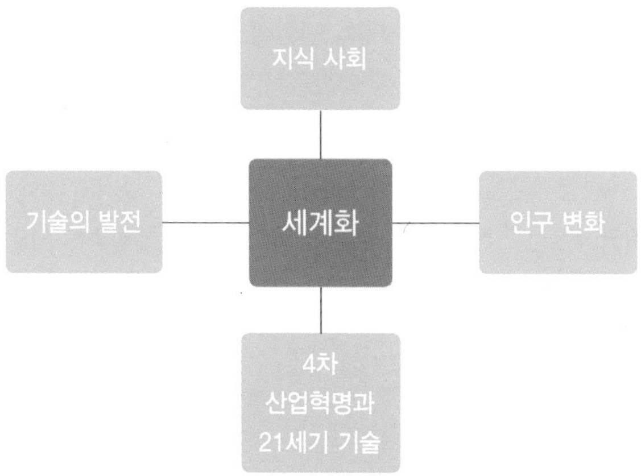

[그림 1-4] 성인학습의 사회적 배경

지금까지 성인학습의 사회적 배경에 대해 오늘날의 세계를 만들어 내는 다섯 가지 힘의 요인들을 중심으로 살펴보았다([그림 1-4] 참조). 세계화, 지식사회, 기술의 발전, 인구통계학적 변화와 같은 사회적 특성은 서로 밀접하게 연관되어 있어서 개별적으로 분리해서 하나만 다루면 안 되지만 결국엔 세계화 또는 지구촌화로 수렴되는 특성이 있다. 성인학습은 이러한 요소들과 상호 밀접하게 관련을 맺고 있는데 다음의 수업 활동에 제시된 가상 사례를 통해 성인학습이 왜 필요한지에 대해 현대사회의 특성에서 찾아보도록 하자.

수업 활동 1-1 현대사회의 특성과 성인학습의 필요성

1. 다음의 가상 시나리오[1]를 읽어 보자.

- 2025년 미국 오하이오에 사는 스물여덟 살의 브리애너를 살펴보자. 11시 30분, 집을 나선 브리애너는 근처 햄버거 가게까지 걸어간다. 그곳에서 그녀는 일주일에 닷새를 파트타임으로 일한다. 6시에 저녁 교대 시간이 돼 브리애너는 집으로 향한다. 가족과 간단히 저녁식사를 한 후에는 밤마다 정규직 일자리를 찾는 데 몰두한다. 열여섯 살에 학교를 떠난 브리애너는 읽기와 쓰기 능력도 제대로 갖추지 못한 채 차가운 현실에 부딪치고 말았다.

- 이제 벨기에의 리에주 시에 사는 안드레의 생활을 관찰해 보자. 안드레도 브리애너와 마찬가지로 학습에 별로 흥미가 없었고 다른 똑똑한 학생들처럼 상황에 잘 대처하지도 못했다. 안드레도 브리애너처럼 햄버거 고기를 굽고 주유소에서 일하고 소포를 배달하는 등 할 수 있는 일은 다 한다. 하지만 유럽경제공동체(EEC)의 확대로 노동 이동의 장벽이 낮아지면서 자신보다 능력과 경력이 뛰어나면서도 더 낮은 임금을 받으며 기꺼이 일하려는 사람들과 치열하게 경쟁해야 한다.

1) 출처: Gratton, L. (2011). **일의 미래** (The shift: the future of work is already here). (조성숙 역). 서울: 생각연구소. (원저는 2011년에 출판).

• 브리애너와 안드레는 선진국에 살고 있지만 세계 경제의 하층민에 속하며 급속도로 세계화하는 인재자원에 합류하지 못하고 있다.

2. 선진국에 살고 있는 앞의 두 젊은이의 사례를 통해, 앞서 살펴본 현대사회를 만들어 가는 사회적 힘의 배경이 이들의 삶에 어떻게 영향을 미치고 있는지 조원들과 토의해 보자.

3. 현대사회를 이끌어 내는 사회적 배경의 요인들을 통해 성인학습의 필요성을 정리해 보자.

2. 성인학습의 환경과 학습사회

앞서 우리는 성인학습의 필요성과 그 의의에 대해 현대사회의 특성과 배경 속에서 살펴보았듯이, 모든 학습은 사회적인 환경 속에서 발생하게 된다. 평생학습의 시대가 열린 오늘날 성인학습이 발생하는 학습 환경과 자신의 삶을 유지하기 위해서 학습이 필수불가결한 삶의 조건이 되어 가고 있는 '학습사회'의 의미를 통해 성인기 학습의 환경을 살펴보기로 한다. 이후의 장에서는 좀 더 구체적으로 성인기에 해당되는 성인 학습자에 대한 심리적, 발달적 이해와 성인학습 현상을 설명하는 다양한 학습이론과 모델을 살펴보게 될 것이다.

1) 성인학습의 환경

성인학습의 환경은 형식적, 비형식적, 무형식적 환경으로 분류할 수 있다(Coombs, Prosser, & Ahmed, 1973). 이러한 분류는 서로 중복되기도 하지만, 성인 학습자와 성인 교육자들에게 대체로 자주 사용되는 유형 분류 체계이다. 간략하게 설명하면, 형식적 학습 환경은 교육 기관에 의해 이루어지는 학습 환경인 반면에, 비형식적 학습 환경은 기관이나, 대행업체, 그리고 지역사회에 기반을 둔 단체에 의해서 이루어지는 조직화된 학습 기회를 말한다. 그리고 무형식적 학습 환경은 사람들의 일상생활 안에서 의식하든 의식하지 않든지 간에 내재되어 있는 학습활동이 일어나는 환경을 말한다.

(1) 형식적 학습 환경

대부분의 성인들은 학습에 대해 물어본다면, 형식학습에 기반을 둔 교실 수업을 떠올릴 것이다. 실제로 사람들은 직장에서나 매일의 일상생활 속에서 일어나는 일들을 학습으로 여기지 않고, 단지 교육 기관에서 일어나는 것만을 학습으로 생각하는 경향이 있다. 형식학습의 장소는 유치원에서 대학원까지 교육적인 관료 체제와 동일하다. 학점 은행제를 통한 지역사회 대학을 다녀 학사 학위를 취득하거나 직업 기술 훈련기관에 가서 세무사 자격 취득을 준비하기 위한 배움터가 형식적 학습 환경에 해당된다.

(2) 비형식적 학습 환경

교육 기관에 의해 조직되는 형식학습과는 대조적으로 비형식적 학습 환경은 공식적인 교육 기관이 아닌 박물관, 도서관, 사회복지기관, 종교 기관, 시민 단체 등에서 제공하는 배움터이다. 지역 주민 센터에서 제공하는 다양한 학습 프로그램을 등록하여 자녀 수학 도우미 과정을 이수한다거나, 박물관이나 미술관 같은 문화단체에서 제공하는 교양강좌를 수강하는 것들이 비형식적인 배움터를 활용하는 예라 하겠다.

비형식학습은 대체로 단기간에 공공장소에서 이루어지는 활동으로 형식학습과 구별된다. 얼마나 많은 성인이 비형식학습 환경에 모이는지를 추산하기는 어렵지만 대부분의 성인은 최소 일생에 한 번 정도 이러한 장소에서 학습에 참여하는 것으로 추정된다(Merriam, Caffarella, & Baumgartner, 2007).

(3) 무형식적 학습 환경

무형식적 학습 환경은 비조직화, 비체계화된 상태에서 이루어지는 학습이 발생하는 환경으로, 쿰스(Coombs, 1985)는 무형식적 학습이란 '집, 이웃, 학교 근처에서나 운동장, 직장, 시장, 도서관과 박물관 그리고 다양한 대중매체를 통해 일상 속에서 일어나는 자발적이고 구조화되지 않은 학습'이라고 정의하였다. 즉, 이러한 학습의 형태는 모든 개인적인 환경 안에서 그리고 조직되지 않은 환경 속에서 일어나기 때문에 일상생활의 학습(Illeris, 2004)이라 할 수 있다. 사실상 이런 학습은 우리의 삶에 깊이 내재되어 있어서 '일상생활의 학습'을 학습으로 인식하기 위해서는 잠시 멈춰서 이것이 학습 현상인 줄 자각할 필요가 있다. 예를 들어, 건강검진 검사 결과 보고서를 받았을 때 정상 수치를 벗어나는 결과가 무엇을 의미하는 것인지 꼭 의사에게 확인하지 않아도, 우리는 정보 검색을 통해 원인과 치료법을 찾아보곤 한다. 만약 자신도 모르게 어느새 기억하고 생활 속에서 콜레스테롤 수치를 낮추기 위해, '카테킨' 성분이 많은 녹차를 많이 마시고 있다면 높은 콜레스테롤 수치에 대한 원인과 치료법에 대해 학습한 것이라 할 수 있다. 생각해 보면, 우리는 일상생활 속에서 친구들과 점심을 먹을 때나 사무실에 앉아 직장동료들과 교류를 하면서 무형식적으로 새로운 정보들을 학습하고 있지만 자각하지 못하는 경우가 많다.

이렇듯 무형식학습은 무한하고, 경계가 없으며, 우리의 삶 속 어디든지 존재한다(Merriam & Bierema, 2014). 정보가 빛의 속도로 빠르게 증가하고 있는 가상의 디지털 시대는 성인들이 시간과 장소의 제약을 받지 않고 학습에 참여할 수 있는 새로운 가능성을 열어 주었다(King, 2010). 성인의 90% 이상이 100시간 이상 무형식학습에 참여했다는 연구 결과들(Livingstone, 2002; Merriam, Caffarella, & Baumgartner, 2007)이 있기는 하지만, 경계가 없고 무한한 형태의 학습 시간을 측정하기보다는 무형식학습의 내용이 무엇인지에 대한 연구들이 성인교육 분야에서 더욱 중요하게 다루어지고 있다.

무형식학습의 내적인 형태는 크게 자기주도적 학습, 우연적 학습, 사회화 또는 암묵적 학습의 세 가지로 분류된다(Schugurensky, 2000). 이 중에서 자기주도적 학습은 의도적이고 의식적인 학습의 형태로서 가장 많이 연구되어 왔으며 좀 더 명료한 무형식학습의 형태라 할 수 있다. 우연적 학습은 의식적인 자각 없이 이루어지는 학습으로, 노트북 사용을 하면서 비정상적으로 윈도우가 꺼지는 현상을 발견하여 출장 AS 서비스를 요청해 컴퓨터 기사로부터 그러한 문제가 발생했을 때 해결하는 방법을 전해 듣고 다음부터는 혼자서 해결하는 것이 바로 우연적 학습의 예라 할 수 있다. 사회화 또는 암묵적 학습은 잠재의식 단계에서 일어나지만 우리의 일상생활 속에서 자주 일어난

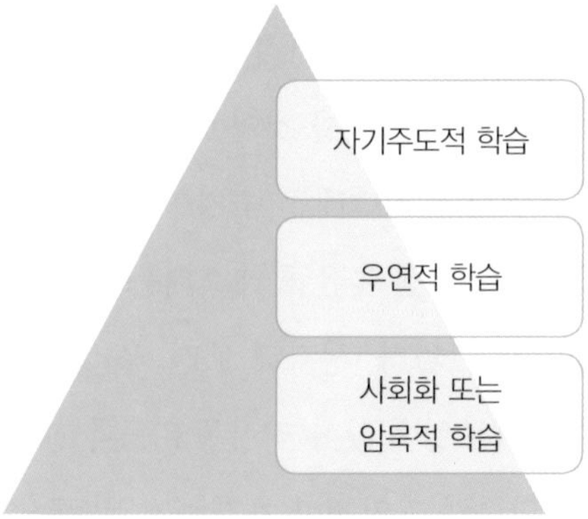

[그림 1-5] **무형식학습의 내적 형태**

다(Merriam & Bierema, 2014). 예를 들어, 특정한 모임에서는 특정한 화제들을 언급하지 않는 것이 상책이라는 것을 알게 되는 것과 같은 학습의 형태를 말한다.

2) 평생학습과 학습사회

평생교육은 지난 1980년대에서부터 1990년대에 사회구성원들이 학교에서뿐만 아니라 가정과 사회에서 평생에 걸쳐 지속적으로 학습의 기회를 제공받아야 한다는 취지로 교육 본래의 목적과 모습을 구현하고자 시작되었다. 그러나 1990년대 이후부터 평생교육보다 광의 개념으로서 평생학습의 개념으로 성인학습을 설명하고 있다. 왜냐하면 성인학습의 환경에서 살펴보았듯이 평생학습의 개념은 형식적 교육 체계만이 아니라 모든 형식의 학습을 통합시키기 때문이다. 또한 한산(Hansan, 2012)이 설명하는 것처럼, '교육'이라는 단어는 단순한 지식 전달을 넘어서 학습자와 학습과정 및 결과에 초점을 맞추기 위해 '학습'이라는 단어로 대체되었기 때문이기도 하다.

평생학습을 개념화하는 데 주도적인 역할을 수행한 유네스코의 정의에 의하면, 평생학습이란 생애 동안 행하는 모든 목적성을 가지는 학습 활동으로, 형식학습에서부터 격식이 없는 비형식학습을 모두 포함한다. 즉, '요람에서 무덤까지'를 의미하는 '평생'의 의미뿐만 아니라 '삶 전반에 걸친' 다양한 삶의 영역에서 일어나는 형식학습과 비형식학습의 상호작용을 인식하는 것을 뜻함으로써 일생을 살며 수행하게 되는 학습의 범위와 가능성을 다차원적으로 이해할 수 있는 개념이라 할 수 있다(Merriam & Bierema, 2014).

평생에 걸쳐 형식학습뿐만 아니라, 비형식학습이나 무형식학습이 끊임없이 이루어지는 오늘날, 평생학습은 또다시 학습사회의 개념으로 대체되고 있다. 학습공동체, 학습 도시, 학습 마을과 같은 학습사회는 세계화로 인한 무한 경쟁시대에 경제적, 사회적, 문화적 발달을 촉진하기 위해 고안된 지역사회 기반의 평생학습의 개념이다(Walters, 2005). 일상생활을 살아가기 위해서 우리는 끊임없이 무엇인가를 학습해야 하는 학습사회에서, 사회 구성원들이 주도성을 갖고 새로운 분야에 대한 학습을 위해 학습 공동체를 구성하여 살아간다면, 지역의 발전은 물론 지역사회 시민들의 삶의 질은 한층 높아질 것이다.

평생학습에서 학습사회로 변화해 가고 있는 시대에 학습하는 마을이나 공동체는 서로에게 성장과 발전을 독려하고 사회 발전에 기여하는 장점이 있다. 하지만 그와는 다르게 어떠한 단점이 있을지에 대해서도 성인 교육자들은 한 번쯤 생각해 볼 필요가 있다. 학습을 통한 지식이 상품화되는 학습사회에서 저소득층에게 주어지는 학습기회는 빈익빈 부익부처럼 더욱더 불평등하게 주어질 수 있을 것이다. 또한 일상의 삶을 살아가기 위해 우리는 강제적인 평생학습의 짐을 떠안아야 한다는 점도 간과해서는 안 된다. 평생학습과 학습사회로 변화하는 이 시대에 성인 교육자들은 잠재적인 성인 학습자들을 위해 평생학습이 지지하는 사회의 본질이 과연 무엇인지에 대해 진지하게 고민해야 할 것이다. 즉, 평생학습으로 혜택을 받을 자들이 누구이며, 학습사회에서 평생학습으로 이끌어 나아가고자 하는 삶이 무엇인지에 대한 질문에 답을 할 필요가 있다(Crowther, 2012).

3. 한국 성인의 평생학습 실태

사회 구성원들 모두가 빛의 속도로 증가하는 정보와 지식 기반의 사회에서 평생학습을 통해 낙오되지 않고 평등한 교육의 기회를 갖고 학습사회에 참여하여 삶의 질을 높이고자 하는 것이 평생교육이 추구하는 이념이다. 그렇다면 이제는 누가, 어떤 이유로 성인학습에 참여하는지 그 실태를 살펴봄으로써 성인 교육자들이 평생학습이 지지하는 사회의 본질을 구현하기 위해 어떤 방향으로 나아가야 하는지에 대해 살펴보고자 한다.

평생교육 참여 실태에 대한 미국의 고전적 연구 결과(Johnstone & Rivera, 1965)에 의하면, 나이와 형식학습 경험이 성인학습 참여와 뚜렷한 상관을 나타냈다. 예를 들면, 성인학습에 참여한 인구의 특성들을 살펴보면, 40세 이상의 고교 졸업 이상의 교육 경험, 평균 이상의 수입을 가지고, 대부분 전업 직장인이고 사무직 종사자이었으며 남성보다는 여성이 그리고 결혼을 하고 자녀가 있으면서 시골보다는 도시에 거주하는 경향으로 나타났다. 이후 2000년도 미국의 통계 조사 결과에 의하면, 성인학습 참여 연령이 낮아지는 것을 제외하고는 거의 대부분 같은 패턴을 나타내고 있는 것으로 나타났다(Merriam et al., 2007).

우리나라의 경우, 한국 성인의 평생학습 실태 조사 결과(교육부, 2015)에 기초하여 살펴보면, 2015년 우리나라 성인의 평생학습 참여율(형식 · 비형식학습)은 40.6%로 만 25세 이상 만 64세 이하 10명 중 4명의 성인이 평생학습에 참여하고 있는 것으로 나타났다[2]. 이는 2014년의 36.8%에 비해 3.8%p 높은 수치이다. 남자의 참여율(41.3%)은 여자의 참여율(39.8%)보다 1.5%p 높았으며, 연령이 낮을수록, 학력과 소득수준은 높을수록 평생학습에 더 많이 참여하는 것으로 나타났다. 조사 대상자의 수가 늘어나면서 전체 평생학습 참여율(형식 · 비형식학습)은 2017년 34.4%(남성 32.4%, 여성 36.4%)으로 조사되었다[3]. 이러한 우리나라 성인의 평생학습 참여율(형식 · 비형식학습 포함)은 2008년 이후 지속적으로 증가하는 추세를 보이다 2013년에 크게 감소하였지

2) 2015년 조사 대상자 수는 9,748명
3) 2017년 조사 대상자 수는 9,379명

만, 2014년과 2015년에는 다시 상승세를 보이고 2017년부터 또다시 감소 추세로 나타나고 있다(교육부, 2017).

1) 배경 변인별 평생학습 참여 현황

우리나라 성인의 평생학습 참여율을 성별로 살펴보면, 2015년 조사 결과, 형식, 비형식학습 모두 남성 참여율이 여성 참여율보다 높게 나타났으나 2017년 조사 결과에서는 형식학습의 경우 남녀 참여율이 각각 2%로 차이가 없으나 직업 관련 비형식학습의 경우, 남성(18%)이 여성 참여율(9%)의 2배 높게 나타났다. 연령별로는 연령대가 높아질수록 참여 비율이 감소하는 것으로 나타났으며, 특히 형식학습은 저연령층(25~34세)의 참여가 두드러지게 높게 나타났다. 우리나라 성인은 미국과 마찬가지로, 학력이 높을수록 평생학습 참여율이 높은 것으로 조사되었다. 특히 대졸 이상 학력 소지자의 참여율(50.4%)이 중졸 이하 학력 소지자의 참여율(24.3%)에 비해 약 2배 정도 더 높은 것으로 나타났다. 형식학습은 취업자(2.2%)보다 실업자와 비경제활동자(각각 6.6%)의 참여율이 높았으며, 비형식학습은 취업자(42.2%)의 참여율이 가장 높은 것으로 나타났다. 경제활동 상태에 따라 살펴본 평생학습 참여율은 취업자(42.9%)가 가장 높았다. 이러한 결과는 연도별 추이에서 큰 차이가 없이 일관되게 나타나고 있다.

우리나라 성인의 월 가구소득에 따른 참여율을 살펴보면 가구소득이 높을수록 참여율이 높았으며, 500만 원 이상(52.1%)과 150만 원 미만(29.1%)의 참여율 격차가 큰 것으로 나타났다. 특히 비형식학습에서 저소득 가구(150만 원 미만 24.1%)와 고소득 가구(500만 원 이상 50.5%) 의 참여율 격차가 큰 것으로 나타났다. 지역에 따라서는 서울 및 광역시와 중소도시의 참여율(각각 41.9%, 41.1%)이 비슷하고, 농어촌(35.2%)이 가장 낮은 것으로 나타났다(교육부,

2015).

2015년도 직업 관련 비형식학습 참여율은 27.7%로 남자(33.6%)가 여자(21.8%)보다 더 많이 참여하였으며, 연령대는 낮을수록, 학력은 높을수록 참여율이 더 높았다. 특히 저연령대(25~34세, 34.1%)가 고연령대(55~64세, 18.0%) 보다 크게 높은 것으로 나타났다. 또한 대졸이상 취업자(43.3%)의 직업 관련 비형식학습 참여율은 다른 학력에 비해 높았으며, 비경제활동인구(12.8%)와는 30.5%p 차이를 보이는 것으로 나타났다. 무형식학습의 참여율은 '컴퓨터나 인터넷을 활용한 새로운 정보나 기술 습득'(62.8%)이 가장 높게 나타났으며, 다음으로 '가족, 친구 또는 직장동료나 상사의 도움이나 조언을 통한 지식 습득'(61.4%) '텔레비전/라디오/비디오를 활용한 지식 습득'(55.2%) '인쇄매체를 활용한 지식 습득'(43.6%) '스포츠, 등산 등 신체를 움직이는 활동을 통한 학습'(42.5%) 순으로 나타났다. 무형식학습은 전반적으로 연령이 낮을수록, 학력은 높을수록 참여율 또한 높아지는 경향을 보였다.

이상에서 살펴본 배경 변인별 평생학습 참여 현황의 조사 결과의 수치는 해당 연도에 따라 조사 대상 수의 차이로 인해 비율의 숫자는 조금씩 달라져도 전반적 추이는 2016~2017년도에도 유사하게 나타났다(교육부, 2017).

2) 평생학습의 장애 요인

평생학습 불참 요인으로는 '직장업무로 인한 시간 부족'이 54.1%로 가장 큰 비율을 차지했다. 다음으로 '가족부양에 따른 시간 부족'이 18.4%, '가까운 거리에 교육훈련기관이 없어서'가 15.8%, '학습비가 너무 비싸서'가 12.0%, '교육에 대한 정보 부족'이 9.4%, '동기, 자신감 부족' 9.2%, '함께 배울 친구가 없어서' 4.7%, '건강상의 이유' 1.5%, '교육시설 불만족' 1.5%, '교육내용 불만족' 0.9% 순으로 나타났다. 즉, 심리적 요인과 외적인 요인이 성인학습 참여의 장애 요인이 되는 것을 시사한다.

평생학습에 참여하였다가 중도 포기한 응답자를 대상으로 그 원인을 조사한 결과, '직장업무로 인한 시간 부족'이 39.8%로 가장 많은 비중을 차지하였으며, 그다음으로 '가족부양에 따른 시간 부족'(12.4%) '건강상의 이유로'(11.4%) '학습비가 너무 비싸서'(10.6%) 순이었다. 우리나라 성인은 대체적으로 직장업무와 가족부양으로 인하여 평생학습에 참여하지 못하거나, 참여하였다가 중도에 포기하는 것으로 나타났다.

3) 학습자 특성

우리나라 성인은 책이나 판서 중심의 전통매체와 태블릿 PC, 전자책, 스마트폰 등을 활용한 신매체를 혼용한 학습유형을 가장 많이 선호하는 것으로 나타났다. 전통과 신매체 혼재 학습형을 선호한다는 응답자는 46.9%로 가장 많았고, 그다음으로 신매체 지향형 27.5%, 전통매체 지향형 25.6% 순이었다. 성별에 관계없이 전통/신매체 혼재형(남자 47.0%, 여자 46.7%)의 선호도가 가장 높았고, 여성은 신매체보다 전통매체를 조금 더 지향하는 것으로 나타났다.

4) 평생학습 참여 실태에 대한 사회학적 설명

우리나라 성인학습 참여 실태 조사 결과에 대해 사회학적 렌즈를 끼고 살펴보면 몇 가지 문제점이 있음을 알 수 있다. 첫째, 배경 변인별 참여 현황에 의하면, 직업 관련 비형식학습 참여율의 경우, 남성이 여성보다 2배 높은 것으로 나타나(2017년 남성 18%, 여성 9%), 성인학습 참여에서 남녀 간 차이가 있음을 알 수 있다. 성인 여성의 참여 실태를 좀 더 자세하게 살펴보면, 자녀가 없는 경우 평생학습 참여율(46.4%)이 자녀가 있는 경우(38.4%)보다 높은 것으로 나타났다. 또한 주부가 육아를 전담하는 경우보다 친지의 도움을 받거나 육아도우미의 도움을 받았을 경우 참여율이 더 높았다. 즉, 여성의 참여율이 남성보다 낮은 이유는 가사노동이나 육아에 따른 시간 부족이라는 것을 유추해 볼 수 있다. 또한 출산 후 여성의 경력단절이 우리 사회의 독특한 현상으로 나타나듯이, 직업 관련 평생학습 참여율도 여성이 남성보다 낮았다. 따라서 여성의 평생학습 참여율을 높이기 위해 육아에 대한 지원, 아이와 같은 공간에 있을 수 있는 평생학습 장소 등 정부의 여러 가지 지원이 필요해 보인다.

둘째, 세계 여러 국가와 마찬가지로 우리나라 성인 또한 학력이 높을수록 평생학습 참여율이 높은 것으로 나타났다. 학력이 높으면 높을수록 교육을 받을 수 있는 여건이 더 잘 조성되어 있기 때문에 교육에 참여할 시간이나 기회가 많은 반면, 학력이 낮을수록 시간이나 배움의 기회가 적을 수 있음을 시사한다. 따라서 교육에서 시작된 격차가 사회적 지위나 경제력 등 여러 가지 측면에서 계층 격차에 영향을 주고 있으므로, 학력이 낮은 사람들을 대상으로 한 평생교육 홍보 프로그램이나 지원에 관심을 가질 필요가 있다. [그림 1-6]에서 확인할 수 있듯이, 2018년도부터 저소득층을 위한 '평생교육바우처' 제도가 실시되어 계층 간 교육 격차를 해소하기 위한 지원이 시작되었지만, 평생학습 자체에 대한 정보의 인식이 부족하다면 아무리 좋은 제도라 할지라도 활용할 수 없기 때문에 적극적인 홍보가 함께 이루어져야 할 것이다.

셋째, 고령화 시대에 평생학습의 필요성이 더 증대되고 있음에도 불구하고 우리나라의 경우, 연령대가 높아질수록 평생학습 참여율이 낮게 나타나고 있다. 앞서 성인학습의 사회적 배경에서 살펴보았듯이, 우리나라는 현재 고령화 사회로 진입하여 노년기의 성인들은 은퇴 후 수십 년을 더 살아가기 위해 지속적인 직업 생활을 유지할 수 있도록 준비해야 한다. 그러나 오히려 연령이 높을수록, 특히 직업 관련 평생학습 참여도가 낮은 결과는 성인 후기부터 노년기에 접어든 성인 학습자들이 미래의 삶을 준비하는 데 평생학습이 그 역할을 충분히 하지 못하고 있다는 현실을 반영한 것이라 할 수 있다. 따라서 성인 교육자들은 노년기 성인 학습자들이 보다 더 쉽게 접할 수 있는 프로그램이나 접근 방법을 고려하여 이러한 과제를 해결해야 할 것이다. 무엇보다도 평생학습 사회로 변화해 가고 있는 시대에 전 국민들로 하여금 평생학습의 필요성과 평생학습 방법에 대한 인식을 확장시키는 것이 우선적으로 이루어질 필요가 있다. 초등학교에서부터 평생학습에 관한 홍보를 통해 평생학습에 대한 개념과 필요성 그리고 참여 방법 자체에 대한 학습이 이루어진다면, 학부모와 지역사회 시민들의 참여 또한 자연스럽게 확장될 수 있기 때문이다.

결론적으로, 평생학습 참여 실태 조사 결과에서 드러난 공통적인 문제점은 평생학습이 필요한 사람들이 오히려 평생학습 참여 비율이 낮다는 것이다. 이러한 문제를 해소하기 위해서 성인 교육자들은 평생학습의 소외계층에 대한 정부의 지원 정책에 관심을 갖고 평생학습에의 접근성을 높이고 참여를 유도할 수 있는 프로그램을 개발하는 데 앞장서야 할 것이다.

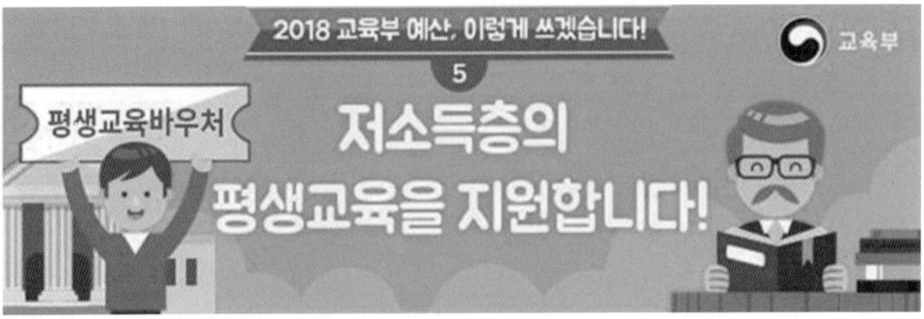

[그림 1-6] **평생교육 지원 정책: 평생교육바우처**

수업 활동 1-2 우리나라 평생학습 실태 조사 및 발표

1. 교육통계서비스(http://kess.kedi.re.kr)에 접속하여 최신의 조사 자료들을 검토하여 우리나라 평생학습 참여에 관해 조사하고 발표해 보자.

- 우리나라 성인 학습자들의 형식, 비형식, 무형식학습 참여율, 참여 동기, 참여 장벽, 배경 변인별 참여 현황 등에 대한 통계 조사 결과를 찾아 정리해 보자.

- 연구 결과를 바탕으로 성인학습 실제에 대한 시사점을 도출해 보자.

- 자신이 조사한 결과를 사회학적 렌즈를 끼고 어떠한 문제점이 있는지 찾아보고, 그 개선방안에 대해 생각해 보자.

참고문헌

교육부 (2015). **한국 성인의 평생학습 실태**. http://kess.kedi.re.kr/publ/view?survSeq=2015&publSeq=24&menuSeq=3653&itemCode=02&language=

교육부 (2017). **한국 성인의 평생학습 실태**. https://kess.kedi.re.kr/publ/view?survSeq=2017&publSeq=24&menuSeq=3653&itemCode=02&language=

국가평생교육진흥원(2016). 4차 산업혁명의 시대에서 묻는 교육의 미래 : 세계경제포럼의 교육을 위한 새로운 비전(New Vision for Education). **글로벌평생교육동향**, 2, 1-14.

안문석, 이제은(2016). 4차 산업혁명 시대의 지역정보화 대응전략. **지역정보화**, 97, 30-35.

이민화(2016). 인공지능과 일자리의 미래. **국제노동브리프**, 14(6), 11-24.

통계청(2015). **세계와 한국의 인구현황 및 전망**.

Bostrom, N. (2009). The future of humanity. In J. K. B. Olsen, E. Selinger, & S. Riss, S (Eds.), *New waves in philosophy of technology* (pp. 186-215), New York: Palgrave Macmillan. http://www.nickbostrom.com.

Coombs, P. H., Prosser, R. C., & Ahmed, M. (1973). *New paths to learning for children and youth*. NY: International Council for Educational Development.

Coombs, P. H. (1985). *The world crisis in education: A view from the eighties.* NY: Oxford University Press.

Crowther, J. (2012). 'Really useful knowledge' or 'merely useful' lifelong learning? In D. N. Aspin, J. Champman, K. Evans, & R. Bagnall (Eds.), *Second international handbook of lifelong learning* (pp. 801-811). NY: Springer.

Darling-Hammond, L., Barron, B., Pearson, P. D., Schoenfeld, A. H., Stage, E. K., Zimmerman, T. D., Cervetti, G. N., & Tilson, J. L. (2008). *Powerful learning: What we know about teaching for understanding.* San Francisco: Jossey-Bass.

Dumont, H., & Istance, D. (2010). Analysing and designing learning environments for the 21st century. In Dumont, H., Istance, D. & Benavides, F. (Eds.), *The Nature of Learning: Using Research to Inspire Practice* (pp. 19-34). OECD Publishing: Organization for Economic Co-operation and development.

Gratton, L. (2011). **일의 미래** (The shift: the future of work is already here). (조성숙 역). 서울: 생각연구소. (원저는 2011년에 출판).

Hansan, A. (2012). Lifelong learning in OECD and developing countries: An interpretation and assessment. In D. N. Aspin, J. Chapman, K. Evans, & Bagnall (Eds.), *Second international handbook of lifelong learning* (pp. 471-498). NY: Springer.

Illeris, K. (2004). *Adult education and adult learning*. Malabar, FL: Krieger.

Johnstone, J.W.C., & Rivera, R. J. (1965). *Volunteers for learning: A study of the educational pursuits of american adults*. Hawthorne, NY: Aldine de Gruyter.

King, K. P. (2010). Informal learning in a virtual era. In C. K. Kasworm. A. D. Rose & J. M. Ross-Gordon (Eds.), *Handbook of adult and continuing educaion* (pp. 421-429). Thousand Oaks, CA: Sage.

Livingstone, D. (2002). Mapping the iceberg. *NALL Working Paper*, #54-2002. http://www.nall.ca/res/54DvidLivingstone.pdf.

Merriam, S. B., & Bierema, L. L. (2014). *Adult learning: Linking theory and practice*. San Francisco, CA: Jossey-Bass.

Merriam, S. B., Cafferella, R. S., & Baumgartner, L. M. (2007). *Learning in adulthood* (3rd ed.). San Francisco: Jossey-Bass.

Parker, J. (2013). Examining adult learning assumptions and theories in technology-infused communities and professions. In V. Bryan, & V. Wang (Eds.), *Technology Use and Research Approaches for Community Education and Professional Development* (pp. 53-65). Hershey, PA.: IGI Global.

Schugurensky, D. (2000). The forms of informal learning: Towards a conceptualization of the field. *NALL Working Paper* #19-2000. http://tspace.library.utoronto.ca/bitstream/1807/2733/2/19formsofinformal.pdf

UN (2013). 2013 세계인구전망. http://esa.un.org/unpd/wpp/

UNESCO (2008). EFA Global Monitoring Report 2009: Overcoming inequality: why governance matters. Oxford University Press/UNESCO Publishing. http://unesdoc.unesco.org/images/0017/001776/177683e.pdf

Walters, S. (2005). Learning region. In L. M. English (Ed.), *International encyclopedia of adult education* (pp. 360-362). NY: Palgrave Macmillan.

World Economic Forum(2016). The Future of Jobs Employment, Skills and Workforce Strategy for the Fourth Industrial Revolution. Global Challenge Insight Report. http://www3.weforum.org/docs/WEF_Future_of_Jobs.pdf.

교육통계서비스 http://kess.kedi.re.kr

http://www.miniatrue-erth.com

제2장

평생교육과 성인학습 상담

제1장에서는 전 세계적인 교육체제의 급격한 변화의 중심축으로서 성인학습의 필요성과 실태에 대해 현대사회의 특성을 중심으로 알아보았다. 제2장에서는 평생교육의 대중적 확산과 전문화의 움직임 속에서 평생교육의 제도적 변혁과 행정 체계가 이루어진 가운데 평생교육과 성인학습의 의미를 살펴보고, 이를 기초로 평생교육의 실천적 관심과 역량을 발휘할 평생교육사의 역할과 직무가 무엇인지 학습한다. 특히 평생교육사가 갖춰야 할 전문적 지식으로서 학습상담의 의미 지식과 체험적 지식을 함양해야 하는 근거를 평생교육사의 직무와 역할을 통해 찾아보고 성인학습자를 위한 학습상담을 실시하기 위해 개발해야 할 구체적인 역량 요인들이 무엇인지 살펴보기로 한다.

1. 평생교육과 성인학습의 의미

여러분은 지금 평생교육사 양성 과정으로 성인학습 및 상담론을 수강하고 있을 것이다. 제1장에서 잠시 언급했지만, 평생교육, 평생학습, 그리고 성인학습의 용어가 혼재되어 사용되고 있어 독자들 중에는 그 의미가 어떠한 차이가 있는지 궁금해할 독자도 있을 것이다. 필자 또한 상담을 전공한 교육학자로서 평생교육 분야에서 그 용어가 어떤 차이가 있는지 궁금했고 관련 참고문헌들을 찾아서 나름대로 이해한 바를 정리하고자 한다.

1) 교육과 학습의 의미

평생교육과 성인학습의 의미를 구별하기 이전에 교육과 학습의 의미가 어떻게 다른지 살펴볼 필요가 있다. 안드라고지라는 새로운 학문의 지평을 넓힌 노울즈(Knowles)에 의하면, 교육이란 개인이나 집단, 단체가 지식, 기술 그리고 태도에서 효과적인 변화가 일어날 수 있도록, 한 사람 이상의 교육 주체가 주도하는 활동을 의미한다. 반면, 학습은 변화가 일어날 것이라 기대되는 사람을 강조하여 행동변화, 지식, 기술 그리고 태도가 습득되는 과정이다(Knowles, Holton, & Swanson, 2012). 제1장에서 평생교육이 평생학습으로 대체되어 사용되고 있는 이유에 대해서 살펴보았듯이, '교육'이라는 단어는 단순한 지식 전달을 넘어서 학습자와 학습과정 그리고 결과에 초점을 맞추기 위해 '학습'이라는 단어로 대체되고 있어(Hansan, 2012), 평생교육보다는 평생학습이라는 용어를 보다 일반적으로 사용하고 있다.

2) 평생교육, 평생학습과 성인학습의 의미

평생교육이란 학교교육을 제외한 모든 형태의 조직적인 교육 활동을 말한다(「평생교육법」 제1장 제2조). 「평생교육법」에 기초하여 평생교육 제도가 확립된 상황에서 평생교육이라 하지 않고 평생학습이라 말하는 것은 이미 설명하였기 때문에 생략한다. 그러면 '성인학습의 의미는 무엇인가?' '평생학습에 참여하는 잠재적 학습자들은 성인에 해당되기 때문에 평생학습은 곧 성인학습을 의미하는 것으로 간주해도 되는 것인가?'라는 질문이 생긴다.

평생학습과 학습사회의 개념에서 살펴보았듯이, 평생학습이란 생애 동안 행하는 모든 목적성을 가지는 학습 활동으로, 형식학습에서부터 격식이 없는 비형식학습을 모두 포함한다고 배웠다. 즉, 생애 동안 행하는 모든 목적성을 지닌 학습 활동이라고 한다면, 전 생애 발달 단계에 있는 학습자들이 행하는 학습 활동을 평생학습이라 할 수 있다. 결과적으로 평생학습이 성인학습보다 광의의 개념임을 알 수 있다. 이후 2부 성인학습의 이론과 실제에서 자세하게 배우겠지만, 평생학습의 주체자들 중 형식학습에 참여하는 아동·청소년과는 달리, 차별적인 성인학습 현상과 환경에 주목하여 성인기 발달 단계에 있는 학습자들에 초점을 두어 새롭게 성인학습을 이해하기 위한 학문적 노력이 등장하면서 평생학습의 분야 내에서 성인을 대상으로 한 학습을 성인학습이라고도 한다.

성인학습에 대한 학자들의 정의를 살펴보면, 노울즈의 경우 성인학습이란 성인의 역할을 수행하는 사람 및 자신을 성인으로 인식하는 사람을 성인의 범주에 포함시켜 이에 해당되는 개인이 학습하는 것으로 정의하였다(Knowles et al., 2012). 여기서 학습이란 학습의 결과로 나타나는 행동변화가 일어나는 과정이며 외현적 행동 변화뿐만 아니라 지식, 신념, 태도, 가치관 변화와 같은 내현적 변화의 과정도 포함한다. 한편, 마이어(Mayer, 1982)는 연습, 경험, 훈련의 결과로 인하여 성인이라고 간주되는 사람들의 지식, 태도 그리고 행동이 비교적 지속적으로 변화되는 과정이라 정의하였다. 이러한 정의들에 기초해 볼 때, 성인학습은 평생학습의 구조 내에서 연령과 사회적 역할 등에 의하여 성인으로 간주되는 학습자들에 의한 학습 활동이라 하겠다. 여기서 의미하는 성인에 대한 개념에 대해서는 2부 성인 학습자의 이해 부분에서 자세히 다루고자 한다.

2. 평생교육사의 역할과 직무

평생교육사의 역할과 직무는 「평생교육법」과 이론적 차원의 두 가지 관점으로 살펴볼 수 있다. 평생교육사의 공적 자격을 부여하고 있는 「평생교육법」 제17조 제2항에 의하면, "평생교육사는 평생교육의 기획 · 진행 · 분석 · 평가 및 교수업무를 수행한다."라고 규정하고 있다. 이러한 「평생교육법」에 근거하여 드러난 평생교육사의 역할을 정리해 본다면, 평생교육 과정의 요구를 분석하고 설계해서 개발하는 프로그램 개발자로서의 역할, 개발된 교육과정을 효과적으로 진행, 운영하는 운영자로서의 역할, 교육과정의 효과를 분석하고 평가하는 평가자, 개발된 교육과정을 학습자에게 전달하고 강의하는 교수자로서의 역할 등으로 규정할 수 있다(김진화, 2003).

한편, 이론적 차원에서 평생교육사의 역할에 대해서는 평생교육의 패러다임에서 다양한 연구자에 의해서 제안되고 있다. 권두승(1999)은 교수자, 프로그램 개발자, 관리자, 변화촉진자, 협력자로서의 역할로 규정하였고, 김경희(1999)는 프로그래머, 연구자 및 평가자, 관리자, 교수자로서의 역할로 제안하였다. 정민승(2002)의 경우, 평생교육자의 역할에 대해 창조력을 갖춘 프로그램 개발자, 사회적 요구 해석능력을 갖춘 교육요구 분석가, 학습자를 조직

할 수 있는 역할자로 제안하였다. 다음 단락에서는 김진화(2003)가 법적 기준과 이론적 기준을 통합하여 정리한 평생교육사의 역할과 직무에 대해 살펴보고, 평생교육사의 상담자 또는 학습 멘토로서의 역할 수행에 필요한 구체적인 역량 요인들에 대해 알아보도록 한다.

1) 평생교육사의 역할과 역량

역할이란 한 개인이 마땅히 책임져야 한다는 규범적이고 당위적인 소임으로서 평생교육사의 역할은 크게 관리자로서의 역할, 프로그램 개발자로서의 역할, 교수자로서의 역할, 상담자로서의 역할, 조정자로서의 역할, 평가 및 컨설팅 전문가로서 역할 6가지로 정리해 볼 수 있다.

첫째, 관리자로서의 역할은 평생교육 기관의 구성원으로 담당해야 할 교육행정관리를 강조한다. 둘째, 프로그램 개발자로서의 역할은 변화하는 사회적 맥락 속에서 평생교육 기관이 지향하는 이념과 학습자의 요구와 필요를 읽어내는 해석 및 분석능력과 의미 있는 평생교육활동을 위해 내용을 구성하는 것과 관련된다. 셋째, 교수자로서의 역할은 학습자의 수준과 특성에 따라 교수-학습 활동을 촉진하는 일과 관련된다. 넷째, 상담자로서의 역할은 학습자의 현재 문제점과 애로사항, 그리고 학습자의 미래 비전과 소망 사이의 접점을 찾아 직접적인 안내와 정보를 제공하는 일과 관련된다. 다섯째, 조정자로서의 역할은 해당 지역사회에 기반을 두고 있는 다양한 평생교육 기관 간의 네트워크를 형성하고 조정하는 것과 관련된다. 여섯째, 평가 및 컨설팅 전문가로서의 역할은 평생교육 기관 운영의 효율성을 체계적이고 과학적으로 조사·분석하고 향후 발전적 대안과 처방을 제시하는 것과 관련된다.

최근 성인 교육자의 핵심 역량 도출과 수준을 분석한 김미영과 강훈(2016)의 연구 결과에 의하면, 성인 교육자에게는 프로그램 개발자, 학습 촉진자,

학습 평가자, 학습 멘토의 4개 역할이 요구된다. 프로그램 개발자 역할에는 교수설계(프로그램 개발), 전문성 향상의 2개 핵심 역량이, 학습 촉진자 역할에는 교수-학습 진행, 교수(teaching)의 2개 핵심 역량이, 학습 평가자 역할에는 내용 요약 및 목표 달성 정도 확인의 1개 핵심 역량이, 학습 멘토 역할에는 성인 학습자 특성 이해, 학습상담, 인성과 태도, 커뮤니케이션의 4개 핵심 역량이 도출되어 총 4개 역할에 9개 핵심 역량이 요구되는 것으로 확인되었다. 여러분이 수강하고 있는 성인학습 및 상담론의 강좌는 성인 교육자가 맡아야 하는 4개의 역할 중 학습 멘토의 역할을 수행하기 위한 세부적인 역량을 개발하는 것에 목적이 있다. 김미영과 강훈(2016)의 연구에서 탐색된 성인 교육자의 핵심 역량과 세부 역량은 〈표 2-1〉에 살펴볼 수 있다.

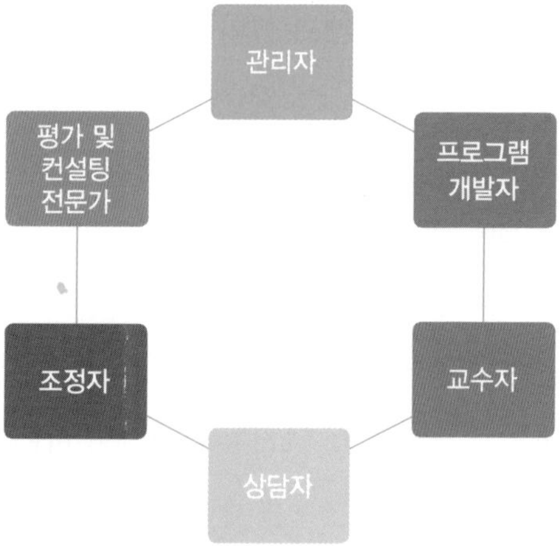

[그림 2-1] 평생교육사의 역할(규범적 소임)

〈표 2-1〉 성인 교육자의 역할 및 핵심 역량(김미영, 강훈, 2016)

역할	핵심 역량	핵심 역량 설명	세부 역량
프로그램 개발자 (수업 전)	교수설계 (프로그램 개발)	평생교육 프로그램의 기획, 설계, 요구분석, 개발	• 이해관계자와의 파트너십 형성 • 요구분석 • 전략적 프로그램 개발 • 교수매체 개발
	전문성 향상	내용 전문성과 교수기법 전문성의 지속적인 향상	• 전문분야에 대한 지식, 기술 향상 • 학습자에 맞는 교수기법에 대한 지식, 기술 향상
학습 촉진자 (수업 중)	교수-학습 진행	개발된 평생교육 프로그램의 운영과 학습자의 학습 활동 지원	• 학습 환경 조성 • 학습자 간 관계 형성 • 학습자와의 관계 형성
	교수 (teaching)	개발된 평생교육 프로그램을 학습자에에 전달	• 다양한 교수-학습 기술 • 학습 진행 사항 평가 • 학습 촉진 • 효과적인 커뮤니케이션 • 다양한 교수-학습 기술 • 학습 진행 사항 평가 • 학습 촉진 • 학습 속도 및 시간 관리
학습 평가자 (수업 후)	내용 요약 및 목표 달성 정도 확인	평생교육 프로그램운영 후 교육목적 달성 정도, 진행상의 장/단점 보완계획 등 프로그램을 전반적으로 분석하고 평가	• 평가(요약 및 확인) 계획 세우기 • 평가(요약 및 확인) 방법 개발 • 평가 측정 및 평가(요약 및 확인) • 평가(요약 및 확인) 결과 분석 및 반영
학습 멘토 (기본 공통)	성인 학습자 특성 이해	성인 학습자의 특성에 적합한 평생교육 프로그램을 개발하고 운영, 평가	• 성인 학습자의 학습특성 이해 • 성인 학습자의 사회적, 심리적, 신체적 특성 이해 • 성인 학습자의 관심과 요구 이해
	학습상담	평생교육 전이나 후에 사전 학습 또는 지속적인 학습을 위한 자원과 정보를 제공	• 학습요구 파악하기 • 학습 안내하기 • 학습동아리 조직 및 지원

	인성과 태도	평생교육 강사로서 가져야 할 인성과 태도	• 평생교육에 대한 철학 • 인간 다양성의 존중 • 도덕성과 가치 • 자기개발 및 자기관리 • 창의성 · 열정 · 긍정 마인드
	커뮤니케이션	평생교육 강사로서 학습자 및 기관과 정확한 정보의 공유 방향 정렬	• 학습자와 커뮤니케이션 • 소속 평생교육 기관의 철학 이해 • 소속 평생교육 기관의 운영 방향 이해

2) 평생교육사의 직무

직무란 사전적 의미로 '담당해 맡고 있는 사무 및 업무'로 정의된다. 앞서 살펴본 역할이 한 개인이 마땅히 책임져야 한다는 규범적이고 당위적인 소임에 관한 것이라 한다면, 직무란 해당 분야의 종사자가 현재 어떠한 일을 맡아 수행하고 있느냐에 초점을 두는 개념이라 할 수 있다(김진화, 2003). 그러므로 평생교육사의 직무란 평생교육사가 평생교육 현장에서 실질적으로 맡아 수행하고 있는 일이다.

한국직업능력개발원(1999)의 평생교육사의 직무를 분석한 결과에 의하면, 평생교육사의 직무는 "평생교육 프로그램을 기획, 개발, 조직, 운영, 평가하고 성인들에 대한 학습상담과 생애개발을 지원하며 학습 환경 및 조직에 대한 교육적 자문을 수행하는 직무이다"로 정의한다. 이러한 정의에 근거할 때, 평생교육사의 핵심직무는 교육기획, 프로그램 개발, 프로그램 운영, 기관 관리, 네트워킹 및 지원, 교수–학습, 학습상담, 평가 및 컨설팅으로 표준화된다(김진화, 2003). 평생교육사의 각 직무에 대한 핵심 과업은 〈표 2–2〉에서 살펴볼 수가 있다. 이러한 평생교육사의 직무가 표준화되기 위해서는 평생교육 현장에 근거한 평생교육사의 직무분석이 지속적으로 이루어질 필요가 있다. 성인학습 기관 견학 과제를 통해서 학생들이 보고하는 공통된 내용으로 평생교육사가 전문적인 역할을 맡아 이러한 직무를 수행하는 것이 현장에서는 매우 제한적으로 이루어지고 있다는 점이다. 평생교육사가 근무하는 지역과 센터의 규모 등에 따라서 주된 직무가 달라질 수 있음을 고려할 필요가 있다.

〈표 2-2〉 **평생교육사의 직무와 핵심 과업**

직무	핵심 과업
교육기획	사회와 조직의 교육요구 분석하기, 교육조직 및 기관의 비전 수립하기, 중장기 계획 수립하기, 연간(교육)계획 수립하기, 마케팅하기, 성과 분석하기
프로그램 개발	프로그램 타당성 검토하기, 프로그램 개발 공동작업하기, 교육요구 파악 및 분석하기, 프로그램 목표 설정하기, 프로그램 내용 선정하기, 프로그램 설계하기, 프로그램 실행 매뉴얼 만들기
프로그램 운영	시설 및 매체 확보하기, 강사 및 교수자 섭외하기, 프로그램 홍보 및 마케팅하기, 프로그램 실행하기, 교육매체 조작하기, 성과 분석하기
기관 관리	행정업무 보기, 재정 관리하기, 조직 관리 및 개발하기, 법규·정책 해석 및 활용하기, 교육시설 및 환경 관리하기, 학습자 관리하기, 강사 관리하기, 기관 홍보하기
네트워킹 및 지원	지역사회 학습자원 조사하기, 인적·물적 자원 교육하기, 정보 공유하기, 사업 제휴하기, 공동연수하기, 네트워킹 조직 구축하기
교수-학습	교수대상자 분석하기, 교수계획 세우기, 교수자료 수집하기, 교수자료 개발하기, 강의 실행하기, 강의 평가하기
학습상담	학습자 진단하기, 교육정보 제공하기, 교수 및 학습 방법 조언하기
평가 및 컨설팅	교육문제 진단하기, 해결안 제안하기, 실시와 피드백하기

3. 성인학습 상담의 필요성

앞서 제1장에서 살펴보았듯이, 4차 산업혁명 시대는 교육으로 하여금 개별 학습자들이 21세기를 위한 핵심 기술과 사회 정서 학습 기술(Social and Emotional Learning: SEL skills)을 개발할 것을 촉구하고 있다. 노동시장의 변화는 특정 소수의 개인이 아닌 모든 개인으로 하여금 문해와 수해능력과 같은 '기초 기술(foundational skills)'뿐만 아니라 협력, 창의성, 문제해결력과 같은 '역량(competencies)', 일관성, 호기심, 주도성과 같은 '인성적 자질(character qualities)'을 갖추도록 요구하고 있다. 평생학습은 사회 구성원들이 급변하는 현대사회에 적응할 수 있도록 위와 같은 사회 및 정서 학습 기술을 함양하는 데 중심적인 역할과 과업을 맡고 있다. 이러한 성인학습의 목표를 달성하기 위해서 상담이 왜 필요한지에 대해 살펴본 후에, 평생교육사로서 상담 직무를 수행하기 위해 어떠한 지식과 기술 그리고 태도들이 필요한지 알아보자.

1) 학습과정으로서 상담

오늘날 평생학습에서 모든 학습자가 사회 정서 학습 기술을 키울 수 있는 방향으로 나아가기 위해서는 평생교육사에게 상담자의 역할과 학습상담의 직무 수행은 그 어느 때보다도 강조되고 있다. 왜냐하면 협력이나 창의성 그리고 문제해결의 역량과 주도성과 같은 인성적 자질은 상담 과정을 통해서 함양될 수 있는 상담의 성과이기 때문에 오늘날 성인학습에서 상담은 더욱 중요한 교수-학습 방법이라 할 수 있다. 성인학습에서 상담은 성인 학습자들이 학습을 하는 과정 중에 발생하는 여러 어려움을 새로운 관점과 방법으로 해결해 가는 데 중요한 방법으로서 평생교육사에게 요구되는 전문적 역량이다. 학습 멘토 또는 상담자로서의 역할을 위해서는 앞서 언급한 성인 교육자가 개발해야 하는 핵심 역량 중, 성인 학습자 특성 이해, 학습상담, 인성과 태도, 커뮤니케이션의 4개 핵심 역량의 개발이 요구된다(김미영, 강훈, 2016).

일반적으로 상담이란 전문적인 훈련을 받은 상담자가 다양한 개인사로 인해 어려움을 겪는 내담자와 대화를 통해 상호작용하여 내담자가 문제를 해결하고 행복한 삶을 살아 갈 수 있도록 전문적으로 도와주는 과정이다. 여기서 '전문적'이라는 뜻은 상담자의 전문적 자질을 말한다. 구체적으로 인간에 대한 심리학적 지식과 상담이론을 활용할 수 있고 내담자에게 해가 되지 않고 치유적인 도움을 줄 수 있도록 일정 기간 동안 상담 기술을 훈련받아 상담자 윤리 의식을 갖추었을 때 전문성을 지닌 상담자라 한다. 전문적인 상담자가 되기 위해서는 전문적 자질도 필요하지만 상담자에게 요구되는 인성적 자질을 함양하기 위해 지속적으로 마음을 수련해야 한다. 이에 대해서는 3부 성인학습 상담의 이론과 실제에서 자세하게 살펴볼 수가 있다.

이러한 상담의 목표는 크게 소극적 목표와 적극적 목표로 구분 지어 살펴볼 수 있다. 소극적 목표에는 치료와 예방, 문제해결, 긍정적 행동 변화, 적응 기술의 증진이 있으며 이러한 목표는 4차 산업혁명 시대에 요구되는 사회 및 정서 학습 기술에 해당된다. 적극적 목표는 궁극적으로 상담이 지향하는 방향의 목표로서 주관적 안녕감의 향상, 긍정적 자아개념의 형성, 전인적 발달을 도모하는 것이다. 상담 목표가 달성됨으로써 내담자는 행동의 변화를 경험하게 된다. 즉, 자신에 대한 학습이 일어나는 것이다. 앞서 살펴보았듯이, 학습이란 학습의 결과로 나타나는 행동 변화가 일어나는 과정이며 외현적 행동 변화뿐만 아니라 지식, 신념, 태도, 가치관 변화와 같은 내현적 변화의 과정도 포함된다. 따라서 상담 활동 자체는 자기 자신과 인간의 변화와 성숙에 대해 학습하는 과정이라 할 수 있다.

인생의 전환점에서 성인학습을 선택하고 학습을 경험한 40대, 50대, 60대

개인의 사례를 통해 성인학습의 심리치료적 효과를 분석한 김정희(2016)에 의하면, 참여자들은 고통의 출구를 학습을 통해서 찾았으며 학습과정에서 내·외적 도전들을 극복하고 심리적인 변화를 경험하였다. 삶 속에서 학습을 통해 경험하는 심리적 변화는 궁극적으로 심리적 안정과 자신감 회복이라는 직접적 심리치료 효과를 가져왔으며 간접적으로 학습을 통해 행동과 가치관이 변함으로써 자신에 대한 당당함과 타인과 사회에 대한 심리적·정신적 수용력이 확장되는 것으로 나타났다. 이렇게 볼 때, 상담의 과정을 통한 행동 변화 역시 성인학습의 과정으로 볼 수가 있다. 메지로우(Mezirow, 1991)는 성인의 전환학습에 있어서 상담기법을 사용하는 것에 대하여 성인 교육자에게 심리치료사의 역할을 할 수 있는 심리적 기법과 지식이 필요함을 주장하였다.

그러므로 성인학습에서 성인 학습자들이 학습을 하는 과정 중에 발생하는 여러 어려움을 새로운 관점과 방법으로 해결하기 위해 상담의 기법과 지식을 활용한다면, 성인 학습자의 학습 참여의 성과 측면에서 지식정보기술과 직무능력 향상뿐만 아니라 삶의 질적인 측면, 특히 정신건강을 보다 향상시킬 수 있기 때문에, 평생학습사회에서 학습 조력방안으로서 성인학습 상담의 역할은 매우 중요하다(송재홍, 2016; 최운실, 2005).

2) 학습상담 직무를 위한 역량 개발

역량이란 특정한 상황이나 직무에서 준거에 따른 효과적이고 우수한 수행의 원인이 되는 동기, 특질, 자기개념, 지식, 기술 등과 같은 개인의 내적 특성으로, 다양한 상황 속에서 직무수행의 내용과 성과를 예측하게 하는 이점이 있다(Spencer & Spencer, 1993). 평생교육사로서 학습 멘토와 상담자의 역할을 수행하기 위해서 학습상담의 직무를 위해 필요한 지식과 기술 그리고 인성적 자질과 태도를 상담 직무 역량이라 한다. 평생교육사의 성인학습 상담의 역량에 대해 전문가의 의견을 수렴하여 도출하고 평생교육사로부터 각 역량에 대한 중요도 인식수준을 분석한 조외현, 서희정과 안영식(2013)의 연구 결과에 의하면, 성인학습 상담에 필요한 핵심 역량은 성인 학습자와의 관계형성 역량, 성인 학습자의 학습촉진 역량, 성인 학습자의 분석 역량으로 확인되었다. 관계형성 역량의 하위 역량요인으로는 학습자 의견 경청 역량, 학습자와 의사소통 역량, 평생학습 관련 정보제공 역량, 학습자 평생학습활동 참여 지원 역량이 있다. 학습촉진 역량의 하위역량 요인에는 학습동아리 활동 지원 역량, 학습동기 촉진 역량, 생애주기별 커리어설계 상담 역량, 학습목표 지원 역량, 학습과정 안내 역량이 있다. 끝으로, 성인 학습자 분석 역량의 하위요인에는 학습자의 학습수준 진단 역량, 교육필요 분석 역량, 학습저해요인 진단 역량, 학습자 특성 파악 역량이 해당된다. 이러한 역량 요인들에 대해 225명의 평생교육사들을 대상으로 중요도를 평정한 결과, 성인학습 상담 직무를 수행하기 위해 가장 중요한 역량은 학습자의 문제를 진단하고 분석할 수 있는 학습자 분석 역량으로 확인되었다. 특히 학습저해 요인 진단 역량, 학습자의 교육필요 분석 역량 및 학습자 특성 파악 역량에 대한 요구 수준이 높은 것으로 나타났다. 이러한 연구 결과를 통해서 볼 때, 평생교육사가 수행해야 하는 학습상담의 직무 수행을 위해서 평생교육사는 성인 학습자에 대한 심리학적 지식과 성인 학습자들의 학습 현상을 이해할 수 있는 학습 이론, 학습과정과 방법에 대한 전략, 그리고 직접적으로 성인 학습자를 조력할 수 있는 상담의 지식과 기술이 필요하다는 것을 알 수 있다.

지금까지 살펴본 평생교육사의 역할과 직무 그리고 핵심 역량에 관한 선행연구 결과들(권두승, 1999; 김미영, 강훈, 2016; 김진화, 2003; 송재홍, 2016; 조외현 외, 2013)을 기초로 평생교육사로서 성인 학습자를 대상으로 학습상담을 실시하기 위해 필요한 지식과 기술 그리고 태도의 내용을 〈표 2-3〉에 제시하였고 이와 같은 내용의 틀을 기초로 교재의 내용을 편성하였다. 한 학기 동안 여러분이 성인학습 및 상담론의 강좌에서 학습할 내용이라 하겠다. 즉, 성인학습 및 상담론은 성인 학습자에 대한 지식과 이론을 바탕으로 학습상담을 수행할 수 있는 기초적인 실무 역량을 개발하는 데 목적이 있다.

〈표 2-3〉 **성인학습 상담 직무 역량 개발을 위한 학습내용**

역량 요소	학습 주제	세부 학습 내용
지식	• 성인 학습자의 이해	• 성인의 발달적 이해 • 성인 학습자의 특성과 유형
	• 성인학습의 이론	• 전통적 학습이론 • 성인학습의 모형과 과정
	• 상담의 기초적 지식과 이론	• 상담 및 심리치료의 이론
기술	• 상담조력 기술	• 상담 대화의 방법
	• 성인학습의 실제	• 학습동기와 전략 • 정서 및 행동 조절 전략 • 학습 전략
	• 성인학습 상담의 실제	• 성인학습 상담의 목표, 방법, 절차 • 학습 전략 진단 검사의 활용 • 주제별 성인학습의 상담 방법
태도	• 상담자의 태도와 자질	• 인성적 자질 • 전문적 자질

수업 활동 2-1 학습 멘토 역량에 대한 자가 평가하기

• 학습 멘토로서 요구되는 세부 역량에 대해 현재 자신의 역량을 평가해 보자(전혀 그렇지 않다 1점, 그렇지 않다 2점, 보통이다 3점, 매우 그렇다 5점).

핵심 역량	세부역량	평가
1. 성인 학습자 특성 이해	• 성인 학습자의 학습특성에 관한 지식을 지니고 있다.	
	• 성인 학습자의 사회적, 심리적, 신체적 특성에 관한 지식을 지니고 있다.	
	• 성인 학습자의 관심과 요구에 관한 지식을 지니고 있다.	
2. 학습상담	• 학습자의 학습요구를 파악할 수가 있다.	
	• 학습 방법에 대해 학습자에게 안내할 수 있다.	
	• 학습자가 학습동아리를 조직하는 방법에 대해 안내하고 지원할 수 있다.	
3. 인성과 태도	• 평생교육에 대한 철학을 말할 수 있다.	
	• 인간의 다양성에 대해 존중할 수 있다.	
	• 평생교육사로서의 도덕성과 가치에 대해 설명할 수 있다.	
	• 평생교육사로서 자기개발 및 자기관리를 할 수 있다.	
	• 창의성 · 열정 · 긍정 마인드를 지니고 있다.	
4. 대화의 기술	• 학습자와 커뮤니케이션	
	• 소속 평생교육 기관의 철학 이해	
	• 소속 평생교육 기관의 운영 방향 이해	

• 학습 멘토로서 요구되는 핵심 역량과 세부 역량에 대해 자가 평가한 것을 바탕으로 한 학기 동안 학습상담 직무 역량을 배양하기 위한 개별 학습 목표를 작성해 보자.

참고문헌

권두승(1999). 사회교육담당자 효능감 척도개발과 그 시사점. **평생교육학연구**, 5(1), 57-76.

김경희(1999). 대학의 사회교육전문요원 양성 교육과정 분석. **사회교육학연구**, 5(1), 77-102.

김미영, 강훈(2016). 성인 교육자의 핵심 역량 도출과 수준 분석. **교육연구논총**, 37(1), 129-156.

김정희(2016). 성인학습의 심리치료적 효과. **Andragogy Today: Interdisciplinary Journal of Adult & Continuing Education**, 19(4), 68-90.

김진화(2003). 평생교육사의 직업적 전문성과 직무의 탐구. **평생교육연구**, 9(2), 219-247.

송재홍(2016). 평생학습사회에서 학습 조력자로서 상담자의 역할과 과제. **평생학습사회**, 12(2), 25-47.

정민승(2002). 평생학습 패러다임에서의 사회교육자: 위상과 역할. **평생교육학연구**, 8(2), 41-60.

조외현, 서희정, 안영식(2013). 평생교육사의 평생학습상담 역량에 관한 요구분석. **평생학습사회**, 9(3), 93-113.

최운실(2005). 성인 학습자의 평생학습 참여성과 분석-HRD자본, 사회문화적 자본, 개인적 자본 측면의 성과인식을 중심으로. **직업교육연구**, 24(3), 381-419.

한국직업능력개발원(1999). 평생교육사 직무분석. 연구자료. 99-9-12.

Hansan, A. (2012). Lifelong learning in OECD and developing countries: An interpretation and assessment. In D. N. Aspin, J. Chapman, K. Evans, & Bagnall (Eds.), *Second international handbook of lifelong learning* (pp. 471-498). NY: Springer.

Knowles, M. S., Holton, E. F., & Swanson, R. A. (2012). *The adult learner: The definitive classic in adult education and human resource development*. NY: Routledge.

Mayer, R. (1982). "Learning". In H. Mitzed (Ed.), *Encyclopedia of educational research*. NY: John Wiley & Sons.

Mezirow, J. (1991). *Transformative dimensions of adult learning*. San Francisco: Jossey Bass.

Spencer, L. M., & Spencer, S. M. (1993). *Competence at work: A model for superior performance*. NY: Wiley.

제3장

성인학습 제도와 기관

성인 학습자들은 국가평생교육진흥원이 주관하는 평생학습제도의 평생학습계좌제, 학점은행제, 학습휴가제 등을 활용하여 효율적인 평생학습을 할 수 있다. 학위취득제도를 활용하여 평균 학령기에 이루지 못한 학사, 전문학사 등의 학위 취득뿐만 아니라 다양한 학문을 융합할 수 있는 복수학위의 취득도 쉽게 할 수 있다. 예를 들어, 최근 전문상담교사 임용의 수가 증가함에 따라 교육대학원에서 전문상담교사양성 과정을 밟고자 하는 성인 학습자들이 상담전공 관련 교과목을 이수하기 위해 학점은행제를 통해 수강하여 진로 전환을 준비하는 경우가 많다. 이 장에서는 우리나라 평생학습제도와 성인 학습자들이 주로 관심을 갖고 준비하는 자격증 취득을 위한 자격제도 그리고 국내 성인학습 기관들에는 어떠한 기관들이 있는지 살펴보도록 한다.

1. 평생학습제도

우리나라 평생학습제도는 「평생교육법」 제19조의 제1항(국가는 평생교육 진흥과 관련된 업무를 지원하기 위하여 국가평생교육진흥원을 설립한다.), 「교육기본법」 제3조(모든 국민은 평생에 걸쳐 학습하고, 능력과 적성에 따라 교육받을 권리를 가진다.), 「헌법」 제31조 제5항(국가는 평생교육을 진흥하여야 한다.)에 근거하여 설립된 국가평생교육진흥원을 중심으로 다양한 평생교육 사업이 운영되고 있다. 최근 국가평생학습포털인 늘배움 서비스(http://www.lifelongedu.go.kr)가 구축되어 평생학습 정보 및 프로그램 등에 대해 지역이나 기관별로 분산된 정보를 모아 제공함으로써 학습자가 원하는 지역의 강좌를 쉽게 찾을 수 있게 되었다. 국가평생교육진흥원(http://www.nile.or.kr) 홈페이지에서도 자세한 내용을 확인할 수 있어서 이 책에서는 간략하게 주요 사업의 내용을 소개하고자 한다.

1) 국가평생교육진흥원

국가가 「평생교육법」을 개정 공포한(2008년 1월) 직후, 국가평생교육진흥원이 2008년 2월에 개원하면서부터 우리나라 평생학습제도가 본격화되었다. 국가평생교육진흥원은 학력보완 교육, 성인기초문자 해득교육, 직업능력 향상교육, 인문교양교육, 문화예술교육, 시민참여교육의 6가지 주요 기능을 담당하고 있다. 이러한 주요 기능을 바탕으로 국가평생교육진흥원의 사업목적은, 첫째, 인생 100세 시대에 대비하여 지역 평생학습 체제를 구축함으로써 전 생애에 걸쳐 국민의 삶의 질을 향상시키고 국민행복을 증진시키고, 둘째, 평생학습 자원 간 네트워크 구축, 주민의 평생학습 기회 확대 등을 통해 지역의 사회통합, 경제발전, 지속가능성 확대를 유도하는 창조적 '학습공동체' 형성을 도모하고, 셋째, 지방자치단체가 주민의 평생학습 활성화를 위하여 세대별 · 계층별 맞춤형 평생교육 프로그램을 지원하는 것이다.

특히, 「평생교육법」이 일부 개정되면서(2014년 1월) 평생교육 추진체제가 읍, 면, 동 단위까지 확대되어 평생교육이 추진되고 있다. 주요 사업들로는 평생학습계좌제, 학점은행제, 독학학위제, 한국형 온라인 공개강좌(K-MOOC), 국가평생학습포털 '늘배움', 성인문해교육 지원, 학부모 자녀교육 역량 강화, 다문화교육 활성화 지원 등이 있다. 각 내용에 대해서는 국가평생교육진흥원 홈페이지의 주요 사업 내용에서 자세히 살펴볼 수가 있다. 성인 학습자들이 자주 이용하는 평생학습계좌제와 학점은행제, 한국형 온라인 공개강좌에 대해 간략하게 소개하면 다음과 같다.

2) 평생학습계좌제

평생학습계좌제는 「평생교육법」 제23조에 따라 국민의 다양한 학습경험을 온라인 학습계좌에 누적 · 관리하고, 이를 학력 · 자격인정과 연계하거나 고용정보로 활용함으로써 학습 이수 결과에 대한 사회적 인정 및 활용 기반을 확대하기 위한 제도이다. 즉, 평생학습계좌제는 국민의 평생교육을 촉진하고 인적 자원 및 관리를 하여 계속 학습을 하는 국민이 우대받는 학습풍토를 조성하는 데 있으며, 정보 시스템상에 개인별 학습계좌를 개설해 정규학교 교육 이외의 개인적 학습결과를 누적, 관리하여 학력이나 자격인정과 연계하여 고용정보로 활용할 수 있는 제도이다(나항진 외, 2012). 평생학습계좌제를 이용하는 방법과 학습 결과 누적 자료 및 증빙 자료의 활용에 대해서는 평생학습계좌제 홈페이지(http://www.all.go.kr)에서 자세히 확인할 수가 있다.

3) 학점은행제

학점은행제는 「학점인정 등에 관한 법률」 제5275조에 의거하여 학교에서뿐만 아니라 학교 밖에서 이루어지는 다양한 형태의 학습 및 자격을 학점으로 인정받고, 학점이 누적되어 일정 기준을 충족하면 학위취득이 가능한 제도이다. 개인학습의 결과인 학점을 국가평생교육진흥원에 등록하고 이러한 학점들이 누적되면 「학점인정 등에 관한 법률」에 근거하여 대학 또는 전문대학의 학력을 인정받아 학사학위 또는 전문학사학위를 취득할 수 있다.

학점은행제 학점은 평가인정 학습과정 이수, 학점인정 대상학교 학습과목 이수, 시간제 등록 학습과목 이수, 자격 취득, 독학학위제 시험합격 및 시험면제과정 이수, 국가무형문화재 보유 및 전수교육 이수를 통해 취득할 수 있다. 각각의 내용은 〈표 3-1〉에 제시하였다.

〈표 3-1〉 **학점은행제 학점인정 과정과 내용**

과정	내용
평가인정 학습과정	대학 또는 전문대학 부설 평생교육원, 직업전문학교, 학원, 기타 평생교육시설 등에서 개설하는 교육부장관으로부터 평가인정받은 학습과정
학점인정 대상학교 학습과목	4년제 대학 중퇴자 또는 전문대학 중퇴 · 졸업자, 학력인정 각종학교 중퇴 · 졸업자가 이수한 해당 대학 학점
시간제등록 학습과목	대학(전문대학 및 사이버대학 포함)의 시간제 등록 제도를 통해 각 대학 학칙에 의거하여 시행하는 과목 이수 학점
자격취득	국가평생교육진흥원장이 고시한 자격(국가기술자격, 국가전문자격, 국가공인 민간자격) 학점
독학학위제	독학학위제 과정별 시험 합격 및 시험, 면제과정 이수 학점
국가무형문화재	「무형문화재 보전 및 진흥에 관한 법률」에 의한 국가무형문화재 보유자와 그 전수자의 전수교육 이수 학점

4) 한국형 온라인 공개강좌(K-MOOC, http://www.kmooc.kr)

K-MOOC은 남녀노소 누구에게나 열려있는 고등교육 기반 공개강좌 운영서비스로서 우리 국민의 평생학습 기회 확대를 통해 다양한 학습 요구에 부응하는 것은 물론 고등교육의 혁신을 주도하는 서비스이다. K-MOOC(Korean Massive Open On-line Course)란 한국형 온라인 공개강좌로, 수강 인원의 제한 없이(Massive), 모든 사람이 수강 가능하며(Open), 웹 기반으로(Online) 미리 정의된 학습목표를 위해 구성된 강좌(Course)를 의미한다.

교수–학생 간 질의 · 응답, 토론, 퀴즈, 과제 피드백 등의 학습관리, 학습커뮤니티 운영 등 교수–학습자 간, 학습자–학습자 간 양방향 학습이 가능한 것이 특징이다. 앞으로 대학의 우수강좌를 일반에게 공개 · 공유하여 대학교육 혁신 및 고등교육에 대한 실질적인 기회균형을 실현하는 것을 주요 사업으로 하고 있다. 오늘날 무형식학습 형태의 대표적인 성인학습의 사례라 하겠다.

2. 자격제도

성인 학습자는 직무능력을 증명하고 전문성을 증대시켜 주는 자격제도에 대한 이해를 통해 실질적인 학습 성과를 얻을 수 있다(나항진 외, 2012). 우리나라에서 시행되는 자격제도는 크게 국가자격제도와 민간자격제도가 있다. 자격제도의 연구는 국무총리 산하의 한국직업능력개발원에서 실시되는데, 이 기관은 직업교육훈련정책 및 자격제도에 관한 연구와 직업교육훈련 프로그램의 개발 및 보급 등 평생직업능력개발에 관한 업무를 수행하는 연구기관이다. 직장인이나 은퇴자들의 성인학습 참여 동기가 경력개발인 만큼, 평생교육사는 직업 관련 정보와 교육 프로그램 그리고 자격제도에 관한 정보에 대해서 잘 알고 있어야 한다.

1) 국가자격제도

국가자격제도는 국가기술자격과 국가전문자격으로 구분된다. 국가전문자격제도는 행정 부처별 국가자격(예: 보건복지부 사회복지사 1급, 여성가족부 청소년상담사 1급, 고용노동부 공인노무사 등)에 대해 한국산업인력공단 시행 종목과 타 기관 시행 종목(예: 의사, 간호사, 한의사, 산림치유사 등)으로 구분하여 시행되고 있다. 자세한 정보는 한국산업인력공단 홈페이지(http://www.q-net.or.kr)에서 자세하게 확인할 수가 있다.

한편, 국가기술자격은 산업과 관련이 있는 기술, 기능 및 서비스 분야의 자격으로, 고용노동부가 국가기술자격 법령 및 제도를 총괄 운영하고, 자격 관련 종목에 대한 주무부처가 관련 사업 법령에 의거, 취득자 관리, 활용 및 사후관리를 한다(나항진 외, 2012).

2) 민간자격제도

민간자격제도는 국가공인 민간자격과 민간자격 등록제도 두 가지로 시행되고 있다. 국가공인 민간자격제도는 「자격기본법」 제19조에 따라 국가 외의 법인 · 단체 또는 개인이 운영하는 민간자격 중에서 사회적 수요에 부응하는 우수 민간자격을 국가가 공인해 주는 제도를 말한다. 민간자격 종목별 세부정보는 Q-net(http://www.q-net.or.kr)에서 자세하게 살펴볼 수가 있다. 민간자격 등록제도는 국가 외 민간자격관리자인 개인 · 법인 · 단체가 자격을 신설한 후, 관리 · 운영 방침을 민간자격 등록기관에 등록하는 제도이다. 1997년에 제정 · 공포된 「자격기본법」 제17조인 국민의 생명, 건강, 안전에 직결되거나

고도의 윤리성을 요구하는 분야 등에 대하여 민간이 자격을 신설, 관리, 운영을 금지하는 영역을 제외하고는 누구라도 자율적으로 민간자격을 신설하여 관리, 운영할 수 있는 계기가 마련되었다. 그러나 누구든지 민간자격을 신설하여 관리, 운영할 수 있게 되자 민간자격이 남발 또는 난립하게 되는 문제가 발생하여 이를 관리하고 지도, 감독할 수 있는 등록제도가 필요하게 되었다. 이에 정부는 2007년「자격기본법」및 동법 시행령을 개정하고 시행규칙 제정을 통해 민간자격등록제를 도입하여 무분별한 민간자격의 신설 및 폐해를 사전에 방지하고 민간자격에 대한 실태를 파악하고 관리하고자 한 제도가 민간자격 등록제도이다. 이에 대한 자세한 정보는 민간자격정보서비스(http://www.pqi.or.kr)를 활용하면 된다.

3. 성인학습 기관

성인학습 기관은 형태별, 종류별, 주체별로 다양하게 분류할 수 있으며, 다양한 형태 안에서 성인학습 기관들은 각기 서로 다른 교수-학습을 실행한다(나항진 외, 2012). 지금부터는 앞서 살펴본 성인학습의 환경 형태에 따라 형식학습을 할 수 있는 기관, 비형식학습이 이루어지는 기관, 무형식학습을 수행할 수 있는 기관으로 분류하여 살펴보고자 한다.

1) 형식학습 형태의 기관

「평생교육법」제5장 '평생교육 기관' 제30조에서부터 제38조에 의해 크게 8가지로 세분화되어 있는 것 중 제33조에 의한 원격 대학 형태의 평생교육 시설을 제외한, 7개의 평생교육 시설은 형식적 및 비형식적 학습 환경에 해당된다. 즉, 성인 학습자들이 형식학습 장소에 참여하여 교수자와 직접 대면 학습을 하는 기관에는, ① 학교 부설 평생교육 시설(제30조), ② 학교형태의 평생교육 시설(제31조), ③ 사내 대학 형태의 평생교육 시설(제32조), ④ 사업장 부설 평생교육 시설(제35조), ⑤ 시민사회 단체 부설 평생교육 시설(제36조), ⑥ 언론기관 부설 평생교육 시설(제37조), ⑦ 지식 · 인력 개발 사업 관련 평생교육 시설(제38조)이 있다. 이 중 형식학습 형태의 기관은 ①과 ②와 같이 공식적 교육 기관에서 이루어지는 기관을 말한다.

2) 비형식학습 형태의 기관

국립 또는 각 지역에 있는 박물관, 도서관, 미술관, 문화회관 등은 비형식학습 형태의 기관으로서 성인은 물론 온 국민이 문화적 소양을 기를 수 있는 학습시설이다. 국립중앙박물관(http://www.museum.go.kr), 국립현대미술관(http://www.moca.go.kr), 국립중앙도서관(http://www.nl.go.kr) 그리고 각 지역의 구청 및 동사무소 내지는 지역 도서관에서는 저마다 시민들을 위한 학습 프로그램을 기획하여 단기간 동안 다양한 내용으로 강좌를 제공하고 있다. 예를 들어, 국립중앙박물관에서 제공하는 박물관 특설강좌는 한국전통문화와 역사에 대해 수강할 수 있는 대표적인 박물관 교육프로그램으로 1977년부터 2017년까지 41년 동안 약 15,000여 명의 수료생을 배출하였다. 1년간 인문학의 다양한 주제를 수강할 수 있으며 고고학, 인류학, 역사학, 미술사학, 보존과학 등의 다양한 주제를 분야별 최고의 석학 100여 명에게 배울 수 있다고 한다. 박물관 특설강좌를 수료한 이후에는 심화과정인 박물관 연구 강좌에서 더욱 세분화되고 깊이 있는 강의를 수강할 수 있다.

3) 무형식학습 형태의 기관: 원격학습 기관

「평생교육법」상 평생학습 기관의 현황 도표([그림 3-1] 참조)에서 확인할 수 있듯이, 원격 형태의 학습 기관이 41.5%으로 가장 많이 차지하고 있다. 원

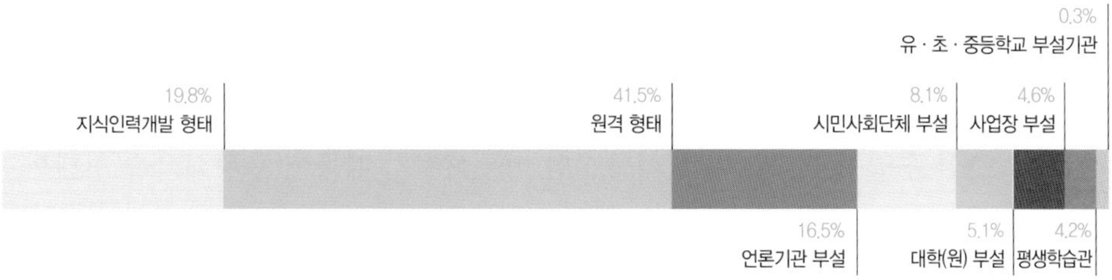

[그림 3-1] 평생교육법상 평생학습 기관 현황(교육부 조사)

출처: http://smile.seoul.kr

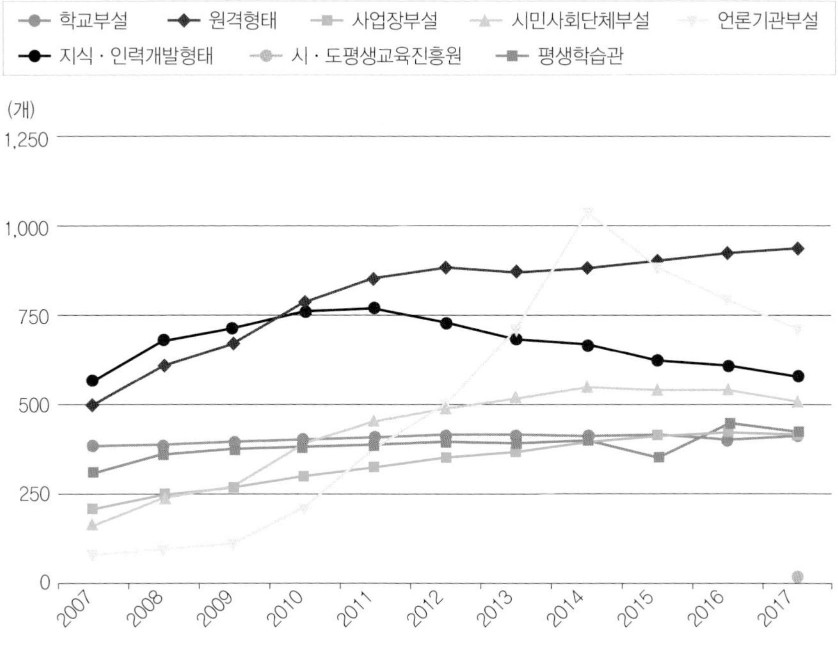

[그림 3-2] 기관 유형별 평생교육 기관의 수

출처: http://kess.kedi.re.kr

격학습은 교수자와 학습자가 컴퓨터, 인터넷, 방송 통신이라는 정보 · 통신 매체를 매개로 하여 소통과 교류를 하는 학습이다. [그림 3-2]의 연도에 따른 기관 유형별 평생교육 기관의 수를 보더라도 원격 형태는 2007년부터 꾸준히 증가하여 2017년에 가장 큰 비중을 차지했다.

대표적인 원격학습 기관들로는 한국형 온라인 강좌(K-MOOC), 일반 사이버 대학과 평생교육진흥원의 평가 인정을 받은 원격평생교육시설 등이 있다. 방송통신대학교는 비록 대부분의 수업이 온라인으로 진행이 되더라도 출석 수업이 필수이며 형식학습이 이루어지기 때문에 무형식학습 형태의 기관이라 보기는 어렵다.

수업 활동 3-1 지역사회 평생학습 기관 현장 견학 및 평생교육사와의 인터뷰

1. 자신이 살고 있는 주변에 다양한 형태의 평생학습 기관들을 찾아보고 가장 흥미로운 곳을 선정하여 직접 현장을 탐방하고 담당 평생교육사와 인터뷰를 실시해 보자.

- 자신이 살고 있는 주변을 중심으로 형식, 비형식, 무형식학습 형태의 평생학습 기관을 조사해 보고 자신이 탐방하고자 하는 기관을 선정한 후, 담당 평생교육사와 인터뷰 약속을 한다. cold-call 방식의 인터뷰 요청은 구직 활동에 필요한 의사소통 기술을 학습할 수 있는 기회가 된다.

- 사전에 평생교육사와의 인터뷰 시 질문을 미리 준비하되, 탐방하고자 하는 기관의 특성에 맞게 평생교육사의 역할과 직무, 그리고 주요 과업 등에 대해서 조사한다. 평생교육사와의 인터뷰 인증을 위한 사진 촬영이나 녹음에 대해 사전 동의를 구한다.

- 현장 탐방 후 보고서를 작성하고 발표하여, 평생학습 기관의 생생한 정보들을 공유함으로써 평생교육사의 직무에 대한 이해를 높인다.

참고문헌

나항진, 강갑원, 권희안, 김경미, 박성희, 송선희(2012). 성인학습 및 상담. 양서원.

국가평생교육진흥원 http://www.nile.or.kr

국립중앙박물관 http://www.museum.go.kr

민간자격정보서비스 http://www.pqi.or.kr

평생학습계좌제 http://www.all.go.kr

한국산업인력공단 http://www.q-net.or.kr

한국형 온라인 공개강좌(K-MOOC) http://www.kmooc.kr

제2부

성인학습의 이론과 실제

제1부 '성인학습과 상담의 개관'에서 살펴보았듯이, 평생교육사의 주요 직무는 성인 학습자를 대상으로 학습상담을 실시하는 것이다. 성인학습 상담을 통해 성인 학습자의 학습 성과를 높이기 위해서는 우선적으로 학습자(또는 내담자)의 특성을 고려해야 한다. 따라서 제2부의 학습 목적은 성인 학습자에 대한 생애 발달적 지식과 학습상담을 위한 학습심리에 관한 이론적 지식을 함양하는 데에 있다. 구체적으로 성인 학습자에 대한 이해(제4장)를 시작으로, 다양한 학습이론(제5장)을 통해 학습 현상에 대한 개념과 통찰력을 키우고, 성인학습 과정을 설명하는 이론들(제6장)에 대해 살펴본다. 끝으로 제7장에서는 성인 학습자의 학습 문제를 해결하고 학습 성과를 높일 수 있는 동기 향상, 정서 및 행동 조절 그리고 학습 방법에 관한 전략들을 학습하여 성인학습 상담에 필요한 실제적 역량을 키우도록 한다.

제4장

성인 학습자에 대한 이해

다음의 사례를 읽어 보자.

【사례】

미영 씨는 30대 후반의 편모로 아이를 혼자 키우고 있는데 자신의 기술을 향상시키기를 원하고 있다. 최근 미영 씨는 고용센터를 방문하여 근처 직업기술 훈련기관에 등록하여 간호조무사가 되기 위해서 새롭게 학습을 시작하였다. 간호조무사를 하게 되면, 병원 청소부보다는 일하는 게 더 좋을 것 같고 수입도 나아질 것이라는 기대를 갖고 있다. 그런데 병원 청소부로 일을 하면서 직업기술 훈련을 동시에 하려면 막내를 돌봐 줄 곳을 알아봐야 하고 큰아이의 등·하교 문제를 해결해야만 한다. 만약 아이 하나라도 아프거나 자신이 아프게 되면, 수업과 일 둘 다 빠져야 한다. 미영 씨는 지금 이런 상황을 다룰 만큼의 시간과 에너지가 거의 없어서 그 밖에 다른 어떤 요구에 대응하기가 어렵다.

앞의 사례 주인공인 미영 씨가 학습상담을 요청해 온다면, 여러분은 어떻게 상담을 진행하겠는가? 우선 여러분은 미영 씨가 이혼 가정의 가장이고 30대 후반의 여성이라는 사실에 주목해야 할 것이다. 왜 그러한 사실이 중요한지에 대해 전문적으로 설명하기 위해서는 성인 학습자의 생애 발달적인 특성을 잘 알고 있어야 한다. 이 장의 학습 목표는 성인 학습자들의 신체적, 심리적, 인지적, 사회적 발달 특성에 대해 다양한 발달 이론과 연구 결과에 근거하여 이해함으로써 성인학습 상담을 위한 전문적 지식을 습득하고 이를 적용하는 것이다. 즉, 성인 학습자에 대한 발달적 이해를 바탕으로 도입 부분에 제시된 '미영 씨의 사례'를 이해하기 위해 새롭게 학습한 지식을 적용해 볼 수 있을 것이다.

1. 성인 학습자의 이해

1) 성인의 구분

성인이란 용어는 생물학적인 연령에 의한 발달과정과 심리적인 성숙 그리고 사회적 역할 수행의 측면에서 정의할 수 있다. 첫째, 신체적 나이 혹은 연대기적 나이(chronological age)로 성인을 구분하는 것인데, 출생 후 지나간 기간을 1년씩 계산하는 것으로 법률 및 행정절차 그리고 관습의 중요한 기준에 따라서 성인을 규정하는 나이가 조금씩 다르다.

우리나라의 경우 만 20세가 되어야 성년식을 하고 투표를 할 수 있는 권리가 주어지는 반면에, 2012년 개정된 「민법」 제4조에서는 만 19세를 성인으로 명시하고 있다. 「청소년 보호법」 제2조에 의하면, 청소년이라 함은 만 19세 미만이라 명시하고 있어(단, 만 19세가 되는 해의 1월부터 청소년이 아닌 것으로 간주함), 오늘날 우리나라에서 성인을 의미하는 나이는 만 19세라 할 수 있다.

둘째, 생물학적 나이(biological age)는 개인의 생물학적 · 생리적 성숙의 수준과 신체적 건강수준을 말한다. 생물학적 나이로 볼 때, 사실상 임신이 가능한 여부가 성인을 구분하는 기준이 된다. 이러한 생물학적 나이는 개개인의 신체적 활력 정도를 나타내기 때문에 연대기적 나이가 많더라도 생물학적인 나이가 적으면 그만큼 수명이 길다고 할 수 있다.

셋째, 심리적 나이(psychological age)는 신체적 나이가 증가함에 따라 심리적 성숙과 적응이 이루어지면서 자신의 삶의 발달단계를 자각하는 나이로, 주관적으로 느껴지는 나이라 할 수 있다. 발달단계상 성인 초기에 해당되는 대학생들의 경우, 주어진 발달 과업인 부모로부터의 정서적, 경제적 독립을 준비하는 단계로 이러한 발달 과업을 이루는 과정에서 심리적 성숙과 적응이 높아지는 것으로 간주된다. 그러나 신체적 나이가 많다고 반드시 심리적 성숙과 적응이 높아지는 것은 아니라 상당한 개인차가 존재한다.

넷째, 사회적 나이(social age)로 이는 개인이 속한 사회에서 관습적으로 규정되는 나이이다. 성인은 그가 속해 있는 사회의 과업을 수행할 수 있으며 사회의 내적 생활이나 외적 행동에 대해 어느 정도 책임질 수 있다는 자각 정도에 따라 성인을 바라보는 관점이다(조성연 외, 2010). 예를 들어, 교육받을 시기, 결혼 및 출산의 시기, 취업의 적령기 등을 말한다. 성인은 사회적 나이에 따라 지위가 결정되고 자신에 대한 기대감이 다르게 된다. 20대, 40대, 60대는 각기 다른 역할과 행동을 요구받게 된다(나항진 외, 2012),

2) 학습자로서 성인의 특성

학습자로서 성인의 특성에 관해서는 제6장 '성인학습의 이론' 부분에서 보다 자세하게 살펴볼 수가 있지만 학습자로서 성인의 특성을 요약하면 다음과 같다. 첫째, 성인 학습자는 대체로 자신의 잠재력을 개발하여 자아실현을 하기 위해 학습을 한다. 물론 가족 부양과 같은 외적인 상황으로 인해 자신의 능력을 업데이트하기 위해 성인학습에 참여할 수도 있지만, 학습 과정 자체에서 성인들은 자신의 성장과 발전을 기대하고 도모한다.

둘째, 성인들은 여러 가지의 발달과업을 수행하기 위해 또는 인생주기의 전환적 단계에서나 뜻하지 않은 인생 사건이 발생하였을 때 이에 적응하기 위해서 자신에게 필요한 학습을 한다(김정희, 2016). 성인 학습자들은 현재 주어진 문제를 해결하기 위한 돌파구로서 학습을 선택하는 경향이 있다.

셋째, 성인 학습자는 선택적으로 학습에 참여하고 주체성을 갖고 학습 활동의 계획이나 실천에 기본적인 책임을 지니고 있는 자기주도적 학습(self-directed learning) 경향을 지닌다. 평생학습을 요구하는 오늘날에는 시민들이 자발적으로 학습을 할 수 있는 능력을 키우는 것이 더욱 필요하기 때문에 성인 학습자들이 개인적 특성으로서 자기주도적인 경향을 보이기도 하지만 학습 태도로서 자기주도적 학습 능력을 배양할 필요가 있다.

넷째, 성인들이 학습을 하려는 목적은 스스로 배움의 의지를 갖고 학습을 통해 자신의 부족한 것을 보완하고 잘못을 교정하며 새로운 것으로 보강해 나아가는 과정에서 얻어지는 상황대처능력(relevancy), 자신과 타인과의 관계를 맺는 능력(relation), 개인적 · 사회적 책임을 질 수 있는 능력(responsibility)을 기르는 것이라 할 수 있다(한준상, 1999). 따라서 성인 학습자들은 자기주도적이며 삶의 경험을 학습의 원천으로 이용할 수 있고 외적 요인보다 내적 요인들에 의해 학습동기가 더 유발되는 특징을 보여 준다.

다섯째, 성인 학습자는 아동 · 청소년과 달리, 다양한 학습 경험과 인생 경험을 가지고 학습에 참여하기 때문에 이들이 학습하는 동기와 학습의 성과는 단순히 지식획득과 직업적 필요성만이 아니라, 자신의 내면적 성숙과 성장까지도 포함한다. 성인 학습자들은 학습이 가져오는 삶의 변화 가운데 성인들이 삶 속에서 경험한 다양한 문제로 인해 갖게 된 마음속의 상처와 고통들을 학습과정을 통해 털어내고 새로운 삶을 살아가도록 심리적, 정신적 강건함을 회복하는 것으로 나타났다(김정희, 2016).

학습자로서 성인의 특성을 고려할 때, 포가티와 피트(Fogarty & Pete, 2004)가 20년간 성인과 함께 작업을 하면서 성인들이 필수적으로 말하는 예측 가능한 숨길 수 없는 몇 가지 단서(telltale)들에 대해 정리한 내용은 성인 교육자들에게 교수-학습의 설계의 과정에서 도움이 될 수 있다. 이를 살펴보면 다음과 같다.

• 단서 1: 시간낭비하기 싫습니다.

성인 학습자들에게는 시간은 중요하다. 이들은 훈련이나 세미나 또는 워크숍에서 얼마나 시간을 보내야 하는지를 알고 싶어 한다. 그들은 잘 조직화되고 수준 높은 활동을 원한다.

• 단서 2: 실용적입니까?

성인 학습자들은 자신의 학습에 대해서 특히 실용적이다. 그들은 실제적으로 사용할 수 있는 아이디어나 기술을 원한다.

• 단서 3: 바로 활용할 수 있습니까?

성인 학습자들은 즉각적으로 자신의 업무나 환경에서 활용할 수 있는 뭔가를 얻기를 바란다. 자신의 일과 학습이 연결되고, 기존의 일과 연관되는 새로운 추가학습을 원한다.

• 단서 4: 저에게 적합한 것입니까?

성인 학습자들은 먼저 적절성에 대해 의문을 갖고 두 번째로 적용에 대해 질문한다. 그들은 학습 내용이 자신의 상황과 얼마나 관련이 있는지 알고 싶어 하고, 이후에 특정 환경에 적용하는 방법을 알고자 한다.

• 단서 5: 누가 그런 말을 합니까? 누가 이것이 더 좋다고 말합니까?

이것은 성인 학습자 교실에서 흔하게 듣는 질문이다. 성인 학습자들은 주어진 아이디어에 대해 지지하는 이론과 연구들에 대해 궁금해한다. 지지하는 많은 연구를 원하지는 않지만, 실제 이면의 이유를 이해하는 데 전문적 근거를 원한다.

• 단서 6: 어떻게 하는지 보여 주십시오.

단서 5와 병행해서 성인 학습자는 혁신에 대한 실제적인 근거를 기대하고 그것을 통해 어떻게 작동하는지 혹은 어떤 과정을 거치는지 등에 관심을 가지며 실제 자신이 직접 해 보는 것을 원한다.

• 단서 7: 전문가를 만나고 싶습니다.

성인 학습자는 학습을 통해 특정 주제에 대해 자신이 알고 있는 것보다 더 많은 것을 원한다. 그들은 주요한 자격이 있는 전문가를 원하고 대화를 할 수 있는 사람이 아니라 대화를 나눌 수 있는 누군가를 원한다.

• 단서 8: 제가 직접 찾아보고 싶습니다.

성인 학습자들은 그들 자신이 직접 책이나 논문과 같은 자료 혹은 온라인을 통해 조사하기를 원한다.

• 단서 9: 동료들과 함께 하고 싶습니다.

성인 학습자들은 종종 학습 장면에 짝이나 팀으로 함께 참여한다. 그들은 서로를 격려하고 정보를 공유한다.

• 단서 10: 그건 이미 알고 있습니다.

성인 학습자는 사실상 특정 주제나 이슈에 대해 많이 알고 있다. 성인 학습자들은 풍부한 경험을 바탕으로 학습을 하기 때문에 이미 알고 있는 것과 새로 알게 되는 지식 간의 연결을 원한다.

지금까지 살펴본 이러한 단서들은 실제로 성인 학습자가 지니고 있는 이면의 문제와 관심사를 드러낸다. 사실상 각각의 내용들은 성인 학습자들을 교육할 때 성공과 실패 요인들을 파악할 수 있는 중요한 속성들을 나타낸다(Fogarty & Pete, 2004). 따라서 성인 교육자들은 이러한 특성들을 고려하여 성인 학습자들의 요구를 파악할 필요가 있다. 이제 다음의 수업 활동을 통해서 성인 학습자 특성에 대한 지식을 적용해 보는 연습을 해 보자.

수업 활동 4-1 성인 학습자 특성 이해하기 연습(Fogarty & Pete, 2004, p. 13)

• 다음의 진술문들은 성인 학습자의 특성과 관련된 것이다. 성인 학습자의 특성에 대한 지식을 활용하여 조원들과 함께 각 진술문이 성인 학습자의 특성을 잘 나타내는지 동의하면 A(agree), 동의하지 않으면 D(disagree)로 작성하고 그 이유에 대해서 토의해 보자.

1. 성인 학습자는 생활 속의 사건들에 대처하는 데 도움이 되는 학습경험을 얻고자 한다. (　　　　)
2. 성인 학습자에게 학습이란 곧 자기만족이다. (　　　　)
3. 성인 학습자는 단편적인 내용의 교육과정을 선호한다. (　　　　)
4. 성인 학습자는 새로운 교재만을 사용하고 싶어 한다. (　　　　)
5. 성인 학습자는 오래된 교재를 바로 바꾼다. (　　　　)
6. 성인 학습자는 혼자 공부하고 싶어 한다. (　　　　)
7. 성인 학습자는 '그저 앉아 있기'를 원한다. (　　　　)
8. 성인 학습자는 '어떻게 하는지를 알려 주는' 교육을 선호한다. (　　　　)
9. 절충적인 접근방법이 성인 학습자에게 적합하다. (　　　　)
10. 서적이나 TV와 같은 비대인 학습은 성인학습에서 흔하다. (　　　　)

2. 성인 학습자의 발달적 이해

발달은 성장, 성숙, 그리고 학습의 상호작용의 결과이다. 인간의 변화와 관련하여 발달, 성장, 성숙이라는 용어들이 혼용되고 있는데 이에 대해 먼저 살펴보면, 발달(development)은 성장(growth)과 성숙(maturation)이라는 두 개념이 통합된 것으로 이해할 수 있다. 일반적으로 성장은 외형적인 신체의 변화를, 성숙은 기능적인 측면의 변화를 의미하는 것으로 이해되고 있다. 성인기는 사실상 신체적으로는 성장과 성숙이 완료되어 오히려 노화가 시작되는 시기이며 인지 · 정서 · 사회적으로는 성장과 성숙이 여전히 진행되는 시기라 할 수 있다. 따라서 성인기의 발달을 도모하기 위해서는 학습이라는 과정을 통해 지속적인 변화를 이끌어 낼 필요가 있다.

인간을 이해하는 전 생애 발달 관점의 발달심리학은 태내기(수정~출생)에서부터 신생아기(출생~1개월), 영아기(1개월 이후~24개월) 유아기(2~6세), 아동기(7~12세), 청소년기(12~20세), 성인전기(20~40세), 성인중기(40~65세), 노년기(65세 이후)의 단계까지 인간의 변화에 대해 특정 시기마다 보편적 특성을 파악하고자 하는 학문이다(정옥분, 2004). 특정한 시기에 해당되는 발달단계에 대한 보편적인 이해는 복잡하고 다양하게 변화하는 삶 속에서 개인을 이해하는 데 도움이 된다. 따라서 성인기 발달의 원리와 특성을 이해함으로써 성인 학습자들의 학습을 촉진할 수가 있다. 성인기의 신체적, 인지적, 심리적, 사회적 발달 특성은 이들이 학습하는 데 미치는 중요한 요인이므로 이에 대해 자세하게 살펴보기로 한다.

1) 생물학적 발달

성인기의 생물학적 발달은 인생의 주기 동안 신체적 및 생물학적 변화와 관련되며, 대표적인 특성은 '노화'로서 완만한 퇴화과정이 시작되는 것이다. 우리는 누구나 늙어 가는 것을 피할 수가 없으며 모든 생명체는 태어나면 늙고 죽는 것을 공통적으로 경험한다. 나이를 먹어 노화되는 것을 알 수 있는 것은 크게 감각기능과 중추신경계의 변화를 통해서이다. 성인들이 보다 효과적으로 학습할 수 있는 최적의 물리적 및 심리적 환경을 조성하려면 성인교육자는 성인기의 생물학적 노화에 대하여 정확하게 이해하고 접근하는 것이 필요하다. 특히 시각과 청각의 기능은 학습과 직결되기 때문에 시각과 청각의 변화는 성인 학습자의 학습 과정에 영향을 미치는 중요한 요인으로 고려되어야 한다.

(1) 감각기능의 변화

감각기능은 20대에 절정을 이루고 연령이 증가하면서 점점 쇠퇴하다가 성인 중기에는 더 많은 변화가 있고 노년기에는 급격히 쇠퇴한다. 시각, 청각, 그리고 미각과 후각의 변화를 살펴보자. 먼저 시각의 경우, 시력은 20~30세 때 절정을 이루다가 40세 이후부터 약화되기 시작한다. 40대 중반이면 노안이 시작되고 65세 이후의 노인들 중에서 일부는 일상생활에 지장이 있을 정도로 시각장애가 있고 녹내장과 백내장의 발병률도 높아진다. 또한 수정체의 황화현상으로 인해 색체 감별에서도 기능이 떨어진다. 즉, 나이가 들수록 망막에 도달하는 빛의 양이 줄어들기 때문에 파랑, 초록 그리고 보라색과 같이 파장이 짧은 색에 대한 민감도가 떨어져 색체 감별에 어려움을 겪게 된다.

청각의 경우, 40세경에 노화가 시작되어 점진적으로 청력 손상이 진행된다. 고음에 대한 민감성이 감퇴되다가 50대에는 저음에 대한 변별력 감퇴가 시작되고 55세 이후부터 급격한 저하 현상이 나타난다. 여성보다는 남성이 그리고 50대 남성의 절반 이상이 청력 손실을 경험한다고 한다(Merriam et al., 2007). 65세 이후에는 청각 손상이 많아서 30~50%의 노인이 노인성 난청을 경험한다고 한다.

미각과 후각 또한 중년기에 조금씩 변화하여 노년기에는 둔화된다. 미각은 50세 이후 변화하여 80세가 되면 단맛, 쓴맛, 짠맛 등을 구별하는 능력이 감소한다(가영희, 성낙돈, 안병환, 임성우, 2013)

(2) 중추신경계의 변화

중추신경계란 뇌와 척추를 포함하는 신경계로 행동이나 신체적 반응을 조절하는 기관들로 학습을 위한 일차적인 생물학적 기초를 형성한다. 이러한 중추신경계의 변화는 성인기의 인지 기능에 영향을 미치게 된다. 뇌의 노화와 관련된 연구들은 노화로 인해 뇌세포와 신경이 소실되더라도 남아 있는 신경들 간의 연결이 증가한다는 뇌가소성을 지지한다(Bee & Bjorkland, 2004). 뇌의 가소성이란 전 생애 동안 신경세포(뉴런)의 수상돌기들이 뻗어 나와 다른 뉴런과 새로운 연결을 만들어 변화될 수 있는 특성을 말한다. 게다가 뇌의 특정한 영역이 손상되더라도 다른 뇌의 영역이 손상된 영역을 보상하게 되어 결핍과 손상이 있더라도 높은 수준의 뇌 활동을 유지할 수 있는 것으로 나타났다(Reuter-Lorenz & Lustig, 2005).

중추신경계의 변화에 관한 일관된 발견은 성인중기부터 시작해서 후반부에 접어들게 되면, 자극에 대한 반응 시간에서 감퇴를 보이기 시작한다는 것이다(Bee & Bjorkland, 2004). 그러나 신체적 활동과 운동은 중추신경계의 감퇴로 인한 반응 시간을 향상시키는 것으로 나타나고 있다. 이러한 노화를 방지하기 위해서는 규칙적인 신체활동이나 운동을 통해 대뇌의 신경세포를 유지하는 것이 필요하다.

최근 운동의 효과에 관한 뇌과학 분야의 연구 결과(Ratey & Manning, 2014)에 의하면, 근육의 움직임을 인지하면서 운동을 하게 되면, 소위 신경생성인자(Brain Derived Neurotropic Factor: BDNF)가 방출되어 세포의 시계라 불리는 텔로미어의 축소를 방지하여 노화를 예방할 수 있다고 한다. 즉, 중추신경계의 뇌기능을 유지하기 위해서는 운동을 하되, 운동을 하는 자신의 신체 활동을 자각하며 조절하는 능력을 함께 키우게 되면 인지 및 기억의 기능을 향상시킬 수 있다는 것이다. 운동은 몸이 잠에서 깨거나 재활성화하기 위해 의존하는 연속적인 신경생장인자 호르몬을 방출한다. 혈액이 원만하게 흐르며, 세로토닌, 도파민, 노르에피네프린, 부신 수질 같은 신경전달물질을 더 잘 방출할 수 있게 한다. 운동은 또한 인슐린 같은 성장요인, 혈관내피성장인자 그리고 새로운 세포 연결과 신경세포를 만들어 내는 데 필수적인 섬유아세포성장인자에 영향을 끼친다고 알려져 있다(Ratey, 2008).

뇌의 가소성이 밝혀지면서 대부분의 뉴런이 더 이상 분열할 수 없게 된다고 할지라도 지속적인 학습을 하게 되면 신경세포들 간의 연결이 계속해서 이루어지기 때문에, 성인기의 학습은 우리가 건강하게 살아가는 데 매우 중요한 기능을 한다. 따라서 성인 학습자들이 나이가 들어서 공부하는 것이 과연 얼마나 성과가 있을까 하는 의구심을 비칠 때, 성인 교육자들은 현대 과학의 연구 결과에 기초하여 이들이 지속적으로 학습을 통한 긍정적인 삶을 유지할 수 있는 방안에 대한 정보를 제공함으로써 학습을 촉진할 필요가 있다.

2) 심리적 발달

발달에 대한 심리학적 모델은 개인의 내적인 경험을 탐색함으로써 우리 인간이 어떤 변화를 경험하게 되는지 예측하려 하며 발달심리학자들에게 주된 연구의 초점이 되는 영역이다. 최초로 인간의 전 생애 발달 이론을 제안한 에릭슨(Erikson, 1963)의 심리사회적 발달 이론과 이 이론에 기초하여 약 700여 명을 대상으로 60년 이상의 성인 발달에 관한 종단 연구를 실시한 베일런트(Vaillant, 2002)의 성인기 적응이론을 통해서 정신적으로 건강하고 행복한 삶을 살아가기 위해서 성인들은 어떠한 심리적 발달을 이루는지에 대해 알아보도록 하자.

에릭슨의 심리사회적 발달 이론에 기초하여 1938년부터 시작된 미국 하버드 대학생 집단을 포함하여 성장배경과 능력이 서로 다른 세 집단을 대상으로 60년에서 최대 80년 동안 성인 발달에 대해 종단적으로 실시한 베일런트(2002)의 연구 결과는 인생의 각 시기마다 심리사회적 위기를 어떻게 대처했느냐에 따라 성인기의 정신건강과 행복한 삶에서 차이가 있다는 것을 입증함으로써 에릭슨의 가설을 지지하였다. 성인 교육자들은 성인 학습자의 발달적 위기가 무엇인지에 주목하고 이들이 경험할 수 있는 정서적 불편감과 주관적 안녕감 수준을 파악하기 위해서 심리적 발달 이론을 활용할 수 있어야 한다.

(1) 에릭슨의 심리사회적 발달 이론

에릭슨은 프로이트(Freud)의 심리성적 성격 발달 이론을 확장하여 정신분석학적 관점에서 인간의 성격이 발달하는 데 사회문화적인 영향을 고려하여 심리사회적 발달 이론을 제시하였다. 각 발달단계마다 심리사회적 위기를 경험하게 되는데 그 위기를 어떻게 맞이하고 해결해 가느냐에 따라서 개인의 성격 발달 양상이 달라진다고 보았다. 유아 및 아동기의 발달단계에서 심리사회적 위기는 신뢰감 대 불신, 자율성 대 수치심과 의심, 주도성 대 죄책감, 근면성 대 열등감 그리고 청소년기 발달단계에서의 심리사회적 위기는 정체감 대 역할 혼미로 설명하고 있다. 성인기 발달단계에서의 심리사회적 위기는 친밀감 대 고립감, 생산성 대 자기 침체, 통합감 대 절망감이다. 이제부터 성인기 발달에 해당되는 심리사회적 위기에 따른 발달 양상을 살펴보기로 한다.

① 성인초기(18~35세): 친밀성 대 고립감(사랑)

이 시기는 사회에 참여하고 자유와 책임을 가지고 직업을 선택하고 결혼을 하는 등 자신의 삶을 영위하는 시기이다. 이때의 심리사회적 위기는 친밀한 관계를 맺을 수 있느냐 아니냐로 경험되며, 이에 따라 진실한 우정과 안정적인 사랑을 유지할 수 있다. 우리 인간은 인간관계가 너무 가까워서 자율성이 침해되면 혼자 있기를 바라고 너무 거리가 멀어서 인간관계가 별로 없어 사회적으로 고립되면 외로움을 느끼게 된다. 성인 남녀들이 외로움이 싫어 연애를 하게 되면, 구속되는 것이 싫어 헤어지는 일을 반복하는데 진정한 사랑은 자신의 삶 안으로 타인을 수용할 수 있는 여지를 마련할 때 친밀한 관계를 형성함으로써 이루어질 수가 있다. 자신의 삶에 울타리를 쳐 놓고 문도 열어 주지 않는다면, 결국엔 사랑을 하지 못해 고립감에 빠져들 수밖에 없을 것이다. 자신의 삶의 방식만을 고집하는 것이 아니라 타인과 함께 어울릴 수 있고 타협할 수 있는 심리적 여유를 통해 결혼이나 직장생활 등에서 적응을 잘 한다면 이 시기의 심리사회적 위기를 잘 극복하여 자기중심적인 사랑이 아닌 진정한 사랑할 수 있게 된다.

② 성인중기(35~65세): 생산성 대 침체감(배려)

이 시기는 자녀를 양육하고 다음 세대를 교육해 사회적 전통을 전수하고 가치관을 전달한다. 생산성 과업은 결혼생활뿐만 아니라 다음 세대를 돌보는 것까지 포함한다. 에릭슨에 의하면 중년의 사람은 과도한 자기에 대한 관심보다는 다음 세대를 돌보는 데 관심을 두는 것이 심리적으로 건강한 사람이라고 하였다. 이 시기의 심리사회적 위기를 잘 극복하기 위해서 에릭슨은 '자아(self)'를 버리라고 충고하고 있다(Erikson, 1963). 물론 이전의 발달단계에서 자아를 확고하게 확립된 다음에야 비로소 자기 스스로를 버릴 수도 있기 때문에 생산성 과업을 잘 달성하기 위해서는 자신의 발전을 성취하고 나서야 가능하다. 만약 때가 무르익기도 전에 생산성을 성취한다면, 즉 자아가 확고하지 않은 상황에서 생활 여건상 자신을 희생하며 타인을 배려할 수밖에 없었던 삶을 살아간 개인의 경우, 진정한 돌봄을 통한 생산성을 성취하는 과정에서 긍정과 희망의 마음을 키우는 것에서 어려움을 겪을 수 있다(Vaillant, 2002). 오히려 자녀를 돌보면서 자신을 희생하는 것에 대해 억울해하고 때로는 분노와 짜증의 부정적인 정서를 경험하면서 생산성 과업을 달성하는 데 실패할 수도 있다. 이런 경우는 비록 성인이지만 마음속에 상처받은 내면의 아이가 웅크리고 앉아 있어 자신을 돌봐 달라는 자신의 메시지에 귀 기울여 상처가 치유될 수 있도록 노력할 필요가 있다. 이러한 과정이 없다면, 자기 안에 있는 어린아이와 자녀를 양육하는 부모로서의 마음이 상충되어 자녀들이 온전하게 성장할 수 있도록 후원자의 역할을 하는 데 제한적일 수 있다.

생산성을 성취하기 위해서는 내 중심에서 자녀를 양육하는 것이 아니라 자녀의 입장에서 바라보고 양육해야 하며, 직장생활에서 후배들을 바라볼 때도 내 중심에서 그들에게 자신의 지식과 노하우를 전달하는 것이 아닌, 후배들의 입장에서 필요한 것을 내줄 수 있는 선임자가 될 필요가 있다. 만약 자기중심에서 벗어나 생산성을 성취할 수 있게 되면 침체감에 빠지지 않고 배려심을 획득할 수가 있다. 베일런트(2002)의 연구 결과에 의하면(Vaillant, 2002), 노년에 행복한 결혼생활을 지속할 수 있을지를 가장 강력하게 시사해 주는 것이 생산성 과업을 달성했는지의 여부였다. 즉, 만족스러운 인생을 살기 위한 열쇠는 '생산성 과업의 성취'라 하겠다.

③ 성인후기(65세 이상): 자아통합 대 절망(지혜)

이 시기는 노년기로서 자신의 삶을 성찰하는 시기이다. 이 시기 동안 자신을 성공하지 못한 사람으로 바라본다면 자신의 삶에 대해 쓸모없는 것이라 느끼며 많은 후회를 경험하고 인생의 쓰라림과 절망의 느낌 속에 빠져 살아간다. 반면에, 자신의 성취에 대해 자신감을 느끼는 사람이라면 통합감을 느낄 것이다. 이 단계를 성공적으로 완성하는 것은 후회하지 않고 만족감을 느낄 수 있음을 의미한다. 즉, 이 시기의 심리사회적 위기를 잘 극복하기 위해서는 남들과 비교하여 얼마나 자신이 성공하였는가를 돌아보는 것이 아니라, 자신이 얼마나 진정성 있게 자신의 본질을 실현한 삶을 살았는지를 성찰함으로써 자신의 삶에서 만족감을 찾아야 한다. 만약 후회하지 않고 만족감을 느낄 수 있는 사람이라면, 죽음을 직면할 때조차도 지혜를 얻게 될 것이다.

(2) 베일런트의 행복의 조건: 성숙한 방어기제

베일런트(1994)는 서로 다른 능력과 배경을 가진 세 종류의 집단(첫 번째로 하버드 대학교 법대 졸업생, 두 번째로 중산층 출신의 아이큐 140 이상 여성 천재 집단, 세 번째로는 대도시 중심부 지역의 저소득층 고등학교 중퇴자 집단)을 전 생애에 걸쳐 관찰한 결과를 분석하여 행복한 삶을 살아가는 데 필요한 요소를 확인하였다(Vaillant, 1994). 배경과 능력이 다른 사람들이 어떠한 태도와 삶의 방식으로 성공하거나 실패한 삶을 살아왔는가를 면밀하게 분석하여 결론적으로 인간이 건강하고 행복하게 늙기 위해서는 다음 7가지 요소가 중요하다는 것을 밝혔다. 그 7가지 요소는 고난과 불행에 대응하는 성숙한 적응적 방어기제, 교육의 연수, 안정된 결혼생활, 금연, 금주, 적당한 운동과 알맞은 체중이다. 이러한 7가지 요소의 공통성이 무엇이라고 생각하는가? 바로 타고난 능력이나 배경과 같이 변화하기 어려운 변인들이 아닌 '변화 가능한' 요소라는 것이다. 즉, 우리 자신이 주체적으로 목표를 갖고 실천한다면 우리 모두는 행복할 수 있다는 것을 의미한다.

7가지 행복의 요소 중 성인의 심리적 발달에 중요한 메커니즘인 성숙한 방어기제가 무엇인지에 대해서, 불행한 삶의 조건이 될 수 있는 정신병적 그리고 미성숙한 방어기제와 대별하여 학습해 보고자 한다. 방어기제란 자신을 보호하는 심리적 책략으로 보통 우리가 의식하지 못한 채 무의식적으로 이루어진다. 우리는 살면서 적절하게 자신을 보호하는 심리적 기제로서 자아 방어기제를 사용하는데 지나치게 자신을 보호하는 것에만 치중하게 된다면, 진실하고 행복한 삶을 살아가는 데 오히려 방해가 된다. 자아 방어기제는 〈표 4-1〉에서 확인할 수 있듯이, 생애주기별로 나타나며 건강한 성인은 단계별 적응기제를 통해 발달하게 된다.

성인이 되어 행복하게 사는 데 걸림돌이 되는 방어기제는 정신병적이고 미성숙한 방어기제 그리고 신경증적 방어기제이다. 각각의 방어기제에 대해서 간략하게 살펴보면, 첫째, 정신 병리적인 문제가 있는 사람들에게 나타나는 방어기제가 정신병적 방어기제인데 이런 방어기제를 사용하는 사람들은 타인과 어울려 편안한 일상생활을 하는 것이 어렵다. 성인이 되어서도 이러한 기제를 사용한다면 몸은 어른이나 마음은 유아기에 있다고 생각하면 보다 쉽게 이해할 수가 있을 것이다. 자신의 주관적 세계를 외부 객관적 실제로 받아들여 타인과 정상적인 소통을 하는 것이 어려운 사람의 경우는 왜곡이나 분열적 망상의 기제로서 자신을 보호하는 것이다. 일상생활에서 특별히 의사소통하는 것이 매우 어려운 친구나 지인을 떠올려 보자. 평소 다를 바 없이 이야기를 했을 뿐인데, 상대가 어떻게 그런 단어를 나한테 사용할 수가 있냐면서 버럭 화를 내고 소리를 지른다면, 이런 사람은 자신의 주관적 인식에 근거하여 외부와 소통을 하고 자신의 주관적 세계만이 사실이라고 간주하고 자신을 화나게 만든 원인은 상대에게 있다고 여긴다. 실제 이들에게 그것은 사실로서 여겨진다. 만약 나이가 들어서도 계속 이런 상태를 지속한다면, 이러한 사람 주변에는 정서적으로 지지원이 될 수 있는 인간관계가 부족하고 행복한 삶과는 거리가 멀어지게 된다.

둘째, 미성숙한 방어기제는 흔히 성격장애를 보이는 사람들이 사용하는 방어기제로 이런 기제를 사용하는 사람들은 자신은 괜찮지만 타인을 고통스럽

〈표 4-1〉 **방어기제의 종류와 내용(Vaillant, 1994)**

구분	내용
1단계: 정신병적 방어기제 (정신증, 꿈, 어린 시절에서 공통)	• 망상(delusional projection): 괴롭힘을 당한다는 망상 • 부인(denial): 현실을 인정하지 않음 • 왜곡(distortion): 환상이나 소원 성취에 대한 망상을 포함하여 내적 욕구에 맞도록 현실을 재구성함
2단계: 미성숙한 방어기제 (심한 우울증, 성격장애, 사춘기에서 공통)	• 투사(projection): 자신이 인정하지 않는 감정을 다른 사람의 탓으로 돌리는 것 • 분열적 환상(schizoid fantasy): 환상이나 내면으로 퇴각함으로써 갈등을 해결하는 것 • 건강염려(hypochondriasis): 다른 사람에 대한 비난을 질병에 대한 불평으로 전환함 • 수동–공격적 행동(passive-aggressive behavior): 다른 사람에 대한 공격을 수동적이고 간접적으로 표현함 • 행동화(acting out): 무의식적 소망에 따른 감정을 인식하지 못한 채 행동으로 옮기는 것
3단계: 신경증적 방어기제 (모두에게 공통)	• 주지화(intellectualization): 고통스럽고 불편한 사건이나 생각과 관련 있는 감정들을 없애 버리기 위해 이성적으로 설명하여 그 감정에서 벗어나려 하는 것 • 억압(repression): 의식에서 용납하기 힘든 생각, 욕망, 충동 등을 무의식 속으로 억눌러 버리는 것 • 대치(displacement): 받아들이기 어려운 충동이나 대상을 받아들여질 수 있는 충동이나 대상으로 감정을 전환하는 것 • 반동형성(reaction formation): 무의식적 충동에 반대되는 방향으로 행동하게 되는 것 • 해리(dissociation): 자신을 분리해 또 다른 나를 만드는 것
4단계: 성숙한 방어기제 ('건강한' 성인에서 공통)	• 이타주의(altruism): 다른 사람에 대해 건설적인 봉사를 함 • 유머(humor): 불안을 가지게 하는 생각이나 감정을 다른 사람이 불편하지 않게 표현하는 것 • 억제(suppression): 충동이나 갈등을 다루는 데 대해 의식적으로 자각하고 표출을 자제하는 것 • 예측(anticipation): 미래의 문제나 불편함에 대한 현실적 추측과 계획 • 승화(sublimation): 의식적으로는 받아들이기 어려운 본능적 욕구들을 수용 가능한 형태의 만족하는 것으로 대체하는 활동을 통해 환경에서의 요구도 따르고 원래의 충동도 만족시키는 기제

게 하고 있는 자신을 모르는 채 살아가는 경우가 많다. 결국엔 자기 주변에 어울릴 수 있는 인간관계가 없게 되면서 불행을 겪는 사람들이라 할 수 있다. 이들은 심리적으로는 어린아이에 머물러서 타인과의 관계에서 자신의 욕구를 적절하게 충족하는 데 어려움이 있고 타인을 자신의 욕구 충족의 대상으로 대하기 때문에 진솔한 의사소통과 관계를 맺는 것이 어려운 경우가 대부분이다.

셋째, 신경증적 방어기제를 사용하는 경우에는 주변의 여건이 좋을 때에는 특별한 문제 없이 잘 지낼 수 있지만 고통스럽고 힘든 상황이 닥칠 때 적응력이 떨어질 수 있는 문제가 있어 주관적 불편감과 불행을 좀 더 크게 느낄 수 있다. 성인 학습자들 중에서는 부모, 직장인, 학생의 다중 역할을 수행하면서 자신의 경력 개발을 위해 학습에 참여하는 경우가 많은데 과제가 많아지고 주어진 사회적 역할 속에서 여러 일을 동시에 수행해야 하는 부담이 커지게 될 때, 신경증적 방어기제를 사용하는 학습자라면 학습을 병행하는 것이 쉽지 않을 수 있다.

마지막으로, 행복하고 건강한 삶을 살아가는 사람들에게 나타나는 방어기제는 성숙한 방어기제로서 자신이 무엇을 원하는지에 대한 명료한 자각을 하는 사람들이 주로 사용하는 기제이다. 일상생활에서 성숙한 방어기제란 소소하게 불쾌한 상황에 부딪히더라도 심각한 상황으로 몰아가는 일 없이 긍정적으로 전환할 수 있는 능력을 말한다. 나에게 고통을 주고 힘들게 하는 사람을 향해 비난하고 원망하기보다는 인간적인 연민심을 토대로 타인을 향한 사랑을 베푸는 이타주의를 통해서 자신도 좋고 남도 좋은 방향으로 삶을 살아가는 사람들이라 하겠다. 이타적 행위는 다른 사람을 위해 자기가 해주고 싶은 일을 하는 것이 아니라, 다른 사람들이 바라는 것을 해 주는 것이다(Vaillant, 2002). 자신에게 주어진 불리한 점에 대해 애도하기보다는 그것을 극복하기 위한 노력을 통해 보다 나은 성취를 얻는 승화의 기제를 사용하고 외부 자극에 대한 즉각적인 반응에 대해 알아차리며 보다 나은 반응을 위해 올라오는 생각과 감정을 조절할 수 있는 억제의 기제 등을 사용하는 사람이라면 주변 사람들이 편안해하고 함께 있기를 즐길 수밖에 없으니 행복하고 편안한 삶을 살아가게 된다.

행복한 삶의 조건 중의 하나인 성숙한 방어기제를 사용하느냐 미성숙하고 신경증적인 방어기제를 사용하느냐에 따라서 여러분이 만나게 되는 성인 학습자들의 삶의 태도와 대인관계 양상이 달라질 수 있다는 사실을 기억하자. 그런데 베일런트(2002)가 밝힌 또 다른 행복에 이르는 요소 중의 하나인 교육의 연수가 많을수록 좀 더 행복했다는 사실에서 이미 배우고자 하는 동기가 있는 성인 학습자라면 보다 더 많이 교육에 참여했을 것이고 이미 성숙한 방어기제를 사용하고 있는 학습자들이 좀 더 많이 성인학습에 지속적으로 참여하게 될 것이라는 것을 짐작할 수가 있다.

그렇다면, 어떻게 하면 성숙한 방어기제를 사용하며 정신적으로 건강한 삶을 살아갈 수 있을까? 바로 이 질문에 대한 답을 할 수 있는 것이 성인학습 및 상담론을 배우기 위한 목적일 것이다. 이에 대해서는 제3부 '성인학습 상담의 이론과 실제' 부분 중 제10장 '상담이론'에서 학습할 수가 있다.

3) 인지적 발달

다음 두 사람의 범죄자에 대한 사고방식에 대해 살펴보자. A는 모든 상황에서는 옳은 것과 그른 것이 있다고 생각하면서 끔찍한 폭행과 살인을 저지른 범죄자들은 처벌받아야 마땅하고 그에 상응하는 벌을 받는 것이 옳은 일이라고 생각한다. 반면에 B는 이 세상에서 일어나는 모든 것은 상호 연관되어 나타나는 것이라 보고 범죄자가 범죄 행동을 저지른 여러 요인을 고려하여 처벌을 하는 것이 필요하다고 생각한다. 인지발달 연구자들은 이 예시처럼 사람들이 생각하는 방식과 나이가 들면서 생각하는 방식에서 어떤 변화가 일어나는지에 관심을 갖고 아동, 청소년과는 다르게 성인기의 독특한 인지발달에 관해 연구해 왔다. 독자들도 어린 시절에 생각했던 것과는 다르게 점차 나이를 먹어 가면서 세상을 보는 관점과 생각하는 방식이 달라져 가고 있다는 것을 아마도 경험했을 것이다.

이 단락에서는 성인기의 인지적 발달 특성으로 사고양식의 변화와 성인기의 학습에 영향을 미치는 지능 및 정보처리 능력에서 어떠한 발달적 변화가 나타나는지를 살펴보고 성인기 인지의 대표적인 특성인 창의성과 지혜에 대해 살펴보고자 한다.

(1) 사고양식의 변화

피아제(Piaget, 1972)의 인지발달 이론에 의하면, 감각운동기(0~2세), 전조작기(2~7세), 구체적 조작기(7~11세)의 인지발달 단계를 거쳐, 11세 혹은 사춘기부터 성인기까지 형식적 조작기의 사고양식으로 변화하게 된다. 피아제는 정상적인 발달을 가정한다면 약 12세에서 15세 사이에 마지막 인지발달 단계인 형식적 사고를 할 수 있는 능력에 도달한다고 주장한다. 이후 이 이론에 기초한 신피아제 학자들은 성인의 인지발달에 관해서 제5단계인 후기 형식적 사고(postformal thought) 양식의 발달적 변화의 증거를 밝혀 왔다(Sinnot, 2010).

후기 형식적 사고는 문제를 해결하는 행동을 넘어서 문제를 발견하는 행동을 추구하게 한다. 하나의 문제에 대한 정답을 도출하기 위해서는 반성적 사고(reflective thinking)가 필요하고 문제에 대한 정답은 상황에 따라 달라질 수 있으며, 진실의 탐구는 끊임없이 계속되는 과정이라 간주하는 사고의 양식이다. 성인의 사고양식은 추상적 개념에 대한 이해를 넘어선 본질적 이해를 위해 다면적으로 사고하는 후기 형식적 사고의 단계에 도달할 수 있다(Sinnot,

2010).

후기 형식적 사고 양식 이외에 성인의 인지발달은 연구자에 따라 다면적 및 상대적 사고(Perry, 1970), 변증법적 사고양식(Riegel, 1976), 실용적 사고(Labouvie-Vief, 1985) 등으로 연구되고 있다. 다면적 및 상대적 사고란, 옳은 것과 옳지 않은 것, 좋은 것과 나쁜 것과 같이 2원론적 사고에서 벗어나 모든 문제에 대해 다양한 견해가 존재할 수 있다고 보는 사고양식이다. 리겔(1976)의 변증법적 사고란 정, 반, 합의 단계를 거쳐 자기 발전을 이루고 발전하는 과정에서 내적인 긴장과 갈등이 상호 관련되는 사고의 방식이다. 라보비-비프(Labouvie-Vief, 1985)는 가능성의 세계를 탐색하고 조작했던 청년기와는 달리, 성인기에는 실제적, 구체적 상황에 초점을 맞추는 실용적 사고가 요구된다고 제안했다. 가설적 사고에서 실용적 사고로의 이동은 미성숙한 사고로의 퇴행이 아니라 인지적 논리가 실제 세계의 문제를 해결하는 도구라는 점에서 진보라 주장하였다(장휘숙, 2006).

이러한 사고의 공통적 특성은 내 관점만이 옳다는 주관적 관점에서 벗어나 다양한 측면에서 바라볼 수 있는 관점의 성숙과 이분법적 사고에서 벗어나 옳은 것도 아니고 틀린 것도 아닌 본질에 가깝게 보고자 하는 중도적 관점을 견지하는 것에 있다. 즉, 성인기의 인지발달은 모순과 역설 속에서 대안적 진리와 새로운 사고 방법을 수용하는 변증법적인 사고(Kegan, 1994)를 통해 인지적 특성의 질적인 변화가 지속되는 것으로 보고되고 있다. 이렇게 볼 때, 성인 교육자들은 성인 학습자의 사고양식이 변화될 수 있다는 것을 전제하여 다양한 관점에서 사고를 할 수 있는 사고양식의 훈련을 통해 성인학습의 성과뿐만 아니라 삶의 질을 높일 수 있을 것이다.

이러한 신피아제 이론은 성인 교육자들에게 몇 가지 시사점을 제공한다. 첫째, 학생들은 서로 다른 인지적 발달 수준(형식적 조작기에서 후형식적 조작기)으로 교실에 들어오기 때문에, 성인 학습자들은 교수자가 제공하는 학습자료에 대해서 각자의 인지발달적 수준에 기초하여 해석하고 받아들인다. 따라서 성인 교육자들은 성인 학습자의 인지발달 수준의 차이가 클 수 있다는 점을 고려하여 최적의 학습 수준을 결정해야 한다. 둘째, 성인 교육자는 인지적 발달이 성인기에도 일어난다는 사실을 기초로 학습을 통해 성인의 인지적 발달을 향상시킬 수 있도록 해야 할 것이다.

(2) 지능의 변화

지능을 단일한 속성으로 정의하여 단일 요인으로 측정한 연구의 결과들은 감퇴하는 시점이 다양하더라도 나이가 들면서 사실상 지능은 감퇴하는 것으로 보고한다(Schaie & Willis, 1986). 그러나 지능이 복합요인으로 구성된다고 간주하게 되면 어떤 능력은 감소하지만 또 다른 능력들은 유지되고 오히려 더 향상하는 경향으로 나타났다(Baltes, 1993; Berg, 2000).

웩슬러(Wechsler, 1997)는 개인의 정신능력이 신체와 마찬가지로 연령에 따라 전체적으로 감퇴하는 것으로 보았다. 그러나 언어 지능과 동작성 지능을 통해 전체 지능을 측정하는 웩슬러 지능 검사를 통해서 살펴본 결과, 동작성 지능은 나이가 들면서 감소하지만 언어 지능은 그렇지 않은 것으로 나타났다. 커텔(Cattell, 1963)은 지능을 선천적 지능인 유동적 지능과 후천적으로 개발할 수 있는 결정적 지능으로 구분하여 성인의 지능 감퇴에 대한 새로운 관점을 제안하였다. 유동성 지능(fluid intelligence)은 유전에 의해 결정된 지능으로 주로 수리능력과 기억력, 귀납적 추리력, 공간지각능력이 이에 해당된다. 즉, 학교 공부나 학업 성취로는 쉽게 해결할 수 없는 새로운 문제해결 능력과 관련된다. 반면에 결정성 지능(crystallized intelligence)은 후천적 경험 그리고 문화와 의도적 학습에 영향을 받아 습득되는 것으로 일반상식, 언어 이해력, 어휘력 등이 이에 속한다. 즉, 교육을 더 많이 받고 보다 더 많이 학습한 정보의 양과 관련된다. 유동성 지능은 성인초기에 정점이었다가 성인

중기가 지나면서 감소하기 시작하는 반면에, 결정성 지능은 성인기 동안(거의 70세까지)에도 계속해서 증가한다. 즉, 결정성 지능은 유동성 지능의 감퇴 속도보다 느렸고, 사회계층이 높을수록, 취업상태에 있을수록, 과업의 전문성이 높을수록 그 감퇴의 정도가 낮은 것으로 나타났다(Horn & Hofer, 1992).

혼(Horn, 1985; 1989)은 커텔 이론을 확장하여 유동성 지능은 결정성 지능만큼 학습될 수 있고, 결정성 지능 또한 유동성 지능만큼 타고난 것이라 가정하고 늙어서까지 두 유형의 지능은 개발할 수 있다고 가정하였다. 이러한 관점은 유동성 지능이 일차적으로 타고난 지능이라고 간주했던 연구자들로 하여금 유동성 지능이 회복될 수도 있고 나이가 들어서도 강화될 수 있는지에 대한 연구로 발전하게 되었다(Schaie & Willis, 1986). 예를 들어, 계산 능력이나 기억력은 유동성 지능에 속하지만 결정성 지능과도 관련이 있다. 계산 능력의 경우, 계산하는 속도는 유동성 지능이어서 나이가 들면 계산 속도가 떨어지지만, 계산하는 능력 자체는 학습을 통해 후천적으로 길러진 결정성 지능이기 때문에 나이가 들어도 유지되는 것이다. 결정성 지능에 한에서 본다면, 뇌는 나이 들어도 늙지 않는다고 말할 수 있다. 이러한 점을 고려할 때, 성인들의 지능이 감퇴되어 새로운 학습이 어려울 수 있다는 가정과는 달리, 학습은 평생 동안 이루어져야 함을 알 수 있다. 학습은 오히려 성인들이 결정성 지능을 유지하고 향상시킬 수 있는 방안이 된다.

(3) 정보처리 능력의 변화

정보처리 능력의 변화는 정보처리 속도와 기억능력에서 일어나는 변화를 말한다. 성인기 인지과정에 관한 91개의 연구를 종합하여 분석한 연구 결과(Verhaeghen & Salthouse, 1997)에 의하면, 모든 인지능력에서 연령에 따른 감퇴현상이 나타나고 그 원인은 정보처리 속도와 작업 기억의 감퇴로 확인되었다.

중추신경계를 구성하는 뉴런과 뉴런 간의 연접기능과 대뇌 그리고 감각 입력과 운동출력이 통합되는 뇌간의 기능이 떨어지면서 정보처리 속도에서 감퇴가 발생한다. 샤이(Schaie, 1983)는 시애틀 종단연구에서 25~67세의 성인들에게 서스톤(Thurstone, 1938)의 기초정신능력의 6가지 구성요인들, 즉 ① 어휘(언어로 표현된 생각을 이해하는 능력), ② 언어기억(언어를 부호화하고 의미 있는 언어단위로 회상하는 능력), ③ 수(덧셈, 뺄셈, 곱셈과 같이 단순한 수학적 계산을 수행하는 능력), ④ 공간지향(2차원이나 3차원의 공간에 자극물을 시각화하고 정신적으로 회전시키는 능력), ⑤ 귀납추리(하나의 문제에서 특정한 패턴과 관계를 이해하고 그것을 다른 문제의 해결에 활용하는 능력), ⑥ 지각속도(시자극을 빠르고 정확하게 구별할 수 있는 능력)를 측정하는 검사를 실시하였다. 연구 결과, 6개의 지적 능력 중 어휘, 언어기억, 귀납추리 및 공간지향은 성인중기(대략 46세)에 가장 높은 점수를 나타내고 수능력은 성인중기에 감퇴하며 지각속도는 성인초기에 감퇴를 시작함으로써 가장 일찍 감퇴하는 능력으로 나타났다. 즉, 정보처리 속도의 감퇴로 인한 지각속도가 성인초기에 시작되어 점차 감퇴함을 알 수 있다.

뇌의 정보처리 과정에서 작업 기억이 감퇴하면서 정보를 받아들이고 기억하는 능력이 떨어지는데 주의 집중 능력이나 자극 무시 혹은 주의 배분 능력이 상실되는 것도 인지적 능력 감퇴의 원인이 된다. 작업 기억의 감퇴는 단기기억에 정보를 보유하는 것은 물론 자극을 부호화하고 이후에 인출하기 좋은 형태로 조작하는 능력에 영향을 주기 때문에 전반적인 지적 능력의 감퇴를 촉진하게 된다(Just & Carpenter, 1992). 18~85세를 대상으로 작업 기억 과제를 실시하여 연령별 작업 기억의 양을 조사한 웨스트와 크룩의 연구 결과(West & Crook, 1990)에 의하면, 연령이 증가할수록 작업 기억의 양이 줄어드는 것으로 나타났다. 이 연구는 연구대상자들로 하여금 컴퓨터 모니터상에 한 개씩 숫자가 제시되면 큰 소리로 따라 읽게 하고 모든 숫자가 제시되면 컴퓨터에 부착된 전화기의 다이얼을 그대로 돌리는 과제를 하게 하였다. 다이얼을 돌릴 때 통화중 신호음이 들리면 그때는 다시 다이얼을 돌리지 않으면 된다. 통화 중 신호음 없이 7개의 숫자를 돌리는 상황에서는 연령차이가 없었으나 통화 중 신호음 후 7개 숫자를 회상하는 과제에서는 70~85세 연령 집단의 정확하게 회상한 수가 다른 집단에 비해 적었고 통화 중 신호음 후 10개 숫자를 회상하는 과제에서는 40~49세, 50~59세, 60~69세, 70~85세 순서로 회상한 수가 감소하는 것으로 나타났다.

한편, 성인들의 일상생활에서의 문제해결능력을 측정하기 위해 일상생활에서 해결해야 할 문제(예: 67세의 한 남성은 의사로부터 심장에 결함이 있어 쉬어야 한다는 경고를 받았다. 날씨는 덥고 정원의 잔디는 무성히 자라서 깎지 않으면 안 되는 상황이지만, 잔디 깎는 사람에게 줄 비용도 없는 상태이다. 그는 어찌해야 하는가?)를 제시하고 20~79세까지 다양한 연령의 성인들에게 해결책을 제안하게 하여 성인들의 문제해결능력을 살펴본 연구 결과(Denney & Pearce, 1989; Denney, Tozier, & Schlotthauer, 1992), 30~50세 사이의 성인들이 가장 높은 점수를 얻었음을 확인했다.

요컨대, 연령에 따른 정보처리 능력에서의 변화에 대한 연구 결과들은 전반적으로 연령이 증가할수록 인지적 능력이 감퇴하지만 그 시작은 대체로 50세 이후에 일어나며 70세 이후부터 본격적으로 감퇴한다고 보고되고 있다. 이러한 연구 결과들은 평생교육사들에게 20대의 성인초기의 학습자에 비해서는 인지능력이 감퇴되더라도, 성인중기까지의 성인 학습자들도 충분히 새로운 것을 학습하고 학습 성과를 가져올 수 있는 집단이라는 것을 알려준다.

(4) 지혜와 창의성

지혜(wisdom)는 연령이 많은 사람들이 지니고 있는 특성으로 간주되는데 연령증가에 따른 인지적 능력의 상실을 보상하는 메커니즘이 될 수 있다. 사실상 축적된 경험을 통해 삶 속에서 얻어진 지혜는 성인의 큰 장점이기도 하다. 그러나 노인만이 지혜를 갖는 것은 아니다. 노인이면서도 지혜롭지 못한 사람들이 많을 뿐 아니라 젊은 사람들 중에서도 지혜로운 사람들이 있기 때문이다(Baltes & Staudinger, 1993).

지혜로운 사람의 특성에 관한 연구들(Kramer, 1990; Orwoll & Perlmutter, 1990; Wink & Helson, 1997)에 의하면, 지혜로운 사람은 문제에 합리적으로 접근하기 위해 사고, 감정, 행동을 통합할 수 있는 사람들이며, 감정이입능력과 동정심을 지니고 있는 사람들이다. 즉, 지혜로운 사람들은 다양한 인생 경험을 기초로 상황의 피상적인 측면에 국한하지 않고 상황 이면의 본질을 꿰뚫어 보고 문제의 핵심을 파악할 수 있는 좋은 판단 능력을 지니고 있다. 이러한 측면에서 본다면, 젊은 사람들보다는 경험을 통해 성찰 경험이 많은 성인들이 좀 더 지혜로울 수 있음을 추론할 수가 있다. 지혜로운 사람이 되기 위해 필요한 요인이 무엇인지 탐색한 발티스(Baltes, 1993)에 의하면, 개인적 조건으로서 정신 능력과 훈련을 통한 구체적인 전문 기술의 습득, 그리고 교육자나 지도자 경험과 같은 인생 맥락의 세 가지 요인이 필요하다고 한다.

한편, 성인의 창의성은 감퇴하기보다는 좀 더 적은 양의 창의적 아이디어를 산출하는 것으로 볼 수 있다(Merriam et al., 2007). 창의적인 사람은 여전히 창의적 아이디어를 생성해 내지만, 젊을 때보다는 더 적은 양의 창의적 아이디어를 산출한다는 것이다(Dixon & Hultsch, 1999). 게다가 창의성에서의 감퇴 시기가 50대 이후의 연령에서 일어나고 그 감퇴의 정도는 그리 크지 않다(Kail & Cavanaugh, 2000). 성인의 변증법적 사고와 창의성에 관한 연구를 시도한 양과 완의 결과(Yang, Wan, & Chiou, 2010)에 의하면, 형식적 사고양식을 띠는 성인보다 변증법적 사고양식을 보이는 성인들이 창의성의 여러 요인(유창성, 개방성, 유연성, 독창성, 정교성, 명명성)에서 보다 높은 점수를 얻은 것으로 나타났다. 앞서 성인기의 사고양식에서도 살펴보았듯이, 형식적 사고를 넘어선 후기 형식적 사고와 진리 탐구를 위한 사고양식이 확장된 성인들의 경우, 보다 창의성이 높을 수 있음을 추론해 볼 수가 있다.

지금까지 살펴본 성인기의 인지발달 특성을 통해서 성인 교육자들은 성인 학습자의 학습 성과를 촉진하기 위해서 어떤 점을 고려해야 할까? 첫째, 성인의 학습은 성인의 발달과 매우 밀접하게 얽혀 있다는 점이다. 둘째, 성인 발달은 다양한 경로와 차원으로 일어난다. 셋째, 성인학습은 인지적 발달단계에 따라 성인 학습자들이 추구하는 내용과 동기가 달라질 수 있다는 것이다. 넷째, 동기와 학습하고자 하는 준비도는 생애 발달단계에 따라 매우 달라질 수 있다. 따라서 성인 학습자들은 학습자의 발달단계에 예의 주시해야 하며 발달적 단계에 적합한 학습 경험을 할 수 있도록 준비해야 할 것이다.

4) 사회적 발달

앞서 사회적 나이로서 성인의 의미를 살펴본 것처럼, 연대기적 나이가 증가함에 따라 성인들에게 요구되는 사회적인 기대와 역할이 다양해지고 이러한 상황은 성인기의 삶에 영향을 미치고 성인기의 특성을 형성한다. 이와 같은 사회적 발달 특성에 대해 성인기의 발달과업과 성인기 삶의 중심적인 사회생활을 위해 필요한 대인관계와 애착 그리고 진로 및 직업생활의 세 가지 측면에서 살펴보고자 한다.

(1) 성인기 발달과업

발달과업이란 인생의 각 단계에서 성취해야 하는 특정 활동이나 목표를 말한다. 각 발달단계에서 요구되는 발달과업의 성취는 행복하고 성공적인 삶을 가능하게 하지만, 반대로 적절하게 발달과업을 성취하지 못한다면 개인은 사회적으로 인정받지 못하고 이후의 발달단계에서의 발달과업을 성취하는 데 어려움을 겪게 되면서 불행한 삶을 살아간다고 본다(Havighurst, 1972). 해비거스트(Havighurst, 1972)에 의하면, 성인초기에는 결혼생활과 직장생활을 시작하여 새롭게 부모나 직장인의 역할 수행의 과업을 이루고 중년기에는 건강한 결혼생활을 유지하고 젊은이들을 이끌 수 있는 시민으로서의 역할이 증가하고 개인적으로는 노화의 여러 증상에 적응하는 과업을 이루어야 한다. 노년기에는 체력과 능력의 감퇴와 은퇴와 수입의 감소에 적응하여 노년기를 건강하게 보낼 수 있는 생활 여건의 준비가 필요하다. 레빈슨(Levinson, 1986)

〈표 4-2〉 **성인기의 발달과업**

해비거스트		레빈슨	
성년 초기(18~35세)	배우자 선택 및 결혼 후 동거, 가정생활 시작, 자녀양육, 시민적 책임 및 사회집단 가입	20대 초반	가족을 떠나서 독립하는 시기
		20대 중반부터 20대 후반	생의 구조 확립, 친밀한 관계 결속
		30대 전환기	이전에 이루어진 것에 대한 회의와 재평가의 시기
중년기(36~60세)	성숙한 시민, 성인에게 필요한 여가생활, 배우자와 인격적 관계 맺기, 중년의 생리적 변화 인정 등	30대부터 40대	고요함과 통합의 시기, '자기 자신 되기(Becoming One's Own Man: BOOM)' 과업수행
		40대 전환기	두 번째 재평가와 재구조의 잠재적인 격동기
		40대 중반에서 40대 후반	생의 현실에 순응하는 시기
		50대 전환기	성인중기의 인생구조에 대해 적응하는 시기
노년기(60세 이상)	체력 감퇴 대비, 은퇴와 수입 감소 적응, 배우자 사망에 적응, 동년배와의 친밀한 관계, 생활조건 구비 등	60세 이후	은퇴와 신체적 노화에 대비한 새로운 패턴의 인생구조가 확립되는 시기

의 성인기 발달과업을 살펴보면, 각 연령대별로 세분화하여 안정기 동안 인생의 구조가 확립되고 유지되다가 전환기를 통해 자신의 인생구조에 대해 의문을 갖고 새롭게 변화를 하는 연대기적 발달과업을 제시하였다. 해비거스트(1972)와 레빈슨(1986)이 제시한 성인기 동안의 구체적인 발달과업의 변화는 〈표 4-2〉와 같다.

(2) 대인관계 및 애착

성인의 주요 애착대상은 배우자이다. 배우자가 있는 경우에 주요한 애착대상으로 배우자를 선택한 비율은 76.8%, 그 외 어머니 8.2%, 친구 6.5% 등으로 나타났다(Doherty & Feeney, 2004). 애착 이론은 장기적 인간관계의 근본 원인을 설명하는 이론이다. 이 이론은 영아가 정상적인 감정과 사회적 발달을 하기 위해서는 한 명 이상의 주 양육자와 안정되고 일관된 관계를 형성해야 할 것을 강조한다. 아기들은 태어나서 3년 동안 자신에게 민감하고 반응을 지속적으로 잘 해 주는 성인과 애착관계를 형성한다. 기어 다니거나 걸어 다니기 시작할 무렵부터 아기는 친숙한 애착대상을 하나의 안전기지로 이용하기 시작하는데, 이 안전기지를 토대로 주변을 탐험했다가 돌아오는 과정을 반복한다. 부모의 반응이 이 시기 애착의 유형을 결정하는 데 영향을 미치고, 이 애착 유형은 아기의 지각, 감정 및 향후 대인관계에 대한 원형, 즉 내적 작동 모델로 작용한다(Bretherton & Munholland, 1999).

어린 시절 형성된 애착 유형이 그 이후의 대인관계의 원형으로 작용하고 이후에는 성인의 경제적인 조건, 건강상태 등이 대인관계 및 애착형성에 중요한 영향을 줄 수 있다. 우리나라 성인의 애착과 심리적 디스트레스 관계에 대한 연구(조화진, 서영석, 2010)에서도 부모와의 안정애착이 높은 성인이 안정적이고 긍정적인 성인 애착 특성을 보였고 심리적 스트레스도 적은 것으로 나타났다. 그렇다면, 만약 어린 시절 불우한 경험으로 인해 안정애착이 형성되지 않았던 개인은 성인이 되어 대인관계에서 만족하기보다는 스트레스를 경험하게 된다는 의미인가? 그렇지 않다. 앞서 성숙한 방어기제가 행복의 결정적인 조건이라는 것을 살펴보았듯이, 초기 아동기 경험에서 형성된 내적 작동 모델에 대해서 벗어나는 노력을 통해서 얼마든지 건강한 대인관계를 맺을 수가 있다. 물론 자신을 이해하기 위해 내면을 들여다보고 어린 시절에 형성된 자신과 타인에 대한 잘못된 기대나 신념에서 벗어나기 위한 노력이 수반될 때 가능하다.

성인기는 대인관계와 애착의 활동량에서는 감소가 있을지라도 관계의 질과 만족감이 가지는 중요성은 더욱 커지는 시기이다. 앞서 심리적 발달에서 살펴본 행복한 삶의 조건으로 성숙한 방어기제를 사용하는 사람들은 배우자와 친밀한 정서적 관계를 유지하고 서로에게 정서적 지지원이 되어 줌으로써 여러 다양한 역할을 수행하는 성인기의 삶을 탄력적으로 살아갈 수가 있다.

(3) 진로 및 직업생활

앞서 발달과업에서 살펴보았듯이, 성인초기에서부터 중년기까지의 주요 발달과업은 직업생활을 시작하고 유지하는 일이다. 인생의 시기마다 발달과업을 설명하듯이, 우리가 살아가는 동안 어떤 진로를 선택하고 직업생활을 하는지에 대해서도 발달적 관점으로 설명하기도 하는데 슈퍼(Super, 1990)의 진로발달이론이 대표적이다. 탐색, 확립, 유지, 은퇴의 진로발달 단계에 따라서 우리가 어떤 진로를 선택하고 입직하여 직장생활을 유지하게 되는지를 살펴볼 수가 있다.

슈퍼(1990)는 각 단계마다 자신에 대해서 어떤 개념을 갖고 있는지를 나타내는 자아개념과 이러한 자아개념을 구현하기 위해 자신이 처한 환경 속에서 적절하게 자신이 좋아하고 잘할 수 있는 일을 선택하여 실행할 수 있는 능력인 진로성숙도를 진로발달의 핵심 요인으로 보았다. 즉, 개인들은 다양한 생애 역할들(예: 자녀, 학생, 직장인, 시민, 배우자, 부모)과 조화를 이루면서 자신의 자아개념을 통해 자신이 추구하는 삶의 가치를 적절히 표현하고 각 단계의 발달과업을 잘 수행하는 것은 진로성숙도에 달려 있다. 이러한 발달단계는 발달을 직선적으로만 보는 것이 아니라, 인생의 어떤 시기에 또 다른 단계로 재순환할 수 있다고 가정한다. 예를 들어, 대학 교직원으로서 경력개발센터에서 업무를 보던 30대 중반의 남성이 보다 전문성을 키워 대학생의 경력개발을 지원하고 싶은데 현재 위치에서는 박사학위 공부를 할 수 없는 상황에 처해 있다고 하자. 자신이 앞으로 어떻게 살고 싶은가에 대한 의문을 갖기 시작했다면, 이 남성은 현재 직장생활을 하고 있어 확립단계에 있지만 다시금 탐색단계로 재순환을 거치고 있는 것이라 하겠다. 각 단계별 진로발달 과업은 〈표 4-3〉에서 확인할 수 있다. 만약 성인 학습자 중에서 진로 전환을 위해 학습하고자 하는 경우에, 성인 교육자는 우선적으로 진로발달 이론에 근거해서 성인 학습자의 진로발달 특성을 이해하고 조력하는 것이 필요하다.

한편, 직장생활에서 갑작스런 위기가 닥쳐 진로를 전환할 수밖에 없는 상황은 성인들이 겪는 삶의 역경 중의 하나이다. 전화위복이라는 말이 있듯이, 자신의 직장생활에서 경험할 수 있는 갑작스런 실직으로 인한 이직을 준비해야 할 때, 위기를 기회로 삼아 새롭게 경력개발을 하고자 하는 성인들은 자연스럽게 성인학습에 참여하는 경우가 많다. 따라서 평생교육사는 진로 위기와 전환에 대한 지식을 바탕으로 이러한 성인 학습자들이 성공적으로 진로 전환을 할 수 있도록 적절한 도움을 줄 필요가 있다.

〈표 4-3〉 **진로발달 단계별 과업**

발달단계	하위단계	발달과업
탐색기 (15~25세)	결정화기 (crystalization)	직업과업을 분명히 하며 자신에 대한 이해와 직업에 대한 이해를 바탕으로 어떤 직업을 선호할 것인지 분명히 할 수 있게 됨
	구체화기 (specification)	고려했던 직업들 중 선택할 수 있는 의사결정 능력이 요구됨
	실행기 (implementation)	본격적으로 입직하여 직업생활을 시작하는 단계
확립기 (25~45세)	정착기 (stabilizing)	자신이 선택한 직업에서 성공하는 데 필요한 기술과 흥미를 가지고 있는지를 확인
	공고화 (consolidating)	자신의 직업에 정착하며 신뢰할 만한 직업인이 되어 가는 과정
	발전(advancing)	보다 높은 봉급과 책임 있는 지위로 승진하게 되는 과정
유지기 (45~65세)	유지 (maintaining)	새로운 일을 하기보다는 기존의 상태를 유지하는 상황을 맞게 됨
	갱신 (updating)	자신의 기술 갱신 또는 새로운 기술 도입
	혁신 (innovating)	업무 수행을 위한 혁신적 방법을 찾거나 근로경험이 적은 근로자들에게 멘토 역할 수행
은퇴기 (65세 이후)	감퇴 (decelerating)	자신이 맡은 일에 대한 책임을 서서히 줄여 감
	은퇴계획 (retirement planning)	인생 후반기의 생활계획과 재정이나 퇴직 후의 활동을 계획하는 것
	은퇴생활 (retirement living)	60대 후반에 해당되는 시기로, 자신이 해 온 역할과 생활양식에서의 변화가 나타남

전환의 의미는 변화의 의미와 구분된다. 변화는 외적인 상황에서의 변화(예: 직장 위치, 새로운 팀 역할, 새로운 정책)를 의미하는 반면에 전환이란 새로운 상황에 직면하여 경험하게 되는 내적인 심리적 과정을 말한다. 성인은 갑

작스럽게 발생한 문제인 위기 상황에서 새로운 단계로 전환하기까지 7단계의 심리적 과정을 거치는데, 마비, 최소화, 회의감, 현실수용과 놓아 주기, 시험하기, 의미 찾기, 내면화이다(Hopson & Adams, 1977). 시간이 흐르면서 자아존중감과 전환적 위기 상황에 대응하는 단계별 심적인 변화의 내용을 [그림 4-1]에서 살펴볼 수 있다. 만약 성인 학습자 중에서 급작스런 전환의 상황에서 무엇인가 돌파구를 찾기 위해 학습에 참여할 경우에, 평생교육사는 전환의 심리적 과정과 단계에 대한 지식을 바탕으로 학습자가 성공적인 전환을 이행할 수 있도록 조력할 수가 있을 것이다.

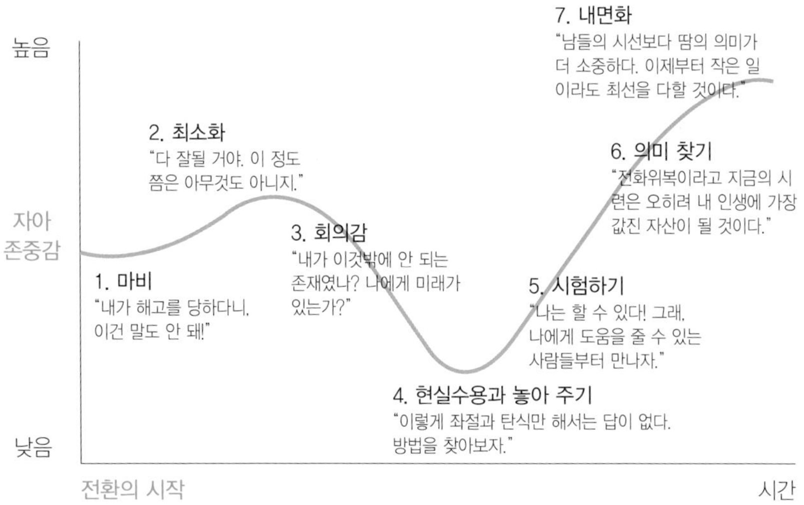

[그림 4-1] **전환의 사이클**

수업 활동 4-2 성인 학습자의 발달적 이해의 적용

1. 이 장의 처음 부분에서 제시되어 있던 사례를 읽고 성인 학습자를 위한 상담에서 성인의 발달적 특성에 관한 지식이 왜 필요한지 토론해 보자.

【사례】
미영 씨는 30대 후반의 편모로 아이를 혼자 키우고 있는데 자신의 기술을 향상시키기를 원하고 있다. 최근 미영 씨는 고용센터를 방문하여 근처 직업기술 훈련기관에 등록하여 간호조무사가 되기 위해서 새롭게 학습을 시작하였다. 간호조무사를 하게 되면, 병원청소부보다는 일하는 게 더 좋을 것 같고 수입도 나아질 것이다. 그런데 병원 청소부로 일을 하면서 직업기술 훈련을 동시에 하려면 막내를 돌봐 줄 곳을 알아봐야 하고 큰아이의 등·하교 문제를 해결해야만 한다. 만약 아이 하나라도 아프거나 자신이 아프게 되면, 수업과 일 둘 다 빠져야 한다. 미영 씨는 지금 이런 상황을 다룰 만큼의 시간과 에너지가 거의 없어서 그 밖에 다른 어떤 요구에 대응하기가 어렵다.

2. 미영 씨의 상황을 이해하기 위해서 상담자로서 여러분은 성인 학습자의 신체적, 인지적, 심리적, 사회적 특성에 대한 지식이 필요하다. 이러한 지식을 미영 씨를 이해하는 데 어떻게 적용할 수 있을지 조원들과 토의해 보자.

3. 성인 학습자의 유형

성인학습의 성과를 높이기 위해서는 성인 학습자의 다양한 특성을 이해하고 그에 맞는 교수-학습의 접근을 할 필요가 있다. 특히 성인 학습자를 상담하여 학습에서의 문제점을 파악하기 위해서는 학습참여 동기와 선호하는 학습 방식 등을 파악하는 것이 중요하다. 이제부터는 성인 학습자의 개인차를 이해하기 위해 이들을 어떤 방식으로 유형화(예: 학습참여 동기 유형, 학습양식)하여 이해할 수 있는지에 대해 살펴봄으로써 학습상담에서 학습 문제를 진단하기 위한 기초 지식을 키울 수 있을 것이다.

1) 학습참여 동기 유형

호울(Houle, 1961)은 성인이 왜 계속 학습에 참여하는지를 밝히기 위해 22명의 성인 학습자를 면담하여 연구한 결과, 성인 학습자의 참여 동기를 '목표 지향성' '활동 지향성' '학습 지향성'의 세 가지로 유형화하여 제시하였다. 목표 지향적인 학습자는 명확하게 설정된 목표를 달성하기 위해 교육을 이용하고 학습 활동에 적극적으로 참여하는 특성이 있다. 활동 지향적 학습자는 학습목표가 명확하지는 않지만 학습하는 분위기 자체에서 의미를 발견하는 유형으로 여러 학습자와 인간관계를 맺는 것을 더 중요시하는 경향이 있다. 학습 지향적인 학습자는 학습의 내적 동기를 바탕으로 지식을 습득하는 학습자로 자기 성장과 발전 자체에 관심이 많다. 이러한 연구 결과를 통해서 자기주도 학습에 근거한 참여가 성인 학습자의 주요한 특징이라는 것을 밝혀지게 되면서 성인학습의 관점에서 자기주도 학습에 대한 연구가 본격적으로 이루어지는 토대가 되었다(Merriam & Bierema, 2014).

보셔(Boshier, 1971)는 호울(1961)의 유형론을 분석하기 위해 교육참여 척도(Educational Participation Scale: EPS)를 개발하였으며 참여 동기 유형을 추출한 결과, 사회 복지, 사회적 접촉, 외부 지향적 전문성 함양, 내부 지향적 전문성 함양, 사회적 적응, 지적 유희, 교육적 준비 및 보상과 보충, 지적 흥미, 사회적 참여 현상으로부터의 도피, 사회 향상과 도피, 인간관계 증진으로 나타났다.

우리나라 성인교육 참여자들의 학습참여 동기 분류에 관한 연구 결과를 살펴보면, 대체로 호울(1961)의 연구 결과(Houle, 1961)와 같이, 학습 지향, 목적 지향, 활동 지향으로 분류하였다(이아림, 2010; 이영아, 2012; 장선영, 2011). 이 외에 이기하(2010)는 취업, 여가선용, 대인관계, 사회 참여 및 봉사, 건강 유지, 지식과 정보 습득의 동기를 확인한 바 있으며 성인 학습자의 교육참여 및 학습동기에 대한 문헌 고찰을 실시한 김영석(2012)의 경우는 외부 기대, 사회적 기대, 자극, 사회적 복지, 인지적 흥미 등 다양한 동기로 성인학습에 참여하는 것으로 보고하였다. 이러한 연구 결과들은 학습참여 동기의 개인차를 고려하여 성인 교육자들은 개별 학습자들이 성인학습에서 기대하고 목표하는 바가 서로 다를 수 있다는 사실을 전제로 학습자를 이해하고 조력할 필요가 있음을 시사한다.

2) 학습양식

학습양식(learning style) 또는 유형이란 일련의 학습이며, 학습 방법들의 집합체이다(전명남, 2004). 즉, 학습자가 오랜 시간을 두고 형성해 온 자신이 선호하는 학습의 양식이라고도 할 수 있다. 이러한 학습양식은 근거하는 이론에 따라서 선호하는 학습양식을 측정하는 내용이 다양한데 학습양식을 정의하는 관점은 크게 ① 인지적 정보처리 유형, ② 정의적 특성(예: 학습태도, 사회성, 인성적 요소)에 초점을 두는 유형, ③ 인지적 특성과 정의적 특성이 결합된 것으로 보는 관점, ④ 인지적, 정의적 특성 외에 심리운동적 특성, 환경특성, 학습습관 등 학습과 관련된 학습자 특성 모두를 포함하는 포괄적 관점의 네 가지로 정리할 수가 있다(김은정, 1999). 학습양식에 대한 네 가지 접근 중 인지적 정보처리의 관점으로 보는 콜브(Kolb, 1999)의 학습양식과 학습과 관련된 다양한 요인을 모두 다루는 포괄적 관점의 던과 던(Dunn, Dunn, & Price, 1996)의 학습양식 모형을 살펴보기로 한다.

(1) 콜브의 학습양식

성인학습 이론 중 경험 학습 이론의 대표적인 학자 콜브(1999)는 우리가 학습을 할 때 외부의 정보를 인식하는 과정인 지각과 지각한 정보들을 어떻게 처리하느냐에 따라서 학습양식이 달라진다고 보고 네 가지 학습양식(수렴형,

확장형, 융합형, 적응형)으로 분류하였다. 이를 테면, 수렴형(실용주의형)은 추상적인 개념을 선호하고 새로운 상황에서 능동적으로 실험 검증을 하려는 학습자, 확장형(성찰가형)은 구체적인 경험을 선호하고 반성적인 관찰을 수행하는 학습자, 융합형(이론가형)은 추상적인 개념을 선호하고 반성적인 관찰을 수행하는 학습자, 끝으로 적응형(활동가형)은 구체적인 경험을 선호하고 새로운 상황에서 능동적으로 실험 검증을 하려는 학습자이다. 여러 연구를 통해서 학습자의 선호하는 학습양식에 따라 선호하는 교수방법이 다르기 때문에 이러한 개인 차이를 고려하여 성인 교육자들은 성인 학습을 위한 교수-학습 설계를 할 필요가 있다. 이에 대해서는 제6장의 경험학습 이론에서 자세하게 살펴볼 수가 있다. 특히 콜브(1999)의 학습양식 진단 검사를 활용하여 자신의 학습양식을 파악할 수 있는 수업 활동 6-4를 미리 실시한다면, 자신의 학습양식을 좀 더 객관적으로 파악하여 현재 진행 중에 있는 자신의 학습 과정에 적용해 볼 수 있을 것이다.

(2) 던과 던의 학습양식

던과 던의 학습양식 모형(http://www.learningstyles.net)은 학습자의 환경적, 정서적, 사회적, 생리적, 심리적 영역과 관련된 5개 영역 내에서 총 21개의 학습양식 요소로 구성되어 있다. 어떤 경우에도 21개 요소 모두에 의해 영향을 받지는 않지만, 대부분의 사람은 대략 6개에서 14개 정도의 요소에 의해 영향을 받는다. 이러한 21개의 학습양식 요소는 〈표 4-4〉와 같이 환경적, 정서적, 사회적, 생리적, 심리적 영역으로 분류된다. 21개의 학습양식 요소를 활용하여 자신의 학습 과정을 관찰해 보자. 수업 활동 4-3에서 던과 던의 학습양식 요소 중 생리적 영역에 해당되는 지각적 강점을 확인할 수 있는 학습양식 질문지(Materna, 2007)를 작성한 후, 자신의 학습 과정을 성찰해 보자. 많은 교육학자에 의해 연구된 결과들(Rose, 1995; Thomas, Ratcliffe,

Woodbury, & Jarman, 2002; Wyman, 2001)에 의하면, 학습자의 40~65%는 시각적 학습이 우세하였고, 반면에 25~30%는 주로 청각적 학습 그리고 5~15%는 대체로 운동감각적 학습을 선호하는 것으로 나타났다. 이러한 통계치를 전통적인 대집단 강의 수업에 적용해 본다면, 오로지 25~30% 학습자들(청각적 학습자)만 자신들이 선호하는 감각적 양식으로 정보를 받아들이고 있는 셈이다. 그러나 대부분의 시각적이거나 운동감각적인 학습자는 자신이 선호하는 학습양식으로 정보를 효과적으로 처리하기 위해서 필사적으로 시각화하거나 신체적 활동을 하려고 애를 쓰게 될 것이다. 수업 시간에 열심히 교수자가 강의를 하고 있는데 뒤에 있는 학생들이 이야기를 하고 있다면, 수업시간에 잡담을 하는 것이 아니라 그들이 선호하는 학습양식을 활용하여 나름대로 정보를 처리하는 과정 중에 있는 것일 수도 있다. 따라서 성인 교육자들은 다양한 학습양식에 반응하기 위해 폭넓게 교수 양식을 확장할 필요가 있다. 특히 자신이 선호하는 학습양식이 무엇인지 자각하고 편향된 교수 양식에서 벗어나 학생들의 다양한 학습양식을 미리 파악하여 여러가지 학습활동과 전략을 사용하여 성인 학습자들의 학습 동기와 참여를 높여야 할 것이다.

〈표 4-4〉 **던과 던의 학습양식**

영역	학습양식 요소
환경적 영역	• 소리: 어떤 학습자들은 학습할 때 매우 조용한 환경을 선호하지만, 다른 학습자들은 배경 음악과 같이 소리가 있는 상황 • 조명: 어떤 학습자들은 주의 집중을 위해 환하고 밝은 환경을 선호하지만, 다른 학습자들은 아늑한 분위기와 집중된 조명을 선호함 • 온도: 어떤 학습자들은 따뜻한 환경을 선호하지만, 다른 학습자들은 서늘한 환경을 선호함 • 디자인(비형식적/형식적): 어떤 학습자들은 편안한 소파나 테이블, 바닥에서 학습하는 것으로 선호하지만, 다른 학습자들은 공부를 할 수 있는 책상과 의자를 선호함

정서적 영역	• 동기: 어떤 학습자들은 새로운 것이나 어려운 것을 보다 수월하게 학습하기 시작하지만, 다른 학습자들은 학습을 시작하기 위해 어떤 다른 사람으로부터 자극받을 필요가 있음 • 지구력: 어떤 학습자들은 학습과제가 완성될 때까지 주의 집중을 유지하는 반면에, 다른 학습자들은 과제를 완성하도록 상기시킬 필요가 있음 • 책임감/순응성: 어떤 학습자들은 해야 할 일을 잘 하지만, 다른 학습자들은 해야 할 일을 잘 하지 않음 • 구조: 어떤 학습자들은 과제를 시작하기 전에 교사나 동료의 지시를 선호하지만 다른 학습자들은 자신이 스스로 과제를 구조화함
사회적 영역	• 혼자: 어떤 학습자들은 혼자서 공부할 때 가장 잘 학습함 • 짝과 함께: 어떤 학습자들은 한 명의 동료와 함께 짝으로 학습하는 것을 선호함 • 동료들과 함께: 어떤 학습자들은 소집단의 형태로 학습하는 것을 선호함 • 집단: 어떤 학습자들은 대집단의 형태로 학습하는 것을 선호함 • 권위: 어떤 학습자들은 성인과 함께 학습하는 것을 선호함 • 다양한 유형: 어떤 학습자들은 다양한 형태로 학습하지만, 다른 학습자들은 하나의 형태로만 학습하기를 선호함
생리적 영역	• 지각적 강점(청각적, 시각적, 촉각적, 운동역학적): 어떤 학습자들은 들을 수 있는 청각적인 자료를 가장 잘 학습하고, 일부 학습자들은 읽거나 볼 수 있는 시각적인 자료를 가장 잘 학습하며, 또 어떤 학습자들은 노트 필기와 같이 손으로 조작할 수 있는 촉각적인 학습상황일 때 가장 잘 학습하고, 다른 학습자들은 움직일 수 있는 운동역학적인 학습상황일 때 가장 효과적으로 학습함 • 간식: 어떤 학습자들은 새롭고 어려운 학습자료에 집중할 때 마실 것이나 먹을 것을 필요로 하는 데 반해, 다른 학습자들은 그러한 것을 필요로 하지 않음 • 시간대: 어떤 학습자들은 오전 시간에 집중하기를 선호하는 반면에, 일부 학습자들은 오후 시간에, 또 다른 학습자들은 저녁 시간을 선호함 • 이동성: 어떤 학습자들은 움직임 없이 오랜 시간 동안 앉아서 집중하는 반면에, 다른 학습자들은 여기저기 옮겨 다니면서 학습하기를 선호함

심리적 영역	• 분석적 또는 통합적 정보처리자: 통합적 정보처리자들은 내용과 관련된 사실에 초점을 맞추기 전에 그 내용이 자신과 어떻게 관련되는지를 이해하기 위해 맨 처음 내용에 대한 개관을 하면서 학습을 시작하고, 그다음 관련된 사실에 초점을 맞추는 데 반해, 분석적 정보처리자들은 맨 처음 사실에 대한 조사를 통해 이해하기 시작하고, 그다음 개념에 대한 이해를 하는 방식으로 단계적인 절차에 따라 사실을 학습함 • 좌뇌 또는 우뇌: 어떤 학습자들은 새로운 정보에 집중할 때 우뇌를 사용하는 반면에, 다른 학습자들은 좌뇌를 사용하는 경향이 있음 • 성찰적 또는 충동적: 어떤 학습자들은 철저하고 빈틈없는 과정을 통해 결론에 도달하는 반면에, 다른 학습자들은 신속하게 결론에 도달하고 실패에 대한 두려움이 거의 없음

수업 활동 4-3 자신의 선호하는 학습양식 진단하기(Materna, 2007)

• 다음 문항을 읽고 답해 보자.

문항	예	아니요
1. 나는 새로운 내용은 혼자 읽는 것보다 다른 사람에게 이야기할 때 더 잘 기억한다.		
2. 나는 익숙하지 않은 기술은 하면서 배우는 것보다 일단 읽어 보는 편이다.		
3. 나는 새로운 절차에 대해서는 책으로 읽는 것보다 영상을 보는 편이다.		
4. 나는 새로운 개념들에 대해서 읽는 것보다는 그 개념들에 대해 그림으로 그려 보는 편이다.		
5. 나는 정보를 이해하기 어려울 때, 큰 소리로 읽는 것을 선호한다.		
6. 나는 그림과 명칭을 함께 익힐 때, 소리 내어 말하기보다는 그림으로 그려 보곤한다.		
7. 나는 발표 자료를 미리 읽을 때 구두로 발표되는 새로운 자료를 이해한다.		
8. 나는 매뉴얼의 사용법을 읽는 것보다 새로운 컴퓨터 소프트웨어를 사용하는 것을 더 선호한다.		

9. 나는 공식을 새롭게 만들어야 할 때, 글로 써진 지시사항을 읽기보다는 다른 사람의 설명을 듣는 편이다.		
10. 나는 새로운 도구를 사용해야 할 때, 먼저 혼자 해 보는 것보다 다른 사람의 설명을 우선 듣는 편이다.		
11. 나는 낯선 곳에 가야 할 때, 구두 설명보다는 글로 쓰인 설명이 더 좋다.		
12. 나는 새로운 내용에 대해 직접 읽어 보기 전에 듣는 것을 선호한다.		
13. 만약 새 컴퓨터를 살 계획이 있다면, 나는 어떻게 작동하는지 설명을 듣기보다는 직접 작동해 보는 것을 더 좋아한다.		
14. 만약 어떤 절차를 이해하는 데 어려움이 있다면, 나는 다른 사람이 그 방법에 대해 설명하는 것보다는 글로 쓰인 지시사항을 보는 것을 더 선호하다.		
15. 나는 책을 읽는 것보다는 녹음된 테이프를 듣는 것이 더 좋다.		
16. 나는 새로운 단어의 철자를 배울 때, 여러 번 써 보는 것보다는 소리 내어 암기하는 것을 더 좋아한다.		
17. 나는 실험에 대해 직접 하는 것을 선택하기보다는 읽어 보는 것을 더 선호한다.		
18. 어려운 공식의 문제가 있을 때, 나는 다른 사람이 문제를 푸는 것을 보기보다는 예시문제를 풀어 보는 것을 더 선호한다.		

• 채점방법: 문항에 대한 응답결과를 다음과 같이 계산한다. 학습양식의 총점이 구분 점수 이상일 때 자신의 스타일에 해당된다. 두 개나 세 개 모두의 스타일의 총점이 구분 점수 이상일 때 복합적 학습양식이 된다.

청각적 양식	1, 3, 5, 9, 10, 12, 16에 '예'라 응답한 개수와 6, 7, 11, 13, 14, 18에 '아니요'라고 응답한 개수를 각각 세어 결과표에 적는다.
시각적 양식	2, 7, 11, 14, 17에 '예'라고 응답한 개수와 1, 3, 4, 5, 9, 12, 15에 '아니요'라고 응답한 개수를 각각 세어 결과표에 적는다.
운동감각적 양식	4, 6, 8, 13, 18에 '예'라고 응답한 개수와 2, 10, 16, 17에 '아니요'라고 응답한 개수를 각각 세어 결과표에 적는다.

• 선호하는 학습양식 결과

채점	청각적 양식	시각적 양식	운동감각적 양식
예			
아니오			
합계			
구분 점수	8	7	5

• 조원들과 함께 각자 자신의 학습양식 결과에 대해 소개하고 조원들과 비교해 보는 시간을 가진 후, 자신에 대해서 새롭게 배우고 깨달은 점을 작성해 보자.

• 학습양식의 선호도 차이가 성인 교육자에게 주는 시사점에 대해서 조별 토론 후, 발표해 보자.

참고문헌

가영희, 성낙돈, 안병환, 임성우(2013). 성인학습 및 상담. 동문사.

김영석(2012). 성인학습자의 교육참여 및 학습동기 연구동향분석. Andragogy Today, 15(1), 31-62.

김은정(1999). 학습양식의 유형 및 구성요소와 교육과정과의 관계에 대한 연구. 연세대학교 대학원 박사학위논문.

김정희(2016). 성인학습의 심리치료적 효과. Andragogy Today: Interdisciplinary Journal of Adult & Continuing Education, 19(4), 68-90.

나항진, 강갑원, 권희안, 김경미, 박성희, 송선희(2012). 성인학습 및 상담. 양서원.

이기하(2010). 도시형과 도농복합형의 노인복지관 평생교육 프로그램 참여동기 및 교육 만족도. 단국대학교 박사학위논문.

이아림(2010). 성인학습자의 학교평생교육프로그램 참여지속성에 영향을 미치는 요인에 관한 연구. 숙명여자대학교 대학원 석사학위논문.

이영아(2012). 성인학습자의 학습참여 동기유형이 경험학습양식에 미치는 영향. 고려대학교 교육대학원 석사학위논문.

장선영(2011). 성인여성의 평생교육 참여동기가 셀프리더십에 미치는 영향. 한양대학교 교육대학원 석사학위 논문.

장휘숙(2006). **성인심리학: 성인발달, 노화, 죽음**. 박영사.

전명남 (2004). Kolb-McCarthy 학습유형에 따른 심층학습의 차이. **교육심리연구, 18**(4), 279-292.

정옥분(2004). **발달심리학: 전생애 인간발달**. 학지사.

조성연, 박미진, 문미란(2010). **성인학습 및 상담**. 학지사.

조화진, 서영석(2010). 부모애착, 분리-개별화, 성인애착, 대학생활 적응, 심리적 디스트레스의 관계-대학신입생을 대상으로. **한국심리학회지: 상담 및 심리치료, 22**(2), 385-411.

한준상(1999). **호모에루디티오: 성인교육학의 사상적 토대**. 학지사.

Baltes, P. B. (1993). The aging mind: Potential and limits. *The Gerontologist, 33*(5), 580-594.

Baltes, P. B., & Staudinger, U. M. (1993). The search for a psychology of wisdom. *Current Directions in Psychological Science, 2,* 75-80.

Bee, H. L., & Bjorkland, B. R. (2004). *The journey of adulthood* (5th ed.). Englewood Cliffs, NJ: Prentice Hall.

Berg, C. A. (2000). The development of adult intelligence. In R. J. Sternberg (Ed.), *Handbook of intelligence* (pp. 117-137). New York, NY: Cambridge University Press.

Bretherton, I., & Munholland, K. A. (1999). Internal working models in attachment relationships: A construct revisited. In J. Cassidy & P. R. Shaver (Eds.), *Handbook of attachment: Theory, research and clinical applications* (pp. 89-114). New York: Guilford Press.

Boshier, R. (1971). Motivational orientations of adult education participants: A factor analytic exploration of Houle's typology. *Adult Education Quarterly, 21*(2), 3-26.

Cattell, R. B. (1963). Theory of fluid and crystallized intelligence: A critical experiment. *Journal of Educational Psychology, 54*, 1-22.

Denney, N. W., & Pearce, K. A. (1989). A developmental study of practical problem solving in adults. *Psychology and Aging, 4*, 438-442.

Denney, N. W., Tozier T. L., & Schlotthauer, C. A. (1992). The effect of instructions on age differences in practical problem solving. *Journal of Gerontology, 47*, 142-145.

Dixon, R. A., & Hultsch, D. F. (1999). Intelligence and cognitive potential in late life. In J. C. Cavanaugh & S. K. Whitbourne (Eds.), *Gerontology: An interdisciplinary perspective* (pp. 213-237). NY: Oxford University press.

Doherty, N, A., & Feeney, J. A. (2004). The composition of attachment networks throughout the adult years. *Personal Relationships, 11*, 469-488.

Dunn, R., Dunn, K., & Price, G. E. (1996). Learning Style Inventory. Lawrence, KS: Price Systems, Inc.

Erikson, E. H. (Ed.). (1963). *Youth: Change and challenge*. New York: Basic books.

Fogarty, R. J., & Pete, B. M. (2004). *The adult learner: Some things we know*. CA: Sage.

Havighurst, R. J. (1972). *Developmental tasks and education*. New York: McKay.

Hopson, B. & Adams, J. (1977). Towards an understanding of transitions: Defining some boundaries of transition. In Adams, J. Hayes, & B. Hopson (Eds.), *Transition: Understanding and managing personal change* (pp. 1-19).

Montclair, NJ: Allenheld & Osmun.

Horn, J. L., & Hofer, S. M. (1992). Major Abilities and Development in the Adult Period. In R. J. Sternberg, & C. A. Berg (Eds.), *Intellectual Development* (pp. 44-99). New York: Cambridge University Press.

Horn, J. L. (1985). Remodeling old models of intelligence. In B. B. Wolman (Ed.), *Handbook of intelligence: Theories, measurement, and applications*. NY: Wiley.

Horn, J. L. (1989). Cognitive diversity: A framework of learning. In. P. L. Acerman, R. J. Sternberg, & R. Glaser (Eds.), *Learning and individual differences* (pp. 61-116). NY: Freeman.

Houle, C. O. (1961). *The inquiring mind*. Madison: University of Wisconsin Press.

Just, M. A., & Carpenter, P. S. (1992). A capacity theory of comprehension: Individual differences in working memory. *Psychological Review, 99*, 122-149.

Kail, R. V., & Cavanaugh, J. C. (2000). *Human development: A lifespan view* (2nd ed.). CA: Wadsworth.

Kegan, R. (1994). *In over our heads: The mental demands of modern life*. MA: Harvard University Press.

Kolb, D. A. (1999). *The Kolb Learning Style Inventory, Version 3*. Boston: Hay Group.

Kramer, D. A. (1990). Conceptualizing wisdom: The primacy of affect-cognition relation. In R. J. Sternberg (Ed.), *Wisdom: Its nature, origins, and development* (pp.279-313). Cambridge: Cambridge University Press.

Labouvie-Vief, G. (1985). Logic and self-regulation from youth to maturity: A model. In M. Commons, F. Richards, & C. Armon (Eds.), *Beyond formal operations: Late adolescent and adult cognitive development* (pp. 158-180). NY: Praeger.

Levinson, D. J. (1986). A conception of adult development. *American Psychologist*,

4, pp. 3-13.

Materna, L. (2007). *Jump-start the adult learner: How to engage and motivate adults using brain-compatible strategies.* CA: Corwin Press.

Merriam, S. B. & Bierema, L. L. (2014). *Adult learning: Linking theory and practice.* San Francisco, CA: Jossey-Bass.

Merriam, S. B., Cafferella, R. S., & Baumgartner, L. M. (2007). *Learning in adulthood (3rd ed.).* San Francisco: Jossey-Bass.

Orwoll, L., & Perlmutter, M. (1990). The study of wise persons: Integrating a personality perspective. In Sternberg. R. J. (Ed.), *Wisdom: Its nature, origins, and development* (pp.160-177). Cambridge: Cambridge University Press.

Perry, W. G. Jr. (1970). *Forms of intellectual and ethical development in the college years: A scheme.* NY: Holt, Rinehart, and Winston.

Piaget, J. (1972). Intellectual evolution from adolescents to adulthood. *Human Development, 16,* 346-370.

Ratey, J. J. (2008). *Spark: The Revolutionary new science of exercise and the brain.* NY: Little, Brown and Company.

Ratey, J. J. & Manning, R. (2014). *Go wild: Free your body and mind from the afflictions of civilization.* NY: Little, Brown and Company.

Reuter-Lorenz, R., & Lustig, C. (2005). Brain aging: Reorganizing discoveries about the aging mind. *Current Opinion in Neurobiology, 15*(2), 245-251.

Riegel, K. F. (1976). The dialectics of human development. *American Psychologist, 31*(10), 689-700.

Rose, C. (1995). *Accelerated learning action guide.* Aylesbury, Buckinghamshire, UK: Accelerated Learning System.

Schaie, K. W. (1983). The Seattle longitudinal study: A 21-year exploration of psychometric intelligence in adulthood. In K. W. Schaie (Ed.), *Longitudinal studies of adult psychological development* (pp. 64-135). NY: Guliford Press.

Schaie, K. W., & Willis, S. L. (1986). *Adult development and aging* (2nd ed.).

Bosoton: Little, Brown.

Sinnot, J. D. (2010). *The development of logic in adulthood: Postformal thought and its applications*. NY: Plenum Press.

Super, D. E. (1990). A life-span, life-space approach to career development. In D. Brown & L. Brooks (Eds.), *Career choice and development: Applying contemporary theories to practice* (pp. 197-261). CA: Jossey-Bass.

Thomas, L., Ratcliffe, M., Woodbury, J., & Jarman, E. (2002). *Learning styles and performance in the introductory programming sequence*. NY: ACM Press.

Thurstone, L. L. (1938). *Primary mental abilities*. Chicago, IL: University of Chicago Press.

Vaillant, G. E. (1994). *Ego mechanism of defense: A guide for clinicians and researchers*. Washington: American Psychological Association.

Vaillant, G. E. (2002). *Aging well: Surprising guideposts to a happier life from the landmark Harvard study of adult development*. Boston: Little, Brown & Company.

Verhaeghen, P., & Salthouse, T. A. (1997). Meta-analyses of age-cognition relations in adulthood: Estimates of linear and nonlinear age effects and structural models. *Psychological Bulletin, 122*(3), 231-249.

Wechsler, D. (1997). *Manual for the Wechsler Adult Intelligence Scale-III*. NY: Psychological Corporation.

West, R. L., & Crook, T. H. (1990). Age differences in everyday memory: Laboratory analogues of telephone number recall. *Psychology and Aging, 5*, 520-529.

Wink, P., & Helson, R. (1997). Practical and transcendent wisdom: Their nature and some longitudinal findings. *Journal of Adult Development, 4*(1), 1-15.

Wyman, P. (2001). *Three keys to self-understanding: An innovative and effective combination of the Myers-Briggs type indicator assessment tool, the enneagram, and inner-child healing*. Gainesville, FL: Center for Application of

Pschological Type.

Yang, C. C., Wan, C. S., Chiou, W. B. (2010). Dialectical thinking and creativity among young adults: a postformal operations perspective. *Psychological Report, 106*(1), 79-92.

제5장

전통적 학습이론

성인학습을 이해하기 위해서는 학습이란 개념 자체와 학습 현상을 설명하는 여러 학습이론을 검토하고, 이러한 이론들이 성인학습이라는 학문 분야와 어떤 관련성이 있는지를 살펴보는 것이 선행될 필요가 있다. 학습이론이란 학습이 어떤 과정을 통해 이루어지며, 어떠한 힘이 학습을 가능하게 하는지 설명하는 이론체계이다. 즉, 행동의 변화를 가져온 학습의 과정에서 학습이 일어나는 행동기제 또는 심리적 기제가 무엇인지를 설명하고 해석하는 이론적 체계를 말한다. 이 장에서는 성인학습 현상을 설명하는 주요 이론을 학습하기 이전에 학습에 대한 전통적 이론의 다섯 가지 정향에 대해 발전된 시간의 순서대로 살펴보고 성인학습에 어떻게 적용할 수 있는지를 학습하는 것을 목표로 한다. 가장 초기에 과학적으로 연구된 학습이론인 행동주의를 시작으로 인본주의, 인지주의, 사회인지주의, 그리고 구성주의 학습이론을 살펴봄으로써 성인교육과 학습을 이해하는 기초를 다진 후, 평생교육사로서 자신은 어떠한 이론적 정향을 선호하는지 성찰하는 시간을 갖도록 한다.

1. 행동주의: 학습은 행위의 변화

행동주의는 1890년대 러시아의 생리학자 파블로프(Pavlov)가 실시한 개의 침샘 연구를 통해 발견된 조건반사를 시작으로 20세기 초 손다이크(Thorndike)와 왓슨(Watson)에 의해 발전된 이후, 톨먼(Tolman), 헐(Hull), 스키너(Skinner) 등에 의하여 계속 발전하여 왔다. 행동주의자들은 학습을 경험의 결과로 나타나는, 관찰이 가능한 행동의 변화로 규정한다. 이들은 학습을 외부 자극과 반응 간의 연합으로 설명하는데, 자극이란 학습자가 환경으로부터 받는 모든 것을 의미하고, 반응은 자극의 결과로 나타나는 인간의 행동을 말한다.

행동주의 학습이론의 핵심은 인간 행동에 대해 주어진 환경 속에서 외부 자극과 반응의 연합으로 나타난 결과로 본다는 것이다. 즉, 누군가가 배운다는 것은 학습을 일으킬 목적으로 환경 속에서 주어진 특정한 자극에 대해 반응하는 것이라 할 수 있다(Merriam & Bierema, 2014). 학습이 이루어지는 것은 내적 정신적 과정이나 정서적 반응이 아닌 관찰 가능한 행동으로 확인할 수 있는 것이다. 대표적인 학습 이론가이면서 성인학습에 적용 가능한 손다이크와 스키너의 이론을 간략하게 살펴보기로 한다.

1) 손다이크의 시행착오설과 성인학습

손다이크는 시행과정을 통해서 학습이 이루어진다는 시행착오설을 제안하였다. 비둘기, 쥐, 고양이 등과 같은 동물 실험으로 자극과 반응 사이의 결합이 반복되는 시행과 착오의 결과로 강해질 수도 있고 약해질 수 있다는 사실을 발견하였다. 예를 들어, 굶주린 고양이가 상자 밖에 있는 음식을 먹기 위해 상자의 문을 여는 행동을 반복적으로 시도하는 과정에서 음식을 먹는 데 우연히 성공하게 되자, 이러한 과정을 반복하여 상자 문을 짧은 시간 안에 여는 데 성공하는 것을 관찰한 손다이크는 시행착오와 우연적 성공에 의해서 특정한 행동이 학습된다는 것을 발견하였다. 이런 실험을 통해 세 가지 효과의 법칙(예: 효과의 법칙, 연습의 법칙, 준비의 법칙)을 제시하였다. 이러한 법칙이 성인학습에 시사하는 것은 새로운 사실과 기술 그리고 지식을 습득하기 위한 준비가 충분히 이루어지고(준비의 법칙) 자극과 반응의 결합이 반복되는 연습의 과정이 그 결합을 강하게 하므로 반복, 훈련을 통해 학습(연습의 법칙)을 하여 만족스러운 결과를 가져올 때(효과의 법칙), 성인 학습자는 그 학습에 대해 만족감을 느껴 학습의 효과를 극대화할 수 있다는 점이다. 특히 손다이크는 성인 학습자에 대해 체계적으로 연구한 최초의 학자로 14~50세 연령대 사람들의 기억력과 학습과제에 대한 다양한 연구 결과를 제시하였다(Thorndike, Bregman, Tilton, & Woodyard, 1928). 20~45세의 성인들은 20세경에 학습했던 것과 거의 유사한 속도와 방식으로 학습할 수 있으며, 70대 성인도 젊은 성인만큼 학습 능력이 있다는 것을 입증하기도 하였다.

2) 스키너의 조작적 조건화와 성인학습

조작적 조건형성을 통한 학습은 특정 반응이 환경에 영향을 미치기 때문에 이루어진다. 스키너는 실험 박스를 이용해서 배고픈 쥐가 지렛대를 누르는 행동을 하게 되면, 즉 바람직한 행동이 발생하게 되면 먹이와 같은 강화를 줌으로써 지렛대를 누르는 행동의 강도와 빈도가 증가한다는 것을 관찰하였다. 이를 통해서 유기체는 우연히 주어진 강화 조건(먹이)에 의해 자극(지렛대)과 반응(지렛대를 누르는 행동)의 연합이 이루어지면 외부 자극 없이도 의도적이고 자발적으로 환경을 조작하는 행동(먹이를 먹기 위해 스스로 지렛대를 누르는 행동)을 학습한다는 조작적 조건화를 제안하였다. 즉, 쥐는 먹이를 먹고자 할 때 지렛대를 누르는 행동을 학습함으로써 환경을 조작하는 것이다.

이러한 행동주의 접근에 의한 학습은 우리가 자각하지 못하고 있지만 일상생활의 한 부분이다. 자녀가 TV를 보지 않고 책을 읽는 행동을 하면 엄마가 사랑스런 눈빛으로 바라보며 간식을 준다거나, 다이어트를 위해 목표 체중으로 감량을 했을 때 멋진 옷을 사는 것과 같이 우리는 행동적 목표를 달성하기 위해 강화를 사용한다.

행동주의 학습의 원리는 초등학교 교과과정에 적용될 뿐만 아니라 성인교육을 실천하는 데에도 널리 활용되고 있다. 성인 교육자들은 특정한 학습 성과를 명시하기 위해 행동적 목표를 이용하는데, 학습의 결과로 성취해야 할 역량에 기초한 교육과정의 개념 및 교수-학습 설계, 그리고 프로그램의 기획들은 모두 행동주의에 근거한 사례들이다. 행동주의는 특히 성인의 경력개발과 직업교육에서 명확하게 나타난다. 특정 직업 분야에서 필요한 기술들을 파악하고 그러한 기술을 초급에서 전문가 수준까지 지도하여, 학습자가 그러한 기술을 수행하는 데 있어 일정 수준의 역량을 보여 주기를 기대하게 된다(Merriam & Bierema, 2014). 앞서 제2장에서 설명하였듯이, 본 교재는 평생교육사가 개발해야 할 성인학습 상담 역량에 대해 제시하고 그에 따른 지식과 태도, 기술을 학습의 기준으로 제시하는 역량에 기초한 교육과정으로 행동주의에 기초한 것이라 할 수 있다.

성인 교육자들은 성인들의 학습 활동을 구조화할 때 행동주의 학습에 기초하여 피드백의 역할과 강화의 본질을 이해하고 학습 목표를 설정하는 것이 필요하다. 다음으로 행동주의의 가정들과는 가장 동떨어진, 상당히 다른 교육철학인 인본주의 학습에 대해서 살펴보자.

2. 인본주의: 학습이란 인간의 성장과 잠재력 개발에 관한 것

인본주의 철학에 기초한 인본주의 심리학자들 중 매슬로(Maslow)와 로저스(Rogers)는 인간의 본성과 배움에 대해 행동주의에 반대하는 대안적 관점을 제안하였다. 인간의 학습에 대해 개인의 개성을 고려하지 않고 외부 자극에 대한 반응의 연합으로 보는 것과는 달리, 인본주의는 인간은 성장하고 발전할 수 있는 잠재성이 있으며 선택이나 행동을 결정하는 데 자유롭다는 가정에 기초한다. 인본주의는 외적인 행동보다는 신체, 정신, 영혼을 포함하는 전인(全人)에 초점을 두어 성장과 발전을 위한 인간의 잠재력을 강조한다.

특히 인간 중심 상담이론을 창시한 로저스는 학습에 대한 교수자 중심 접근법이 아닌 학습자 중심 접근법을 정립하여 성인교육 이론에 많은 영향을 미쳤다. 학습자 중심의 인본주의 학습이론에 따르면, 교수자는 단순한 지식의 제공자라기보다는 자기주도 학습을 위한 촉진자의 역할을 담당한다. 로저스에 의하면, 학습은 양질의 개인적 몰입이 필요한데 신체, 정서, 인지 그리고 행동 모두를 포함하는 유기체로서의 전인이 학습 상황에 몰입하여 스스로 하는 것을 의미한다. 즉, 자발적으로 몰입하는 과정에서 학습자는 행동과 태도, 성품까지도 변화할 수가 있고 이러한 결과에 대해 학습자 스스로 의미를 발견하는 경험을 한다고 설명하였다(Rogers, 1983).

성인교육 이론으로 대표되는 안드라고지, 자기주도 학습, 전환학습 모두 이와 같은 인본주의 심리학에 근간을 이루고 있다. 제6장에서 살펴볼 수 있겠지만 안드라고지에 대한 가정들을 살펴보면, 성인 학습자들은 독립적이고 자기주도적이고 내적으로 동기 부여되는 성향이 있으며, 자신들의 경험을 배움에 대한 자원으로 활용할 수 있다고 본다. 이것은 스스로 성장하고, 발전하고, 학습하고 그리고 자신의 학습에 대한 의사결정을 하는 전인적 학습을 강조하는 인본주의 학습이론에 기초함을 알 수 있다. 자기주도 학습 또한 성인 학습 연구와 이론에 있어 중요한 핵심 요소로서 자기개발의 목적과 함께 자신의 학습에 대한 방향을 수립하고 스스로 학습을 이끌어 가는 성인에 초점을 두고 있다. 특히 자기주도 학습에서 교육자의 역할은 교육 내용에 대한 전문가라기보다는 안내자나 촉진자로서 인본주의 학습이론에 그 뿌리를 두고 있음을 알 수 있다. 끝으로, 인본주의와 맥을 같이하는 전환 학습이론은 전환 학습을 통해 인간이 성장하고 달라진다고 본다. 이에 대해서는 제6장에서 자세하게 살펴볼 수가 있다.

3. 인지주의: 학습은 내면적이고 정신적인 과정

인본주의 심리학자들과 마찬가지로 인지주의 학습 이론가들도 행동주의자들의 학습이론에 이의를 제기한다. 인지적 학습은 인간의 내적 과정의 측면에서 학습의 의미와 과정을 분석하고 규명해야 한다고 보는 관점을 취한다(가영희 외, 2013). 인지주의 학습이론은 학습의 중심이 환경(행동주의)과 전인(인본주의)에서 학습자의 정신적 과정으로 이동한 것이다. 인지주의자들은 어떤 문제에 대한 해결책이 명확해지는 통찰력, 정보처리, 문제해결, 기억, 뇌에 초점을 맞추고 있다(Merriam & Bierema, 2014). 인지주의 학습이론이 다루는 범위는 사실상 광범위하지만 인지발달, 정보처리와 기억, 교수-학습설계 이론의 세 가지는 성인 교육자들에게 유용한 정보를 제공하고 있으며, 인지발달에 관해서는 앞서 제4장의 성인 학습자의 인지발달 부분에서 간략하게 살펴보았다. 정보처리와 기억에 관한 자세한 내용은 제7장 '성인학습의 실제'의 학습 전략 부분에서 좀 더 자세하게 다루고 여기에서는 인지주의 학습이론에 기초한 오수벨(Ausubel)과 블룸(Bloom)의 교수-학습 이론을 간단히 살펴보기로 한다.

1) 오수벨의 유의미 학습

오수벨(1967)은 인간의 인지구조 속에 이미 존재하는 개념들과 연결 짓는 학습을 강조하는 유의미 학습이론을 제안했다. 이러한 인지구조는 위계적이고 주제별로 조직화된 일련의 아이디어들로 구성된다(Driscoll, 2005). 반면에 단순한 암기를 통한 기억은 금방 잊어버리는데 이는 인지구조와 연관성을 맺지 않기 때문이다. 새로운 지식을 누군가의 인지구조에 연결하는 방법으로, 오수벨은 선행조직자의 활용을 제안했다. 선행조직자는 초기의 정보를 수용하는 데에 필요한데, 학습 자료를 제시하기 전에 제공된다. 이러한 선행조직자는 학습자가 이미 알고 있는 것과 그가 눈앞의 과제를 의미 있게 학습하기 전에 알아야만 하는 것 사이의 간격을 좁히는 역할을 한다(Driscoll, 2005). 예를 들어, 제4장 '성인 학습자에 대한 이해' 도입부에 제시된 미영 씨의 사례는 성인 학습자의 발달적 특성에 관한 새로운 지식을 여러분의 인지구조에 연결하기 위한 방법으로써 각자가 가지고 있는 선행조직자를 활용하여 유의미한 학습을 이끌어 내기 위한 설계였다. 만약 이 책을 읽는 독자 중에 자녀가 있는 엄마로서 성인학습을 하고 있다면 성인의 발달적 특성에 관한 새로운 지식을 습득하는 데 있어 더 많은 선행조직자가 있기 때문에, 새로운 지식을 자신의 인지적 구조에 연결하는 것이 훨씬 쉬울 것이다. 따라서 성인 교육자들은 경험이 많은 성인 학습자들이 유의미한 학습을 할 수 있도록, 즉 선행조직자를 떠올릴 수 있도록 교수-학습을 설계하는 것이 필요하다.

2) 블룸의 텍사노미(Taxonomy)

1956년에 시카고 대학교의 교육심리학자인 블룸은 교육목표 분류체계를 개발하였으며, 이는 학습과정을 체계화하고 이해하는 데 주요한 도구가 되었다. 인지적, 정서적, 정신운동적 세 가지 학습성과를 규명하고 학습과정에서 저차원적인 사고 기술에서 고차원적인 사고 기술의 위계적 분류를 제안하였다. 이러한 블룸의 분류는 교육과정을 계획하거나 학습 목표를 개발하는 데 많이 이용되고 있다.

블룸은 사고 기술(thinking skills)과 사물을 분류하고 체계화하는 인지적 영역에 초점을 맞춰 블룸의 텍사노미(Bloom's taxonomy)를 개발하였으며, 이는 학습과정에 따른다. 당신이 기억하지 못하는 것을 이해할 수 없듯이, 당신이 지식 혹은 개념을 이해하지 못한다면 적용할 수 없다. 이는 저차원적 사고 기술(lower order thinking skills)에서 고차원적 사고 기술(higher order thinking skills)로 이어지는 연속체이다. 블룸은 각 사고력에 대한 범주를 명사로 설명하며, 저차원적에서 고차원으로 진행하는 위계적 순서, 즉 지식, 이해, 응용,

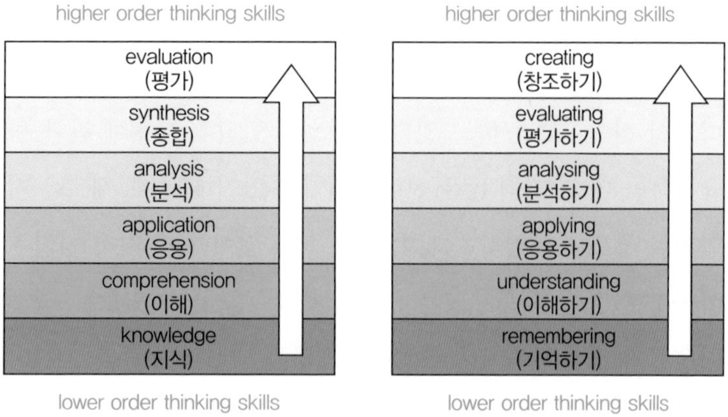

[그림 5-1] **블룸의 분류(좌), 개정된 블룸의 분류(우)(계보경, 김재옥, 2013)**

분석, 종합, 평가로 배열하였다(계보경, 김재옥, 2013).

[그림 5-1]에서 확인할 수 있듯이, 블룸의 여섯 가지 분류에서 가장 아래 단계의 분류 대상은 지식으로, 이는 특별한 사실이나 개념들을 기억하는 것을 말한다. 다음은 이해로 학습 교재들을 이해하는 것을 의미하며, 그다음으로는 응용, 분석, 종합, 평가이다. 2000년대에는 디지털 시대에 맞는 학습과정을 설명하기 위해 블룸의 제자 Lorin Anderson이 David Krathwohl과 함께 블룸의 텍사노미를 개정한 블룸의 디지털 텍사노미(Bloom's Revised Taxonomy)를 발표하였다(계보경, 김재옥, 2013). 개정된 분류는 기억하기, 이해하기, 응용하기, 분석하기, 평가하기, 창조하기로 명사를 동사로 변경하였고 종합이 빠지고 평가보다 상위의 창조하기의 사고 기술이 포함되었다.

이러한 블룸의 텍사노미는 다양한 형태로 학습과정을 설명한다. 첫째, 우리가 어떤 개념을 이해하기 위해서는 기억하고 있어야 한다. 둘째, 우리가 어떤 개념을 응용하기 위해서는 이해하고 있어야 한다. 셋째, 우리가 어떤 개념을 분석하기 전에 응용할 수 있어야 한다. 넷째, 우리가 그 개념의 영향을 평가하기 위해서는 분석이 완료되어야 한다. 다섯째, 우리가 창조하기 위해서는 기억하고, 이해하고, 응용하고, 분석하고, 평가해야 한다. 예를 들어, 여러분이 평생교육사로서 성인학습 상담 직무를 수행하기 위해서는 가장 낮은 차원의 사고 기술인 지식을 습득하여 기억해야만 그 직무에 대해 이해할 수 있고 실제에 적용할 수 있는 고차원적인 사고로 나아갈 수 있는 것이다. 우리나라 교육이 대학 입시를 위한 주입식 교육이라는 비판을 받기도 하지만 실제로 개념에 대한 암기 없이는 고차원적인 사고를 할 수 없다는 것을 블룸의 분류를 통해서 알 수 있다. 물론 저차원적인 사고 기술의 훈련에 머물러 개념을 얼마나 기억하고 있는가에만 초점을 두는 학습 성과에 대한 평가는 변화될 필요가 있지만, 우리가 실제로 삶에서의 변화를 가져오기 위한 학습의 성과를 이끌어 내기 위해서 아는 것이 일단 많아야 한다는 것을 잊지 말아야 할 것이다. 블룸의 분류는 성인과 관련된 교수-학습을 설계할 때, 특히 경력개발과 직업 능력을 개발하는 과정이라고 한다면, 적어도 응용하기 이상의 고차원적인 사고 기술을 훈련할 수 있는 학습 내용을 구성하는 것이 필요하다는 것을 시사한다.

4. 사회인지주의: 학습은 사회적이며 맥락에 의존한다

사회인지주의는 인지학습이론의 한 부분으로 다루어지기도 하지만, 어떻게 학습이 이루어지는지 이해하기 위해서 사회적 차원이 특히 중요하다고 강조하기 때문에 인지이론과 구분 지어 살펴보는 경우가 많다. 사회인지 학습이론은 '인간의 배움은 사회적 환경 안에 일어난다.'라는 것을 강조한다. 사람들은 다른 사람들을 관찰하면서 지식, 규칙, 기술, 전략, 신념, 태도를 배운다. 즉, 우리는 모범이 될 만한 다른 사람들을 관찰함으로써 특정한 행동의 유용성과 그 행동의 결과를 배우기도 하며 특정한 행동에 대해 기대되는 성과에 대한 신념에 맞춰서 행동을 한다(Merriam & Bierema, 2014).

대표적인 사회인지 이론가인 밴듀라(Bandura)는 관찰에 수반된 인지적 과정에 초점을 두지만 학습에서 인지적 요소는 단지 전체의 한 부분으로 간주한다. 행동이란 인간과 환경 간의 상호작용에서 개인의 인지적 과정에 따라 달리 나타나는 것으로 보고, 행동, 사람, 환경 간에 상호 상관이 있는 삼각형 형태의 학습 모델을 도식화했다(Bandura, 1999). 또한 사람들은 자신이 속해 있는 환경에서 스스로에 의해 발생된 결과들을 시각화함으로써(인지적 과정, 개인의 요소) 자신들의 행동을 조절할 수 있다(학습)고 보고 유사한 환경 조건이더라도 개개인의 학습 결과가 다른 것은 개인의 인지적 과정, 특히 자기효능감의 차이로 설명하였다. 사회적 맥락에서 관찰학습이 일어나기 위해서는 특정 행위에 대한 주의를 기울이고 그 행위의 유용성을 기억하여 실제 행함으로써 새로운 행동을 학습할 수 있는데 그 과정에서 자신의 수행에 대한 자신감, 즉 자기효능감에 따라서 행동의 재연에 영향을 미친다고 주장하였다. 관찰에 의해 학습된 행동의 결과로 강화가 주어진다면 학습된 행동의 비율은 증가하게 된다. 따라서 성인 교육자들은 새로운 행동을 학습하려는 성인 학습자들의 자기효능감을 높일 수 있도록 결과 중심보다는 과정 중심의 피드백을 제공할 필요가 있다.

이러한 사회인지 학습이론은 성인학습을 설명하기에 특히 적합하다. 왜냐하면 보통 성인들은 다른 사람들을 관찰하거나 모방하면서 사회적 역할을 학습하기 때문이다. 필자 자신도 현재 교수라는 직업 생활을 하는 데 있어서 지도교수님이 보여 준 교수자의 역할을 관찰하고 모방하면서 교수라는 직업의 사회적 역할을 학습한 부분이 크다고 여겨진다. 관찰과 모방을 통한 사회적 역할에 대한 학습을 이끌어낼 수 있는 멘토링은 성인 학습자들이 관찰할 수 있는 모델들을 제공하기 때문에 성인교육의 중요한 방안으로 고려된다(Daloz, 2012). 사회인지 이론에 기초한 직장 내 훈련이나 행동 모델링은 직원들의 사회화를 위해 도움을 줄 수 있다(Gibson, 2004).

5. 구성주의: 학습이란 경험을 통한 의미의 창조

구성주의 학습이론은 인간이 자신의 경험으로부터 지식과 의미를 구성해 낸다는 이론이다. 구성주의자들은 학습이란 의미를 구성하는 과정이라는 기본 가정하에, 학습자의 능동적인 지식구성의 과정을 중요시한다. 즉, 학습자들이 자신들의 경험을 이해하려는 노력을 하는 과정에서 지식이 구성되는 것이라고 본다(Driscoll, 2005). 지식과 의미를 구성해 가는 데 개인 특유의 경험과 사회문화적 요인 그리고 생물학적 요인의 영향을 받게 되는데 사회문화적 요인을 특히 강조하는 구성주의를 사회적 구성주의라 한다. 구성주의는 외부 객관적 실제가 있다고 보는 것이 아니라 개인이 외부 대상에 대해 어떻게 지각하고 의미를 만들어 가느냐에 초점을 두기 때문에 만약 개인 특유의 경험에 기초한 지식과 의미만을 강조한다면, 집단을 이루는 인간 사회에서 합의된 지식을 도출하는 것이 쉽지는 않을 것이다. 따라서 구성주의 학습이론에 근거하여 학습 현상을 이해하기 위해서는 '옳다 대 그르다'와 같은 이분법적인 사고가 아니라, 너도 옳고 나도 옳다는 중도적 관점의 사유 방식이 필요하다.

사회적 구성주의자로 알려진 캔디(Candy, 1991)에 의하면, 지식이란 개인이 사회적으로 공유하는 문제나 과제에 대해 말하고 행동할 때 만들어진다고 한다. 의미를 만드는 것은 사람들 간의 대화의 과정이고 학습은 사회적 접촉을 통해 하나의 문화 속에 동화되는 과정이다. 즉, 학습은 문화적으로 공유된 방식으로 현상세계와 현실에 대해서 이해하고 말하는 것이다. 만약 사회와 너무나 동떨어지게 현실세계에 대해 이해하고 이야기한다면 그 개인의 개념체계와 인지 구조에서는 이해할 수 있지만, 일반적으로 다른 사람들과 공유할 수 없기 때문에 지식으로 발전할 수 없을 것이다.

따라서 성인 교육자들은 학습자가 그들 자신의 경험으로부터 지식을 스스로 구성하는 것을 이해하고 학습자들이 자신의 경험에 국한된 지식에 갇혀 있는 것에 대해 학습자 간 상호작용을 통해 열린 사고를 할 수 있도록 관점을 재조정할 수 있는 기회를 제공할 필요가 있다. 구성주의 정향의 학습은 학습자들이 세상을 바라보고 이해하는 지식의 구조를 확장하여 현상에 대한 본질적 이해를 넓히고자 하는 학습목적을 추구한다.

지금까지 성인학습을 이해하는 데 기초가 되는 전통적 학습이론을 살펴보았다. 행동주의, 인본주의, 인지주의, 사회인지주의, 구성주의 학습이론에 대한 이해를 바탕으로 다음에 제시된 수업 활동 5-1을 통해서 자신이 지니고 있는 학습이론의 정향을 살펴보도록 한다.

수업 활동 5-1 전통적 학습이론에 기초한 자신의 이론적 정향의 성찰

교수-학습에 대한 다섯 가지 이론적 지향성의 관계

(Taylor, Marienau, & Fiddler, 2000)

♣ 성인 교육자로서 우리 자신의 역할에 대해서 학습에 대한 다섯 가지의 이론적 정향을 바탕으로 살펴보자. 표를 잘 살펴보고 어떤 지향성들이 학습에 대한 자신의 관점과 잘 부합하는지를 결정해 보자(복수 응답 가능).

1. 학습의 소재에 대한 나의 신념	나의 우세한 학습 지향성
외부 환경의 자극	행동주의
내적인 인지적 구조화	인지주의
정서적이고 인지적인 욕구	인본주의
사람, 행위, 환경 간의 상호작용	사회적 인지주의
개인적 현실 경험에 대한 내적인 구성	구성주의
2. 교육의 목적	**나의 우세한 학습 지향성**
바람직한 방향으로 변화 도모	행동주의
더 나은 학습을 위한 능력과 기술 개발	인지주의
자아실현, 자율성 확립	인본주의
새로운 역할과 행위의 모델링	사회적 인지주의
지식의 구성	구성주의
3. 교사로서의 나의 역할	**나의 우세한 학습 지향성**
바람직한 반응을 이끌어 내기 위한 환경 조성	행동주의
학습 활동을 위한 콘텐츠 구성	인지주의
전인 개발을 도움	인본주의
새로운 역할들과 행위의 안내자이자 모델	사회적 인지주의
학습자가 의미의 재구성을 할 수 있도록 도움	구성주의

4. 학습과정에 대한 나의 관점	나의 우세한 학습 지향성
행위의 변화	행동주의
내적인 정신 과정	인지주의
잠재력을 실현하는 개인적 행위	인본주의
사회적 맥락에서 다른 사람들과의 상호작용과 그들에 대한 관찰	사회적 인지주의
경험으로부터 의미를 구성하는 것	구성주의
5. 성인 학습자로서 나의 노력	**나의 우세한 학습 지향성**
행동주의적 목표를 달성하기	행동주의
역량 기반	행동주의
기술 개발과 훈련	행동주의
인지적 개발	인지주의
학습하는 방법을 학습하기	인지주의
연령에 따른 지능, 학습, 암기와의 상호관련성	인지주의
안드라고지에 기반	인본주의
자기주도 학습에 기반	인본주의와 구성주의
사회화와 사회적 역할에 기반	인지주의
멘토링에 기반	사회적 인지주의
통제소재에 대한 지향성	사회적 인지주의
경험학습에 기반	구성주의
관점 전환에 기반	구성주의
성찰적 실천에 기반	구성주의

♣ 전통적 학습이론 5가지의 정향 중에 자신의 학습과정(배우고 익히는 과정)을 가장 잘 설명하는 이론이 무엇인지 논의해 보자.

▶자신의 삶 속에서 다양한 학습 현상을 기술해 보자.

____

____

____

▶ 자신이 경험하는 변화[행동의 변화, 세계관의 변화, 삶의 질적 변화(기술, 능력, 대인관계 등)]를 떠올려 보고 어떻게 변화가 일어날 수 있었는지 살펴보자.

♣ 학습에 대한 자신의 관점을 살펴본 후에, 학습을 바라보는 자신의 이론적 정향에 대해 조원들과 공유하는 시간을 갖고 새롭게 배우고 깨달은 점을 작성해 보자.

참고문헌

가영희, 성낙돈, 안병환, 임성우 (2013). 성인학습 및 상담. 동문사.

계보경, 김재옥(2013). 2013 KERIS 이슈리포트: 블룸의 디지털 텍사노미. 한국교육학술정보원.

Ausubel, D. P. (1967). A cognitive structure theory of school learning. In L. Siegel (Ed.), *Instruction: Some contemporary viewpoints* (pp. 207-260). San Francisco: Chandler.

Bandura, A. (1999). Social cognitive theory: An agentic perspective. *Asian Journal of psychology, 2*, 21-41.

Candy, P. C. (1991). *Self-direction for lifelong learning: A comprehensive guide to theory and practice*. San Francisco: Jossey-Bass.

Daloz, L. A. (2012). *Mentor: Guiding the journey of adult learners* (2nd ed.). San Francisco: Jossey-Bass.

Driscoll, M. P. (2005). *Psychology of learning for instruction* (3rd ed.). NY: Allyn & Bacon.

Gibson, S. K. (2004). Social learning (cognitive) theory and implications for human resource development. *Advances in Developing Human Resources, 6*(2), 193-210.

Merriam, S. B. & Bierema, L. L. (2014). *Adult learning: Linking theory and practice*. San Francisco, CA: Jossey-Bass.

Taylor, K., Marienau, C., & Fiddler, M. (2000). *Developing adult learners: Strategies for teachers and trainers*. San Francisco, CA: Jossey-Bass.

Thorndike, E. L., Bregman, E. O., Tilton, J. W., & Woodyard. E. (1928). *Adult Learning*. New York: Macmillan Co.

Rogers, C. (1983). *Freedom to learn for the 80s*. Columbus, OH: Charles E. Merrill.

제6장

성인학습의 이론

전통적 학습이론은 주로 교사주도적 학습을 다루는 데 반해 성인 학습이론은 학습자 주도적 학습 현상을 다룬다. 성인 학습이론의 토대가 된 인본주의 학습이론에 기초할 때, 성인은 인생의 목표를 설정하고 스스로 학습하며 그것을 이룰 수 있는 자유와 책임이 있다고 본다. 구성주의 학습이론 또한 학습자가 스스로 자신의 경험으로부터 지식과 의미를 구성하는 것을 학습으로 보면서 성인의 주도성과 경험의 가치를 강조하는 성인 학습이론에 영향을 미쳤다. 이 장에서는 아동 및 청소년 교육과 대별되는 성인학습의 차별적 특성을 부각시켜 성인교육의 실천 원리를 제안한 안드라고지, 인본주의 학습이론에 영향을 받은 자기주도 학습이론과 전환학습, 그리고 구성주의 학습이론에 영향을 받은 경험 학습이론을 통해서 성인 학습자의 학습 현상을 이해하는 다양한 이론을 학습하고 이를 자신의 학습 과정을 성찰하는 데 적용해 보기로 한다.

1. 안드라고지

1968년 노울즈는 미국의 교육자들에게 안드라고지를 성인교육의 '새로운 이름이자 새로운 기술'이라고 소개했다. 페다고지(pedagogy)는 그리스어 '아동(paid)'과 '지도(agogus)'의 합성어로, 어린아이들을 가르치는 예술이자 과학을 뜻한다(Knowles, 1973). 안드라고지(andragogy)는 그리스어의 '성인(aner)'과 '지도(agogus)'의 합성어로서, 1960년 초반 등장한 인본주의 학습이론의 영향으로 형성된 성인교육의 논리와 방법을 뒷받침하는 새로운 관점의 교육학이다. 여기에서는 안드라고지의 의미와 기본 전제, 그리고 교수설계 및 운영에 있어서 아동 및 청소년 교육의 논리와 방법을 뒷받침해 온 전통적인 교육학인 페다고지와 대비하여 살펴보고자 한다.

1) 안드라고지의 의미

1833년 독일의 교사인 카프(Kapp)에 의해 만들어졌으나 당시의 여러 사회적 배경 등으로 인해 제대로 정착하지 못하였고 1920년대 중반 린드만(Lindeman) 등에 의해 다시 나타났으며, 1960년대에는 프랑스, 유고슬라비아, 폴란드 등지에서 광범위하게 사용하게 되었다(Savicevic, 1999). 미국 사회에 안드라고지라는 용어가 확산되어 사용하게 된 계기는 노울즈의 기여가 크다. 노울즈는 『성인교육의 현대적 실천: 안드라고지 대 페다고지』라는 저서에서 성인교육 이론과 실천을 위한 안드라고지에 대한 그의 사상을 발표하였다(Merriam & Bierema, 2014).

안드라고지의 의미는 협의와 광의로 구분 지어 살펴볼 수가 있다. 좁은 의미는 '성인들의 학습 활동을 돕는 예술과 과학을 의미하는 것'으로 주로 미국

학자들에 의해서 정의되고 있다. 노울즈는 성인학습을 위한 새로운 교수 방법, 엘리아스와 메리암(Elias & Merriam, 2005)은 성인 학습자를 조력하기 위한 일련의 가정과 방법, 그리고 메리암과 그의 동료들은(Merriam, Caffarella, & Baumgartner, 2007) 성인 학습자의 특정한 면을 이해하기 위한 하나의 모형으로 정의한다. 반면, 유럽에서는 광의의 의미로, '성인교육의 정책, 제도 및 교육의 과정 전체를 체계적으로 연구하는 학문의 이름'으로 정의한다.

안드라고지는 페다고지와 대비되는 개념으로 사용되고 있으나, 크게 보면 이 둘 간의 구분이 필요하다는 관점과 구분이 불필요하다는 두 가지 관점이 공존하고 있다. 하나는 아동과 성인은 이 세상에서 존재하는 방식, 즉 생물학적 연령, 심리적 발달 단계와 처해 있는 상황 및 환경에 있어 서로 다르기 때문에 아동과 성인의 학습 활동을 설명하는 다른 논리와 가정이 필요하다는 관점이다. 다른 하나는 성인교육과 아동교육은 교육의 본질상 동일한 것이기 때문에 아동과 성인의 학습 활동을 설명하는 다른 논리와 가정이 필요치 않다고 보는 또 다른 관점, 즉 안드라고지와 페다고지의 구분이 불필요하다고 보는 관점을 취하기도 한다(Courtnay & Stevenson, 1983). 이러한 비판과 논쟁 이후 노울즈는 1980년 판 『성인교육의 현대적 실천: 안드라고지 대 페다고지』에서 부제를 페다고지에서 안드라고지로 변경함으로써 안드라고지를 연속선상의 한쪽 끝으로 보는 관점을 제안했다(Merriam & Bierema, 2014). 페다고지처럼 완전히 교사 주도적이 되는 것부터 안드라고지처럼 완전히 학습자 주도적이 되는 것까지의 연속선상이 존재한다. 연속선상의 어디에 위치하느냐는 학습자의 상황에 따라 달라질 수 있다. 예를 들어, 성인들이 어떤 주제에 대해 사전 지식이 전혀 없다면 교수자가 필요하고 교수자가 적절한 방향으로 이끌어 줄 필요가 있다. 반면에 페다고지 입장에서 특별한 주제에 관한 아동의 경험과 지식의 정도에 따라 자기주도적인 학습자가 될 수도 있다는 관점이다.

요컨대, 안드라고지와 페다고지가 구분될 필요가 있느냐, 없느냐 하는 논쟁에도 불구하고, 안드라고지는 전통적인 교육학이라고 불리는 페다고지에서 소홀히 다루어왔던 학습자의 자발성 등을 고려한 학습지도를 강조함으로써 교육학의 새로운 지평을 확장시킨 공로가 있다. 페다고지는 아동 및 청소년 학습자에게 적합한 관점이고 안드라고지는 성인 학습자에게 적합한 관점이라고 구분 짓기보다는 아동 학습자에게도 안드라고지의 원리가 유용할 때가 있고, 성인 학습자에게도 페다고지의 원리가 유용한 경우가 있다는 유연한 관점을 취하는 것이 필요하다.

2) 안드라고지의 기본 가정

안드라고지와 페다고지의 가장 중요한 차이는 학습자 특성에 대한 가정 즉, 학습자를 어떤 존재로 볼 것인가와 관련되어 있다. 노울즈(1980; 1984)의 안드라고지에서 성인 학습자에 대한 6가지의 가정을 살펴보면 다음과 같다.

(1) 학습자의 자아개념: 자기주도적

안드라고지의 첫 번째 가정은 '인간은 성장해 가면서 의존적인 성향에서 자기주도적인 성향의 자아개념으로 변화해 간다.'라는 것이다. 성인들은 스스로를 독립적이고 자기주도적으로 보기 때문에, 다른 사람들에게 스스로를 책임질 수 있는 사람으로 보이고 그렇게 대우 받기를 원하는 깊은 정신적 욕구가 있다. 만약 자신에게 영향을 줄 수 있는 결정에 참여할 수 없는 상태에서 다른 사람들이 그들의 의견을 강요한다면, 일반적으로 원망과 거부감 같은 감정을 느낀다(Knowles, 1984). 즉, 성인 학습자들에게 페다고지적인 전략을 사용하게 될 경우에, 성인 학습자들은 '원망과 저항감'을 일으킬 수 있다. 따라서 성인 교육자들은 성인 학습자들이 자기주도적이고자 하는 내면의 심리적 욕구를 파악하고 그들이 자기주도적인 방향으로 학습이 일어날 수 있는 방향으로 안내를 할 필요가 있다.

성인 학습자들이 독립적인 자아개념을 지니고 자기주도적인 학습 태도를 보인다는 가정이 성인교육에 시사하는 점은 상호 존중과 신뢰, 그리고 협동할 수 있는 분위기의 학습 환경을 조성하는 것이 중요하다는 것이다. 이러한 분위기에서 학습자들은 성인으로서 존중받을 수 있고, 프로그램의 내용을 구성하는 데 참여할 수 있으며 스스로 자기주도 학습에 몰입할 수 있게 된다.

(2) 경험의 역할: 삶의 경험의 영향

안드라고지의 두 번째 가정은 '성인은 많은 삶의 경험을 축적해 왔으며, 그것은 학습에 있어 풍부한 학습자원이다.'라는 것이다. 성인 학습자의 학습은 일, 여가, 가족, 공동체 삶과 같이 이들의 삶의 현장에서의 활동에서 시작된다고 할 수 있다(Lindeman, 1961).

경험이 학습에 미치는 영향은 앞서 살펴본 인지주의 전통적 학습이론과 발달심리학 이론에서도 잘 확인할 수가 있다. 인지주의 학습이론에 의하면, 우리가 무엇인가를 학습하려 할 때, 이미 알고 있는 지식과 새로운 지식을 연결짓고 자신의 것으로 내면화하기 위해서는 경험이 중요한 역할을 한다. 또한 발달심리학적 관점에서 발달은 삶의 경험을 어떻게 처리하느냐에 따라서 성장과 성숙이 일어나는 것으로 설명한다. 앞서 제4장에서 성인기의 심리적 발달에서 학습하였듯이, 성인기의 발달적 이슈는 다양한 대인관계와 사회적 역할을 수행하는 과정에서 겪는 여러 가지 삶의 경험과 직접적으로 관련이 있다. 예를 들면, 성인초기에는 친근감 확립, 중기에는 생산성을 획득하고 심리적으로는 성숙한 방어기제를 활용하여 살아가는 과업들을 해결해야 한다. 즉, 성인은 어른으로서의 삶의 역할을 수행하는 것만으로도 삶의 경험을 쌓게 된다. 때문에 성인 학습자의 정체성은 그들을 특별한 자신으로 만들게 하는 삶의 경험에 의해 영향을 받게 된다. 만약 성인 학습자들이 자신들의 경험이 무시되거나 인정받지 못할 경우, 자신들의 경험이 거부되는 것뿐 아니라 자신들도 인간다운 대접을 받지 못한다고 받아들일 수 있다(Knowles, Holton, Swanson, 2012). 성인들 정체성의 대부분은 누적된 그들의 삶의 경험에서 비롯되기 때문에 이러한 경험들을 거부하거나 무시하는 것은 그들의 독립적인 자아개념, 즉 안드라고지의 첫 번째 가정을 위협하는 것이다.

이러한 두 번째 가정이 성인교육에 시사하는 점은, 첫째, 성인 교육자들은 성인 학습자들이 지닌 다양한 경험을 학습에 활용할 수 있도록 교수-학습을 설계하는 것이 필요하고, 성인 학습자들이 학습에 주도권을 가지고 독립적이며 자기주도적인 학습자들이 될 수 있도록 격려할 필요가 있다는 것이다. 학습은 성인 학습자의 경험으로 시작해서 학습자로 하여금 이러한 경험들을 새로운 개념, 이론 그리고 다른 경험들과 연결 지을 때, 보다 더 잘 이루어질 수 있다. 토론, 역할놀이, 시뮬레이션, 현장 경험, 문제기반 학습, 사례 연구, 그리고 다양한 프로젝트 학습 등의 방법은 성인 학습자들로 하여금 자신의 삶의 경험을 학습의 자원으로 활용할 수 있게 하는 실천 방법이 된다.

그러나 성인학습에서 삶의 경험이 오히려 단점이 될 수도 있다(Merriam & Bierema, 2014). 성인들은 나름대로 자신의 삶에서 배우고 깨달은 바를 적용하여 성공하였던 경험이 있어 자신들의 지식과 경험들 때문에 오히려 독선적이고 폐쇄적이 되어 열린 마음으로 다른 것을 배워야 할 필요성을 느끼지 못할 수도 있다. 필자는 교육대학원에서 상담을 가르치는 데 성인 중기에 해당되는 학습자들의 경우, 다른 것을 새롭게 배우려 하기보다는 자신이 알고 있는 상담의 지식과 경험에 국한하여 학습을 하려는 모습을 종종 목격하였다. 교수자가 제시한 새로운 교재가 이해하기 어렵다며 자신이 예전에 공부했던 교재를 바탕으로 발표를 하는 모습을 보인 학습자를 보면서 오히려 성인 학습자들이 쌓은 경험이 학습에 방해가 될 수도 있다는 것을 확인할 수가 있었다. 즉, 경험의 양이 반드시 경험의 질을 의미하는 것은 아닐 수 있다. 성인 학습자의 경험이 이들의 학습에 긍정적인 역할을 할 수도 있지만 오히려 삶에서 경험한 부정적 사건의 경우는 학습을 방해하는 장벽의 역할(Merriam, Mott, & Lee, 1996)을 할 수 있다는 점을 성인 교육자들은 간과해서는 안 될 것이다.

(3) 학습 준비도: 사회적 역할 수행

안드라고지의 세 번째 가정은 '성인의 학습 준비도는 여러 가지 새로운 사회적 역할 수행에서 요구되는 발달과업과 밀접하게 관련되어 있다.'라는 것이다. 이 가정은 앞서 삶의 경험이 학습에 자원이 될 수 있다는 가정과 연결된다. 성인기의 사회적 역할 수행은 그 자체로 학습의 필요성을 불러일으킨다. 예를 들어, 성인초기에는 다양한 직업들을 살펴보고 직업을 얻기 위한 준비를 어떻게 해야 하는지에 대해 학습하려 할 것이고, 반면 노년기에는 직업을 유지하기 위해 자신에게 필요한 것이 무엇이며 은퇴를 준비하는 데 필요한 것이 무엇인지 알고자 할 것이다. 즉, 성인의 사회적 역할은 특정한 시기에 그러한 역할을 수행하는 데 필요한 학습의 순간을 만들어 낸다.

(4) 학습지향: 문제 중심적 지향성

안드라고지의 네 번째 가정은 '인간은 성장하면서 시간의 관점에 변화가 생긴다.'라는 것이다. 인간은 성장하면서 시간의 관점에 변화가 생기기 때문에 자신이 하고 있는 학습의 목표와 내용이 청소년과 성인이 다를 수 있다. 자신이 배운 지식을 적용하는 시점이 어릴 때에는 먼 미래에 있지만 성장하면서는 즉시적인 현재에 둔다. 즉, 어린 시절의 학습은 미래의 준비를 위한 교과중심의 학습이지만 점차 성장함에 따라 현재 당면하는 문제의 해결을 위한 문제 중심의 학습으로 전환하게 된다.

안드라고지의 네 번째 가정도 논리적으로 앞의 세 가지 가정과 연결된다. 대부분의 성인들은 해결해야 할 문제나 이슈를 즉시 해결해야 하는 상황일 경우 배우는 것에 대해 더 많은 동기가 유발된다. 주로 이러한 삶의 과제들은 사회적 역할과 관련이 있고, 삶의 경험들과 관련이 있을 수밖에 없다. 그러나 어떤 성인 학습자들은 즉각적인 문제의 해결보다는 배움 자체의 즐거움을 위해 학습을 추구하는 경우도 있고, 어린 시절의 모든 학습이 주제 중심적이고 미래의 적용만을 위한 것은 아니라는 점을 성인 교육자들은 함께 고려할 필요가 있다.

(5) 학습동기: 내적 동기

다섯 번째의 가정은 '성인들은 외적으로 동기가 유발되기보다는 내적으로 동기가 유발된다.'라는 것이다. 성인 학습자의 대표적인 특성은 자기주도성이며 자기주도성 이면에는 내적 동기가 깔려있다. 성인 학습자들이 학습 활동에 참여하여 학습을 유지하도록 만드는 힘은 두 요인, 즉 개인 내적 요인과 외적인 환경 요인의 상호작용에 의한 것이다.

내적 동기는 외적 목적에 의존하지 않고 내적 강화에 의해서 충족되는 동기를 일컫는다. 외부의 어떤 보상을 얻기 위해서가 아니라 어떤 활동 자체가 재미있고, 신나고, 만족스럽기 때문에 행동하는 것은 내적 동기에 의한 것이라고 할 수 있다. 안드라고지는 학습자가 자신들이 어떻게 행동하고 무엇을 배우고 싶어 하는지 자유롭게 선택할 수 있다고 가정하는 인본주의에 토대를 두고 있다. 실제로 내적동기를 포함한 안드라고지의 다른 가정들은 개인이 학습을 조절하고 자기주도성과 독립심이 존중되어야 하며, 학습은 개인의 성장과 발전으로 이어진다는 인본주의와 일치한다. 성인 학습자의 자기주도적 학습, 자발적 학습, 계속적 학습이 가능한 것은 그들의 내적 동기 때문이며, 학습에 대한 내적 욕구가 충족되지 않으면 자발적 학습은 멈출 수도 있다.

반면에 외적 동기는 외적 강화인(또는 보상)에 의해서 충족되는, 즉 외적인 목적에 의존하는 동기를 일컫는다. 이것은 어떤 행동에 외부의 강화가 주어질 때 그 행동이 반복될 확률이 높아진다는 손다이크의 '효과의 법칙'과 관련되어 있다. 이러한 외적 동기는 처음부터 동기가 없거나 낮은 사람에게 동기를 유발하는 데에 효과가 있다. 외적 동기와 내적 동기는 상호배타적 관계에 있는 것이 아니며, 외적 동기유발을 통해 궁극적으로 학습과제 자체에 대한 관심과 흥미(내적 동기)를 갖게 하는 것이 가능하다고 할 수 있다.

따라서 성인 학습자의 경우에 학습동기가 없는 사람에게는 외적 동기가 필요하며, 이를 통해 내적 동기를 갖게 하는 것이 필요할 수도 있다. 가정 경제를 책임지는 가장이라면 자신의 내적 동기보다도 외적 동기에 의해서 경력개발을 할 수밖에 없는 경우도 있기 때문에 노울즈의 안드라고지에서 성인 학습자에 대한 가정, 즉 성인은 외적 요인보다는 내적인 요인에 의해 동기화된다는 것은 성인 학습자의 자발성과 능동성을 강조하기 위함이지, 성인 학습자에게 외적 동기는 불필요하다거나 외적동기에 의한 학습이 일어나지 않는다는 의미는 아니다.

(6) 알고자 하는 욕구

안드라고지의 마지막 가정은 '성인들은 어떤 것을 배우는 데 왜 배우는지의 이유를 알아야만 한다.'이다. 이러한 가정은 내적 동기라는 앞의 가정과 함께 작용한다. 만약 학습자들이 학습 활동을 시작하기 전에 무엇인가를 배우는 것의 중요성을 깨닫는다면 그들의 동기는 그만큼 강력해질 것이다(Merriam & Bierema, 2014). 예를 들어, 아이가 없는 사람은 아이를 키우는 것에 대한 앎의 필요를 느끼지 못하지만, 곧 부모가 되는 예비 부모들은 자녀양육에 대한 앎의 필요가 강력하다고 할 수 있다.

요컨대, 지금까지 살펴본 여섯 가지 가정은 성인학습을 위한 안드라고지 교수–학습 모델의 기초가 된다. 안드라고지에서는 성인은 학습하고자 하는 동기를 가지고 있고, 성인학습의 목표와 내용은 미래를 위한 준비보다는 현재 생활에서의 문제를 해결하는 데에 있으며, 방법상 의존적, 수동적이기보다는 자기주도적이고 적극적이라는 것을 강조하고 있다. 페다고지와 대별하여 안드라고지의 기본 가정을 비교하면 〈표 6–1〉과 같다.

〈표 6–1〉 **페다고지와 안드라고지의 기본 가정의 비교**

기본 가정	페다고지	안드라고지
학습자의 자아개념	• 의존적, 타율적, 수동적 존재	• 자율적, 능동적, 자기주도적 존재
경험의 역할	• 학습자의 경험은 학습의 출발점에 불과하며, 학습자원으로서 그다지 가치가 없음 • 학습자원에 포함하는 경험은 교사, 교재집필자, 시청각 보조물 제작자의 경험임	• 질적으로나 양적으로 훨씬 풍부한 경험을 가지고 교육활동에 참여함
학습준비도	• 생물학적 발달단계 및 사회적 압력에 따라 학습	• 새로운 사회적 역할 수행에서 요구되는 발달과업에 따라 학습
학습목표와 내용	• 미래를 위한 준비 • 교과 중심적 학습	• 즉시적 활용 • 생활 · 과제 · 문제 중심적 학습
학습동기	• 외재적 동기에 의한 학습동기	• 외재적 동기에 반응하기도 하지만 보다 강력한 동기는 내적인 동기(직무 만족, 자아존중감 증진, 삶의 질 향상 등)
알고자 하는 욕구	• 학습자는 교사가 가르치는 것을 학습해야만 한다고 인식함	• 성인들은 그들이 학습하기 전에 왜 그것을 학습할 필요가 있는지를 알고자 함 • 왜, 무엇을, 어떻게에 대한 답을 알고자 함

3) 교수-학습을 위한 안드라고지의 함의

이 같은 안드라고지의 기본 가정에 기초해 볼 때, 성인 학습자들은 집단 토의, 문제해결 활동, 사례 연구, 감수성 훈련과 같은 기법을 사용하여 자신의 경험과 정체감을 확인하는 것을 원하는 자기주도적인 학습자이다. 특히 성인들은 학습이 자신의 삶의 문제를 해결하고 수행하는 데 도움이 되는 것이라 지각할 때 학습동기를 부여받는다는 안드라고지의 가정에 기초해 볼 때, 성인 교육자들은 성인 학습자들이 새로운 아이디어나 접근에 대해 좀 더 개방적 태도를 지니도록 조력하고 자신의 습관과 편견을 살펴보게 하는 것이 필요하다. 성인 학습자의 특성을 고려하여 경험적 기법과 동료 간 협동 활동을 활용하는 것이 요구되며, 교육과정은 인생 주기와 대처기술을 감안하여 구성할 필요가 있다.

4) 안드라고지의 비판

안드라고지에 대한 비판은 다음과 같은 논의를 통해 살펴볼 수가 있다. 첫째, 개념에 관한 것으로, 페다고지와 개념의 구분이 가능한 것인가?, 둘째, 안드라고지의 속성에 관한 것, 즉 그것은 하나의 이론인가, 방법인가, 기법인가 아니면 일련의 가정에 불과한 것인가?이다. 이에 대한 논의는 계속 진행되고 있다. 셋째, 안드라고지가 학습의 차원에서 개별 학습자를 중시한 나머지 학습의 사회성을 무시하고 있다는 근본적 약점에 대한 지적이 있는데 사회학적 관점에서 성인학습을 바라봐야 하는 이유에 대해서는 앞서 1부에서 확인하였다. 성인학습 현상 자체가 사회적 맥락과 깊게 관련이 있기 때문이다. 넷째, 더 근원적인 비판은 안드라고지의 형성에 영향을 미친 인본주의 교육사상에 관한 것으로, 안드라고지가 학습자의 자기주도성, 자발성, 능동성을 강조하고 있지만, 학습자가 자기 스스로 학습의 과정을 선택하고 결정하도록 할 때 충분한 학습이 이루어지지 못할 가능성을 배제할 수 없다는 것이다.

수업 활동 6-1 안드라고지에 대한 토론

♣ 다음의 토론 내용을 읽고 조별 토론 후, 발표해 보자.

1. 노울즈는 성인에게 외적인 것보다 내적 동기가 더 강하다고 믿고 있다. 이 가정에 여러분은 동의하는가?

2. 안드라고지는 하나의 이론인가, 방법인가, 기법인가 아니면 일련의 가정에 불과한 것인가?

♣ 오늘 학습한 안드라고지에 대해 새롭게 배우고 깨달은 점을 작성해 보자.

2. 성인학습 모형론

이번에는 성인 학습자가 왜 학습에 참여하는지에 대해 성인기의 삶의 내외적 요인의 힘과 부담 간의 상호작용을 통해 설명하는 맥클루스키(McClusky)의 여유(margin) 이론과 성인학습이 어떻게 이루어지는지 그 과정을 조명하고 있는 일러리스(Illeris)의 모형을 살펴보고자 한다.

1) 맥클루스키의 여유(margin) 이론

'여유'란 영어의 마아진(margin)인 '여분'의 뜻으로서, 필요로 하는 삶의 에너지(삶의 부담: load)보다 사용 가능한 삶의 에너지(삶의 힘: power)가 더 많을 때 생기는 것이다. 맥클루스키(1963)는 성인 학습자가 학습 활동에 참여하고 이를 지속하기 위해서는 환경이 요구하고 필요로 하는 에너지, 즉 짐(load)보다 더 많은 힘(power)의 여유를 가지고 있어야 한다고 주장한다.

삶의 부담과 삶의 힘은 외적 요인과 내적 요인으로 구분된다. 먼저 삶의 외적 부담(load)은 가족, 일, 지역사회에서의 책임감, 사회경제적 지위를 유지하는 과업 등을 말한다. 내적 부담(load)은 진로포부나 야망, 희망, 욕구나 목표, 미래에 대한 기대 등으로 인해 에너지를 사용할 수밖에 없는 삶의 부담이 된다. 반면에 삶의 외적인 힘(power)은 신체적, 사회적, 경제적 요인에 의해 발생하는 사용 가능한 에너지로서 가족의 지지, 사회적 능력, 경제적 능력, 신체적 건강 등이 이에 해당된다. 삶의 내적인 힘(power)은 기술과 정신능력으로서 개인이 할 줄 아는 기술과 사고 및 추론 능력과 같은 정신적 능력, 명랑하고 긍정적 성격 등을 말한다. 맥클루스키에 의하면, 개인의 수행은 다양한 짐의 차원과 가치 그리고 그 짐을 운반할 수 있는 능력에 달려 있다. 여유는 짐을 줄이거나 힘을 늘림으로써 증가시킬 수가 있다. 즉, 학습에 참여하기 위해서 성인은 학습 상황이 요구하는 과정에서 적응 가능한 힘의 여유분을 지녀야만 한다고 주장한다.

〈표 6-2〉 **맥클루스키의 여유 이론: 힘과 짐의 내외적 요인**

구분	내적 요인	외적 요인
힘 (power)	• 기술과 정신능력 • 할 수 있는 기술 • 사고 및 추론 능력 • 명랑하고 긍정적인 성격	• 신체적, 사회적, 경제적 요인에 의해 발생하는 에너지 • 가족의 지지 • 사회적 능력(대인관계 능력) • 경제적 능력 • 신체적 건강
짐 (load)	• 진로 포부, 야망, 희망 • 욕구나 목표 • 미래에 대한 기대	• 가족의 부양 • 지역사회에서의 책임감 • 사회경제적 지위를 유지하는 과업

많은 연구가 맥클루스키의 이론을 적용해서 성인 학습자의 욕구, 과제수행의 정도, 학습 활동에의 계속적 참여에 대해 연구했으나 일관된 연구 결과가 나온 것은 아니다. 왜냐하면 여유가 있을 때, 즉 삶의 부담보다도 삶의 힘이 더 클 때에만 학습이 일어나는 것은 아니기 때문이다. 우리는 삶의 부담이 삶의 힘보다 더 큰 어려운 여건하에서도 학습 활동에 참여하는 사람들을 주변에서 쉽게 찾아볼 수 있다. 뿐만 아니라 학습 자체가 개인의 힘을 증가시키는 잠재력을 가지고 있다는 사실을 그의 이론에서는 찾아볼 수가 없다. 수업 활동 6-2에서 삶의 힘과 부담을 분석하는 활동을 여러 차례 학생들과 해 보면, 삶의 짐이 되는 내적 요인이 에너지를 사용하게 되기 때문에 짐이 될 수도 있는 반면에, 그 과정에서 자신의 발전을 경험할 수 있어 부담이라기보다는 힘이 될 수도 있다는 것에 대한 의견들이 대부분이었다. 맥클루스키의 여유 이론을 기초로 한 삶의 힘과 짐의 분석표를 작성해 보고 성인의 학습과 삶의 조화의 측면에서 맥클루스키의 모형이 성인학습 현상을 얼마나 설명하는지에 대해 자신에게 적용해 보고 성찰해 보는 시간을 가져 보길 바란다.

2) 일러리스의 모형

맥클루스키의 여유 이론은 학습이 성인기 삶과 어떻게 조화를 이루는지에 초점을 둔 반면, 일러리스(2004)는 성인의 학습 과정 자체에 관심을 두고 학습 과정의 세 가지 차원을 제안하였다. 학습의 세 가지, 즉 인지와 정서 그리고 사회나 환경의 모든 측면은 사회 속에서 발생하는 것으로 가정하였다. 인지란 학습에 필요한 지식과 기술이면서 중추 신경계의 기능을 말하며 정서는 느낌과 동기로서 심리적 에너지에 해당된다. 사회나 환경은 외적인 상호작용의 차원을 말한다.

일러리스(2004)에 의하면, 학습은 사회적 맥락에서 개인의 인지와 정서의 상호작용을 통해 이루어진다고 보았다. 구체적으로 학습과정은 내적인 과정(지각, 경험, 모방)과 외적인 과정(대화, 활동 또는 참여)에 의해서 진행된다. 예를 들어, 노년기에 건강을 유지하기 위해서 수영을 배우고자 하는 60대 여성이 있다고 하자. 수영을 배우면서 여러 가지 수영 기술을 몸에 익히는 것이 쉽지 않고 진전이 크게 없지만 함께 수업하는 다양한 연령대의 수강생들과 대화를 하면서 격려도 받고 친목을 도모하는 사회적 관계가 형성되면서 수영 수강을 지속할 수 있는 동기가 유지된다면 시간이 걸리더라도 수영을 잘할

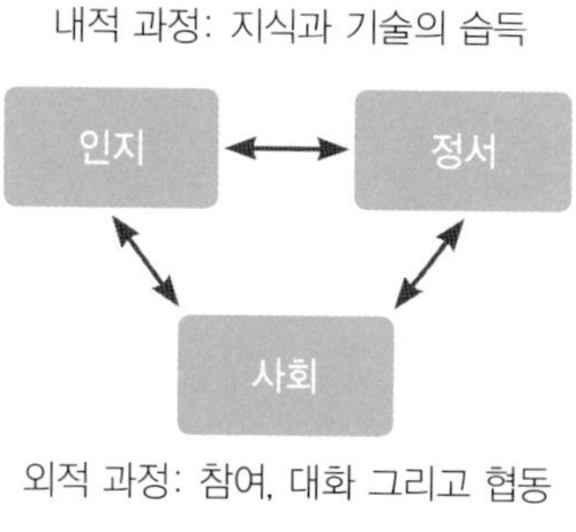

[그림 6-1] **일러리스의 성인학습 모형: 학습 과정의 세 가지 차원**

수 있게 될 것이다. 따라서 성인 교육자는 학습 과정에 영향을 미치는 성인 학습자의 인지적 요인뿐만 아니라 정서, 사회적 차원의 세 가지 측면을 함께 고려하여 성인 학습자의 학습 과정이 촉진될 수 있도록 조력할 필요가 있다.

수업 활동 6-2 맥클루스키의 여유 이론의 적용: 내 삶의 '힘'과 '짐'의 분석

내 삶의 '힘'과 '짐' 분석표

이름: ( )

♣ 다음의 빈칸에 자신의 삶에서 어려움을 대처할 수 있게 하는 힘과 에너지를 쓰게 하는 짐에 대해 내외적 요인들로 구분하여 작성한 후, 그 정도에 따라 1점에서 5점까지 점수를 부여해 보자(각자의 삶의 힘과 짐에 관한 목록을 작성하고 점수를 부여하되 1점에서 5점을 준다. 점수가 높을수록 힘 또는 짐이 많은 것을 의미한다).

구분	힘	점수	짐	점수
외적 요인				
내적 요인				
총점 (평균)				

• 분석 결과를 바탕으로 자신에 대해서 이해한 것을 구성원들과 나누어 보자.

• 삶에서 균형을 유지하기 위한 새로운 전략을 확인해 보자.

• 맥클루스키의 여유 이론의 장단점에 대해 토론해 보자.

3. 자기주도 학습이론

자기주도적 학습이란 성공적인 학습자들이 하는 학습으로 자신의 학습에 영향을 미치는 내외적 요인들을 스스로 조절하고 통제할 수 있는 학습을 말한다. 교수자가 잘 가르치지 않아도, 교과서가 어렵든, 수업 분위기가 어수선해도 자기주도적인 학습자들은 자신이 세운 학습목표를 잘 달성하는 특성이 있다. 연구의 분야에서 자기주도 학습은 어떤 개인이 매우 자기주도적이고 자율적으로 배운다는 뜻의 개인적 속성과 교수를 계획하는 방법으로서 자기주도 학습 태도를 함양하기 위한 과정을 기술하기 위한 용어로 쓰이고 있다(Merrriam & Bierema, 2014). 앞서 안드라고지에서 살펴보았듯이, 성인 학습자들은 전 생애에 걸쳐 자기주도적으로 학습을 하는 학습자이기 때문에 이에 맞는 교육활동을 구조화하는 노력이 필요하다.

자기주도 학습의 이론은 50년 이상 연구가 이루어져 오면서 이론화되고 실행되어 온 성인학습의 대표적인 실천방법이자 연구 분야로 크게 세 가지로 분류하여 살펴 볼 수가 있다(Merriam et al., 2007). 자기주도 학습의 과정은 일련의 단계로 이루어진다는 선형모형(Knowles, 1975; Tough, 1971)과 개인의 학습성향과 학습 대처 요인들 간의 상호작용을 강조하는 모형(Brockett & Hiemstra, 1991; Garrison, 1997; Spear, 1988) 그리고 학습자가 자기주도 학습 태도를 계발하기 위한 교수–학습 모형(Grow, 1991; 1994)이다. 이에 대해 대표적인 학자들이 제시한 모형을 중심을 간략하게 살펴본 후, Garrison(1997) 모델에 기반한 자기주도 학습태도에 대해 분석, 성찰하는 수업 활동을 통해 자기주도 학습 과정에 필요한 요소들이 무엇인지 체험적 지식을 함양할 수 있도록 한다.

1) 선형모형

자기주도 학습 과정의 선형 모형은 성인 학습자들이 자기주도적 방식으로 자신의 학습 목표를 달성하기 위해서 일련의 직선적 단계를 거쳐 학습하는 과정을 설명하는 모형이다. 이에 해당되는 터프(Tough)와 노울즈(Knowles)의 자기주도적 학습 단계를 살펴보기로 한다.

(1) 터프

이론적인 차원에서 본격적으로 자기주도적 학습에 주목하기 시작한 계기는 1971년에 이뤄진 터프의 성인 학습자에 대한 연구이었다. 터프(1971)는 성인들이 '왜' 학습하는가를 넘어, '어떻게' 학습을 하며, 학습을 통해 어떤 도움을 얻는지를 밝히고자 하였다. 연구결과 성인들이 수행하는 학습프로젝트 중 70%가 학습자 스스로 계획한 것으로, 자기 계획적 학습을 하면 학습 성과가 높으며, 성인들은 자발적인 학습자이고, 혼자서 고립되어 학습하지 않고 다른 사람들과 함께 학습하는 것으로 나타났다. 터프는 성인 학습자가 자기 계획적인 학습프로젝트를 수행할 때, 학습내용, 학습장소, 학습 방법, 학습 시기, 학습에 필요한 자원, 그리고 방해요인 등에 대한 의사 결정의 핵심을 나타내는 13단계를 제시하였다(Merriam et al., 2007). 자기 계획적 학습은 스스로 정의한 요구나 목표와 관련된 학습과제를 만들고, 행동하고 평가하는 것을 말한다. 이러한 터프의 질적 연구 결과는 이후 자기주도 학습에 관한 많은 후속 연구들의 토대가 되었다.

만약 여러분이 자기주도 학습을 위한 프로젝트를 수행한 적이 있다면, 다음의 단계에 제시된 내용을 토대로 자신의 학습 과정을 살펴보길 바란다. 임용고시를 준비하기 위해 스터디 그룹을 만들고 함께 모여 공부할 학습계획을 세우는 과정을 떠올린다면, 자기주도 학습의 단계별 내용을 자신에게 적용할 수 있을 것이다.

〈표 6-3〉 **터프의 자기주도 학습 과정**

단계	내용
1단계	학습할 구체적 지식과 기술의 결정
2단계	학습을 위한 구체적 활동, 방법, 자원, 장비의 결정
3단계	학습할 장소의 결정
4단계	구체적인 학습 종료 시점이나 중간 목표 달성 시점의 결정
5단계	학습을 시작할 시점의 결정
6단계	학습 진행 속도의 결정
7단계	현재 자신의 지식과 기술 수준과 바람직한 지식과 기술 수준 및 진전도의 평가
8단계	학습 저해요인과 현재 학습절차의 비효율적 측면의 탐색
9단계	바람직한 학습장소, 자원, 장비의 획득
10단계	학습을 위한 강의실 준비, 기타 필요한 물리적 조건의 구축
11단계	인적 및 물적 자원 활용에 필요한 자금 확보, 비축
12단계	학습 시간 모색
13단계	학습동기 증진을 위한 조치

(2) 노울즈

자기주도 학습에 관한 이론적 연구는 평생학습 참여에 대한 성인 학습자의 동기에 관한 연구를 통해 성인 학습자들의 자기주도성을 밝힌 호울(1961)의 연구에서 시작되었고, 터프에 의해 정교화된 자기주도 학습이론은 노울즈(1975)에 의해 교육학의 전 영역으로 확산되었다. 앞서 안드라고지에서 살펴보았듯이, 노울즈는 자기주도 학습을 성인중심 교육학인 안드라고지의 기반으로 삼았는데, 자기주도적 교수설계 과정에 많은 영향을 끼쳤으며, 자기주도 학습이 하나의 방법론으로 자리매김하는 데 큰 역할을 담당하였다. 하지만 노울즈의 자기주도 학습이론은 주체적 학습자가 수행하는 능동적 학습 활동에 대한 이론이 아니라 전통적인 교실 수업의 절차들을 학습자가 능동적으로 수행해 보도록 교사가 조력하는 데 유용한 교수 방법론이라는 비판을 받고 있다.

노울즈(1975)는 학습자와 교사가 자기주도 학습을 계획할 때 수반되는 학습 계약서의 기초가 되는 6단계의 과정을 기술했는데 구체적으로 살펴보면 다음과 같다. 첫째, 1단계는 학습 분위기 형성을 위해 상호 간 존중하고 지지하는 분위기를 조성하는 단계이다. 성인 학습자가 적극적으로 참여할 수 있는 교육적인 환경을 제공하고 편안함을 느낄 수 있도록 강의실, 음향 및 조명 시설 등의 물리적 환경을 조성한다. 제4장 '성인 학습자에 대한 이해'에서 학습하였듯이, 성인 학습자는 노화가 시작되어 감각 기능이 퇴화되기 때문에 신체적으로도 편안한 학습 환경은 성인학습 과정에 영향을 미치는 중요한 요인이 될 수 있다. 또한 안드라고지의 기본 가정으로서 성인 학습자들은 자기주도적인 자아개념을 지니고 있기 때문에 이들의 심리적 특성을 고려하여 상호 존중하는 교수자와 학습자 간의 관계 형성을 통해 편안한 학습 분위기를 제공할 필요가 있다.

둘째, 2단계는 학습 요구를 진단하는 단계이다. 학습 요구를 진단할 때 교수자가 일방적으로 무엇을 배울 필요가 있다고 진단하기보다는 학습자 스스로에 의해 어떤 것을 배워야 할 것인지 파악할 수 있도록 도와주는 것이 바람직하다.

셋째, 3단계는 학습 목표를 설정하는 단계로 진단된 학습 요구를 충족하기 위해 학습자 스스로 자율적으로 학습 목표를 설정할 수 있도록 도와주어야 한다.

넷째, 4단계에서는 학습에 필요한 인적, 물적 자원을 파악한다. 학습 목표를 달성하기 위해 요구되는 학습 활동과 학습 경험에 필요한 학습 자원을 스스로 확보하고 조직·계획할 수 있도록 조언해 주고 도와주는 것이 중요하다.

다섯째, 5단계에서는 적절한 학습 전략을 선정하고 실행한다. 학습자가 계획한 학습을 실행할 수 있도록 다양한 학습 전략에 대한 안내를 하는 것이 필요하다.

여섯째, 6단계에서는 학습자가 스스로 학습한 결과가 어떠한지 평가하는 단계이다. 자기주도 학습에서 성공하기 위해서는 학습에 대한 자기평가를 효과적으로 하는 것이 중요하다. 학습자가 설정한 학습 목표에 따른 성취 결과에 대해 학습자 자신 및 다른 사람에게도 타당하다 할 수 있는 평가를 내릴 수 있도록 도와주어야 한다. 자기 감독을 통한 평가의 활동은 다른 사람들에게 피드백을 구하거나, 성과에 대해 성찰하고, 그것을 기준으로 자기주도 학습의 과정을 조정할 필요가 있다(Merriam & Bierema, 2014).

지금까지 살펴본 성인학습을 위한 안드라고지의 단계적 학습 활동의 요소와 지도자의 역할에 대해 페다고지와 대별하여 〈표 6-4〉에 제시하였다. 다음 수업활동 6-3에 제시된 자기주도 학습을 위한 학습계약서 양식을 작성해서 한 학기 동안 독립학습을 실천해 보는 방법을 익혀 보자.

〈표 6-4〉 **단계적 학습 활동의 요소와 지도자의 역할: 안드라고지 대 페다고지**

과정		안드라고지	페다고지
1단계	학습장면의 분위기 형성	상호존중, 상호신뢰, 협조적, 비형식적, 지지적	권위주의적, 형식적, 경쟁적, 지시적
2단계	학습요구의 진단	학습자 자기진단 원조	교수자 주도
3단계	프로그램의 계획	계획수립에 공동 참여 및 결정 공유	교수자 주도
4단계	학습목표의 공식화	상호작용에 의한 결정	교수자 주도
5단계	학습계획안 설계	학습준비도에 대응하는 학습과제 배열 및 계통성	학습지도요령 및 교과내용의 논리성
6단계	학습 활동	경험 학습, 탐구 학습, 계약학습	교수-전달의 기술
7단계	평가	학습자요구의 재진단, 결과에 대한 상호 평가	교수자 주도

출처: 권두승, 조아미(2015). 성인학습 및 상담(3판). 교육과학사. (pp. 163-164)

수업 활동 6-3 자기주도 학습을 위한 학습계약서(Merriam & Bierema, 2014)

♣ 이 활동지는 여러분이 자기주도 학습을 계획할 수 있도록 돕기 위한 것입니다. 자기주도 학습 프로젝트는 전형적인 대학원 수업에 필요한 시간과 노력에 기초해서 예측할 수가 있습니다. 1학점에는 보통 15시간 동안 수업에 참여해야 하고 수업을 위해 준비하는 시간은 그 두 배의 시간적 노력이 필요하다는 것이 일반적인 지침입니다. 즉, 자기주도 학습 1학점은 약 45시간의 작업과 동일하다고 할 수 있습니다. 여러분의 학습계약은 당신이 몇 학점을 듣는지에 기초해서 전형적인 수업의 학업 량에 맞게 조정될 수 있습니다.

♣ 정보

이름:	등록 학기:
연락처:	이수 학점:

♣ 계약조항

1. 학습 프로젝트의 제목과 주제를 기술하라.

2. 이 프로젝트에서 당신이 얻고 싶어 하는 학습 성과나 목표를 기술하라.

3. 학습목표를 달성하기 위한 실천 활동들을 기술하라.
   1) 프로젝트 스케줄과 기간:
   2) 장소:
   3) 학습 내용:
   4) 기타:

4. 이러한 목표를 달성하기 위해 필요한 자원과 교재(책, 소논문 등)를 나열하라.

5. 계획과 조언을 위해 교수자와 몇 번의 미팅을 가지고 싶은지 기술하라.

6. 어떤 것에 기초해 성적을 받고 싶은지와 성적을 받기 위해 어떤 과제나 성취 결과물을 제출하고 싶은지를 기술하라.

학습자 서명: 날짜:

교수자 서명: 날짜:

2) 상호작용 모형

자기주도 학습의 상호작용 모형은 학습 과정에 영향을 미치는 여러 요소 간의 상호 관련 속에서 자기주도 학습 과정을 설명하는 모형이다. 스피어(Spear)와 개리슨(Garrison) 모델을 통해서 자기주도 학습의 구성요소들을 살펴보도록 한다.

(1) 스피어

스피어는 노울즈와 터프가 제시한 자기주도 학습의 단계적, 선형적인 과정에 의문을 제기했다. 스피어와 머커(Spear & Mocker, 1984)는 중졸 이하 78명의 자기주도적 학습자들의 경험에 관해 면담한 결과, 자기주도 학습을 사전에 계획하는 것은 흔하지 않다고 결론을 내렸다. 오히려 자기주도 학습은 학습자들 자신이 속한 환경과 사전 지식 혹은 새로운 지식, 그리고 우연한 사건을 통해 발견한 기회들의 영향을 받게 되며, 모든 자기주도 학습 프로젝트에는 이러한 요소들이 있다고 보았다. 스피어(1988)는 성공적인 자기주도 학습에 대해 학습자가 여러 가지 학습 활동에 참여하고, 그러한 학습 활동의 경험을 일관성 있게 전체적으로 통합해 나가는 과정이라고 정의하였다. 즉, 자기주도 학습 과정은 정확한 방식이나 선형적 순서대로 일어나는 것이 아니라, 나선형의 연속선상에서 다양한 종류의 활동이나 조합들이 유기적으로 상호작용하면서 일관성을 지닌 전체로 통합되는 학습의 과정이다(Merriam & Bierema, 2014).

(2) 개리슨

개리슨(1997)은 자기주도 학습의 다차원적이고 상호작용 모형을 제안하였는데 이 모형은 사회 구성주의 관점에 근거한다. 자기주도 학습에 대한 의미 있는 접근을 반영하기 위해서 개리슨은 다음 [그림 6-2]와 같이 자기-관리와 동기 그리고 자기-모니터링의 세 가지 차원을 통합하여 설명하고, 각 요소들이 함께 어우러져서 자기주도 학습이 이루어진다고 본다.

첫 번째 차원인 자기-관리란 학습자가 처한 형식적 비형식적 학습 환경을 스스로 관리하는 것을 말한다. 학습자들이 자신의 목표를 성취하기 위해서 맥락적 조건들을 통제하고 조성하는 행동을 포함한다. 두 번째 차원인 자기-모니터링과 동기는 자기주도적인 학습의 인지적 차원을 말한다. 자기-모니터링이란 학습자가 자신의 인지적 그리고 메타 인지적인 학습 과정을 감독할 수 있는 능력으로, 다양한 학습 전략과 사고 전략을 활용할 수 있는 능력과 관련된다. 즉, 자기-모니터링은 학습자가 학습 과정에서 의미를 구성하는 책임감과 유사한 용어로 성찰적이고 비판적으로 사고 할 수 있는 능력과 상당히 관련이 있다(Garrison, 1997). 끝으로, 동기적 차원은 사람들이 자기주도적인 학습 활동에 참여하거나 시작할 때와 그 활동을 지속하는데 영향을 미친다. 수업 활동 6-3을 통해서 자신의 학습 동기와 자기조절 행동(자기-모니터링, 자기-관리)을 관찰하고 자기주도 학습 태도를 함양하기 위해 필요한 부분이 무엇인지 성찰해 보는 시간을 가져 보길 바란다. 제7장 '성인학습의 실

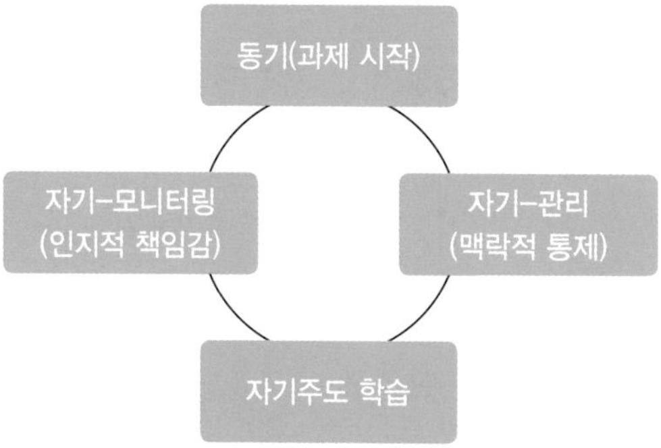

[그림 6-2] 개리슨의 자기주도 학습 모형(Garrison, 1997)

제’에서는 성인 학습자의 자기주도적 학습 태도를 함양하기 위해 개리슨 모델에 기초하여 학습동기 향상을 위한 전략, 자기조절 및 학습 전략의 실질적인 내용을 학습할 수가 있다.

3) 그로우의 교수-학습 모형

그로우(Grow, 1991, 1994)의 모형은 어떻게 교수자가 학습자들이 학습 과정에서 더 자기주도적이 되도록 도울 수 있는지를 제안하고 네 가지 단계로 설명하였다(〈표 6-5〉 참조). 이 모형에 의하면, 교수자와 학습자의 단계가 맞지 않는다면 문제가 발생한다. 교수자의 역할은 학습자 개개인의 학습을 지속적으로 관찰하고 개인에게 맞춰 조정하는 것이다(Merriam & Bierema, 2014). 예를 들어, 필자는 상담자를 훈련하는 수퍼바이저의 역할을 수행하는데 상담 훈련생이 초보 수련생이고 처음 개인상담을 실시한다면 교수자의 역할에 비중을 두어 강의를 하고 즉각적인 피드백을 주게 된다. 반대로, 숙련 상담자라면 이미 자기주도적인 학습자로서 교수자의 역할보다는 멘토의 역할을 통해 상담 수련생이 자신의 상담 수행에서 발견학습을 할 수 있도록 도와준다. 여러분의 자기주도 학습에 영향을 준 경험이나 사례에 대해 떠올려 보자. 그때의 경험은 학습자로서 또는 교육자로서 어떤 영향을 미쳤는지 성찰해 보고 현재 자신은 어느 단계의 자기주도 학습에 해당되는지에 대해서 살펴보자.

〈표 6-5〉 **그로우의 자기주도 학습 단계**

단계	학습자	교수자의 역할	교수 전략
1단계 의존적 학습자	• 자기주도성이 낮음 • 의존적 • 자기주도성의 결여	• 권위적인 전문가 • 학습지도 코치 • 교사 중심	• 강의 소개자료 제공 • 선택권을 거의 주지 않음 • 주제 중심 강의 • 훈련, 연습 • 학습자가 개념과 적용의 직접적 관계를 볼 수 있도록 도움 • 즉각적인 피드백 제공 • 튜터링
2단계 관심 있는 학습자	• 자기주도성이 적음 • 흥미를 갖고 있음 • 자신감 있음	• 동기부여자 • 안내자	• 학습의 격려 • 학습자의 목표설정을 도움 • 학습 전략 개발 조력 • 토론에 대한 안내자로 영감을 주는 강의 진행
3단계 참여적 학습자	• 중간 수준의 자기주도성 • 자기주도적 학습자로서 참여적이고 열성적임 • SDL에 대한 지식과 자기효능감을 보유함	• 촉진자 • 파트너	• 자료 적용 • 토의 촉진 • 실제 문제를 학습에 적용 • 그룹 프로젝트 혹은 발표 • 비판적 사고 촉진 • 학습 전략 제공 • 협동학습
4단계 자기 주도적 학습자	• 높은 수준의 자기주도적 학습자 • 전문가의 도움 없이 학습을 기획하고, 실행하고 평가할 수 있음	• 컨설턴트 • 권한 위임자 • 멘토	• 독립적 프로젝트와 학습자가 주도하는 토의 권장 • 발견을 통한 학습 • 전문 지식, 상담, 모니터링 제공 • 자율성 부여 • 학습자들이 서로 자신의 학습을 공유할 수 있는 기회 제공 • 학습의 과정과 결과 양쪽에 모두 초점 • 코칭

수업 활동 6-4 자기주도적 학습 태도에 관한 자기 관찰

자기주도적 학습 태도에 관한 자기 관찰

1. 학습과 동기에 관한 자신의 신념 분석하기

※ 다음의 문장을 읽고 자신과 일치하면 A(agree), 그렇지 않으면 D(disagree), 잘 모르겠으면 NS(not sure)로 기록해 보자. 기록 후, 집단 원들과 서로 자신의 신념에 대해 소개하고 느낀 점을 나누어 보자.

학습과 동기에 관한 신념의 내용	일치 여부
1. 만약 내용에 관심이 없다면 나는 그 강좌에서 잘할 수 없다.	
2. 만약 수업에서 지루하면 나는 많이 배우지 못할 것이다.	
3. 경쟁은 매우 큰 동기 부여가 된다.	
4. 인간의 지능은 학생이 학교 공부를 시작할 때까지 정해진다.	
5. 때때로 그날에 해야 할 것을 전부 하기에는 충분한 시간이 없다.	
6. 만약 수업에서 단순히 듣고 주별 강의 범위에 대해 교재를 읽기만 한다면, 나는 대학에서 아주 잘하는 것이다.	
7. 공부하는 것에서 가장 중요한 측면은 충분한 시간을 확보하는 것이다.	
8. 대학에서의 성공 요인은 훌륭한 교수자를 만나는 것이다.	
9. 지연 행동(미루기 행동)은 변화될 수 없는 성격적 특질이다.	

2. 자기 관찰: 자기조절 기술

※ 여러분의 학습에 영향을 주는 자기조절 학습의 구성요소들에 대해 자신이 얼마나 조절하고 있는지 평정해 보자. 평정 후에, 평정한 이유에 대해 설명하고 자신의 강점과 약점을 확인하고 활동 후 소감을 나누어 보자.

자기조절 구성요소	항상	때때로	전혀 안 함
1. 동기(예: 나는 내가 필요할 때 나 자신을 동기 부여할 수 있다.)			
2. 시간의 활용(예: 나는 내 시간을 어떻게 활용할지 계획할 수 있다.)			

3. 학습 방법(예: 나는 서로 다른 유형의 과제와 시험을 위해 다른 공부 방법을 활용할 수 있다.)			
4. 물리적 환경(예: 나는 내가 집중할 수 있는 공부 환경으로 변경하거나 장소를 바꿀 수 있다.)			
5. 사회적 환경(예: 나는 내가 필요할 때 도움을 구한다.)			
6. 수행(예: 나는 개인적 그리고 학업적 목표를 달성하는 나의 진전도를 살펴보기 위해서 내 작업에 대해 스스로 평가한다.)			

3. 활동 후 소감

4. 전환 학습이론

전환 학습이론은 독일의 사회학자 하버마스(Habermas)의 비판이론을 이론적 토대로 하며, 학습의 중심에 '관점의 전환'이 있다고 보는 이론이다. 하버마스에 의하면, 세상을 보는 틀을 제공하는 지식은 세 가지로 구분되며, 이는 세상에 대한 관심에서 비롯된다고 본다. 이를테면 자연과학은 기술적 관심으로부터, 정신과학 또는 문화과학은 실천적 관심으로부터 그리고 비판적 사회과학은 해방적 관심으로부터 구성되는 지식 체계이다. 기술적 지식(경험적, 분석적 학문)이란 현상을 있는 그대로 기술하는 학문으로 자연과학적 지식이라 할 수 있고 실천적 지식(역사적, 해석학적 학문)이란 현실의 해석을 포착하는 지식으로 언어적 의사소통을 통한 공동체의 상호 주관적 이해를 통해 축적되는 지식을 말한다. 해방적 지식(비판적 학문)이란 인간의 실천적 삶의 맥락에 대한 비판적이고 반성적인 과제에 관한 것으로, 삶의 과정 속에 들어 있는 왜곡의 구조들을 밝히는 과학을 의미한다(서도식, 2006).

전환학습은 개인이 이미 가지고 있던 지식을 새로운 관점으로 전환시키고, 전환을 통해 학습자(또는 학습자의 의식)를 사회적 왜곡과 권력의 영향력에서 해방시키는 학습을 의미한다. 아동기와 청소년기에 무비판적으로 흡수되고 내면화된 가정, 신념, 그리고 가치를 학습자의 비평적 의식 속으로 끌어들어야 한다는 것이 전한학습의 핵심 내용이다(Brookfield, 1985). 전환학습에서 가장 중요한 과정은 '비판적 반성'이다. 일반학습과는 달리, 전환학습은 학습자의 먼 미래까지 변화를 일으키며, 이 변화는 후속되는 학습자의 경험에 중요한 영향을 미친다. 이 때 전환학습은 점진적으로 일어날 수도 있고, 급격하게 일어날 수도 있으며, 구조화된 교육환경뿐만 아니라 일상생활에서도 발생할 수 있다.

이러한 전환 학습이론은 인간은 변화할 수 있고, 자신의 자유의지에 의해 행동할 수 있다고 보는 인본주의적 관점을 취하고 있으며, 지식은 발견되는 것이 아니라 인간이 만들어 내는 구성체로 이해해야 한다는 구성주의적 관점을 동시에 취하고 있다. 본 절에서는 관점의 전환을 학습으로 보는 대표적인 학자로 메지로우(Mezirow)와 프레리(Freire)의 이론을 살펴보기로 한다.

1) 메지로우

메지로우는 학습을 "미래의 행동을 안내하기 위해 개인 경험의 의미를 새롭게 재해석하는 것에 이전 경험을 사용하는 과정"이라 정의한다. 메지로우는 고등 교육을 다시 선택한 성인 여성의 학습을 연구하면서 자신의 관점 전환 이론을 개발하기 시작했다. 메지로우(Mezirow, 1978, 1991)의 초기 연구와 추가 연구에 따르면, 성인들은 새로운 상황에 대한 오래된 학습 방법을 적용하는 것이 아니라 변화하는 사건에 대한 보다 완전한 이해를 얻기 위해 새로운 관점을 얻을 필요가 있다. 즉, 학습은 관점 전환을 통해 자신의 일상 경험이 지니고 있는 의미들을 새롭게 해석하고 미래의 행동 지침을 새롭게 만들어 가는 과정이다(가영희 외, 2013).

지속적으로 성인 학습자를 대상으로 연구한 결과를 바탕으로, 메지로우는 '경험–비판적 성찰–성찰적 대화–행동'의 관점 전환 과정을 제안하였다. 관점의 전환을 통해 변화하고 새로운 행동을 하기 위해서 성인은 자신의 사고방식이 되고 판단과 수용의 준거 틀이 되는 관점에 대해 비판적으로 성찰하는 과정이 필요하다. 전환학습은 우리의 신념과 의미 구조에 전환이 있을 때 또는 전체적인 관점에 전환이 있을 때 발생한다. 메지로우는 성인 학습자가 관점 전환을 경험할 때 마주하게 되는 10단계를 설명하였으나(Mezirow, 1978) 전환학습의 네 가지 주요 구성요소들은 앞에서 언급한 경험, 비판적 성찰, 성찰적 대화, 그리고 행동이다.

- 1단계: 혼돈의 딜레마에 직면한다. 삶에 있어서 큰 사건이거나 삶 전체의 의미를 흔들 만한, 그러나 아직 경험하지 못한 문제에 직면한다. 예를 들어, 사랑했던 사람의 죽음, 직장에서 해고와 같이, 중요한 개인적 삶의 사건이 위기를 촉발할 때 혼돈의 딜레마는 일어난다.
- 2단계: 자신의 기존 신념에 대해 의문을 품고 자기 성찰을 하고 때로는 종교에 귀의한다.
- 3단계: 이러한 물음 이전에 갖고 있던 삶의 가정들을 비판적으로 평가한다.
- 4단계: 자신이 겪고 있는 불만족이나 전환의 과정이 다른 사람과 공유된다고 보고, 다른 사람도 이와 비슷한 변화 과정을 시도했다는 것을 인식

한다.

- 5단계: 새로운 역할, 관계, 행위와 관련된 대안들을 탐구하게 된다.
- 6단계: 어떻게 행동할 것인지 계획하게 된다.
- 7단계: 계획을 실행하는 데 요구되는 지식이나 기술을 습득하게 된다.
- 8단계: 시험적으로 새로운 역할을 맡아 본다.
- 9단계: 새로운 역할과 관계에 대한 능력과 자신감을 쌓는다.
- 10단계: 이 새로운 관점을 스스로의 삶에 재통합하는 것이다.

이와 같은 관점 전환을 통해서 성인들은 삶에 대해 새롭게 형성된 관점에 기반을 두고 새로운 삶을 재창조하게 된다.

2) 프레리

브라질의 교육 철학자인 프레리(Freire, 2000)는 의식화 교육에 대해 은행식 교육과 대별하여 제시한 것으로 유명하다. 중산층 백인 여성이 개인적으로 전환하는 학습과정을 연구한 메지로우와는 달리, 교육을 통해 소외계층인 농민들이 자신의 삶을 억압하는 권력을 인식하게 함으로써 교육은 사회개혁의 방법이 될 수 있다고 주장하였다.

기존의 교육을 은행식 교육이라 비유한 것은 학습자들이 비어 있는 은행계좌이고 교수자는 빈 계좌에 학습시켜야 할 내용들을 주입하는 교육이라는 것을 비판하기 위함이었다. 교사는 수업의 내용을 결정하고 교실에서 권위를 갖고 학생들은 억압을 받지만 침묵하는 것이 기존 교육이었다면, 프레리가 제안한 의식화 교육은 문제해결식 교육으로 해방이 교육의 목표가 된다. 프레리는 자신들이 억압받고 있는지 조차도 모르는 채 침묵하며 살아가는 많은 소외계층의 사람들이 자신이 자각하지 못하고 있는 현실과 사회적 상황을 자각할 수 있도록 토의와 논의를 강조하였다. 즉, 자율적인 힘을 길러 해방된 삶을 살아가기 위해, 성인 학습자는 현재 살고 있는 사회문화적 상황과 함께 해결해야 할 문제에 대해 성인 교육자와 대화하여 연구하는 것이 필수적이다. 우리 인간은 지구상에 존재하는 생명체 중에 유일하게 언어를 구사하는 존재이다. 언어를 통해서 상대방을 이해하고 소통할 수 있는 힘이 생긴 반면에, 자신의 언어에 갇혀 넓고 넓은 세상을 극히 제한적으로 바라보는 한계에 빠지게 되는데 전환학습이란 바로 자신이 의식하고 설명한 세상에 대해 타인과의 소통을 통해 또 다른 관점으로 바라봄으로써 진정한 세상을 경험하는 것이라 할 수 있다.

지금까지 살펴본 메지로우의 관점 전환이론은 성인 학습자가 그의 경험으로부터 의미를 구조화하는 것에 중점을 둔 개인 지향적 이론이라면, 프레리의 의식화 교육론은 사회변화에 궁극적인 목적을 두고 사회적 현실에 대한 비판적 의식을 함양하는 과정에 초점을 맞추고 있는 이론이라고 할 수 있다.

5. 경험 학습이론

경험 학습이론은 인간의 학습은 경험으로부터 시작되며, 학습의 결과는 '보다 경험이 풍부한 인간'이 되는 것이라는 것을 강조하는 관점을 취하며, 경험학습의 기본 가정은 다음과 같이 정리할 수 있다(Boud, Cohen, & Walker, 1993).

- 경험은 학습의 근원이자 학습을 위한 자극이다.
- 학습자는 자신의 경험을 능동적으로 구성한다.
- 학습은 총체적 경험이다.

- 학습은 사회적으로, 그리고 문화적으로 구성된다.
- 학습은 학습이 발생하는 사회정서적 맥락의 영향을 받는다.

다음으로는 이와 같은 가정을 담고 있는 대표적인 경험 학습이론인 콜브(Kolb)와 자비스(Jarvis)의 이론을 학습해 보고 각 이론이 설명하는 경험학습의 과정을 토대로 자신의 학습 과정을 살펴보기로 한다.

1) 콜브의 경험학습론

듀이(Dewey), 피아제(Piaget), 레빈(Lewin)의 이론을 기반으로 콜브(1984)는 학습이란 '결과'가 아니라 경험의 변형을 통한 지식의 '창조 과정'이라고 주장하였다. 콜브는 학습 과정을 정보를 인식하는 과정인 지각(구체적 경험/추상적 개념화)과 정보처리 과정(반성적 관찰/적극적 실천)의 두 가지 차원으로 분류하고 있는데, 진정한 학습은 구체적 경험 → 반성적 관찰 → 추상적 개념화 → 적극적 실천의 순환 과정으로 보았다. 경험학습 모형에 기초한 완전한 학습자란 위의 네 가지 적응 방식을 변증법적으로 통합하여 학습을 할 수 있는 개인을 말한다(Kolb & Fry, 1975). 학습 과정의 두 가지 차원과 이에 따른 학습양식에 대해 살펴보자.

(1) 지각: 정보인식 과정

정보를 획득하는 방법으로 어떤 사람은 구체이고, 만질 수 있으며, 느낄 수 있는 대상을 사용하고 어떤 사람은 상징적 표상이나 추상적 사고를 통해 새로운 정보를 획득한다. 구체적 경험을 통해 지각하는 사람은 감각과 구체적인 현실에 자신을 몰입시켜서 정보를 획득하고, 추상적 개념화를 통해 지각하는 사람은 깊은 사고, 체계적인 분석과 계획을 통해 정보를 획득한다.

(2) 정보처리 과정

정보를 변형하거나 처리하는 방법으로 어떤 사람은 자신과 동일한 상황에 있는 다른 사람을 조심스럽게 바라보거나 일어나고 있는 일을 생각하면서 정보를 변형하고(성찰적 관찰), 반면에 다른 사람은 어떤 일을 직접 해 보거나 어떤 일에 참여함으로써 정보를 변형하거나 처리한다(능동적 실험). 다른 사람을 바라보면서 정보를 처리하는 사람은 반성적인 관찰을 좋아하지만 어떤 일에 참여하기를 좋아하는 사람은 적극적 실천을 선호한다.

(3) 학습양식(유형)

학습양식(learning style) 또는 유형이란 일련의 학습이며, 학습 방법들의 집합체이다(전명남, 2004). 즉, 학습 유형이란 학습자가 오랜 시간을 두고 형성해 온 자신이 선호하는 학습의 양식이라고도 할 수 있다. 학습 유형은 개인이 정보를 수집하고 처리하는 데 나타나는 지속적인 선호방법 혹은 양식으로 알려져 왔다. 콜브(1984)에 의하면, 인간이라면 누구나 자신이 처한 환경에서 우세한 학습 유형을 개발한다고 한다. 콜브는 앞서 설명한 학습 과정의 두 가지 차원을 기초로 네 가지의 학습유형으로 분류하였는데 다음의 〈표 6-6〉에서 확인할 수 있다.

네 가지 유형에 대해 살펴보면 첫째, 수렴형(실용주의형)은 추상적인 개념을 선호하고 새로운 상황에서 능동적으로 실험검증을 하려는 학습자이다. 아이디어의 실천적인 적용에 강하고 추상적 개념을 구체적인 지식으로 바꾸어 적용하는 일을 잘한다. 감상적이지 않으며 사람보다는 사물을 다루는 것을 선호하고 새로운 아이디어를 실험하여 최선의 해결책을 선택하거나 목표를 설정하고 의사를 결정하는 등의 과제에 뛰어나다.

둘째, 확장형(성찰가형)은 구체적인 경험을 선호하고 반성적인 관찰을 수행하는 학습자이다. 상상력이 풍부하고 아이디어를 잘 개발하고 다른 관점

〈표 6-6〉 **콜브의 학습 과정의 차원과 학습양식**

차원	정보처리 차원		
정보인식 차원	구분	적극적 실천	성찰적 관찰
	구체적 경험	적응적 학습자 (적응형/활동가형)	발산적 학습자 (확장형/성찰가형)
	추상적 개념화	수렴적 학습자 (수렴형/실용주의형)	동화적 학습자 (융합형/이론가형)

으로 사물을 보려 하며 구체적인 경험을 성찰하는 일을 잘하고 사태를 설명하는 일에 능숙하다. 사람에게 흥미를 느끼며 감정적인 경향이 있고 폭넓은 문화적 흥미가 있다. 새로운 방식으로 정보를 수집하고 자기 진단적 활동, 개방형 과제, 개별학습, 모호함을 이해하고 수용하는 등의 과제에 뛰어나다.

셋째, 융합형(이론가형)은 추상적인 개념을 선호하고 반성적인 관찰을 수행하는 학습자이다. 이론적인 모델을 만드는 능력이 있고 귀납적 추리에 능숙하다. 관찰된 사실을 추상적 개념으로 만드는 일을 잘하고 다른 사람보다 이론, 추상적 개념에 관심이 많다. 정보를 조직화하여 개념적 모델을 만들며 이른바 아이디어를 시험하고 실험설계, 양적 자료를 분석하는 등의 과제에 뛰어나다.

넷째, 적응형(활동가형)은 구체적인 경험을 선호하고 새로운 상황에서 능동적으로 실험검증을 하려는 학습자이다. 구체적 지식은 현장 활동 속에서 발현되며, 이론보다는 실천에 많은 관심을 가지고 있다. 최대 강점은 계획과 실험을 수행하고 새로운 경험에 몰두하는 데 있고 위험 상황이나 돌발 상황에 대처를 잘 한다. 비구조화된 과제, 기회 추구와 활용, 다른 사람에게 영향을 주는 지도와 개인적으로 사람들의 일에 개입하고 다른 사람을 돕는 과제에 뛰어난 학습자이다.

학습 유형별로 선호하는 교수방법의 차이에 관한 연구를 시도한 이신동

(2005)에 의하면, 발산적 학습자(확장형/성찰가형)는 공학 중심 교수, 독립학습, 토론, 교수게임 등을 선호하고, 수렴 학습자(수렴형/실용주의형)는 직접교수, 프로젝트 교수, 동료 교수 등을 선호하며, 적응적 학습자(적응형/활동가형)는 시뮬레이션 교수를 선호하는 것으로 나타났다. 전명남(2004)은 콜브-맥카시(Kolb-McCarthy) 학습 유형에 따른 심층학습의 정도를 조사한 결과, 학습 유형 간에 유의미한 차이를 발견할 수 있었는데, 학습 유형 중 동화적 학습자(융합형/이론가형)가 가장 많이 심층학습을 한다고 보고하였다. 동화적 학습자는 정보를 지각하거나 처리하는 과정에서 수렴적 학습자보다 더 심층으로 접근하는 것으로 나타났다. 이선영(1997)은 초, 중, 고등학생들의 집단 간 학습 유형의 차이를 분석하였는데 학년 간, 성별 간, 성취 수준 간 유의한 차이가 존재하는 것으로 보고하였다. 따라서 성인 교육자들은 획일적인 교수방법보다는 성인 학습자의 학습 유형에 맞는 교수방법을 제공하여 교수-학습의 목표를 달성함과 동시에 학습의 효과를 높일 수 있을 것이다.

이러한 경험학습 모형에 기초한 학습양식 검사의 적용은 교수활동과 학습활동을 계획하는 데 탁월한 틀을 제공하고, 학습의 어려움을 이해하고 직업적인 상담, 학문적인 조언 등을 위한 지침으로 유용하게 사용될 수 있다. 그러나 학습양식 검사는 단지 학습양식에 대한 선호도를 측정하는 것이지 특정한 학습양식 역량을 측정하는 것이 아니라는 것을 주지할 필요가 있다. 예를 들어, 수렴자로서 'A'라는 사람은 발산자로서 'B'라는 사람보다 확산적 사고를 더 잘할 수 있지만 선호하지 않을 수 있다는 사실을 고려하여 성인 학습자를 이해해야 한다(Tennant, 2006). 수업 활동 6-5 학습양식 검사를 통한 자신의 학습양식 진단하기를 통해서 각자 자신은 어떤 학습 유형을 선호하는지에 대해 성찰하고 각자 선호하는 교수-학습 방법에 대해 작성해 보자.

2) 자비스의 경험학습론

자비스(2006)는 콜브의 경험학습론을 확대, 발전시켜 학습에서 경험의 중요성과 인간과 사회와의 상호작용에 대한 이해가 학습이 이루어지는 데 있어 중요한 요소임을 밝혔다. 모든 학습은 경험에서 시작된다는 개념에 기초하여 한 개인이 대처할 준비가 되지 않은 문제의 사건과 같은 경험과 자신이 살아오면서 경험한 삶과의 간극이 생길 때, 학습의 과정이 발생한다고 보았다. 이전의 학습이 더 이상 현재의 상황을 대처할 수 없게 되면, 사람들은 자신이 어떻게 행동해야 할지에 대해 모른다는 것을 의식적으로 자각하게 된다. 그래서 우리는 새로운 무엇인가를 배워야만 한다.

다음 사례를 보자. 지금은 어느 대기업 IT 업종에서 부장을 맡아 일을 하는 직장인 사례이다. 20년 전, 그녀는 회사에 취업해 대리를 할 무렵이었다고 한다. 갑작스럽게 직장 상사가 새로운 업무 팀으로 발령을 내면서 자신의 대학 전공과는 전혀 다른 일을 하게 되었다. '나는 교육학과를 졸업해 인력개발 팀에 들어왔는데 어찌 내게 컴퓨터 관련 교육 일을 주는 것이지?' 하면서 퇴사를 고려하라는 뜻인가 싶어 상사를 원망하였다. 회사를 관두거나, 아니면 회사에서 계속 일을 하려면, 즉 컴퓨터 관련 교육 업무를 수행할 수 있으려면 학습이 필요할 수밖에 없는 현실이었다. 그녀는 이를 악물고 퇴근 후에 학원을 다니며 밤을 새서 공부해 직원 교육을 실시하였다고 한다. 이렇듯 우리의 삶은 예기치 못한 사건들이 발생하고 그러한 문제를 해결하기 위해서 이전의 경험에 의존하게 되는데 더 이상 이전의 학습 경험이 새로운 상황에 적용되지 않을 때, 학습의 과정으로 자연스럽게 이행하게 되는 것이다.

[그림 6-3]에 제시된 개인 경험의 전환에 대한 자비스의 모형에서 볼 수 있듯이, 학습이란 우리가 전인(whole person)으로서 사회적 맥락 속에서 경험하는 사건에 대해 인지, 정서, 행동 기능의 과정을 통해 경험에 참여하고 이

러한 경험을 자신의 삶 속에 통합시켜 더 많은 경험을 쌓은 변화된 인간이 되어가는 과정이다(Jarvis, 2006). 성인학습 모형론에서 살펴본 일러리스(Illeris, 2004)의 모형도 성인의 학습이 인지적 요인과 정서적 요인 그리고 사회적 참여 간 상호작용을 통해서 이루어진다고 제안하였는데 자비스는 일러리스 모형에서 경험의 전환에 초점을 두어 경험을 통해 우리가 어떻게 변화하고 학습하게 되는지에 대해 좀 더 자세하세 설명한 것으로 이해할 수 있다.

자비스 모형에 대해 구체적으로 살펴보면, 학습 과정은 의도적이고 조직적인 성격이 강한 형식적 맥락뿐만 아니라 무형식적 차원에서도 행해지기 때문에 학습은 일상생활에까지 확대된다. 경험학습은 새로운 지식, 기술, 태도를 단순히 습득하는 과정이 아니라 자아를 형성하고 재구성하는 과정이다. 경험은 사회적 맥락에서 형성되는 것이기 때문에 학습은 사회적 상황에 의해서

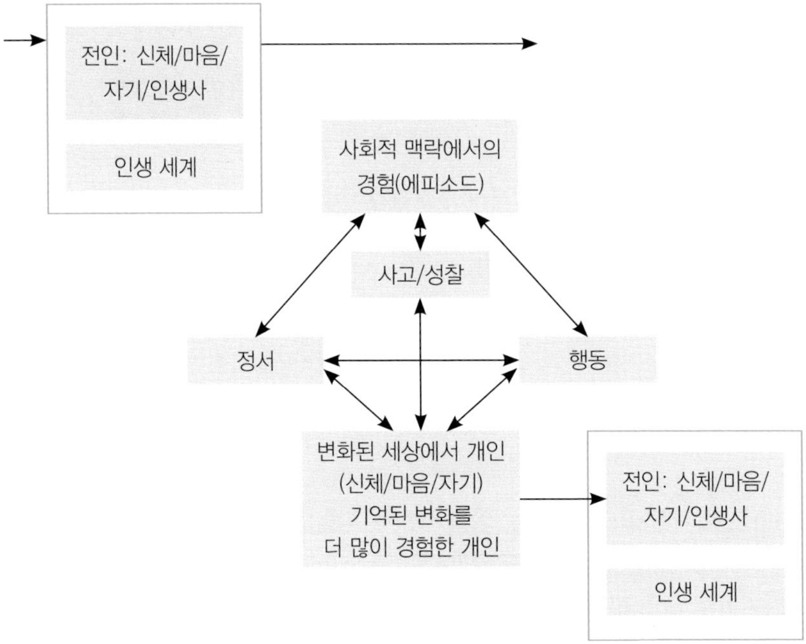

[그림 6-3] **자비스의 개인 경험의 전환(transformation)(Merriam et al., 2007)**

결정된다고 본다(사회적 맥락에서의 경험). 그러나 사회적 상황에 의미를 부여하는 것은 개인이다. 이러한 관점은 지식은 개인과 독립적으로 존재하는 것이 아니라 환경과의 능동적인 상호작용을 통하여 개인에 의해 '구성'된다는 구성주의자들의 관점과도 일맥상통하는 것이다. 앞서 어느 대기업 부장의 사례에서 학습이 일어나는 상황은 사회적 맥락에서 새로운 팀으로의 배정이라는 에피소드에 의해서 시작되어 그 상황에서 개인이 경험하는 정서와 사고 그리고 자신에 대한 성찰의 과정이 새로운 직무 능력의 개발이라는 행동을 이끌었고 그것은 그녀의 삶을 크게 변화시켰을 것으로 예상할 수가 있다.

결론적으로, 성인학습에 대한 자비스의 주장을 요약하면 다음과 같다. 첫째, 성인의 학습은 이전의 경험뿐 아니라 환경과의 상호작용에서 오는 현재의 경험에 크게 영향을 받는다. 둘째, 성인의 경험은 다양하기 때문에 성인을 위한 교수전략을 수립할 때에는 성인의 경험을 고려해야 한다. 셋째, 성인은 계속적으로 학습을 추구해 나가는 존재이기 때문에 인간 상호 간에 서로의 성장과 발달을 촉진할 수 있는 평생학습사회로의 전환이 필요하다.

수업 활동 6-5 학습양식 진단검사를 통한 자신의 학습양식 확인하기

※ 이 검사지는 여러분이 어떤 방식으로 공부를 해 나가고 있는지를 알아보기 위한 것입니다. 누가 얼마나 잘하고 못하는 가를 알아보는 것도 아니며, 성적에 포함되지도 않습니다. 이 검사에서 가장 중요한 점은 문제를 잘 읽고 자신의 생각이나 습관 등을 솔직하게 표시하는 것입니다.

[답하는 요령]

♣ 보기 중에서 자신을 가장 잘 표현해 주는 항목에는 "4" 다음으로 잘 표현해 주는 문장에 "3", 그다음은 "2" "1" 순으로 번호를 표시해 주세요. 단, 동점이 없어야 합니다. 자신과 가장 가까운 내용(4점)과 가장 먼 내용(1점)을 먼저 결정한 후, 나머지 두 보기의 점수(2점과 3점)를 표기하면 편리합니다. 각 문항 당 합이 10점이 되어야 합니다.

이름: 학과: 학년:	
1. 은행에서 내 차례를 기다리는 시간 동안에 월간지를 집어 든 나는?	
a1 그림 위주로 재빨리 페이지를 넘겨가며 훑어 본다.	1 - 2 - 3 - 4
b1 일단 제목과 더불어 몇 줄을 읽어 보고 계속 읽을지를 판단한다.	1 - 2 - 3 - 4
c1 처음부터 순서대로 읽어 나간다.	1 - 2 - 3 - 4
d1 실용적인 내용의 기사를 찾아 읽는다.	1 - 2 - 3 - 4
2 나와 절친한 두 친구 사이에 다툼이 일어났다면 나는?	
a2 누구의 편도 들어 주지 않는다.	1 - 2 - 3 - 4
b2 일단 둘이 화해부터 하라고 강요한다.	1 - 2 - 3 - 4
c2 다툼의 근원을 물어보고 시시비비를 가려 준다.	1 - 2 - 3 - 4
d2 둘의 일이므로 둘이서 해결하도록 놓아 둔다.	1 - 2 - 3 - 4
3. 일이 잘 풀리지 않을 때 나는?	
a3 느낌이나 마음이 끌리는 방향으로 일을 진행한다.	1 - 2 - 3 - 4
b3 일단 일을 멈추고 상황을 예의 주시한다.	1 - 2 - 3 - 4
c3 무엇 때문에 그런지 그 이유를 찾는다.	1 - 2 - 3 - 4
d3 일단 머리에 떠오르는 해결책을 시도해 본다.	1 - 2 - 3 - 4
4. 난감한 상황에서 나는?	
a4 현실을 받아들이고 일이 풀리는 대로 좇아간다.	1 - 2 - 3 - 4
b4 어느 정도의 위험을 각오하고 모험을 해 본다.	1 - 2 - 3 - 4
c4 여기까지 오게 된 경위를 하나하나 되짚어 본다.	1 - 2 - 3 - 4
d4 나의 한계를 깨닫고 일이 저절로 잘 해결되기를 기다린다.	1 - 2 - 3 - 4
5. 누군가의 얘기가 거짓말인지의 여부를 나는?	
a5 직감적으로 알 수 있다.	1 - 2 - 3 - 4
b5 굳이 신경 써서 알려고 하지 않는다.	1 - 2 - 3 - 4
c5 전후 맥락을 논리적으로 따져 보면 알 수 있다.	1 - 2 - 3 - 4
d5 시시콜콜히 캐물어 알아낸다.	1 - 2 - 3 - 4
6. 나를 잘 표현하는 형용사는?	
a6 추상적인	1 - 2 - 3 - 4
b6 관찰하는	1 - 2 - 3 - 4

c6 구체적인	1 - 2 - 3 - 4
d6 활동적인	1 - 2 - 3 - 4
7. 서너 시간 동안 혼자 기차여행을 하면서 읽을 책을 고른다면?	
a7 시사주간지, 월간지, 또는 유머집처럼 가볍게 읽을 수 있는 책	1 - 2 - 3 - 4
b7 삶에 대하여 많은 것을 생각하게 해 주는 책	1 - 2 - 3 - 4
c7 미래 관련 서적	1 - 2 - 3 - 4
d7 실무나 일상생활에서 바로 써먹을 수 있는 실용서	1 - 2 - 3 - 4
8. 어떤 일을 할 때 내가 가장 중점을 두는 부분은?	
a8 내가 직접 겪어 보는 일	1 - 2 - 3 - 4
b8 유사한 사례들을 찾아 정리하는 일	1 - 2 - 3 - 4
c8 관련 이론들을 분석하고 정리하는 일	1 - 2 - 3 - 4
d8 내가 찾아낸 논리나 원리를 적용해 보는 일	1 - 2 - 3 - 4
9. 평소에 나는	
a9 한다면 하는 사람이다.	1 - 2 - 3 - 4
b9 '두고 봅시다' '글쎄요' '일단은 이렇게 합시다'와 같은 표현을 자주 쓴다.	1 - 2 - 3 - 4
c9 '싫고 좋음'보다는 '옳고 그름'에 따라 행동한다.	1 - 2 - 3 - 4
d9 내 행동에 책임감을 느낀다.	1 - 2 - 3 - 4

♣ 학습양식 진단 기본 척도의 구성

구성요소	내용	비고
구체적 경험 CE (Concrete Experience)	느낌에 바탕한 판단에 의존하는 감성적이고 구체적 경험에 기초한 학습양식	9개 문항에 각각 4개씩 자기서술 문장을 사용
성찰적 관찰 RO (Reflective Observation)	학습에 대하여 잠정적이고 종합적이며 자기성찰적인 접근을 하는 학습양식	
추상적 개념 AC (Abstract Conceptualization)	논리적인 사고와 합리적인 평가에 매우 의존하는 분석적이고 개념적인 학습양식	
적극적 실험 AE (Active Experimentation)	실험에 의존하는 능동적이고 실천 지향적인 학습 접근방식	

♣ 채점 방법

1. 각 구성요소의 점수 합을 구하세요.
   1) 구체적 경험(CE): a2, a3, a4, a5, a7, a8
   2) 성찰적 관찰(RO): b1, b3, b6, b7, b8, b9
   3) 추상적 개념(AC): c2, c3, c4, c5, c8, c9
   4) 적극적 실험(AE): d1, d3, d6, d7, d8, d9
2. AC 점수에서 CE 점수를 빼세요.
3. AE 점수에서 RO 점수를 빼세요.
4. 바로 앞에서 2번(세로축), 3번(가로축)에서 얻은 점수를 다음 그래프 위에 두 개의 점으로 표시하세요.

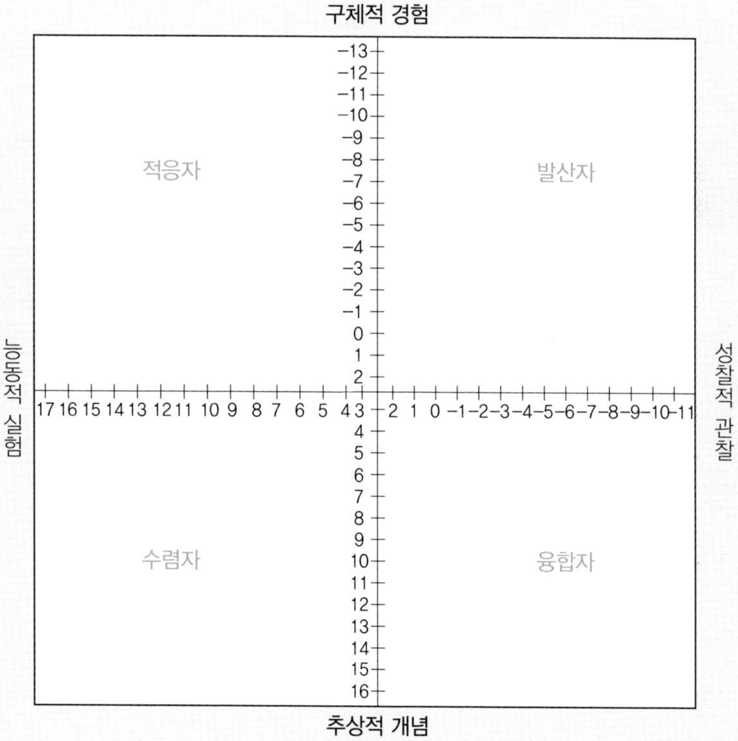

5. 두 점에서 각각에 대응하는 선과 평행하게 그어 서로 만나는 점이 속하는 영역이 당신의 학습 양식을 나타낸다.

♣ 채점 결과 나의 학습 유형

____

♣ 성찰 활동: 검사결과를 통해서 학습자로서 자신을 어떻게 이해할 수 있나요?

____

____

출처: 강성룡(2003). 학습스타일과 팀 효과성의 상관성에 관한 연구. 연세대학교 대학원 석사학위 논문.

참고문헌

가영희, 성낙돈, 안병환, 임성우(2013). **성인학습 및 상담**. 동문사.

강성룡(2003). 학습스타일과 팀 효과성의 상관성에 관한 연구. 연세대학교 대학원 석사학위 논문.

권두승, 조아미(2015). **성인학습 및 상담(3판)**. 교육과학사.

서도식(2006). 하버마스의 「인식과 관심」. **서울대학교 철학사상연구, 별책 7권**, 22호.

이신동(2005). Kolb 학습유형에 따른 교수방법 선호도 비교. **아시아교육연구 6**(4), 125-144.

이선영 (1997). 초중고 대학생들의 집단 간 학습유형 차이에 관한 연구. 서울대학교 대학원 석사학위논문.

전명남(2004). Kolb-McCarthy 학습유형에 따른 심층학습의 차이. **교육심리연구**, **18**(4), 279-292.

Boud, D., Cohen, R., & Walker, D. (1993) *Using experience for learning* (Eds.). Buckingham: SRHE and Open University Press.

Brookfield, S. (1985). A critical definition of adult education. *Adult Education Quarterly*, *36*(1), 44-49.

Brockett, R. G., & Hiemstra, R. (1991). *Self-Direction in Adult Learning Perspectives on Theory, Research, and Practice*. New York: Routledge.

Courtenay, B., & Stevenson, R. (1983). Avoiding the threat of gogymania. *Lifelong Learning: The Adult Years, 6*(7), 10-11.

Elias, J., & Merriam, S. B. (2005). *Philosophical foundations of adult education* (3rd ed.). Malabar, Fla: Krieger.

Freire, P. (2000). *Pedagogy of the oppressed* (20th anniversary ed.). New York: Continuum.

Garrison, D. R. (1997). Self-directed learning: Toward a comprehensive model. *Adult Education Quarterly, 48*(1), 18-33.

Grow, G. (1991). Teaching learners to be self-directed: A stage approach. *Adult Education Quarterly, 41*(3), 125-149.

Grow, G. (1994). In defense of the staged self-directed learning model. *Adult Education Quarterly, 44*(2), 109-114.

Houle, C. O. (1961). *The inquiring mind*. Madison: University of Wisconsin Press.

Illeris, K. (2004). *The three dimensions of learning: Contemporary learning theory in the tension field between the cognitive, the emotional and the social*. Malabar, Fla.: Krieger.

Jarvis, P. (2006). *Towards a comprehensive theory of human learning*. London: Routledge.

Knowles, M. S. (1973). *The adult learner: A neglected species*. Houston: Gulf.

Knowles, M. S. (1975). *Self-directed learning*. New York: Association Press.

Knowles, M. S. (1984). *Andragogy in action: Applying modern principles of adult learning*. San Francisco: Jossey-Bass.

Knowles, M. S., Holton, E. F., & Swanson, R. A. (2012). *The adult learner: The definitive classic in adult education and human resource development*. NY: Routledge.

Kolb, D. A. (1984). *Experiential learning: Experience as a source of learning and development*. Englewood Cliffs, NJ: Prentice Hall.

Kolb, D. A., & Fry, R. (1975). Towards an applied theory of experiential learning. In C. Cooper (Ed.), *Theories of group processes*. London: Wiley.

Lindeman, E. C. (1961). *The meaning of adult education in the United States*. New York: Harvest House.

McClusky, H. Y. (1963). The course of the adult life span. In W. C. Hallenbeck (Ed.), *Psychology of adult*. Chicago: Adult Education Association of the U.S.A.

Merriam, S. B., & Bierema, L. L. (2014). *Adult learning: Linking theory and practice*. San Francisco, CA: Jossey-Bass.

Merriam, S. B., Cafferella, R. S., & Baumgartner, L. M. (2007). *Learning in adulthood* (3rd ed.). San Francisco: Jossey-Bass.

Merriam, S., Mott, V., & Lee, M. (1996). Learning that comes from the negative interpretation of life experience. *Studies in Continuing Education, 18*(1), 1-23.

Mezirow, J. (1978). *Education for perspective transformation: Women's re-entry programs in community colleges*. NY: Teacher's College, Columbia University.

Mezirow, J. (1991). *Transformative dimensions of adult learning*. San Francisco: Jossey Bass.

Savicevic, D. (1999): Understanding andragogy in Europe and America: Comparing and contrasting. In J. Reischmann, M. Bron, & Z. Jelenc (Eds.), *Comparative adult education 1998: The contribution of ISCAE to an emerging field of Study* (pp. 97-119). Ljubljana, Slovenia: Slovenian Institute for Adult Education.

Spear, G. E. (1988). Beyond the organizing circumstance: A search for methodology for the study of self-directed learning. In H. B. Long & others, *Self-directed learning: Application and theory*. Athens: Department of Adult Education, University of Georgia.

Spear, G. E., & Mocker, D. W. (1984). The organizing circumstance: Environmental determinants in self-directed learning. *Adult Education Quarterly, 35*(1), 1-10.

Tennant, M. (2006). *Psychology and adult learning*. NY: Routledge.

Tough, A. (1971). *The adult's learning projects: fresh approach to theory and practice in adult learning*. Toronto: The Ontario Institute for Studies in Education.

제7장

성인학습의 실제

지금까지 성인 학습자를 위한 학습상담을 실시하기 위해서 필요한 기초지식으로서, 성인 학습자의 발달적 특성과 학습 현상을 설명하는 전통적 학습이론 그리고 성인 학습자의 독특한 학습 현상을 이해하기 위한 성인학습 이론과 모형을 살펴보았다. 성인학습을 설명하는 이론들의 공통점은 행복하고 건강한 삶을 살아가기 위해 성인들에게 요구되는 것은 자기주도적인 학습 능력을 개발하는 것이라 할 수 있다. 이 장은 학습 과정의 실제에서 성인 학습자들이 자기주도적인 학습 태도를 함양하기 위해 필요한 개입의 요소들(동기 향상 전략, 정서 및 행동 조절 전략, 환경 관리, 학습 전략)을 살펴보고 학습상담 실제에서 다양한 전략을 응용할 수 있는 것을 목적으로 한다. 성인 학습자로서 자신의 자기주도적 학습 태도를 관찰해 보고 변화할 필요가 있는 요인들을 점검하여 스스로 자기주도적인 학습 능력을 향상할 수 있을 것이다. 다음의 그림은 앞서 배운 개리슨(1997)의 자기주도

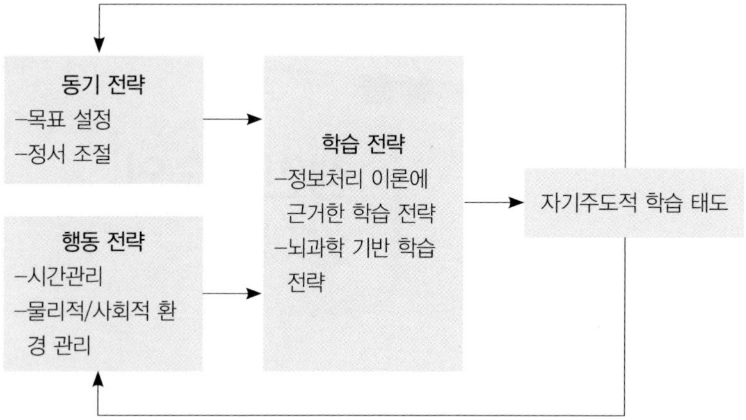

[그림 7-1] **자기주도 학습의 구성요소**

학습 모형과 핀트리치(Pintrich, 2004)가 제안한 대학생의 자기조절 학습(Self-Regulated Learning: SRL) 모형에 기초하여 성인 학습자들의 자기주도적 학습 태도를 향상시키기 위한 개입의 요소들을 정리한 것으로, 이 모형을 토대로 이 장의 내용을 구성하였다.

1. 동기의 이해

동기란 행동을 지속하게 하는 에너지와 방향을 제공하는 내적인 과정이다. 우리는 살면서 많은 일들을 하는데 자발적으로 하고 싶은 일은 시키지 않아도 지속적으로 수행하지만, 그렇지 않은 경우에 쉽게 포기하는 경우도 많다. 형식적 교육 기간 동안 어떤 학생은 열심히 그리고 꾸준히 공부를 하는가 하면, 반대로 학교에서 이루어지는 학습 활동에 전혀 관심이 없어 수업 시간에 엎드려 잠만 자는 학생들을 흔하게 목격해 왔을 것이다. 그 이유가 무엇이라고 생각하는가? 우리 인간이 특정한 행동을 실행하고 유지할 수 있는 심리적 요인인 동기의 차이일 것이다. 이번에는 앞서 살펴본 자기주도 학습의 구성요소 중 행동의 근원이 되는 동기에 대해 이해하고 동기를 유지하며 관리하는 전략을 학습해 보고자 한다. 먼저 동기의 문제를 이해하기 위해 동기의 분류에 대해 살펴보고, 동기에 영향을 미치는 요인들을 탐색한 후, 동기를 유지하고 향상시킬 수 있는 전략들을 활용하여 자신의 동기 수준을 파악하고, 변화하기 위해 요구되는 동기를 스스로 부여해 보는 시간을 가져 보기로 한다.

1) 동기 문제의 분류

우리 모두는 동기가 있다. 수강하는 강좌의 과제를 생각해보면, 어떤 과제는 더 열심히 하게 되지만 또 다른 과제는 미루고 미루다 어쩔 수 없이 대충해서 제출하는 경우가 있다. 하기 싫은 과제에 직면할 때, 학생들은 대체로 "이 과제를 하기 위해서 난 동기가 필요해." 또는 " 나는 이 과목 자체에 동기가 없어."라고 말을 하는 경우가 종종 있다. 여러분도 무엇을 해야 하는데 하지 않는 것이 동기가 없어서라고 생각하는가? 그렇지 않다. 하기 싫어서 하지 않는 것도 동기이다. 즉, 동기의 종류가 다를 뿐, 그 이면에는 하지 않게 하는 에너지와 힘이 있다는 사실을 많은 사람들은 자각하지 못하고 있다. 코빙턴과 로버츠(Convington & Roberts, 2004)가 제안한 동기 유형은 학습자의 동기를 이해하는 데 효율적이다.

코빙턴과 로버츠(2004)에 의하면, 우리 모두는 성공하려는 동기와 실패를 피하기 위한 서로 반대되는 동기에 의해서 행동하게 된다고 한다. 즉, 어떤 학생들은 성공을 이루어내고 해냈다는 자부심을 느끼기 위해서 동기가 부여되는가 하면, 반대로 어떤 학생들은 실패와 관련된 수치심과 창피함을 경험하기 싫어서 실패하지 않으려고 동기가 부여되는 경우도 있다. 두 가지 동기의 높고 낮은 수준에 따라서 〈표 7-1〉에 제시된 것처럼, 4개의 동기 유형자들로 구분할 수가 있다. 이에 대해 간략하게 살펴보면 다음과 같다.

〈표 7-1〉 **동기 문제의 분류**

	성공 접근에 대한 동기		
실패 회피에 대한 동기		낮음	높음
	낮음	실패 수용자	성공-지향적인 학생
	높음	실패 회피자	과노력 추구자

(1) 성공-지향적인 학습자

먼저 성공-지향적인 학생은 성공에 대한 접근 동기는 높은데 실패 회피에 대한 동기는 낮아서 자신이 주어진 과제에 대해 최선을 다하고, 자신의 수행에 대해서는 크게 염려를 하지 않는다. 성공지향적인 학생들은 의미 있는 학습전략을 활용하고 목표 설정을 통해 자신의 동기를 조절하여 스스로 학습하는 것을 조절할 수 있는 능력이 있다. 즉, 자기주도적인 학습자라 할 수 있다.

(2) 실패 회피자

실패 회피자 유형은 실패를 피하기 위한 바람이 성공에 대한 기대보다 중요한 학생이다. 이런 유형의 학습자는 타인이 자신의 빈약한 수행에 대해 무능력하다고 보는 것을 막기 위해 모든 에너지를 쓰는 사람이다. 실패를 피하기 위한 갖은 전략들을 사용하는데 이를 테면, 시험 준비를 위해서 미리 공부를 하기보다는 시험 당일 직전까지 태만하게 보내다가 막판에 벼락치기를 해서 능력 부족이 아니라 시간 부족이었다라고 면피를 한다. 겉보기에 무관심하지만, 이런 학습자는 실패의 의미와 방어적인 책략에 관심을 가지고 있어 능력이 없다고 보는 것을 최대한 피한다.

(3) 과노력 추구자

과노력 추구자는 두 가지 동기가 모두 높아서 성공을 추구하면서 동시에 실패에 대한 두려움이 매우 크다. 사실 이 유형의 학습자는 성공을 함으로써 실패를 피하려고 노력을 하는 것이 특징이다. 그렇기 때문에 정서적으로 불안할 수밖에 없다. 시험이나 과제 등에 대해서 실패하기 싫어서 최선을 다해 준비하고 제시된 요건 이상으로 학습에 참여한다. 단기적으로는 점수나 학점이 좋아서 성공한 것처럼 보일 수도 있지만, 장기적으로 보게 되면, 실패에 대한 지나친 근심과 걱정으로 인해 지치고 건강이 악화되는 문제를 가져올 수 있다.

(4) 실패 수용자

실패 수용자는 두 가지 동기가 모두 낮아서 겉보기에 희망과 두려움 모두 없는 학생으로 보인다. 이 유형의 학습자는 기본적으로 성취에 무관심하고 더 많은 노력이나 더 좋은 학습 전략들은 지속적인 학업 실패에 큰 변화를 가져올 것이라고 기대하지 않는 경향이 있다. 희망의 부재 또는 무기력함 이면에는 숨겨진 분노가 있을 수 있다. 학교에서 배워야 할 교훈이 자신의 삶과는 아무런 관련이 없다고 스스로 말함으로써 학업 실패가 갖는 의미에 대해서 걱정을 하지 않는다.

지금까지 살펴본 것처럼 우리는 자기 자신 그리고, 성취에 대한 믿음과 지각이 서로 다르다. 성공-지향적인 학습자를 제외한 세 가지 유형들은 현재와 미래의 학업 성취를 제한하는 동기에 문제가 있다고 할 수 있다. 대체로 성인 학습자들의 경우에는 분명한 목표 의식과 동기가 있어 열심히 학업에 몰입하려고 하는데 여러 가지 요인에 의해서 마음은 굴뚝같은데 해야 할 과제를 하지 못해 실패를 하는 경우가 종종 있다. 이때에는 이면의 동기가 무엇인지 탐색하여 학습자가 지닌 동기의 특성과 더불어 학습 동기를 떨어뜨리는 요인들이 무엇인지 탐색해 볼 필요가 있다. 수업 활동 7-1을 통해서 낮은 학업 성취 결과에서 자신의 가치를 유지하려고 사용하는 전략에 대해 살펴봄으로써 자신의 동기 유형에 대해서 성찰해 보도록 한다. 다음으로는 이러한 동기에 영향을 미치는 요인들이 무엇인지 살펴보기로 한다.

수업 활동 7-1 자기-가치 유지(Convington, 1992)를 위한 전략에 대한 성찰

※ 학습 과정에서 나타날 수 있는 낮은 성적이나 평가 결과가 나올 때, 다음의 네 가지 전략 중, 자신이 활용하는 전략에 대해서 자신과 항상 맞으면 3점, 가끔이면 2점, 전혀 맞지 않으면 1점을 주어 보자.

자기-가치 유지를 위한 전략	항상	때때로	전혀 안 함
1. 미루기 행동(예: 나는 마지막 순간에 공부를 한다. 만약 실패하더라도 내 능력 부족은 아니야.)			
2. 성취 불가능한 목표 설정(예: 나는 매우 어려운 목표를 선택한다. 실패는 당연한 것. 그러한 과제에서의 실패는 대부분의 사람들이 실패할 것이기 때문에 나의 능력이 드러나지 않지.)			
3. 저성취자(예: 나는 최소한의 것만 함으로써 나의 능력을 검증하는 것을 피한다. '내가 정말로 열심히 한다면 잘할 수 있어.'라고 말하면서.)			
4. 불안(예: 내가 잘 못하는 이유는 시험 불안 때문이야. 그러면 아무도 내 수행에 대해 능력 부족이라고 말하지 못해. '어리석은 것보다는 불안한 사람으로 보이는 게 나아.' 라고 말한다.)			

• 학습과 동기와 관련하여 자신에 대해 새롭게 깨달은 점이 있다면 무엇인가?

2) 동기 행동에 영향을 미치는 요인

개인마다 서로 다른 유형의 동기에 의해서 학습이 이루어진다는 것을 학습하였다. 이러한 동기에 영향을 미치는 요인에 대해서 핀트리치(1994)가 대학생을 대상으로 연구한 동기의 모델을 활용하여, 성인 학습자들의 동기에 영향을 미치는 요인들을 살펴보기로 하자. 동기 행동에 영향을 미치는 세 가지 요인들은 다음 [그림 7-2]에 제시된 것처럼, 사회문화적 요인과 내적 요인, 그리고 학습 환경의 요인이다.

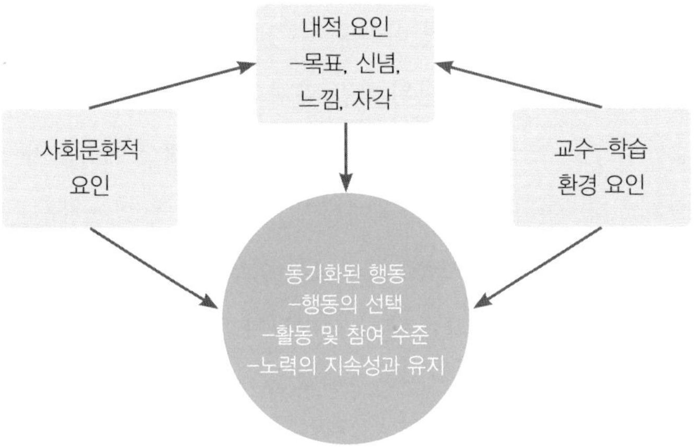

[그림 7-2] **동기 모델(Pintrich, 1994)**

[그림 7-2]에서 확인할 수 있듯이 모델의 중심요인은 동기화된 행동이다. '말보다 행동이 더 많은 말을 한다.'는 명언에서 알 수 있듯이, 한 개인의 동기 수준의 가장 좋은 지표는 바로 실제적 행동 수준이다. 우리는 '새해를 맞이하게 되면, 건강을 위해 헬스장에 다녀 살을 빼야지.' '올 해에는 책을 더 많이 읽어야지.' 하는 등의 결심을 하지만 '작심삼일'이라는 말처럼, 운동을 지속하는 데 막상 장애물에 맞닥뜨리게 되면, 지속하지 못하는 경우가 많다. 그런데

동기의 수준이 높아 꾸준하게 운동을 지속하고, 귀찮아서 하기 싫은 마음이 올라올 때에도 변화된 자신의 멋진 모습을 떠올리면서 운동하는 행동을 유지할 수 있게 된다면, 목표를 달성할 가능성이 더 높아지게 된다. 이런 과정에서 알 수 있듯이 목표한 행동을 지속하는 데 방해가 되는 것들에 대해서 어떻게 지각하고 생각하느냐 하는 내적 요인들 또한 동기 행동에 영향을 미치는 중요한 요인이다(Pintrich, 1994). 예를 들어, 학업 성취에 대한 가치가 높을수록, 주말에 친구들과 어울려 노는 유혹을 극복하고 과제하는 것을 선택할 가능성이 높아지는 것이다. 즉, 우리가 어떤 행동을 지속하고자 할 때 특정 행동에 대해 개인이 지니고 있는 신념이나 가치, 그리고 지각의 수준은 동기화된 행동의 수준을 결정하는 요인이라 할 수 있다.

재미있고 도전적으로 잘 계획된 학습 과제와 같은 교수-학습의 환경적 요인은 학생들의 높은 참여 수준을 이끌어 내어 학습에 참여하고자 하는 동기에 영향을 미친다. 여러분은 교수자에게 얼마나 영향을 받는가? 대학에서 학생들과 만나면서 상담을 해보면, 의외로 저학년 학생들은 교수자의 영향을 많이 받는 것 같다. 특정 강좌에 대한 성취도가 떨어지거나 동기가 부족하여 어쩔 수 없이 출석만 한다고 하소연하면서 주로 그 원인에 대해 교수자의 강의 방법이나 교재, 때때로 교수자의 성격 그리고 함께 참여하는 동료 학생들과의 팀워크 등이 자신과 맞지 않다고 이야기한다. 그러나 실제 자기주도적인 학습자는 외부 교수-학습 환경적 요인에 크게 영향을 받지 않고 자신을 조절하면서 학업 성취를 이끌어 내는 학습자이다. 교수-학습 환경적 요인이 학습 동기에 영향을 미치는 요인임을 알고 자신과 맞지 않더라도 스스로 조절할 수 있는 능력을 키움으로써 외적인 영향을 관리할 필요가 있다.

끝으로, 사회문화적 요인은 개인의 지각이나 신념, 그리고 가치와 같은 내적 요인의 발달을 가져온 가족과 사회문화적 배경 요인을 의미한다. 예를 들어, 다음 두 여성을 비교해 보자. A는 부모님이 모두 선생님이어서 어렸을 때부터 부모님과 함께 독서하고 토론하는 가족의 문화에서 성장하여 읽기와 말하기의 훈련을 받고 학습의 능력을 키울 수 있었다. 특히 부모님은 스스로 매일 자신이 해야 할 학습 과제에 대해 계획하고 그것을 실천했을 때, 크게 칭찬하거나 독려하여 자연스럽게 성장 과정에서 자기주도적인 학습에 대한 가치와 태도가 키워졌다. 한편, 학생 B는 어려서 부모님과 헤어져 농사를 짓는 조부모님과 시골에 살면서 논과 밭에서 뛰어놀고 자유롭게 시간을 보내며 농촌 작은 마을에 있는 학교에 다니며 고등학교를 졸업해 도시로 나가 직장 생활을 시작하였다. 직장생활을 하면서 자신이 우물 안 개구리였구나 싶어 변화가 필요하다는 생각에 방송통신대학교에 진학하였다. 그런데 직장생활을 하면서 공부를 어떻게 병행해야 하는지 시간 관리도 안 되고 몇 년째 제 자리 걸음 상태이다. 이렇듯 우리가 어떤 가정 배경 속에서 성장했는지에 따라서 성인 학습자로서 자기주도적인 학습 태도의 발달이 달라질 수 있다. 상대적으로 유리할 수 있는 개인이 있는가 하면, 주도적인 학습 능력을 키우는 데 제한적일 수 있는 사회문화적 요인이 성인 학습자의 자기주도적 학습 태도에 큰 영향을 미칠 수 있다는 사실을 성인 교육자는 이해할 필요가 있다.

지금까지 살펴본 이 세 가지 요인들은 서로 상호작용하여 한 개인의 동기화된 행동에 영향을 미치게 된다. 이러한 동기화된 행동에 영향을 미치는 요인들을 통해서 결국 개인은 스스로 자기 자신을 조절하여 자기주도적인 학습자로 발전할 수가 있다(Pintrich, 2004). 수업활동 7-2에서 각자 동기의 수준을 관찰하여 자신의 동기 수준에 영향을 미치는 요인들이 무엇인지 점검해 보도록 하자.

수업 활동 7-2 동기 수준 확인(Dembo & Seli, 2013)

• 동기의 관찰: 아래 문항을 읽고 각 문항이 자신과 얼마나 유사한지에 따라 체크해 보자.

번호	문항	전혀 아니다	아니다	보통이다	그렇다	매우 그렇다
1	나는 미래에 대한 목표를 세우고 달성하기 위해 노력한다(목표).					
2	나는 내 미래를 생각하면 기대가 된다(지각).					
3	내가 높은 성적을 받는 경우는 대부분 내가 노력을 많이 했을 때이다(귀인).					
4	나는 시험을 보기 전에 정서적/생리적 불안을 느낀다.					
5	내가 공부를 열심히 하는 이유는 학문적 성취보다는 높은 성적을 받는 데 있다(결과 지향의 목표).					
6	나는 절대평가보다는 상대평가일 때 공부를 더 열심히 하는 경향이 있다(결과 지향의 목표).					

• 자신의 동기 수준에 영향을 미치는 요인들을 관찰해 보자.

▶내적 요인

▶사회문화적 요인

▶교수–학습의 환경 요인

핀트리치(2004)는 자기주도 학습의 각 단계에서 학습을 위한 동기화된 행동에 영향을 미치는 인지, 동기/정서, 행동 그리고 맥락의 4가지 자기-조절 영역에 대한 내용을 분류하여 자기주도 학습을 이끌어 내기 위한 구체적인 개입의 요소들을 제시하였다(〈표 7-2〉 참조). 이제 표에 제시된 자기주도적 학습의 단계와 영역별 구체적인 개입의 내용들을 기초로 동기전략과 행동전략 그리고 학습 전략의 세 가지를 학습해보자. 성인 학습자로서 자신의 자기주도적 학습 능력에 대해 성찰하여 성인학습 상담 실제의 응용 능력을 함양할 수 있을 것이다.

〈표 7-2〉 **자기주도 학습을 위한 단계와 영역**

자기주도 학습 단계	자기조절 영역			
	인지	동기/정서	행동	맥락
단계 1 사전 고려, 계획, 활성화	• 목표설정 • 사전내용 지식 • 활성화 • 초인지적 지식 활성화	• 목표지향 선택 • 효능감 판단 • 과제 난이도에 대한 지각 • 과제에 대한 가치 활성화 • 흥미 활성화	• 시간과 노력 계획 • 행동에 대한 자기관찰 계획	• 과제에 대한 지각 • 맥락에 대한 지각
단계 2 모니터링	• 인지에 대한 메타인지적인 자각과 모니터링	• 정서에 대한 자각과 동기 및 모니터링	• 노력에 대한 자각 • 행동에 대한 자기-관찰	• 변화하는 과제와 맥락 조건에 대한 모니터링
단계 3 통제	• 학습과 사고를 위한 인지전략에 대한 선택과 적용	• 정서 및 동기 관리하기를 위한 전략의 선택과 적용	• 노력의 증가/감소 • 지속하기, 포기하기, 도움 추구 행동	• 과제 변경이나 재협상 • 맥락을 변경하거나 그대로 두기
단계 4 반응과 성찰	• 인지적 전략 -귀인 -시연 -정교화 조직화 -비판적 사고 -초인지	• 정서적 반응 -귀인 -내재적 목표 -외재적 목표 -과제 가치 -통제 신념	• 선택 행동 -노력의 조절 -도움 추구 행동 -시간/공부 환경	• 과제의 평가 -맥락의 평가 -동료 학습 -시간/공부 환경

2. 동기 향상 전략

자신이 이루고자 하는 목표를 성취하기 위해서는 자신을 조절하여 동기화된 행동 수준을 유지하기 위한 전략이 필요하다. 삶의 에너지와 방향의 역할을 하는 동기를 높이기 위해서 우리는 삶의 목표를 설정하고 그 목표를 이루기 위한 구체적인 계획을 세우는 것에 대해 익숙할 것이다. 그런데 목표가 있다고 해서 누구나 동기화되어 그 목표를 달성하고자 하는 노력이 지속되지는 않는다. 효과적인 목표 설정 방법에 대해 알아보고 이를 자신에게 적용해 보자.

1) 목표 설정

효과적인 목표를 설정하기 위해서는 [그림 7-3]에서 볼 수 있듯이 일상의 과제를 성취하기 위해 생산성 피라미드의 하단부에 있는 지배적인 인생 가치를 확인하는 것에서부터 시작할 필요가 있다(Smith, 1994). 대학생들은 매일매일 주어진 과제를 열심히 하고 그 과제를 잘 수행하기 위한 목표를 세우고 실천한다. 잘 실천하게 되면, 스스로 성취감을 느껴 지속적으로 학업의 동기를 유지할 수도 있지만, 열심히 했던 만큼의 기대되는 시험 점수가 나오지 않거나 보고서 평가가 만족스럽지 못하면 갑자기 열심히 하던 학업에 소홀해 지는 학생들을 종종 목격할 수가 있다. 이럴 때에 여러분은 어떻게 동기를 지속시킬 수 있었는지 잠시 돌이켜 보자. 원하는 만큼의 성취를 이루지 못했을 때의 좌절감을 어떻게 극복하고 다시금 노력을 지속할 수 있을까? 여러 가지 방법이 있겠지만, 목표의 밑바탕인 삶의 가치를 확인하는 것이다. 교육학과 학생들이 선택하는 대표적인 진로는 복수전공을 통한 임용고시와 9급 교육 공무원인데 이들에게 왜 그 진로를 선택하였는지 물어보면, 선배들이 가장 많이 선택하는 진로이고 안정적인 직업이기 때문이라고 답하는 경우가 많다. '자신의 삶에서 중요한 것이 무엇인가?' '무엇이 자신의 삶의 원천이 되는가?'라고 좀 더 깊게 질문을 하면, 쉽게 대답을 하지 못하는 경우가 많다.

우리는 무엇인가 목표를 설정하고 그 목표를 달성하기 위해 장단기 목표를 세분화하여 일상의 과업들을 수행하는 일련의 목표 수립과 실천의 과정에서, 자신에게 힘을 부여하는 동기의 원천이 없이는 지속할 수 없다는 사실을 간과하는 경우가 많다. 내가 왜 이 공부를 해야 하는가에 대한 본질적인 이유의 탐색이 이루어진 후에 목표를 세운다면 목표의 성취 과정 동안 겪는 좌절감이나 실패 경험 등에 대해서 딛고 일어설 수 있는 힘이 지속될 수 있다. 즉, 가치는 내가 인생에서 왜 공무원을 하고자 하는 이유를 설명한다. 그리고 장기 목표는 성취하기를 원하는 것을 설명하고 중간 목표와 일상의 과제들은 목표를 성취하기 위한 방법을 보여 준다([그림 7-3] 참조). 여러분은 자신의 지배적인 가치에 대해서 생각해본 적이 있는가? 수업 활동 7-3을 통해서 학업 동기를 어떻게 이끌어 내고 있는지 자신에 대해 관찰해 보고 동기를 향상시킬 수 있는 목표를 설정하는 활동을 통해 동기를 유지하고 향상시킬 수 있도록 해 보자.

[그림 7-3] **목표의 기능: 생산성 피라미드(Smith, 1994)**

수업 활동 7-3 동기 유지 및 향상을 위한 자기-조절 과정에 대한 성찰

동기 유지 및 향상을 위한 자기-조절 과정

1. 자기 관찰과 평가

※ 학업 동기를 부여하고 유지하는 자신의 모습을 관찰해 보자. 다음 질문에 답을 해 보자.

1. 나는 나의 학업적 동기에 만족하는가?

2. 나는 동기를 부여하는 과정에서 변화할 필요가 있는가? 만약 그렇다면, 어떤 문제가 있는가?(예: 언제 어디서 얼마나 자주 내 문제가 발생하는가?)

3. 얼마나 자주 이런 문제가 자신의 학업적 수행에 영향을 미치는가?

4. 내 문제는 어떤 요인들 때문인가?(예: 신념, 지각, 느낌, 생리적 반응이나 행동들)

2. 목표 설정: "가능한 자기"와 "두려운 자기" 모습의 확인

※ 미래에 대한 자신의 희망, 기대 그리고 두려움을 살펴보자.

1. 20○○년도에 자신이 가장 희망하는 자신의 모습에 관한 목록을 아래에 작성해 보자.

2. 20○○년도에 자신이 가장 두려운 자신의 모습에 관한 목록을 작성해 보자.

3. 자신의 목표에 대해서 작성해 보자(작성하는 순서는 4번에서 1번 역순으로 함).

1) 하루의 목표

2) 중간 목표

3) 장기 목표(1년 뒤)

4) 자신의 삶의 가치관

4. 활동 후 소감

2) 정서 조절 전략

학습 과정에서 정서의 역할은 강력하다. 학습 전략의 부분에서 다시 설명하겠지만, 기억에 저장될 때, 부정적 정서는 체험이 되기 때문에 장기 기억에 바로 저장이 되어 순간순간 그 기억과 관련된 단서가 주어지면, 처음 경험처럼 강렬하게 현재의 삶에 영향을 줄 수가 있다. 다음 사례를 읽어 보자. 영자씨는 대학원 수업에서 자신이 발표하는 날이었는데 발표 내용을 충분히 준비하지 못해서 이를 만회하고자 교수님과 동료들에게 맛있는 간식을 준비하고 이야기 나누는 시간을 가지려 했다. 그러나 뜻밖에도 담당교수가 하라는 공부는 제대로 안 하고 이런 식의 행위는 불필요하다면서 간식을 땅바닥에 집어 던져 버리는 사건을 경험하게 되었고 그 이후부터, 그 교수님 수업에서 전혀 학습을 할 수 없는 불안 증세가 나타나기 시작했다. 그리고 평상시 직장생활을 하는 도중에도 그때의 경험이 불쑥불쑥 올라와 괴롭고 그 교수님 수업이 있는 날에는 하루 종일 머리가 아프고 수업에 가는 것이 너무 고통스러운 일이 되었다. 자, 이럴 때 우리는 어떻게 하면 학습에 방해가 되는 부정적인 정서에서 벗어날 수 있을까? 바로 이 질문에 대한 답이 이 절의 중요한 내용이다.

성인의 학습에 방해가 되는 요인에 대한 미국의 조사 결과(American College Health Association, 2011)에 의하면, 80% 이상이 심리, 정서적인 문제인 것으로 나타났다. 우리나라의 대표적인 성인학습 기관인 방송통신대학교 이메일 및 게시판 상담의 내용을 분석한 결과에서도 부정적 정서 조절의 어려움이 가장 높은 비율의 상담 내용이었다(은혜경, 조영미, 전선미, 2014). 학습 수행에 대한 수치심이나, 실망, 좌절의 극복 방안은 앞서 살펴본 목표를 다시 점검하는 것이 필요하다. 그러나 앞서 사례의 경우처럼, 부정적인 사건을 경험한 후에 겪는 분노나 불안의 정서는 좀 더 전문적인 방법이 필요하고 이에 대해서는 상담의 이론에서 좀 더 자세하게 살펴볼 수가 있다. 여기에서는 인지행동 치료의 관점에서 외부 사건에 대해 우리가 어떻게 생각하고 평가하느냐에 따라, 결과적으로 나타나는 감정을 이해하는 방법을 통해 자신의 생각이 감정에 미치는 과정을 점검해 봄으로써 정서를 조절하는 방법을 학습해 보고자 한다. 그리고 정서나 느낌에 대한 알아차림과 수용을 통해 평온함을 찾는 마음챙김 명상을 간략하게 살펴보고 연습해 보도록 한다.

(1) 바른 생각하기 대 비뚤어진 생각하기

우리는 흔히 어떤 환경적인 사건이 어떤 결과를 가져온다고 생각한다. 다음의 예를 살펴보자.

(A: Activating event, 활성 사건): "내 친구는 내가 화가 났다고 말했는데 내 이야기를 듣지 않았다."

(C: Consequences, 정서적 /행동적 결과): "그래서 나는 정말로 화가 난다."

상식적으로 우리는 친구가 나를 화나게 만들었다고 생각한다. 그러나 이것은 사실상 비합리적이거나 비뚤어진 사고 때문이다(Clark, 2002). 앞의 예시에서 비합리적인 신념은 우리에게는 우리의 감정에 영향을 미치는 능력이 없고 외부 사건이나 상황이 직접적으로 우리의 정서와 행동에 영향을 미치고 있다고 믿는 것이다. 사실 우리가 경험하는 정서는 자신의 경험이고 100% 타인이나 사건에 의한 것으로 설명할 수가 없다. 엘리스(Ellis, 1962)의 합리적-정서적 행동 치료 이론은 선행 사건과 정서적 결과 사이에 현실적이거나 비현실적인 신념과 자기-대화가 매개가 되어 정서적 그리고 행동적 결과에 영향을 미치는 것으로 설명한다. 그래서 우리가 부정적인 사건을 경험할 때, 그 사건에 대해 바르게 보는 노력이 필요하다. 여기서 '바르게'라는 뜻은 '옳다

대 그르다'라는 기준으로 보는 것이 아닌 현실적으로 있는 그대로 보려는 '정견(正見)'을 말한다. 그럼, 앞의 예시에 대해 바르게 생각하기를 적용해 보자.

(A): "내 친구는 내가 화가 났다고 말했는데 내 이야기를 듣지 않았다."
(B): "나는 누군가가 내 이야기를 듣지 않을 때 참을 수가 없다. 나는 그 사람에게 중요한 사람일 리 없다."
(C): "그래서 나는 화가 난다."

화가 나는 이유를 밖에서 찾는다면, 자신의 마음에 대해서 아직 잘 모르기 때문이다. 자신의 마음을 잘 들여다보면, 활성 사건에 대해 자신이 어떻게 보고 해석하느냐에 따라 경험하게 되는 감정과 선택하는 행동이 달라지게 된다는 것을 알 수 있다. 자신이 외부 사건에 대해 얼마나 바르게 보고 경험하는지에 대해서 다음의 모델에 기초하여 살펴보자.

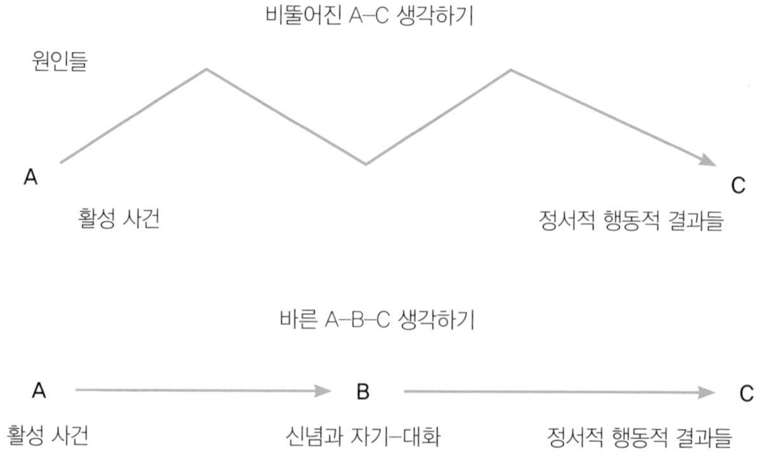

[그림 7-4] **바른 생각하기 대 비뚤어진 생각하기(Clark, 2002)**

(2) 마음챙김 명상

마음챙김 명상이란 불교의 참선 수행 방법을 서양의 심리치료 방법으로 응용하여 과학적인 연구를 통해 심신 건강의 측면에서 효과가 입증된 중요한 상담의 방법으로 오늘날 널리 활용되고 있다. 연구 구인(research construct)으로서 마음챙김에 대한 학자들의 정의를 살펴보면, 의도를 가지고 현재의 순간순간에 주의를 기울여 자신의 내적인 경험(정서, 느낌, 사고, 감각)에 대해 비판단적으로 수용하고 알아차리는 것(Kabat-zinn et al., 1992), 순수한 주의와 알아차림(Brown & Ryan, 2003), 생각과 감정을 현실의 반영이 아닌 내적인 정신적 사건으로 자각하는 능력(Teasdale et al., 2000), 알아차림, 명명하기, 비판단적으로 수용하기, 현재의 순간에 집중하기(Dimidjian & Linehan, 2003)와 같은 마음챙김의 하위요인을 통해 정의되어 왔다. 이러한 다양한 학자의 정의를 거머(Germer, 2005)는 마음챙김의 주요 특성 세 가지, 즉 의도적 주의 조절, 현재 경험의 자각(알아차림), 비판단적 수용(탈중심적 주의)으로 정리하였다.

거머(2005)가 제시한 세 가지 특성의 의미를 살펴보면, 먼저 의도적 주의 조절이란 우리 의식의 초점을 지금 여기에 의도적으로 가져오는 것을 말한다. 예를 들어, 우리는 버스를 타려고 할 때 자각하지는 않지만 현재 버스를 향해 달려가는 자신은 자각하지 못한 채, 자동적으로 버스를 타려 하는 미래의 행동에 의식이 가게 된다. 그러다 보면, 핸드폰도 떨어뜨리고 사람과 부딪치기도 하는데, 이렇듯 의식의 초점이 이리저리 가게 내버려 두면, 우리는 늘 분주한 삶을 살게 된다. 그럴 때, 마음의 고요함을 찾기 위해서는 첫 번째로 의식의 초점을 의도적으로 지금-여기에 두는 연습을 할 필요가 있다. 바로 마음챙김 호흡 명상을 통해서 우리는 현재 지금의 의식 순간인 호흡에 주의를 두면 의도적으로 주의를 현재에 맞출 수가 있다. 특히 학습 과정에서 불안을 경험하는 학습자는 잠시 멈추고 호흡에 주의를 집중한다면, 불안한 마음이 어느새 감소되고 있는 사실을 자각하게 될 것이다.

둘째, 현재 경험의 자각(알아차림)이란 신체의 감각, 느낌, 생각 등 우리의 몸과 마음속에서 일어나는 경험들을 자각하는 것이다. 여러분이 지금 책상에 앉아 있을 때, 엉덩이가 의자에 닿는 느낌이 딱딱하다는 것을 자각하고, 책을 읽는데 어깨가 결린다는 것을 알아차리고, 다시 집중해서 책을 읽는데 순간 어제 남자친구와 싸웠던 사건이 떠올라 갑자기 심장이 두근두근 뛰면서 화나는 감정이 다시 올라오는 것을 자각하는 것이다. 그러면 우리는 자신의 마음이 어떤 식으로 일어나고 사라지는지에 대해 더 잘 알게 되면서 자신의 감정과 사고에 대한 명료한 이해를 통해 보다 더 신중한 행동을 할 수가 있다. 이러한 훈련을 통해서 학습 과정에서 집중력이 생겨 학습의 효율을 높일 수가 있다.

끝으로, 비판단적 수용(탈중심적 주의)은 우리가 어떤 사건에 직면했을 때 저마다 가지고 있는 생각과 의견 그리고 고정관념 등에 의해서 상당 부분 왜곡이 일어나 스스로 고통을 창출하는 경우가 많다. 반대로 마음챙김 명상은 판단하지 않고 있는 그대로 수용하여 자기중심의 관점에서만 보는 것이 아니라, 타인의 입장, 상황과 맥락의 측면 그리고 제3의 관점에서 왜곡을 최소화하여 보려는 특성이다. 앞서 비뚤어진 생각하기를 좀 더 많이 하는 사람들은 외부 사건에 대해 판단하기를 멈추고 경험을 있는 그대로 수용하여 자기중심

마음챙김	의도적 주의 조절
	현재 경험의 자각(알아차림)
	비판단적 수용: 탈중심적 주의

[그림 7-5] **마음챙김의 세 가지 특성**

주의에서 벗어나 자각하려는 노력을 보다 더 많이 할 필요가 있다.

우리가 힘들고 지칠 때, 일상적으로 우리는 자기 비난(예: '내가 취업을 못 하는 이유는 내가 무능해서야')이나, 자기 고립(예: 고통을 경험하기 싫어 게임에 빠지거나 폭식을 하는 것) 또는 자기 몰입(예: '이 세상에서 내가 제일 불쌍해' '난 억울해' 등 자신의 불우한 상황에 빠져 세상 살아가는 것을 등지는 것)을 통해서 고통을 회피하려는 노력을 한다. 그러나 우리는 마음챙김 명상을 통해서 스스로 괴로움을 만들어 불행해진다는 사실을 알게 된다. 점차 나만이 괴로운 것이 아니라, 누구든지 괴로움을 겪을 수 있다는 괴로움에 대한 보편성을 알아차리고 수용하게 되면서 세상을 있는 그대로 보게 될 수 있는 지혜가 생겨난다.

자기주도적인 학습자로서 자신의 목표를 추구하는 과정에서 경험할 수 있는 실패나 좌절 경험에 대해서 비판단적으로 수용하고 무엇이 내가 부족했는지에 대한 올바른 사유를 통해 더욱 발전할 수 있는 기회로 삼을 수 있다. 마음챙김 명상을 통한 구체적 사유의 방법은 다음과 같다. 첫째, 제대로 보고 제대로 사유하기이다. 즉, 인간이 지니는 심리적 경험의 내용은 무한하게 다양하므로, 적응성의 여부는 상황(맥락)과 관점에 따라 현저하게 달라질 수 있다는 것이 세상을 바라보는 바른 견해이다. 둘째, 심리적 경험 자체보다는 그러한 경험에 대한 태도가 중요하다는 것을 깨닫고 그 태도를 견지하는 것이다. 자신이 경험하고 있는 생각과 감정이 현실을 반영한 것이 아니라 자신의 내적인 정신적 과정을 나타낸다는 것을 알고 자신의 경험을 수용하는 태도가 중요하다. 셋째, 심리적 경험의 내용이 어떤 것이라 하더라도 그러한 경험을 바라보는 개인의 태도, 즉 메타 심리적 태도(마음을 대하는 마음자세)가 중요하다. 바로 자신의 마음을 관찰함으로써 자신의 현재 상태에 대해 조절할 수 있는 힘이 생겨나게 된다. 수업 활동 7-4 호흡 관찰을 통해 의도적인 주의를 조절하는 마음챙김 명상을 연습해 보자.

수업 활동 7-4 호흡 관찰: 의도적 주의 조절

- 눈을 감고 편안하고 의젓한 자세로 의자에 앉아 들숨과 날숨에 주의를 기울인다. 숨을 들이마실 때에는 배가 불룩해지고, 내쉴 때에는 배가 꺼지는 복식 호흡을 한다. 의식의 초점을 공기가 들어가고 나오는 코와 입술에 두고 편안하게 호흡을 한다(15분).

 −주의의 이탈을 알아차린다(딴생각, 외부 대상 등).
 −그러면 아무런 판단 없이 주의를 되돌린다(호흡으로 돌아온다).
 −호흡을 관찰하는 동안 의식에서 나타나는 신체 감각(통증, 가려움, 눌림, 따가움, 여러 가지 접촉감 등), 감정, 생각을 평가하지 않고 알아차린다.

- 이제 눈을 뜨고 자신의 호흡을 관찰한 경험에 대해서 동료들과 나누는 시간을 갖는다. 기분이 어떠한가? 호흡하기가 수월했는가? 명상을 하는 동안 떠오른 생각은 무엇이었는가? 특별하게 느껴진 신체적 감각이 있다면 무엇이었는가? 등등

3. 행동 관리 전략

자기주도 학습을 위한 자기조절의 또 다른 중요한 요인은 행동 전략으로서 시간을 관리하고 필요할 때 사회적 · 물리적 환경을 재구성하거나 변경할 수 있는 능력이다. 이 절에서는 시간을 관리하는 방법과 자신의 환경을 조절하는 전략에 대해 살펴보고 현재 자신이 얼마나 행동 관리를 잘하고 있는지 성찰해 보고 개선해야 할 부분에 대해서 스스로 변화하고자 하는 목표를 설정하고 실천 계획을 세워 적용해 보자.

1) 시간 관리 전략

효과적인 시간 관리는 높은 학업 성취를 설명하는 중요한 요인으로 연구되어 왔으며, 능력의 요인보다 대학 신입생의 첫 학기 학업 수행을 더 많이 설명하는 것으로 나타났다(Dembo & Seli, 2013). 문제는 학생들이 마쳐야 할 것을 해내기 위해서 충분한 시간이 없는 것이 아니라, 사용 가능한 시간을 관리하는 방법에 대해 잘 모르는 것이다. 특히 성인 학습자들의 경우는 다양한 사회적 역할과 동시에 학생의 역할을 수행하는 상황이기 때문에 특히나 시간을 관리하는 방법을 체득하는 것은 학습의 효율성을 높일 수 있는 중요한 전략이 된다. 시간 관리의 방법은 [그림 7-6]에 있듯이, 현재 자신의 시간 사용이 어떠한지 분석하고, 시간을 어디에 낭비하고 있는지를 확인한 후에 시간-관리 체계를 개발하는 것이다. 그리고 시간 관리에서 미루기 행동을 줄이는 전략을 자신에게 맞는 것을 찾아 적용한다면, 주어진 24시간 동안 우리는 많은 것을 할 수가 있다는 사실에 감탄할 것이다.

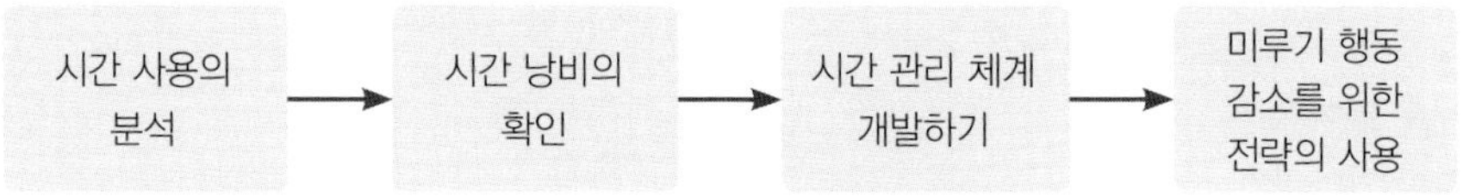

[그림 7-6] **시간 관리 방법**

수업 활동 7-5 시간 사용의 점검

• 현재 자신이 어떻게 시간을 사용하고 있는지 살펴보자.

번호	문항	전혀 아니다	아니다	보통 이다	그렇다	매우 그렇다
1	나는 공부할 때 시간 낭비를 하지 않는다.					

2	나는 공부 계획을 구체적으로 세운다.					
3	나는 내가 세운 계획은 반드시 지킨다.					
4	나는 공부할 때 스마트폰 등으로 시간을 낭비하곤 한다.					
5	나는 집중이 잘되지 않을 때 사용하는 전략이 있다.					
6	나는 하기 싫은 공부나 과제는 뒤로 미룬다.					

• 시간 낭비 요인들의 평가:
다음의 문항들을 살펴보고 자신에게 가장 문제가 되는 시간 낭비요인들에 대해 1~10위까지 우선순위를 매겨 보자.

시간 낭비 요인들	나의 순위
1. SNS 사용하기(페이스북, 카카오, 트위터 등) 2. 텔레비전 보기 3. 웹 서핑(예: YouTube) 4. 친구와 만나기 사교적 행사에 참여 등 5. 문자 보내거나 전화로 수다하기 6. 백일몽 7. 비디오 게임 하기/온라인 게임하기 8. 잠을 너무 많이 자기 9. 다른 사람 기다리기 10. 지연행동하기	

• 조원들과 함께 변화해야 할 부분에 대해 관찰한 각자의 내용과 시간 사용에 대한 점검 후 개선해야 할 점에 대해서 이야기를 나누어 보자.

(1) 시간 사용의 분석과 시간 낭비의 확인

먼저 자신의 시간 관리에 대한 체크리스트를 통해 자신의 시간 관리를 점검해 보자. 오늘부터 시작해서 일주일 간 자신이 시간을 어떻게 활용했는지에 대해서 수업 활동 7-6을 통해 분석해 봄으로써 어떻게 시간을 활용하고 있는 가시적으로 확인할 수가 있다.

(2) 시간 계획과 관리 체계의 개발

시간 계획의 방법에는 학사 달력을 사용하여 자신이 해야 하는 일들을 작성하기, 주간 우선순위 과제 목록 작성하기, 주간 스케줄 짜기 등이 있다. 이미 여러분은 다양한 방법으로 시간을 계획하고 관리하기 위한 체계를 개발해 왔을 것이다. 스마트한 세상으로 변화하면서 시간을 계획하고 관리하는 스마트폰 애플리케이션도 다양해져, 자신에게 맞는 시간 관리를 도와주는 보조 도구를 활용할 수도 있을 것이다. 각자 자신의 시간 계획과 관리 방법에 대해 소개해 봄으로써 효율적인 시간 계획과 관리 체계에 대한 정보를 교환해보자. 다음 예시에 있는 시간 계획과 관리 방법들을 살펴보고 자신이 새롭게 활용할 수 있는 방법에 대해 탐색해 보길 바란다.

- 매일 공부할 규칙적인 시간을 정하라.
- 상대적으로 주의 집중이 잘 되는 환경을 조성하라.
- 30분에서 60분 단위로 할 수 있는 과제로 계획을 세우라.
- 짧게 쉬어라. 만약 쉽게 집중을 잃는다면, 30분 집중하고 2~3분 쉬라.
- 시간 계획의 방법을 확인하고 구체적으로 짜라.
- 공부할 충분한 시간이 있을 경우에는 몇 가지 대안을 함께 마련하라.
- 과제에 필요한 시간을 추정해서 현실적인 계획을 세우라.
- 과제의 우선순위를 매기라.

- 당신이 싫어하는 과목의 과제를 먼저 하라. 싫어하는 과목을 먼저 하게 되면 부적강화의 효과를 얻을 수 있다.
- 가능하다면 미리 과제를 하라.
- 일정이 잡히자마자 달력이나 스마트폰에 기록하라.
- 시간 관리를 위한 테크놀로지를 활용하라.

수업 활동 7-6 시간 사용의 분석

- 다음의 분석표에서 한 시간 단위로 시간을 어떻게 활용했는지 작성해 보자. 여러 가지 색을 활용해서 온전하게 사용한 시간, 낭비한 시간, 그 중간 등 나름의 기준을 갖고 색칠을 해 본다면, 자신의 시간 사용 패턴을 시각적으로 관찰할 수 있다.

나의 시간 활용_( )월 ( ) 주							
	Mon.	Tue.	Wed.	Thu.	Fri.	Sat.	Sun.
6~7							
7~8							
8~9							
9~10							
10~11							
11~12							
12~13							
13~14							
14~15							
15~16							
16~17							
17~18							
18~19							
19~20							

20~21							
21~22							
22~23							
23~24							
24~1							
1~2							
2~3							
3~4							
4~5							
5~6							

(3) 미루기 행동 감소를 위한 전략

미루기 행동(procrastination)은 학습을 방해하는 대표적인 원인이다. 미루는 행동의 원인 이면에 동기의 문제가 있을 수 있으므로 혹시 미루는 행동으로 인해 점점 더 학습의 동기가 떨어지고 있는 독자가 있다면, 자신의 동기가 어떠한지 먼저 살펴볼 필요가 있다. 혹시나 실패를 피하기 위해 계속 미루고 있는 것이라면, 마음을 고요하게 하는 명상을 통해서 자신이 진정 원하는 것이 무엇인지 마음을 들여다보는 것도 한 가지 방법이다. 다음은 미루기 행동을 감소하기 위한 구체적인 방법들을 살펴보자. 여러분은 〈표 7-3〉에 제시된 미루기 행동 감소를 위한 전략을 얼마나 활용하고 있는가? 또는 미루기 행동을 줄이기 위해서 어떤 전략을 사용하고 있는지 다른 방법들이 있다면, 조원들과 함께 정보를 교환해 보자.

〈표 7-3〉 **미루기 행동 감소를 위한 전략**

전략	내용
타임-텔링	해야 할 일을 미루고 있다는 사실을 스스로 자각할 수 있도록 15분 단위로 시간을 알려 주는 애플리케이션의 활용
회상 노트 활용	포스트잇을 여기저기 붙여 놓기, 스마트폰으로 팝업 알림 활용하기 등
강화전략	'50분 동안 공부하여 다 한다면, 아이스크림을 먹을 거야.'
한 입 크기로 쪼개기	시간 단위를 작게 나누기
5분 계획	바로 시작하기 싫을 때, '5분만 하자.' 하다 보면 집중의 시간이 늘어난다.
80%면 성공 규칙	완전 100% 완성에 대한 기대보다는 현실적인 접근을 하라. 80% 달성하면 나머지 20%는 금방이다!
과제 완성을 위한 사회적 지지의 활용	이왕이면 미루는 친구들보다 완수하는 친구들과 함께 작업하라.
규칙적인 시간을 정해라	일어나자마자 운동하기, 저녁 식사 후 그날 배운 내용의 복습
환경을 개선하기	미루기 행동에 영향을 줄 수 있는 환경적 조건을 피하라. TV, Wi-fi, 음식이 있는 장소는 과제를 완수하는 데 최적의 장소가 될 수 없다.

2) 물리적, 사회적 환경 조절하기

학습의 효율성을 높이기 위해서 집중할 수 있는 물리적 학습 환경을 조성하는 것은 중요하다. 현대사회에서는 멀티태스킹을 마치 능력인 것처럼 여기고 있지만, 학습 심리학 관점에서 본다면, 결코 효율적인 일의 처리 방식이 아니다. 우리의 주의는 한순간에 한곳에만 집중할 수 있다는 사실을 모르기 때문에 나는 얼마든지 친구와 이야기를 나누면서도 학습을 할 수 있고 문자를 보내면서 동시에 식사를 하고 책을 볼 수 있다고 생각하는 것일 뿐, 그것은 대단히 큰 착각이다. 아마도 멀티태스킹을 하는 것에 익숙한 독자라면 자신이 하고 있는 행위에 대해서 마음을 챙겨서 관찰해 본다면, 먹고 있으면서도 맛은 의식하지 못한 채 문자를 보내고 있는 자신을 발견할 수 있을 것이다. 따라서 학습을 할 때 집중할 수 있는 환경적 조건을 만들어 주는 것이 필요하다.

또한 학습과 관련된 사회적 환경을 조절하고 관리할 수 있는 능력은 성인 학습자들에게 특히 필요한 능력이다. 앞서 성인학습의 이론에서 살펴보았듯이, 성인 학습자들은 혼자보다는 동료들과 함께 경험을 나누면서 학습하는 것을 선호하고 전문가로부터의 피드백을 받고자 하는 동기가 높은 학습자이다. 성인 학습자가 동료들과 더불어 교수와의 관계에서 자신이 원하는 것을 잘 성취할 수 있으려면 기본적인 사회적 기술이 필요하다. 도움이 필요할 때 도움을 추구하는 행동과 대화의 방법에 대해 간략하게 살펴보기로 한다. 먼저 수업 활동 7-7을 통해 자신이 얼마나 물리적, 사회적 환경을 조절하고 있는 지에 대해 관찰해 보자.

수업 활동 7-7 자기 관찰: 물리적, 사회적 환경의 관리

• 자기주도 학습을 위한 자신의 물리적, 사회적 환경의 조절 능력에 대해 살펴보자.

번호	문항	전혀 아니다	아니다	보통이다	그렇다	매우 그렇다
1	나는 내가 공부에 집중할 수 있는 장소가 어딘지 알고 있다.					
2	나는 공부에 집중이 되지 않으면 적극적으로 장소 또는 환경을 바꾼다.					
3	나는 공부하다가 이해가 가지 않으면 친구, 선배, 또는 선생님에게 물어본다.					
4	나는 모르는 내용에 대해 질문하는 것을 부끄럽게 느낀다.					

(1) 주의 및 집중을 개선하기 위한 물리적 환경의 조절

주의와 집중은 다르다. 주의는 환경에서 사건에 대한 자각을 통제하는 것을 말하고 어떤 정보를 처리할 것인가 말 것인가를 결정한다(초점두기). 반면에 집중은 지각된 자극이나 메시지에 지속적으로 초점을 두는 재초점 방법이다. 주의 집중을 유지하기 위해서는 주의 집중을 방해하는 요인들이 내적 또는 외적 요인인지에 대해 먼저 확인할 필요가 있다(Dembo & Seli, 2013). 학습을 위한 주의 집중에 방해가 되는 요인들을 조절하는 방법 중 앞서 정서 조절 전략으로 학습한 마음챙김 명상은 주의 집중을 흩트리는 일 때문에 짜증나는 마음(내적인 요인)을 가라앉히기 위해 사용할 수가 있다. 예를 들어, 도서관에서 학습을 하려 하는데 방해가 되는 소음이 들려온다고 하자. 계속 신경이 쓰이고 옮길 자리가 없다고 한다면, 5분간 눈을 감고 호흡관찰을 통한 마음챙김 명상을 하면 소리에 따라가는 마음이 멈추고 지금 이 순간에 집중할 수 있게 될 것이다. 학습과 관련된 마음챙김 명상의 효과로 학업 성취 및 자기조절 능력의 향상이 지속적으로 보고되고 있다(Davis & Hayes, 2011).

한편, 이러한 주의 집중을 방해하는 외적 요인에 의한 물리적 환경을 변경하는 것도 필요하다. 앞의 예에서처럼, 소음으로 인해 주의 집중에 방해가 더 잘 되는 학습자라면, 좀 더 조용한 곳을 찾는 것이 보다 현명한 관리의 행동이다. 학습의 효율을 높이기 위해 핸드폰으로 인한 방해를 줄이기 위해서 잠금장치 애플리케이션을 활용하거나 무음 모드로 변경하는 것, 앉으면 바로 집중할 수 있는 자신만의 장소를 찾는 것도 자신의 물리적 환경을 조절하는 방안이다. 도서관에서만 공부를 하다가 어느 순간 집중이 안 되면, 장소를 변경하는 것도 필요하다. 뇌과학 관점에서 본다면, 우리의 뇌는 새로운 자극이 주어졌을 때 도파민이라는 신경전달물질이 방출되어 강한 집중을 할 수 있게 된다고 한다. 그런데 도파민의 효과는 그리 길지 않아서 집중력을 지속시키지는 못한다. 쉽게 싫증이 나면서 인내심이 부족한 학습자라면 오히려 장소를 자주 바꿔서 새로운 자극을 뇌에 줌으로써 집중할 수 있는 환경적 조건을 만들어 내는 것 또한 자기주도적 학습자가 갖추어야 할 능력이다.

(2) 자기주도 학습을 위한 사회적 환경의 조절

사회적 환경에 대한 자기 조절은 언제 자신이 다른 사람들과 함께 공부해야 하는지 또는 혼자 공부할 필요가 있는 지에 대해 결정하고 교수자나 동료들에게 필요할 때 도움을 추구하는 능력과 관련된다.

대학생들의 경우 조별 과제를 하게 될 때, 저학년일수록 조원들 간의 협업을 이끌어 내지 못해 팀이 나누어진다거나, 특정 조원이 사회적 태만을 보이는 학생들 대신에 더 많은 시간과 에너지를 쓰면서 과제에 대한 불만을 토로하는 경우가 빈번하다. 그렇다고 혼자서 많은 분량을 다 하기란 성인학습에서 요구하는 학습의 양이 만만치 않기 때문에 적절하게 조별 과제를 할 수 있는 여건을 조성할 필요가 있다. 사회적 태만이란 집단원의 수가 많을수록, 군중 속에 숨어 집단에게 과제를 떠넘기고 개인은 자신의 과업을 줄이는 경향으로, 학생들이 흔히 말하는 '무임승차하는 것'을 말한다. 성인 교육자들은 이러한 무임승차를 방지하기 위한 구체적인 조건들(Dembo & Seli, 2013)을 명시해 주는 것이 필요하다.

- 집단의 크기는 4~6명이 적합하다. 크면 클수록 사회적 태만은 증가하기 때문이다.
- 집단의 첫 모임에 조원들 간의 소개를 반드시 하게 함으로써 잠재적 사회적 태만을 서로 방지한다.
- 조원들 각자가 집단 과제에 책임을 질 수 있게 한다. 역할 분담을 통해서 책임 의식을 높여야 한다.
- 한 번도 빠지지 않고 조별 모임에 참석한 조원들에게 인센티브를 부여

하여 사회적 태만을 방지하고 참여를 높일 필요가 있다.

특히 소집단 단위에서 학습해야 할 가장 중요한 사회적 기술은 효과적으로 메시지를 보내는 대화의 기술이다. 우리는 '말 한마디로 천 냥 빚을 갚는다!' 라는 속담을 흔하게 들으면서 성장했음에도 불구하고, 말을 정교하게 하는 것이 부족하다. 필자 또한 성장기 동안 오빠들 틈에 자라서 남자들 특유의 대화의 방법인 직설화법이나 사람을 놀리는 식의 대화에 익숙해 대학에 들어가서 대화 방식에 문제가 있다는 것을 자각하고 '말실수 목록'이라는 노트를 준비해 그날그날 내가 했던 말들 중에 상대방의 기분을 상하게 했던 말들이 무엇인지 기록하고 반성하여, 상대가 표현하지 않았어도 다음에 그 상대를 만나면 더 조심스럽게 말을 했던 기억이 있다. 그때부터 말을 더 잘하기 위해 노력하고 상담자로서 상담 대화의 방법을 연습하고 훈련하며 살아온 지도 어느새 20년이 지났지만, 여전히 내가 전달하고 싶은 대로 상대가 받아들일 수 있도록 대화를 하는 것이 쉽지가 않다.

존슨(Johnson, 2003)이 제안한 집단 속에서 자신의 메시지를 효과적으로 전달하는 핵심 기술을 간략하게 살펴보고, 3부 '성인학습 상담의 이론과 실제'에서 상담 대화의 방법을 배우고 익힌다면, 보다 더 정확하게 의사소통을 할 수 있는 기술을 향상시킬 수 있을 것이다.

• 자신의 입장을 명확하게 하는 소통을 하라.

'우리가, 사람들이, 우리 팀'이 이런 말을 사용할 때에는 다른 사람들의 의견을 반복하는 것인지 자신의 생각과 느낌을 말하는 것인지 정확하게 전달이 안 될 수 있다.

• 다른 사람의 동기나 성격 또는 태도에 대해 판단하거나, 평가, 또는 추론하는 것

은 피하고 그 개인의 행동에 대해 기술하라.

예를 들어, 조별 모임에서 한 조원이 늦어 다 같이 시간이 늦어진 상황에서 늦은 동료가 막 왔을 때, "네가 늦어 우리가 많이 기다렸어."라고 얘기한다면, 상황을 기술하고 있는 것이다. 반면에, "너는 시간관념이 없는 애야. 벌써 몇 번째야?"라고 한다면, 판단하여 이야기한 것이다. 물론 그 친구가 지각하여 피해를 주었더라도, 시간관념이 없는 애라고 판단해 버리면, 그 상대는 존중받지 못해 미안한 마음이 있다가도 자존감을 격하시키는 발언 때문에 인정하기보다는 자신의 방어를 위해 사과보다는 맞서는 반응이 나올 수 있다.

• 청자의 참조 체계에 적절한 메시지를 전달하라.

청자가 교수인가, 동료인가, 연장자인가, 상사인가에 따라서 적절한 표현을 해야 한다. 우리는 어떤 사람과 관계를 맺고 있느냐에 따라서 자신의 신분이 달라지기 때문에 그 상대에게 적절한 의사소통을 하는 것이 지혜로운 사람이라 할 수 있다. 물론 본질적 존재에서 모두가 동등한 사람이지만 우리가 살아가는 세상은 사회적 역할에 따른 신분이 주어지기 때문에 자신이 처한 상황에서 상대의 입장에서 메시지를 전달할 필요가 있다.

• 여러분의 메시지가 받아들여지고 있는지에 대한 피드백을 요청하라.

효과적으로 의사소통하기 위해서 반드시 청자가 당신의 메시지를 어떻게 해석하고 처리하고 있는지에 대해 자각해야 한다. 유일한 방법은 청자가 당신의 메시지를 어떻게 받아들이고 있는지에 대해 피드백을 요청하여 지속적으로 확인하는 것 말고는 없다.

• 정확한 형용사, 행동의 표현, 말하는 비언어적 모습을 통해서 당신의 느낌을 기술하라.

의사소통을 하면서 당신의 느낌을 전달할 때에는 먼저 자신의 느낌이 무엇인지 이해하고 그것을 기술해서 전달해야 한다. 그런데 어떤 개인은 자신이 화가 나서 소리 지르며 이야기하면서도 자신은 화가 나지 않았다고 부인하며 말하는 내용에 상대방을 비하하는 표현을 사용해 화를 표현하는 경우가 있다. 이런 의사소통을 하는 개인이라면 집단에서 수용받기가 쉽지 않고 집단 작업에 오히려 방해가 되는 사람이다.

느낌을 적절하게 전달하는 대화의 방법은 자신의 정서와 느낌이 무엇인지에 대한 이해가 선행되어야 하며, 자신의 느낌이 정확하게 무엇인지 자각한 후에, 'I-Message; 나-전달법(Gordon, 2001)'으로 전달할 때 가장 효과적이다. 나-전달법은 초점을 당신 자신에게 두고 상대에게 이야기를 하는 방법을 말한다. 상대가 당신의 입장을 좀 더 명확하게 들을 수 있는 가능성을 높이기 위한 목적으로, 청자의 특성과 행동이 아니라, 메시지를 전달하는 사람의 욕구와 느낌에 초점을 두고 자신의 입장을 전달하는 대화의 방법이다. 수업 활동 7-8을 통해 '나-전달법' 대화의 방법을 연습해 보자.

• 당신의 느낌을 전달하기 위해서는 비언어적 메시지를 사용하라.

언어적으로 메시지를 전달할 때에, 비언어적 메시지는 그 메시지를 좀 더 명료하게 하는 강점이 있다.

• 언어적 메시지와 비언어적 메시지가 서로 일치되게 전달하라.

모든 면 대 면 대화는 언어적 메시지와 비언어적 메시지 둘 다 포함된다. 두 메시지가 일치할 때에는 대화가 자연스럽게 흘러가지만, 대화에서의 갈등은 개인의 언어적 메시지와 비언어적 메시지가 불일치하고 모순적일 때 발생한다. 상대가 도와주겠다고 말하면서 비웃는 소리와 조롱하는 목소리로 말한다면, 두 가지 메시지가 전달되기 때문에 청자는 혼란스럽게 된다. 저렇게 말하는 사람이 주변에 있다면, 그와 함께 있는 것이 편하지 않을 것이다.

• **풍부하게 표현하라.**

당신의 메시지를 한 번 이상 반복하고 대화의 채널을 한 개 이상으로 활용해서 오해를 최소화하여 의사를 전달할 필요가 있다.

수업 활동 7-8 '나-전달법' 대화의 방법 연습하기

• 나-전달법은 상대가 당신의 이야기를 좀 더 명확하게 들을 수 있는 가능성을 높이기 위한 목적으로, 청자의 특성과 행동이 아니라, 메시지를 전달하는 사람의 욕구와 느낌에 초점을 두고 자신의 입장을 전달하는 대화의 방법이다. 다음의 나-전달법 대화의 예시를 읽고, 연습 문제를 실시해 보자.

[예시]

■ 룸메이트가 다른 룸메이트에게: "너 말이야, 공부하고 난 후에, 책상과 바닥에 있는 책과 노트들을 좀 치워."

■ 룸메이트가 다른 룸메이트에게: "네가 숙제 마치고 나서 책과 노트를 그냥 두고 나갈 때, 나는 내 숙제를 할 공간이 없게 되어 너무 속상해."

[방법]

<u>① 나는 (나의 욕구와 느낌의 기술) 하다. ② 당신이 (상대방의 구체적인 행동을 기술함) 때, ③ 결과의 상태 (상대방의 구체적 행동의 결과)</u>

• 조원 한 명이 늦어 과제 확인을 받지 못하고 나머지 세 사람이 다 같이 30분 동안 교수님 연구실 밖에서 기다린 상황.

■ 너-전달법: "야, 너 제정신이야? 10분도 아니고 30분이나 늦게 오고 말이야. 우리 밖에서 벌섰어."

나-전달법:

4. 학습 전략

학습과 동기와 관련된 우리 신체 기관 중 가장 중요한 역할을 하는 기관은 '뇌'다. 뇌과학이 비약적으로 발전하면서 최근의 연구들은 학습과 정보처리를 하는 과정에 대한 신경학적 근거들을 많이 밝혀내고 있다. 사실상 모든 학습은 뇌에서 일어나기 때문에, 교육학 분야 내에서 '교육신경과학' '신경교육학'과 같은 새로운 연구 분야가 형성된 것처럼 교육은 실용적인 신경과학이라고 할 수 있다(김성일, 2006). 우리가 학습하는 데 뇌과학 연구 결과들을 알아야 할 필요는 없지만 어떻게 학습자로서 우리가 정보를 인지하고 처리하며 인출하는지에 대한 방법에 관한 지식이 있다면, 보다 효과적인 학습을 할 수 있을 것이다. 이제부터 학습을 설명하는 정보처리 이론을 바탕으로 한 학습 전략과 뇌의 특성을 고려한 효율적인 학습 방법에 대해 살펴보기로 한다.

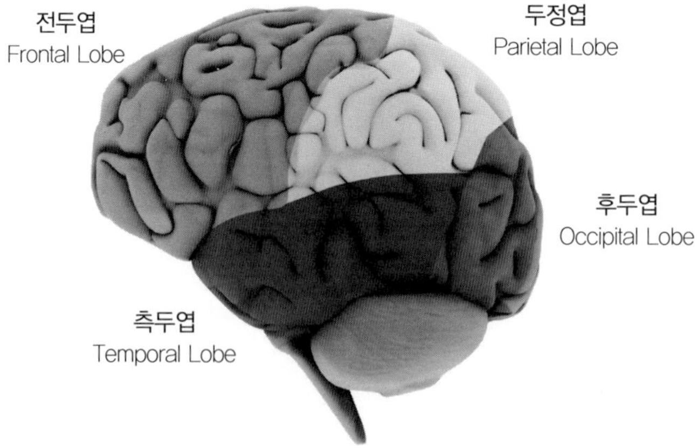

[그림 7-7] **뇌의 네 가지 부위**

1) 정보처리 이론에 근거한 학습 전략

학습은 두 개의 반구와 네 가지, 즉 두정엽, 전두엽, 후두엽, 측두엽의 뇌 부위에서 제각각 서로 다른 기능에 의해서 일어난다. 전두엽은 의식적인 사고, 언어, 추론, 계획, 의사결정, 자기 관찰을 담당한다. 두정엽은 주의를 집중하고 말소리를 처리하는 반면에 후두엽은 시각적 정보를 기억하고 해석하는 기능을 담당한다. 측두엽은 청각적 정보를 기억하고 해석하지만 장기 기억과 관련해 중요한 역할을 맡는다.

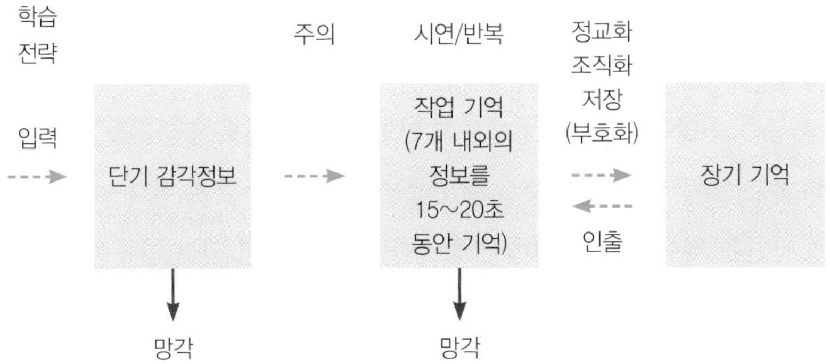

[그림 7-8] **정보처리의 과정**

(1) 정보처리 이론

인간의 뇌가 학습과 기억을 어떻게 처리하는지에 대해 설명하는 이론을 정보처리 이론이라 한다. 즉, 우리의 뇌가 어떻게 정보를 저장하고 부호화하며 인출하는지 정보와 관련된 인간의 내적 처리 과정을 컴퓨터의 처리 과정에 비유하여 그 과정을 설명한다. 저장이란 정보를 기억으로 넣는 과정이며 부호화란 정보를 저장하기 전에 정보를 변화하는 데 사용되는 과정을 말한다. 인출은 이전에 저장한 정보를 찾거나 기억하는 과정과 관련된다. 어떨 때에는 정보가 쉽게 떠올라 인출이 잘 될 때도 있지만, 기억하기 위해 상당한 노력이 필요할 때도 있다.

[그림 7-8]에서 볼 수 있듯이 정보의 저장소는 감각등록기, 단기(작업 기억), 장기 기억으로 이루어져 있으며 정보처리의 과정은 주의 집중, 지각, 시연, 부호화, 인출, 망각 등의 과정을 거친다.

① 단기 감각 기억

단기 감각 저장소에 있는 정보는 작업 기억에 의해서 주의를 기울일 수 있을 때까지 짧게 저장된다. 보고, 듣고 냄새 맡는 모든 것은 단기 감각 저장소에 저장되지만, 망각되기 이전에 오직 몇 초 동안만 지속된다. 우리가 경험하는 많은 자극은 우리가 그 자극에 주의를 기울이지 않기 때문에 작업 기억으로 이동하지 않는다. 그렇기 때문에 만약 우리가 정보에 주의를 기울이지 않는다면 정보가 들어오지 않기 때문에 기억할 것도 없게 된다. 즉, 주의력을 향상시키는 것이 학습 과정에서 중요한 학습 전략이 되는 이유이다. 만약 정보에 주의를 기울이고 기록하는 특별한 시도가 없다면, 우리가 강의를 듣거나 교재를 읽을 때 많은 내용이 저장되지 않게 된다. 이것은 학습이 일어나지 않았다는 의미이기도 하다.

② 작업 기억

작업 기억은 정보처리 체계에서 의식의 중심으로 설명되며 기억 체계의 능동적인 부분이다. 우리가 잊어버린 사실을 열심히 기억하려고 하거나 뭔가에 대해서 의식적으로 신중하게 생각할 때마다, 바로 작업 기억을 사용하는 것이다. 작업 기억과 직접적으로 관련 있는 뇌 부위는 전두엽, 측두엽, 두정엽이다. 작업 기억은 서로 다른 자극을 검토하고 자극을 어떻게 할지 결정을 한다. 학습한 내용이 작업 기억으로 저장될 때, 세 가지 사건들이 발생할 수 있다(Eggen & Kauchak, 1997). 첫째, 정보는 재빠르게 잊힐 수 있다. 둘째, 학습 내용은 반복(시연)함으로써 짧은 시간 동안 작업 기억에 저장될 수 있다. 셋째, 학습 내용은 특별한 학습 전략을 사용함으로써 장기 기억으로 이동될 수 있다.

작업 기억은 용량과 지속성의 측면에서 한계가 있다. 어떤 경우에도 성인의 경우, 5~9개의 덩어리 정보만을 보유할 수 있다. 이러한 한계를 '7±2 마술 숫자'라 불린다. 새로운 정보가 작업 기억 안으로 들어와서 학생이 주의를 기울이게 되면 이미 있던 이전 정보는 사라지는 경향이 있다. 만약 중요한 정보라면, 작업 기억에 남겨두면 안 되는 것이다. 그래서 작업 기억 용량의 한계는 사고 과정에 해가 되는 높은 불안 수준을 야기할 수 있다.

또한 장기 기억으로 정보가 들어가기 전에 반드시 작업 기억에서 처리가 되어야 하는데 작업 기억은 15~20초 동안의 짧게 지속되기 때문에 처리할 수 있을 때까지 최소한의 반복, 시연이 필요하다. 시연은 작업 기억 안에서 이루어지는 처리 과정으로서 정보를 소리 내어 읽든지 속으로 되풀이하든지 상관없이 계속해서 '반복하는 것'을 의미한다. 작업 기억 안으로 들어온 정보는 시연을 통해 파지가 되기도 하고 장기 기억으로 이동하기도 한다.

③ 장기 기억

장기 기억 저장소는 우리가 즉각적으로 사용하지 않는 모든 정보를 저장한다. 새롭게 학습한 내용을 작업 기억에서 장기 기억 안으로 저장하기 위해서는 정보의 '부호화 과정'이 매우 중요하다. 부호화란 장기 기억 속에 존재하고 있는 기존의 정보에 새로운 정보를 연결하거나 연합하는 것으로, 작업 기억에서 장기 기억으로 정보를 이동시키는 과정을 말한다. 만약 부호화가 이루어지지 않으면, 우리가 받아들이는 대부분의 정보는 일시적으로 저장될 뿐, 장기 기억에 저장되지 못하게 된다. 독자들도 흔하게 경험한 단순 암기식의 벼락치기 공부법이 별로 효과적이지 못한 이유는 기존의 알고 있는 정보와 잘 연결되어 장기 기억 안으로 저장이 되지 못했기 때문이다. 또한 시험을 치를 때에는 기억을 하여 답을 쓸 수 있을지는 몰라도 시험이 끝나면, 머릿속에 남아 있는 정보들이 모두 사라지는 경험은 단순 암기 학습의 부작용이다. 반대로 충분히 이해하고 학습하려는 의미 있는 학습을 시도한다면, 정보들은 장기 기억에 저장되고 필요할 때 인출할 수 있게 된다. 다음 수업 활동 7-9에 제시된 학습 방법에 대해 자기 관찰을 해 보고, 이후 정보처리 이론에 기초한 학습 전략에 대해 살펴보자.

수업 활동 7-9 자기 관찰: 학습 방법

번호	문항	전혀 아니다	아니다	보통이다	그렇다	매우 그렇다
1	나는 나에게 맞는 공부 방법을 알고 있다.					
2	나는 암기를 잘할 수 있는 방법을 알고 있다.					
3	나는 시험기간에 밤을 새서 벼락치기하는 습관이 있다.					
4	나는 교과서 내용을 잘 요약할 수 있다.					
5	나는 많은 내용을 도표, 도식 등으로 조직화할 수 있다.					

(2) 정보처리 과정을 통한 학습 전략

앞서 살펴본 정보처리 과정을 기초로, 정보가 장기 기억으로 이동하여 의미 있는 학습이 일어나기 위해서는 반복, 시연 전략과 정교화 전략 그리고 조직화 전략이 필요하다.

많은 학생은 시험 범위의 내용을 간신히 시험 전까지 읽고서는 시험공부를 다 했다고 착각하는 경우가 많다. 대부분의 내용은 작업 기억에 머물러 있기 때문에 장기 기억으로 이동하기 위해서는 반복, 시연 전략뿐만 아니라, 정교화 전략을 통해서 기존에 알고 있는 정보들과 연결시키는 방법을 활용할 필요가 있다. 적어도 A0 이상의 학점을 취득하기 위해서는 학습한 내용을 요약하고 자기 말로 말할 수 있는 수준으로 정보를 정교화하는 전략을 사용해야 한다. A+ 성적을 원한다면, 조직화 전략을 활용해서 학습한 내용을 분류하거나 또는 비교하거나 특정한 개념을 중심으로 개념도를 구성하는 수준으로 학습할 필요가 있다. 이렇게 되면, 오랫동안 학습한 내용을 기억하고 서로 관련 있는 정보들과 연결되어 인출할 수 있게 되어 좋은 성적을 받을 수 있게 된다. 정보처리 과정에 기초한 학습 전략으로 반복 · 시연 전략, 정교화 전략, 그리고 조직화 전략에 대해 구체적으로 살펴보기로 하자.

① 반복, 시연 전략

효과적으로 암기하기 위해서는 집중학습보다는 분산학습이 훨씬 효과적이다. 즉, 짧은 시간 동안 여러 번 반복하는 것이 한 번에 집중적으로 학습하는 것보다 효율적이다. 에빙하우스(Ebbinghaus)의 망각 곡선에 의하면, 10분 뒤 학습한 내용을 70%가량 기억하고 20분이 지나면 58%, 하루가 되면 33% 기억하기 때문에 새로이 학습한 내용을 하루 이내에 복습을 하게 되면, 더 많이 기억할 수가 있다.

대표적인 시연 전략으로는 노트하기, 메모하기, 밑줄 긋기와 같은 방법이 있는데 이러한 학습 전략은 작업 기억에서 장기 기억으로 학습한 내용을 저장하기 이전에 작업 기억에서 처리하기 위한 전략이지 장기 기억으로 이동하기 위해서는 장기 기억에 있는 기존의 정보와 새로이 학습한 내용을 의미 있게 연결 짓는 부호화 과정을 위한 학습 전략이 필요하다. 즉, 정교화와 조직화 학습 전략을 통해서 장기 기억에 저장하여 오래 기억할 수도 있고 쉽게 인출할 수가 있다.

② 정교화 전략

정교화(elaboration)는 학습을 보다 유의미하게 만들기 위해 무엇인가를 부가함으로써 정보를 확장하는 전략이다. 정교화 전략에는 심상, 기억 보조 전략, 질문법, 노트하기 등의 방법이 있다. 심상(imagery)은 마음에 그림을 부가한다. 정보는 단순 반복을 통해 암기할 수도 있고, 그림을 보고 그 정보와 연결 지어 마음속에 이미지를 만들어 정보를 정교화 할 수도 있다.

기억 보조 전략에는 두문자어법(acronym)과 핵심단어법(keyword method)이 있다. 두문자어법은 암기할 내용의 첫 글자를 조합하여 의미 있는 단어로 만든다. 예를 들어, 성격의 5요인을 기억하기 위해서 'OCEAN'으로 기억하면, Oneness(개방성), Conscientiousness(성실성), Extraversion(외향성), Agreeableness(호감성), Neurosis(신경증) 쉽게 떠올릴 수 있을 것이다. 한편, 핵심단어법은 외국어 학습에 효과적인 방법이다. 외국어의 단어를 기억하기 위해서 먼저 그 외국어의 발음 혹은 그 일부만이라도 비슷한 단어 즉 키워드를 선택한다. 그리고 키워드와 연결될 만한 단어를 연상한다. 'psychiatrist'라는 정신과 의사 단어를 기억하기 위해서 발음의 핵심 단어 '싸이키'를 선택하고 가수 '싸이'를 떠올린다면 금방 기억할 수 있는 방법이다.

③ 조직화 전략

학습한 내용을 자신이 새롭게 구성하여 의미 있게 학습하는 전략으로 개요 작성하기나 위계적 분류, 표 작성하기의 전략 등이 있다. 이 책에서 제시된 표들을 보면 알 수 있듯이, 여러분이 학습한 내용을 표로 정리해 본다면 자신이 학습한 내용이 무엇인지 좀 더 분명하게 이해하고 의미 있게 부호화하여 장기 기억으로 저장하는 것이 수월해진다. 위계적 분류의 방법은 교재의 목

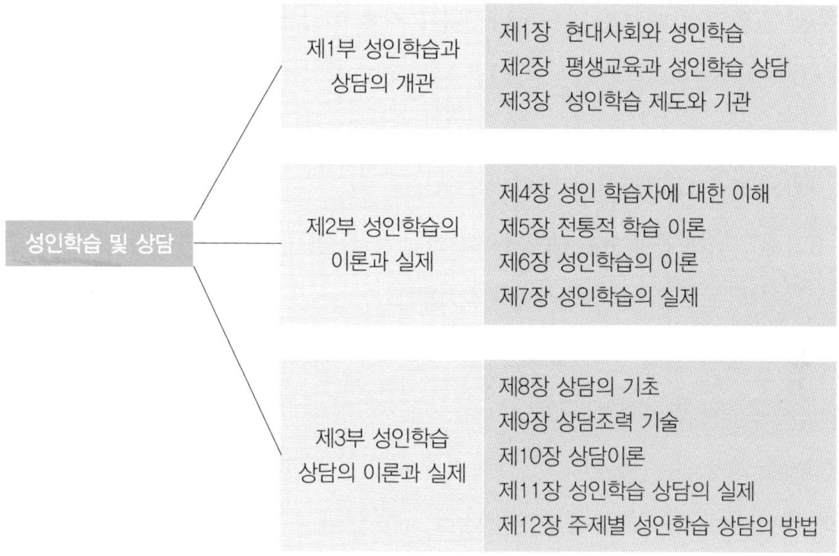

[그림 7-9] **위계적 분류표의 예시**

차를 활용하여 학습하는 방법이 한 가지 예시가 된다. 성인학습 및 상담론에 대한 학습을 위해 목차를 활용한 위계적 분류 방법을 제시하면 [그림 7-9]와 같다.

2) 뇌과학 기반 학습 전략

우리가 끊임없이 학습을 해야 하는 이유는 신경과학자들의 의견에 의하면, 공부를 많이 한 사람일수록 뇌가 진화되어 우리 인류 자체가 발전할 수 있기 때문이라고도 한다(이시형, 2009). 이 절에서는 우리가 학습해야 하는 이유에 대해서 어떻게 학습이 뇌 진화에 영향을 미치는지에 관한 실험 연구 결과들을 통해서 살펴보고, 뇌의 특성에 기초한 구체적인 학습 전략을 알아보도록 한다. 성인 학습자들에게 이러한 내용들을 제시하면, 학습의 동기를 더욱 고취할 수 있고 실제로 즐거워한다. '내가 지금 이렇게 힘들게 대학원 공부를 하는 것이 단순 자격증뿐만이 아니라 뇌도 진화할 수 있다니' 하면서 말이다.

(1) 학습과 뇌 진화와의 관계

[그림 7-10]에 제시된 똑똑한 쥐 만들기 실험 연구 결과를 살펴보면, 복잡한 환경과 새로운 자극이 주어진 실험집단의 쥐가 실수를 더 적게 하고 실수 없이 더 빨리 배울 수 있었고 복잡한 과제를 더 잘 수행하는 것으로 나타났다. 뇌에서의 변화를 살펴보았더니, 학습이 쥐의 두뇌를 변경한 것으로 밝혀졌는데, 보통의 쥐에 비해서 시각피질에 있는 단위 신경세포 수가 통제집단의 쥐에 비해 20~25% 더 많은 것으로 나타났다(Turner & Greenough, 1985).

'단순한 신경활동만으로도 뇌가 변화되는가 아니면 학습이 필요한가?'라는 질문에 답을 찾기 위해 실시된 실험 연구에 의하면(Black, Isaacs, Anderson, Alcantara, & Greenough, 1990), 단순히 운동만 한 쥐는 모세혈관의 밀도만 높아졌으나, 보다 복잡한 환경 속에서 학습을 하며 운동한 쥐의 경우, 단위 신경세포의 시냅스의 수가 현저히 증가하였다. 즉, 새로운 기술의 학습은 시냅스를 추가시켰지만, 단순한 운동은 그렇지 않았다. 이러한 연구의 결과들은 뇌의 배선도를 확장하기 위해서는 새로운 학습이 필요함을 시사한다. 평생학습을 해야 하는 이유 또한 뇌과학 연구 결과들이 뒷받침해 주는 것이라 하겠다.

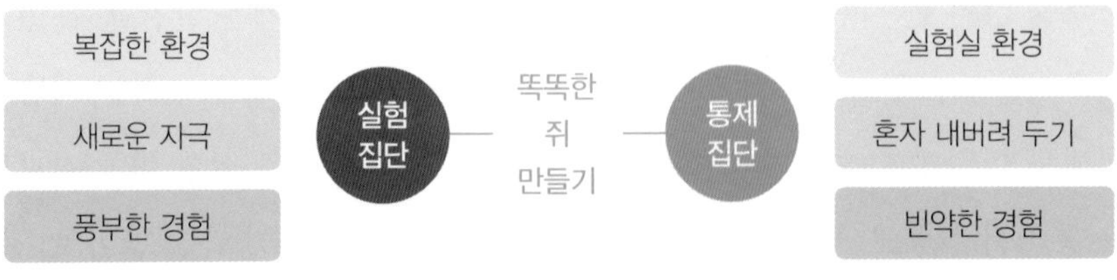

[그림 7-10] 학습과 관련된 뇌과학 연구의 예: 똑똑한 쥐 만들기

(2) 뇌과학 기반 학습 방법

[그림 7-11]의 세 겹으로 이루어진 뇌의 구조를 살펴보면, 우리가 학습을 할 때 효율적이지 못할 수 있는 근거를 찾을 수가 있다. 대뇌 기저핵은 파충류의 뇌라고도 불리는데, 생명 중추로 수면욕, 성욕, 식욕과 같은 기본적인 욕구와 생명 유지에 관여하는 기능을 맡고 있다. 파충류의 뇌를 싸고 있는 대뇌 변연계라는 구포유류의 뇌는 쾌락은 쫓고 고통은 피하게 되는 동기 및 정서와 관련된 뇌의 부분이다. 마지막 대뇌 신피질은 인간에게만 있는 뇌의 영역으로 고등정신 능력이 발휘되는 부분이다.

이런 뇌의 시스템을 보게 되면, 우리 안에는 인간의 뇌만 존재하는 것이 아니라 파충류의 뇌와 고양이나 개와 같은 구포유류의 뇌도 함께 존재한다는 것을 알 수 있다. 이것은 공부할 때 하기 싫은 이유와 동기를 유지하고 학습의 노력을 지속시키기 어려운 이유를 설명해 줄 수 있다. 만약 하루 종일 인간의 뇌, 즉 대뇌 신피질을 활성화하여 살아가는 시간이 더 많다면, 우리는 좀 더 인간다운 인간이 될 수도 있을지 모르겠지만, 적어도 생명을 유지하기 위한 파충류의 뇌는 의식하지 않아도 작동하고 있다. 대뇌 변연계 시스템인

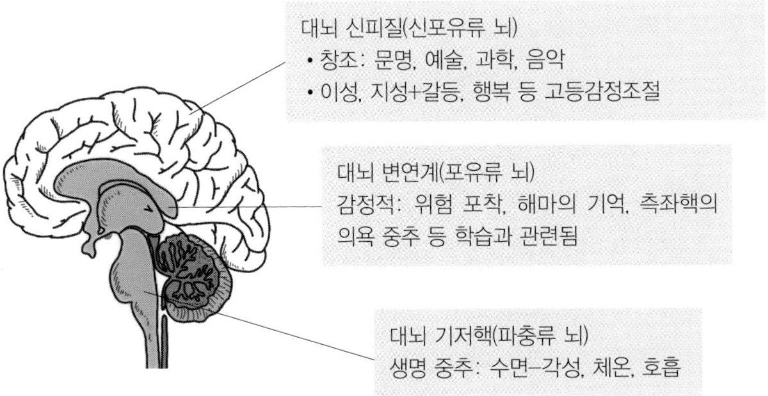

[그림 7-11] **세 겹으로 이루어진 뇌의 시스템**

구포유류의 뇌를 보면, 우리가 재미있는 것은 좋아하고 어렵고 흥미가 없는 것은 피하려는 학습 성향을 잘 설명해 준다. 동물들의 행동은 쾌락을 좇고 고통은 피하는 방향으로 일어난다. 이와 마찬가지로 우리 인간도 구포유류의 뇌가 있기 때문에 그런 성향이 있을 수밖에 없다. 따라서 공부를 해야 하는데 하기 싫은 이유는 대뇌 변연계 시스템의 작동으로 인한 것임을 알 수 있다. 그렇다면 이 구포유류의 뇌를 잘 달래서 인간의 뇌인 대뇌 신피질을 계속 활성화할 수 있는 방법은 무엇일까? 학습에 영향을 미치는 신경전달물질의 효과를 알고 뇌의 활동을 조절하는 학습 방법을 알게 된다면, 학습의 효율성을 높일 수 있을 것이다.

① 학습에 영향을 미치는 신경전달물질의 효과

공부를 해야 하는데 왜 하기 싫을까? 어떻게 공부하면 되는지 알면서 실행은 왜 안 되는 것이지? 겨우 시작했는데 왜 계속하지 못하는 이유는 무엇일까? 이러한 질문에 답을 하기 위해서는 학습에 영향을 미치는 신경전달물질의 효과를 알면 도움이 된다. 학습에 영향을 주는 신경전달물질에는 '흥분의 호르몬인 아드레날린' '분노의 호르몬인 노르아드레날린' '경쾌한 각성의 호르몬인 도파민' '중용과 행복의 호르몬인 세로토닌' 등이다. 도파민은 새로운 것을 추구할 때 쾌감을 느끼게 해 주어 쉽게 집중할 수 있게 하면서도 바로 싫증나게 하므로 이런 속성을 아는 것이 필요하다. 이와는 반대로 학습에 집중하기 위한 호르몬인 세로토닌은 공격적인 호르몬을 조절하는 기능이 있어, 학습의 효율을 높이고자 한다면 세로토닌의 분비를 높일 수 있는 행동을 하는 것이 좋다. 앞서의 호르몬 중 아느레날린이나 노르아드레날린은 공부하는 데 방해가 되는 호르몬이다.

앞의 질문에 답을 해 보면, 공부를 하려면 바로 시작해야 한다. '시작이 반이다!'라는 속담이 있듯이, 일단 시작하면 5분 동안 도파민이 나와 집중할 수 있도록 만들어 주기 때문이다. 일단 5분을 넘기게 되면 세로토닌이 분비가 되어 공부에 집중할 수가 있게 되는데 가장 왕성하게 분비되는 시간은 20~30분, 최대 90분이다. 1시간 30분 지속적으로 공부하게 되면 우리의 뇌는 지치기 시작하기 때문에 잠시 쉬었다가 또다시 도파민의 5분 전략을 활용하여 학습에 집중하는 시간을 늘려 갈 수 있다.

그렇다면 세로토닌 분비를 촉진하는 방법을 알게 되면, 학습의 효율이 좋아질 수 있을 것이다. 세로토닌은 생명 중추에서 분비되는데 생명을 유지하기 위해 필요한 운동, 먹기, 호흡, 사랑 나누기, 친밀한 관계형성을 통해 자연스럽게 분비된다고 한다. 세로토닌 분비 촉진을 위한 방법은 결국 좋은 음식을 먹고, 명상(호흡)하고, 즐겁게 운동하고, 사랑하고, 인간관계를 잘 맺으면 된다. 즉, 신체적으로나 정서적으로 안정되고 고요한 상태가 유지되면 세로토닌의 분비를 촉진할 수 있다. 성인 학습자들의 학습 성과를 높이기 위해서는 신체, 정서, 인지, 행동의 조화로운 상태를 유지하는 것이 필요하다. 즉, 심신의 건강과 정서적 안정감을 높일 수 있는 상담이 학습에서 필요한 이유이기도 하다.

② 학습 효율을 높이는 구체적인 방법

첫째, 뇌는 새로운 변화와 모험을 좋아한다. 불확실의 위험을 감수한 뒤 얻게 되는 쾌락(약간 수준을 높여라)을 좋아하기 때문에 너무 어렵지도 그렇다고 너무 쉬운 것도 학습에 도움이 안 된다. 그래서 각자 자신의 이해 수준을 정확하게 인식하는 것이 학습의 효율을 높일 수 있다.

둘째, 뇌는 발전과 성장을 좋아한다. 따라서 성공경험이 학습자에게 매우 중요하다. 작은 목표를 세워 성취하게 되면, 그 자체가 즐거워 뇌는 그런 쾌락 경험을 기억하고 목표를 향해 정진하게 한다(도파민 효과를 이용하자!). 소위 '한 입 크기' 전략, 즉 분산학습 전략이 효과적이다. 예를 들어, 방학 동안 토익공부를 매일 한 챕터씩 공부하는 것으로 계획했다면 이는 실패할 확률이 높다. 앞서 살펴본 세로토닌의 최대 지속 시간이 90분이라 할 때, 자신이 해낼 수 있는 시간과 성취 경험을 지속할 수 있게 하려면 시간은 짧게 자주, 분량은 자신의 성취 수준 이내에 계획할 필요가 있다.

셋째, 뇌는 시간제한을 좋아한다. 드디어 해냈다는 성취감, 자신감은 미치도록 공부해 본 사람만의 전유물이다. 시간이 많다고 학습의 효율이 더 높아지는 것은 아니다. 오히려 시간 제한을 두고 틈틈이 공부한다면, 집중력도 더 좋고 성취의 쾌감도 얻을 수 있기 때문에 자투리 시간을 활용하는 것도 좋은 학습 전략이 된다.

넷째, 뇌는 지적 쾌감을 좋아한다. 조금씩 자신의 실력을 키워 난이도를 높여 갈 때, 아하! 체험을 하게 되면, 편도체-해마를 자극해 쾌감 물질을 더 분비하게 함으로써 어려운 공부도 도전할 수 있게 된다.

지금까지 자기주도 학습 능력을 향상시키기 위해 동기 전략과 행동 전략 그리고 학습에서 가장 중요한 학습 전략에 대해서 살펴보았다. 자기주도적 학습 능력은 단순히 학습 능력만 필요한 것이 아니라, 자신의 학업 동기를 유지하고 조절할 수 있는 능력, 그리고 삶의 여러 가지 사건에 직면하여 자신의 감정을 조절할 수 있는 정서 조절 능력, 자신의 물리적 환경을 조절하고 대인관계에서 학습에 필요한 도움을 추구할 수 있는 사회성과 대화의 기술까지 다양한 능력이 요구된다는 것을 알게 되었을 것이다.

성인 학습자들이 이러한 자기주도적 학습 능력을 키우는 데 필요한 요소들 중에 개발되지 않은 게 있다면, 학습에서 어려움이 있을 수 있다. 성인 학습자를 대면하여 상담할 경우, 이러한 자기주도적 학습 능력을 향상시키는 전략들을 잘 숙지하여 내담자의 문제를 확인하고 적절한 개입을 적용할 수 있어야 할 것이다.

수업 활동 7-10 정보처리 과정에 기초한 학습 전략 점검하기

• 각자 정보처리 과정에 기초한 반복/시연 전략과 정교화 전략 그리고 조직화 전략에 대해서 얼마나 알고 있으며 활용하고 있는 전략에 ∨표시해 보자.

학습 전략	예시	학습 행동들	평가
반복, 시연 전략	용어 정의를 학습하기 위해서 노트에 정리한다.	• 노트하기 • 암기하기 • 책 읽고 이해하기	
정교화 전략	나는 새로운 개념을 내가 이미 알고 있는 것들과 연결시키며 공부한다.	• 요약하기 • 자기 말로 노트하기 • 질문에 답하기 • 예시를 찾기 • 기억 보조 전략(두문자어법, 핵심단어법)	
조직화 전략	나는 책을 읽을 때 예시 및 설명과 주요 요점을 구분하며 공부한다.	• 주요 아이디어를 선택하기 • 개요 작성하기(초록) • 재구성하기(개념도 작성) • 위계적 분류, 표 작성하기	

• 앞의 전략들 이외에 자신이 활용하고 있는 학습 전략에 대해 조원들과 정보를 나누는 시간을 가져 보자.

• 수업 활동 후, 자신의 학습 전략에 대해서 새롭게 알게 된 점에 대해 조원들과 공유하는 시간을 가져 보자.

참고문헌

김성일(2006). 뇌기반 학습과학: 뇌과학이 교육에 대해 말해 주는 것은 무엇인가? **인지과학**, 17(4), 375-398.

이시형(2009). **공부하는 독종이 살아남는다**. 중앙북스.

은혜경, 조영미, 전선미 (2014). 원격대학 성인학습자들이 호소하는 학업상담 내용 분석-게시판 상담내용을 중심으로-상담학연구, 15(6), 2509-2534.

American College Health Association (2011). *American Health Association-National College Health Assessment II: Reference Group*. Executive Summary Fall 2010. Linthicum, MD: American College Health Association.

Black, J. E., Isaacs, K. R., Anderson, B. J., Alcantara, A. A., & Greenough, W. T. (1990). Learning causes synaptogenesis, whereas motor activity causes angiogenesis, in cerebellar cortex of adult rats. *Proceedings of the National Academy of Sciences of the USA, 87*, 5568-5572.

Brown, K. W. & Ryan, R. M. (2003). The benefits of being present: Mindfulness and its role in psychological well-being. *Journal of Personality and Social Psychology, 84*(4), 822-848.

Clark, L. (2002). *SOS help for emotions: Managing anxiety, anger, and depression*. Bowling Green, KY: SOS Programs & Parents Press.

Covington, M. V. (1992). *Making the grade: A self-worth perspective on motivation and school reform*. NY: Cambridge University Press.

Convington, M. V. & Roberts, B. (2004). Self-worth and college achievement: Motivational and personality correlates. In P. R. Pintrich, D. R. Brown, & C. E. Witnstein (Eds.), *Student motivation, cognition, and learning: Essays in hour of Wilbert J. McKeachie* (pp. 157-187). Hillsdale, NJ: Erlbaum.

Davis, D. M., & Hayes, J. A. (2011). What are the benefits of mindfulness? A practice review of psychotherapy-related research. *Psychotherapy, 48*(2), 198-208.

Dembo, M., H. & Seli, H. (2013). *Motivation and learning strategies for college success: A focus on self-regulated learning*. NY: Routledge.

Dimidjian, S., & Linehan, M. M. (2003). Defining an agenda for future research on the clinical application of mindfulness practice. *Clinical Psychology: Science and Practice, 10*, 166-171.

Eggen, P., & Kauchak, D. (1997). *Educational psychology: Windows on classrooms* (3rd ed.). Upper Saddle River, NJ: Merrill.

Ellis, A. (1962). *Reason and emotion in psychotherapy*. Secaucus, NJ: Lyle Stuart and Citadel Press.

Garrison, D. R. (1997). Self-directed learning: Toward a comprehensive model. *Adult Education Quarterly, 48*(1), 18-33.

Germer, C. K. (2005). Mindfulness: What is it? What does it matter? In C. K., Germer, R. D. Siegel, & P. R. Fulton (Eds.), *Mindfulness and psychotherapy* (pp. 3-27). NY: The Guilford Press.

Gordon, T. (2001). *Leader effectiveness training: Proven skills for leading today's business into tomorrow*. CA: Berkeley Publishing Group.

Johnson, D. W. (2003). *Reaching out: Interpersonal effective and self-actualization* (8th ed.). Boston: Allyn & Bacon.

Kabat-Zinn, J., Massion, A. O., Kristeller, J., Peterson, L. G., Fletcher, K. E., Pbert, L., et al. (1992). Effectiveness of a meditation-based stress reduction program in the treatment of anxiety disorders. *American Journal of Psychiatry, 149*, 936-943.

Pintrich, P. R. (1994). Student motivation in the college classroom. In K. W. Prichard & R. M. Sawyer (Eds.), *Handbook of college teaching: Theory and applications* (pp. 23-43). Westport, CT: Greenwood.

Pintrich, P. R. (2004). A conceptual framework for assessing motivation and self-regulated learning in college students. *Educational Psychology Review*, *16*(4), 385-407.

Smith, H. (1994). *The 10 natural laws of successful time and life management*. NY: Warner.

Teasdale, J. D., Segal, Z. V., Williams, J. M. G., Ridgeway, V. A., Soulsby, J. M., & Lau, M. A. (2000). Prevention of relapse/recurrence in major depression by mindfulness-based cognitive therapy. *Journal of Consulting and Clinical Psychology, 68*, 615-625.

Turner, A. M. & Greenough, W. T. (1985). Differential rearing effects on rat visual cortex synapses. I. Synaptic and neuronal density and synapses per neuron. *Brain Research, 328*, 195-203.

제3부

성인학습 상담의 이론과 실제

지금까지 평생교육사로서 성인학습 상담 직무 역량을 개발하기 위해 필요한 기초 지식으로서 성인 학습자의 이해, 성인학습의 이론, 성인학습의 실제에 대해서 학습했다. 이제부터는 성인학습 상담 직무를 수행하는 데 요구되는 상담의 지식과 기술 그리고 상담자의 태도에 대해서 학습하여 성인 학습자를 위한 상담 실무 역량을 함양해 보기로 하자.

성인학습 상담을 이해하기에 앞서 제8장에서는 전문적 활동으로서 상담이란 무엇인지에 대해서 상담의 정의와 목표, 그리고 원리와 과정에 대해 살펴볼 것이다. 제9장에서는 대화를 통한 상담 조력 기술인 상담 기법에 대해서 학습하여 내담자 또는 학습자와의 효과적인 상호작용을 하는 데 도움이 되는 조력 기술을 훈련하기로 한다. 제10장에서는 정신분석적 상담이론, 인간중심적 상담이론, 인지행동적 상담이론과 같은 대표적인 상담이론을 통해서 심리적 부적응 문제의 원인을 이해하고 이를 해결하기 위한 상담 개입의 실제에 관한 지식과 기술을 습득할 수가 있다. 제11, 12장에서는 이전까지 학습한 상담의 기본적인 지식과 기술 그리고 태도를 성인학습 상담 실제에 적용함으로써 성인학습 상담에 대한 체험적 지식을 쌓을 수가 있다.

제8장

상담의 기초

이 장에서는 상담이란 무엇이며 상담이 추구하는 일반적인 목표와 방법에 대해 학습하는 것을 목표로 한다. 상담자가 상담을 하면서 현재 자신이 무엇을 하고 있는지, 그리고 이 활동을 왜 하는지 그리고 어떻게 상담을 하는지에 대한 이해가 없이 상담을 하고 있다면, 그것은 전문적 상담 활동이라 보기 어렵다. 이 장을 통해서 함께 이야기한다는 의미의 상담 활동이 일상생활에서 이루어지는 대화와 어떻게 다르고 어떤 목표를 갖고 진행하는지에 대해서 이해함으로써 성인학습에서 필요로 하는 상담에 대한 기초적인 지식을 습득할 수가 있다.

1. 상담의 정의

상담이란 전문적인 훈련을 받고 전문적 능력을 갖춘 상담자가 어려움을 겪는 내담자와의 상호작용을 통해서 내담자의 문제를 해결하고 행복한 삶을 살아갈 수 있도록 돕는 전문적인 활동이다. 이러한 상담활동이 이루어지 위해서는 상담 활동에 필요한 구조가 요구된다. 먼저 상담을 받고자 하는, 와서 이야기를 하고자 하는 사람이라는 뜻의 '내담자(來談者)'와 서로 이야기를 나누는 '상담자(相談者)' 그리고 그 둘 간의 관계형성을 토대로 이루어지는 상담의 대화가 상담 활동을 구성하는 구조이다.

상담에 대한 다양한 정의가 이루어지고 있지만 이와 같은 상담의 구조의 측면에서 상담을 정의하는 내용들이 공통적이다. 즉, 전문적으로 훈련을 받은 상담자와 도움을 필요로 하거나 성장을 원하는 내담자 그리고 그 둘 간의 관계에서 이루어지는 상담 대화를 통해, 내담자가 삶에 당면한 다양한 문제를 해결하고 보다 적응하며 살아갈 수 있도록 상담자가 전문적으로 조력하는 과정으로 정의할 수 있다. 과거에는 상담에 오는 내담자들이 주로 문제가 있어 문제를 해결할 수 있도록 돕는 활동으로 상담을 이해하였지만, 오늘날 상담은 내담자가 자신을 더 잘 이해하여 자신의 잠재력과 가능성을 발견하고 이를 실현하여 성장하도록 돕는 긍정심리학 관점에서 이해되고 있다(Egan, 2002).

요컨대, 상담의 기본 구성 요소인 내담자와 상담자 그리고 그 둘 간의 상호작용이라는 세 가지 핵심요인을 중심으로 상담 활동을 이해할 수 있다. 그러면 내담자는 누구이며 전문적 훈련을 받은 상담자는 어떤 특성을 지니고 있는지 살펴보고, 언어를 매개로 이루어지는 내담자와 상담자의 관계 형성과 상담 대화의 특성을 간략하게 살펴보기로 하자.

1) 내담자

내담자란 심리적인 문제를 혼자 해결하는 데 어려움을 느껴서 상담자의 도움을 받아 문제를 해결하려고 하는 사람을 의미한다. 내담자가 도움 받기를 원하는 심리적 문제는 그 내용과 심각한 정도에 있어서 매우 다양하다. 상담소에 내방하는 내담자들이 호소하는 문제들은 인간관계의 갈등과 어려움 그리고 학업 부진이나 직장 부적응, 그리고 우울증과 불안장애 등 일상생활에서의 적응 곤란에서부터 심리적 부적응, 그리고 정신 병리적 문제에 이르기까지 다양하다(권석만, 2012). 심리적으로 곤란을 겪고 있는 내담자는 정서적으로 우울이나 불안, 그리고 분노와 같은 불편한 정서를 경험하고 인지적으로는 왜곡이 많고 지나치게 경직되게 사고하여 타인과의 의사소통에서 어려움을 겪게 된다. 이러한 정서적, 인지적 문제를 경험하고 있는 내담자들은 자신이 원하는 바와는 다르게 비효율적인 행동을 함으로써 일상생활에서 행복하고 만족스런 삶을 살아가기보다는 주관적인 고통을 더 많이 경험하게 된다.

2) 상담자

상담자는 내담자가 경험하고 있는 심리적 어려움이나 진로, 학습 그리고 인간관계 등 다양한 문제를 내담자 스스로 해결할 수 있도록 조력하기 위한 전문적 능력을 갖추어야 하며, 내담자의 성장을 촉진하기 위해 자신의 성장에 대해서도 관심을 갖고 상담에 임해야 하는 태도를 지녀야 한다. 상담자는 마치 어둡고 긴 터널 속에서 빠져나올 수 없는 절망 속에 갇혀 있다고 생각하는 내담자에게 빛이 되어, 내담자 스스로 자신이 어디에 있는지를 보고 어두운 터널 밖으로 나와 밝은 세상에서 다시금 평온하게 숨 쉬며 살아갈 수 있도록 길을 안내하는 선지식과 같다. 만약 여러분이 어떤 곤경에 처해 있다고 가정해 보자. 주위의 대화 상대에게서 실질적인 도움을 얻을 확률이 얼마나 되는가? 친구에게 용기 내어 말을 했지만 달라진 것도 없고 자신만 더 불쌍해진 것 같은 느낌이 들고 후회한 경험이 있다면, 그 친구의 도움은 효과적이지 않았던 것이다. 어렵고 힘든 상황에 처해 있을 때, 누구에게든 도움을 받을 수 있겠지만 그 도움의 효과가 어떠한지에 따라서 도움을 구하는 확률은 달라질 것이다. 전문적 상담자와 일반인의 차이가 바로 여기에 있다. 즉, 전문적 상담자는 일반인에 비해서 도움을 요청할 경우, 실질적인 도움을 받을 확률이 높은 사람들이라 할 수 있다.

그렇다면 효과적인 도움을 줄 수 있는 전문적 상담자의 역할을 수행하기 위해서 어떤 자질을 얼마나 갖추어야 하는지에 대해 살펴보자. 상담의 효과는 내담자와 상담자 간의 '관계의 질'에 달려 있기 때문에 상담자는 상담 과정에서 내담자와 신뢰로운 관계를 형성하고 원만한 상담의 과정을 이끌어 내기 위한 태도와 인성적 · 전문적 자질이 요구된다.

(1) 인성적 자질

상담자로서 요구되는 인성적 자질은 신뢰, 진실성, 공감, 돌봄, 설득, 희망 6가지의 특성으로 살펴볼 수 있다(Seligman, 2006). 우리가 힘들고 어려운 상황에 처해 있을 때를 떠올려 보자. 그때 누군가에게 털어놓고 도움을 구하고 싶을 때 떠오르는 사람이 있다면, 앞에서 열거한 상담자의 인성적 자질을 그 사람에게서 찾아볼 수 있을 것이다. 6가지의 특성에 대해서 간략하게 살펴보면 다음과 같다.

첫째, '신뢰'는 상담자가 윤리적으로 행동하고, 효과적인 상담을 하는 데 필요한 지식과 기술을 가지고 있고, 상담을 하는 동안 내담자를 보호하고 존중하며 내담자에게 유익한 것을 주고자 노력한다는 믿음을 주는 것이다. 내담자가 상담 과정에서 이야기한 내용을 잘 기억하고 내담자가 상담 밖에서 실천하기로 했던 것에 관심을 갖는 신뢰롭고 일관된 상담자의 행동은 치유를 위한 상담 관계에서 필수적인 요소이다. 자신에게 신뢰를 줄 수 있는 사람이 아니라면, 우리는 쉽게 자신의 이야기를 꺼내 놓기가 어려울 것이다.

둘째, 타인에게 신뢰를 줄 수 있으려면, 우리는 먼저 진실한 마음을 지녀야 한다. 진실하다는 것은 어떤 특성일까? 다음의 상담자가 있다고 하자. '나는 학생들을 도와주는 일이 정말 좋아요. 학업의 어려움이 있는 학생들을 잘 도와서 성적이 향상되는 것을 보는 것은 정말 성취감이 있고 즐거운 일이에요.'라고 말하지만, 속으로 학업에서 부진한 성취를 보이는 학생에 대해 '당신은 해도 안 되겠네요, 될성 부른 나무는 떡잎부터 다른 것을…….'이라고 생각한다면 이런 상담자는 진실하지 못한 것이다. 겉에서 보이는 말과 행동이 학생을 이해하는 것으로 보이더라도 말과 행동 그리고 생각이 일치하지 않는 상담자는 진실하지 못하며 상대를 감동시킬 수 없을 것이다. 내담자가 감동을 받을 수 있을 만큼의 진정성과 진실한 태도는 내담자로 하여금 변화할 수 있게 하는 원동력이 된다. 이런 측면에서 상담자의 인성적 자질 중 가장 기초가 되는 특성은 바로 진실성이라 할 수 있다.

셋째, 공감은 내담자의 눈으로 세상을 보고, 이해한 바를 내담자에게 전달할 수 있는 능력이다. 학생 또는 내담자가 상담자를 믿고 어렵게 자신의 이야기를 시작했는데, 자신의 어려움에 대해 자신도 미처 자각하지 못하고 있는 것까지 이해하고 자신의 이야기를 잘 들어주는 상담자를 만난다면, 내담자는 자신에 대해서 좀 더 이해하게 되고 더 깊은 이야기까지 할 수 있게 된다. 그러므로 상담자는 타인의 입장에서 세상을 이해할 수 있는 타인의 관점을 취해 상대방의 상황을 인지적으로 이해하고 그 상황에 처한 타인의 감정까지 읽을 수 있는 공감적 태도를 갖추어야 한다. 공감적이고 진실하며 신뢰로운 상담자는 진심으로 내담자의 아픔을 돌봐 줄 수 있는 힘이 있다.

넷째, 상담자의 돌봄을 통해 내담자는 자신이 상담자에게 중요한 사람이라고 느끼며, 상담자가 자신과 자신의 삶에 관심을 기울이고 있음을 느낀다. 타인에 대한 배려와 이해를 바탕으로 고통을 겪는 내담자를 돌보려는 태도는 인간에 대한 사랑의 표현일 것이다. 또한 아무리 내담자가 쉽게 변화하지 않더라도, 내담자의 강점을 찾아서 보게 하고 내담자가 원하는 것을 반드시 이룰 수 있다는 희망을 불어넣어 주는 상담자라면 내담자에게 힘과 용기를 북돋아 줄 수 있을 것이다. 내담자를 돌볼 줄 아는 상담자는 내담자를 자신의 정서적 욕구를 만족시키는 도구로 사용하지 않으며, 내담자의 생각과 감정 그리고 행동을 통제하려 하지 않는다. 온화하고 인간에 대한 애정이 있는 상담자는 공격적이고 직면적인 상담자보다 긍정적인 상담 성과를 얻을 가능성이 크다(Lambert & Cattani-Thompson, 1996).

다섯째, 설득은 내담자가 지금보다 더 나아지기 위해서 새로운 행동을 실천하고 유지할 수 있도록 격려하는 과정이다. 즉, 괴로운 감정과 경험들을 공개하여 직면하고 목표를 향해 나아가도록 격려하고 촉구하는 과정이다. 상담자의 설득력은 내담자가 자신을 위해 올바른 선택을 하는 데 필요한 용기와 모범, 도구와 정보를 제공해 주는 긍정적인 힘이다(Seligman, 2006).

끝으로, 희망은 치유적 관계를 위한 필수 조건으로, 내담자에게 나아질 수 있다는 희망을 심어 주어야 한다. 상담자가 지녀야 할 중요한 특성으로 희망이 중요한 이유는 미국 드라마 〈닥터 하우스〉에서 나오는 집단 치료의 내용이 적절한 예가 될 수 있다. 주인공인 하우스라는 의사는 뛰어난 진단 의학자이지만 대인관계에 어려움이 있어 집단정신 치료를 받게 되는 줄거리 속에 집단 정신치료를 받는 내용이 여러 차례 나오게 된다. 집단에 참여한 환자들이 자신들도 다른 사람들처럼 평범하게 살아갈 수 있을까 하는 의구심을 품고 괴로워하면서도 같은 동료들이 점차 개선되어 집단 치료를 떠나게 될 때, 케이크에 촛불을 켜고 집단원 모두가 축하해 주는 장면이 있다. 이때, 집단을 떠나는 동료가 자신을 부러워하는 집단원들을 안아 주면서 "나도 했는 걸, 너도 할 수 있어. 꼭 네가 원하는 것을 너도 이룰 수 있어."라고 격려하는 장면이 있다. 바로 희망은 내담자가 일상생활에서 좌절과 고통 속에 나아질 것이라는 희망 하나 없는 어둠 속에서 밝은 빛의 역할을 하는 것이라 할 수 있다.

지금까지 상담자에게 필요한 인성적 자질로서 신뢰, 진실성, 공감, 돌봄, 설득 그리고 희망에 대해서 알아보았다. 여러분은 이와 같은 인성적 특성을 얼마나 개발하고 발휘할 수 있는가? 이러한 인성적 자질은 사람이 좋고 성격이 좋다면 저절로 생겨나는 것이 아니라, 상담자로서 전문적 수련을 통해 길러지는 후천적인 성품이다. 따라서 인간을 대상으로 직접적인 도움을 주는 직업이라면, 즉 상담자나 교육자는 이러한 인성적 자질을 함양하는 데 소홀해서는 안 될 것이다.

(2) 전문적 자질

상담자의 전문적 자질은 인간을 조력하는 전문직으로서의 상담자 역할을 수행하는 데 요구되는 필수 지식 및 기술과 관련되는 특성이다. 구체적으로 살펴보면 다음과 같다.

첫째, 인간의 마음을 이해하는 데 필요한 심리학적 지식과 상담이론을 상담 실제에 활용할 수 있는 역량이다. 내담자의 문제를 이해하고 현재 어떤 일이 일어나고 있는지 파악하기 위해서 보통의 사람들이 이해하는 상식적 수준에서 애정결핍이라고 해석하는 것이 아니라, 내담자가 안고 있는 고통의 현상에 대해 이론적 근거를 갖고 접근할 수 있는 심리학적 지식과 상담이론의 활용은 상담자에게 요구되는 전문성의 근간이 된다. 성인 학습자를 위한 상담을 진행하기 위해서 상담이론을 학습하는 이유가 바로 여기에 있는 것이다.

둘째, 상담을 진행하는 과정에서 요구되는 전문성으로서 상담자는 상담 기술의 훈련을 요한다. 상담은 내담자와 언어적 대화를 통해서 이루어지는데 일상생활에서 사용하는 대화의 목적과는 다르게 내담자의 인지, 정서, 행동,

신념에서의 변화를 목적으로 이루어지기 때문에, 전문가로서의 대화를 이끌어 가야 한다. 이를 위해서는 상담 대화의 기법에 대한 훈련을 통해 전문성을 키울 수가 있다. 이에 대해서는 다음 장에서 배우고 실습해 볼 수가 있다.

〈표 8-1〉 **내담자 권익을 위한 상담자의 윤리적 책임**

윤리 강령	내용
사생활과 비밀보호	• 상담자는 사생활과 비밀유지에 대한 내담자의 권리를 최대한 존중해야 할 의무가 있다.
비밀보호의 한계	• 내담자의 생명이나 사회의 안전을 위협하는 경우가 발생한 경우에 한하여 내담자의 동의 없이도 내담자에 대한 정보를 관련 전문인이나 사회에 알릴 수 있다. • 상담 시작할 때와 상담 과정 중 필요한 때에, 상담자는 내담자에게 비밀보호의 한계를 알리고 비밀보호가 불이행되는 상황에 대해 인식시켜야 한다.
전문적 한계의 인식	• 상담자는 자신의 능력의 한계를 인정하고 교육이나 훈련, 경험을 통해 자격이 주어진 상담 활동만을 함으로써 전문적인 태도를 견지해야 한다.
내담자의 복지 우선	• 상담자의 일차적 책임은 내담자의 복리를 증진하고 존엄성을 존중하는 것이다.
다양성 존중	• 상담자는 모든 인간의 기본적인 권리, 존엄성, 가치를 존중하며, 연령이나 성별, 인종, 종교, 성적인 선호, 장애 등을 이유로 내담자를 차별하지 않는다. • 상담자는 내담자의 다양한 문화적 배경을 이해하려고 적극적으로 시도해야 하며, 상담자 자신의 고유한 문화적 정체성이 상담과정에 어떤 영향을 주는지를 인식해야 한다.
이중관계 금지	• 상담자는 객관성과 전문적인 판단에 영향을 미칠 수 있는 이중관계는 피해야 한다. 가까운 친구나 친인척 등을 내담자로 받아들이면 이중관계가 되어 전문적 상담의 성과를 기대할 수 없으므로 다른 전문가에게 의뢰하여 도움을 준다. • 상담자는 특별한 경우를 제외하고는 내담자와 상담실 밖에서 사적인 관계를 유지하지 않도록 한다.

셋째, 상담자의 윤리 강령에 대한 이해와 이를 실천할 수 있는 역량이 요구된다. 상담자의 전문성이 발달할수록 윤리성 또한 함께 발달하게 된다(Patterson, 1971). 인간을 조력하는 전문직으로서의 상담자는 자신이 하고 있는 행위가 내담자의 복지에 위배되는 것은 아닌지에 대해 항상 점검할 필요가 있다. 상담자들이 지켜야 할 상담자 윤리 강령은 우리나라의 경우, 전문적 상담자에 대한 국가 자격증이 없기 때문에 한국상담심리학회나 한국상담학회에서 제정된 윤리 강령(예: 전문가로서의 태도, 사회적 책임, 내담자의 권리와 존엄성에 대한 존중, 상담관계, 내담자 정보의 보호, 상담 연구, 심리검사, 윤리 문제의 해결 절차 등)을 통해서 살펴볼 수가 있다. 비록 성인학습 상담을 위해 수행하는 상담이 고도의 전문적 상담 활동이라고 간주하지 않더라도, 내담자 개인 정보 보호와 인간존중에 대한 태도 등 기본적인 상담자 윤리에 대해 충실하게 숙지할 필요가 있다. 상담자가 내담자의 이익과 보호를 위해 지켜야 할 대표적인 윤리적 책임으로는 사생활과 비밀보호, 전문적 한계의 인식, 내담자의 복지 우선과 다양성 존중, 이중관계의 금지 등이 있다(한국상담심리학회 윤리강령). 이에 대한 구체적인 내용은 〈표 8-1〉에서 확인할 수가 있다.

3) 상담의 대화

상담 대화의 구조는 언어 및 비언어적 상호작용에 의해서 이루어진다. 상담에서 이루어지는 상담자와 내담자의 대화는, 내담자 자신의 주관적 마음의 이론에 바탕을 두고 있는 의사소통을 객관적으로 관찰할 수 있도록, 상담자가 거울의 역할을 제공하며 대화를 함으로써 내담자 스스로 만들어 내고 있는 고통에서 벗어날 수 있게 하는 목적이 있다.

이 지구상에 존재하는 생명체 중에 유일하게 음성 언어를 사용하여 의사소통하는 인간은 직립보행을 통해서 손의 자유로움을 얻어, 수화를 거쳐 언어를 사용하게 되었다고 한다. 거대한 자연에 맞서 생존하기 위해 집단의 결속력이 필요했던 인간은 진화하면서 자연스럽게 상대방의 마음을 읽고 공감하는 능력이 발달되어 타인과의 의사소통에서 효율성을 가져온 반면에, 지나치게 자신의 마음의 이론에 빠져 오히려 주관적 언어와 추론을 통해 상대방을 자기 방식대로 해석하거나 이해해 버리는 정신 질환을 앓게 될 수 있는 확률이 높아지는 대가를 치르게 되었다.

최근 뇌과학 분야에서 각자의 마음 이론을 형성하는 디폴트 모드 신경망이 밝혀지면서 인간의 공감과 의사소통, 그리고 정신질환의 발생과의 관계가 점차 규명되기 시작하고 있다(Raichle et al., 2001). 이 신경망의 핵심 접점은 뇌의 해마 영역인데, '우리에게 일어나는 사건'이나 '자서전적 기억' 등이 저장되어 있는 곳이다. 지나치게 이 신경망을 활성화하고 많이 사용하여, 즉 자서전적 이야기에 지나치게 빠지게 되면 오히려 디폴트 모드 신경망이 훼손되어 공감능력이 결여되고 치매에 걸릴 확률이 높아진다고 한다. 따라서 적절하게 이 신경망을 조절할 수 있다면, 타인의 입장에서 공감하는 능력도 있으면서 자신의 생각에 빠져 괴로움을 겪는 고통도 덜 경험할 수 있게 된다.

앞서 설명한 디폴트 모드 신경망이 활성화되면서 내담자 스스로 만들어 내는 이야기들이 무엇인지에 대해서 상담자는 자신의 디폴트 모드 신경망을 적절하게 활용하되, 무엇이 내담자가 만들어 내는 이야기인지를 내담자 스스로 볼 수 있게 도와주어야 한다.

2. 상담 유형

상담이 진행되는 상황이나, 내담자의 발달적 단계, 해결되어야 할 상담 문제의 내용이나 특성에 따라 상담의 방법이나 과정은 달라지기 때문에 상담은 다양하게 분류될 수 있다. 면접 형태에 따라서 면대면 상담, 전화 상담, 온라인 상담 등으로 유형화할 수 있으며, 상담을 진행하는 방법에 따라 언어를 활용하는 상담 및 심리치료, 가족을 단위로 하는 가족치료, 놀이치료, 음악치료, 미술치료, 모래놀이 치료, 사이코드라마 등으로 분류할 수가 있다. 내담자의 발달적 특성에 따라서는 아동 상담, 청소년 상담, 대학생 상담, 성인 및 노인 상담 등으로, 상담의 주요 주제에 따라서 학업 상담, 진로 상담, 대인관계 상담, 성 상담, 부부 상담, 가족 상담, 도박 중독 상담, 위기 상담으로 분류할 수 있고 내담자 개인을 상대로 하느냐 집단으로 하느냐에 따라서 개인 상담, 집단 상담 등으로 분류할 수가 있다. 이렇게 볼 때, 성인학습의 상담은 면접형태에 따라서는 면대면 상담과 전화 상담, 온라인 상담 모두를 포함할 수 있을 것이며, 상담은 주로 음성 언어를 통한 대화의 방법으로 진행될 것이다. 내담자의 발달적 특성상 성인 및 노인에 해당되고 상담의 주요 주제로는 학업과 더불어 성인기 진로 전환과 관련된 상담으로 분류할 수 있을 것이다.

3. 상담의 목표

상담의 목표는 상담에서 내담자가 기대하는 바와 상담자 자신이 지향하는 상담의 이론과 철학 두 가지 측면에서 고려된다. 상담이론에 따라서 상담이 지향하는 목표가 달라질 수 있지만 상담이 추구하는 목표에 대해서는 어느 정도 합의가 이루어지고 있다. 패터슨(Patterson, 1970)은 이론마다 상이할 수 있는 상담의 목표에 대해 궁극적인 목표, 과정 목표 그리고 즉각적 목표로 분류하여 상담의 목표를 정리하였는데 이를 토대로 상담의 목표를 살펴보기로 한다.

1) 궁극적 목표

상담 활동이 궁극적으로 지향하는 목표는 내담자의 '전인(全人)적 발달'과 '자아실현'으로 설명할 수가 있다. 근본적으로 이 목표들은 오랜 시간에 걸쳐 얻을 수 있는 결실이다. 전인적 발달이란 지식(知)을 넘어선 지혜(智)를 키우고 나 자신에서 벗어나 타인을 배려할 수 있는 마음인 덕(德)을 함양하고 이를 실천하는(體) 지 · 덕 · 체의 고른 발달과 성장을 의미한다. 우리가 인간으로서 살아갈 때, 가장 인간다운 인간으로 살아간다면 어떤 모습일지에 대해서 여러분은 생각해 보았는가? 고교시절 윤리 시간에 배운 지덕체가 골고루 개발된 전인이란 어떤 사람일지 주변에서 관찰할 수 있었는가? 인본주의 심리학자 매슬로가 탐색한 자아실현자의 특성(Maslow, 1970)이 전인으로서 인간다운 모습이지 않을까 생각한다. 이들은 꾸밈이 없고 자기 자신을 불평 없이 있는 그대로 수용하여 죄책감이나 수치심, 불안과 같은 불편한 정서에 사로잡히지 않고 남들에게서도 그런 꾸밈을 기대하지 않으면서 타인을 존중하고 수용할 줄 알아 인생을 평온하게 살아가기 때문에 자신과 연관된 주변인들의 삶도 편안하게 하는 사람이다.

바로 상담의 목적은 인간이 인간다운 삶을 살아갈 수 있도록 자신을 이해하고 탐색하는 과정 속에서 삶의 지혜를 터득하고 자신에 대한 이해를 바탕으로 타인을 이해하고 배려하는 덕성을 길러 실천하는 전인이 될 수 있도록 즉, 자아실현할 수 있도록 내담자를 조력하는 것이다. 전인으로서 우리가 살아간다면, 주관적 안녕감과 더불어 자신의 가치를 발견하여 만족스러운 삶을 살아감으로써 끊임없이 성장하고 성숙하는 삶을 지향하는 자아실현자로 살아갈 수 있을 것이다.

2) 과정 목표

각 개인이 지니고 있는 잠재능력을 발전시키기 위해 좀 더 세분화된 목표가 상담 과정의 목표가 될 수 있다. 긍정적 행동 변화, 촉진적인 인간관계의 형성, 적응기술의 향상, 스트레스 대처와 정서 조절 능력의 향상 등 내담자가 궁극적으로 전인으로서 살아가는 데 요구되는, 즉 특정 내담자에게 보다 필요한 영역에서의 변화를 말한다. 궁극적인 목표는 상담의 일반적인 목표라면, 과정의 목표는 내담자 개인이 가지고 있는 심리적 부적응의 원인에 따라서 다양할 수 있다.

3) 즉각적 목표

즉각적 목표란 내담자가 당면한 문제를 해결하기 위해서 요구하는 목표를 말한다. 인간의 성장과 발달에 대한 깊은 이해와 지식을 바탕으로 전문적인 상담자는 내담자들의 요구에 주의를 기울여 내담자가 해결하고자 하는 즉각적인 목표와 함께 상담자 자신이 수행하는 상담의 목표를 동시에 추구할 필요가 있다. 내담자의 특별한 요구에 기초를 두고 이루어진 상담의 보기를 통해 상담이 추구하는 목표에 대한 이해를 높여 보자.

상담자 1: ○○ 님이 나를 즉시 만나고 싶어 한다는 연락을 받았는데요…….

내담자 1: 네. 오늘 아침에 여기 왔었어요. 그러나 선생님은 회의에 가셨더군요. (침묵)

상담자 2: 그때 만나지 못해 미안해요. 그렇지만 지금은 이야기를 들을 수 있어요.

내담자 2: 네. (좀 머뭇거리며) 저…… 저의 아버지와 제가, 우리는…… 우리는 또 다시 싸우고 있어요. (잠시 침묵)

상담자 3: 이전의 문제로요?

내담자 3: 네. 아버지는 4시에 일어나 일하러 나갔다 와서는 침대에서 나를 끌어내면서 내가 게으르다고 마구 욕설을 퍼부어요. 그렇지만 저는 8시까지 일을 했거든요.

상담자 4: 힘든 갈등이 또…….

내담자 4: 아버지는 저를 때리고 발로 차고, 그래서 저는 거리로 뛰쳐나왔어요.

상담자 5: 아……. 집을 나오셨군요, 결국…….

내담자 5: …… 그리고 아버지는 제가 이웃집 계단에 서 있는데 저를 쫓아왔어요. 계단이 얼어서 미끄러웠기 때문에 저는 넘어져서 갈비뼈를 몹시 다쳤어요. 그러자 아버지는 저더러 집에 들어오지 말라는 거예요. 저는 집에 들어가지 않겠어요. 절대로 집에 가지 않겠어요. (운다) (잠시 침묵)

상담자 6: 그런 마음이 충분히 들지요…… 왜 아니겠습니까…… 지난번에 ○○ 님이 삼촌과 함께 살아야 할지도 모르겠다고 말한 것 같은데요…….

내담자 6: 네…… 저는 집에 돌아갈 수 없어요. 만약 그가 아버지만 아니었다라면 저는 그를 죽여 버렸을 거에요. (잠시 침묵) 저는 돌아갈 수 없어요……. 정말 어떻게 해야 할지 모르겠어요.

상담자 7: 아마, 우리가 할 수 있는 무슨 방도가 있을 거예요. 지금 할 수 있는 일이 무엇인지에 대해 이야기해 보기로 해요.

앞의 보기에서처럼 내담자의 생활환경에 초점을 둔 즉각적인 문제를 해결하는 것 또한 중요한 상담의 목표가 된다. 상담자는 내담자가 요구하는 것이 무엇인지 파악하고 상담의 목표를 적절하게 인식할 필요가 있다. 앞의 보기에서처럼 내담자는 가정폭력의 피해자로 폭력으로부터 보호를 받아야 하는 상황이다. 지금 당장은 즉각적인 문제해결을 위한 목표가 필요하지만, 상담과정에서 상담자는 내담자가 어린 시절부터 성인이 될 때까지 받아 온 폭력으로 인한 상처로 비롯된 대인관계 위축과 결여된 자기 가치감을 살펴 보게 하는 과정의 목표를 세울 수가 있다. 이러한 즉각적 목표나 과정의 목표는 내담자가 전인적 발달을 하는 데 필요한 목표라 하겠다.

4. 상담의 원리와 과정

상담이 일상적인 면담이나 대화와 다른 이유는 상담 면접이 전문성을 띠는 원리를 갖추고 있기 때문이다. 상담 면접을 처음 실시하는 초심자로서 그리고 직무로서 상담을 실시하고자 하는 평생교육사를 위해 상담 면접의 기초 원리와 상담 과정에 대해 설명하고자 한다.

1) 상담 면접의 원리

상담 면접의 원리란 상담이 전문적이고 내담자에게 도움을 주는 작업이 되기 위해 상담자가 알고 임해야 하는 원칙을 말한다(이장호, 정남운, 조성호, 2010). 여기서는 이장호 등(2010)이 설명한 상담 면접의 원리 세 가지를 중심으로 살펴보기로 한다.

(1) 내담자 행동 이유의 탐색

첫째, 상담자는 내담자의 모든 행동에는 이유와 목적이 있다는 사실에 주목해야 한다. 상담자는 상담 중에 보이는 내담자의 행동에 주목하고 그 이유와 의미를 생각해야 한다. 예를 들어, 면접 중에 갑자기 말을 안 하거나 얼굴을 붉히는 등의 행동은 내담자를 이해하고 도와주는 데 있어서 필요한 자료이다. 다음의 상담 사례를 살펴보자.

내담자 1: (말을 하지 않은 채, 얼굴을 붉히며 눈을 치켜뜨며 상담자를 바라본다)

상담자 1: 지금 뭔가 불편해 보이는데 무슨 일로 그런 것인지 말씀해 주실 수 있나요?

내담자 2: (고개를 흔들며 퉁명스럽게) 아니요…… 아무것도 아니에요…….

상담자 2: 말씀은 아무것도 아니라고 하시지만 얼굴 표정은 뭔가 심각해 보입니다. 지금 어떻게 느끼시는지 말씀해 주실 수 있나요?

내담자 3: ……음…… 좀 어처구니없어요. 아니, 재수 없어요.

상담자 3: 지금 저한테 화가 났다는 말로 들리는데요……?

내담자 4: 아니, 어떻게 그럴 수 있어요? 내가 친구들 얘기하는데, 내가 화가 난 상황을 얘기하고 있는데 거기다가 그 친구 입장을 왜 물어요?

상담자 4: 친구의 입장에서 ○○ 님의 말이 어떻게 들렸을지 생각해 본다면 그 상황을 이해하는 데 도움이 될 것이라 생각했습니다만…… 그 질문이 어떤 이유로 ○○ 님을 화나게 만들었는지 말씀해 주실 수 있을까요?

내담자 5: 날 정신병자 취급했잖아요.

앞의 상담 사례에서 상담자 1과 2는 내담자가 보여 주는 행동 이면의 의미를 탐색함으로써 내담자가 상담 과정에서 경험하는 정서의 상태를 탐색하고 분노를 촉발하게 하는 내담자의 왜곡된 사고를 탐색할 수 있는 장을 마련하였다. 그런데 만약 내담자의 비언어적 표정과 행동 등에 대해서 감지하지 않고 계속해서 내담자와 친구들과 있었던 상황에 초점을 두고 말을 하게 하였다면 상담 과정이 매끄럽지 못했을 것이다.

(2) 내담자에게 미치고 있는 상담 대화의 영향 탐색

두 번째 상담 면접의 원리는 상담자와의 이야기가 내담자에게 어떻게 영향을 미치고 있는가를 확인하는 것이다. 내담자에 따라서 상담 과정에서 경험한 것들에 대해서 즉각적으로 피드백을 하고 자신의 내면을 표현하기도 하지만 그렇지 않은 경우가 있다. 따라서 상담자는 내담자가 내면에서 어떤 변화를 경험하고 있는지에 대해 정확하게 이해하기 위한 노력을 기울어야 한다. 또한 상담 과정 중에는 내담자가 자각하지 못한 것을 이후에 깨닫고 변화되는 경우도 있기 때문에 상담자는 지난 번 회기 이후에 내담자의 생각이나 정서, 행동 등에서 새로운 반응들이 있었는지를 살펴봄으로써 상담 진행 과정을 성공적으로 이끌 수가 있다.

(3) 상담 방향 설정을 위한 목표 수립

세 번째 상담 면접의 원리는 앞서 살펴본 상담의 목표에 대해 상담의 궁극적 목표와 과정 목표 그리고 즉각적 목표를 구별하여 진행할 필요가 있다는 것이다. 상담이 어느 방향으로 가는 것이 현재 상황에서 가장 효과적인지에 대해서 상담자는 알고 있어야 한다. 처음부터 내담자의 모든 문제를 해결하는 데 초점을 두기보다는 위급한 상황이 생길 때에는 즉각적인 목표를 달성하기 위해 진행하거나 문제해결을 위한 최종의 목표를 달성하기 위한 과정의 목표를 단계별로 성취해 나가는 방향으로 상담을 진행할 필요가 있다. 초심자의 경우, 내담자가 제시한 문제를 해결하기 위해서 해결책을 제시하는 데 급급할 수 있으나 상담의 목표는 내담자가 스스로 자신의 문제를 이해하고 그 문제를 해결하기 위한 답을 스스로 찾게 함으로써 달성될 수 있다는 것을 잊지 말자.

2) 상담의 과정

상담은 한두 번의 짧은 만남으로 효과를 거두어들일 수도 있지만 대부분은 여러 차례 지속적인 만남을 필요로 한다. 내담자가 상담자를 신뢰하여 자신을 탐색하기 시작하면서 여러 번의 상담 회기 수를 거쳐 상담 과정은 전개되며, 반전을 거듭하여 문제해결에 이르게 되어 종결에 다다르게 된다. 상담의 단계를 나누는 방식은 학자들마다 다양한데 초기, 중기, 종결 단계의 3단계로 구분하는 것이 가장 일반적이다. 각 단계마다 상담자가 주력해야 할 내용들(이장호 등, 2010; Hill, 2014)에 대해서 간략하게 살펴보면 다음과 같다.

(1) 초기 단계: 문제의 탐색

상담의 초기 단계란 상담자와 내담자 간의 첫 만남이 이루어지는 순간에서 시작하여 이후의 몇 번의 만남을 말한다. 초기 단계에서 상담자가 해야 할 일은 크게 세 가지로 요약할 수가 있다.

첫째, 내담자 문제의 탐색으로 내담자의 문제가 무엇인지, 그것이 어떠한 배경에서 문제가 되었는지를 이해해야 한다. 즉, 내담자가 호소하는 여러 가지 어려움에 대한 체계적 이해와 평가가 필요하다. 성인 학습자가 학습의 어려움을 호소한다고 해서 무조건 학습 방법과 전략의 문제라 간주하는 것이 아니라, 생활환경에서의 어려움인지, 시간 관리의 어려움인지, 직장에서 겪는 인간관계로 인한 어려움인지 등 내담자가 진짜로 경험하고 있는 문제의 본질이 무엇인지를 살펴보아야 한다.

둘째, 내담자와 신뢰할 수 있고 안정된 상담 관계를 형성하는 것이다. 우리는 상대방을 믿을 수 있어야 자신의 이야기를 솔직하게 털어놓을 수가 있다. 상담 과정에서 내담자가 자신의 이야기를 하려면 상담자와 내담자 간에 상호 존중의 태도와 이해하는 관계 형성이 필수적이다.

셋째, 상담이 무엇인지, 상담 과정이 어떻게 진행되는지, 내담자는 상담을 통해서 어떻게 도움을 받을 수 있는지 그리고 내담자 자신은 무엇을 어떻게 해야 하는지 대한 구체적인 안내가 필요하다.

특히 첫 회 상담에서 구조화 또는 오리엔테이션이 필요하다. 상담자는 이러 이러한 일을 하고 상담의 목적을 달성하기 위해 내담자에게 기대되는 일, 그리고 상담 시간 및 상담 주기에 대해서 안내를 한다. 상담 경험이 없는 내담자인 경우에 상담에 대해서 자신이 궁금해하는 모든 답을 상담자가 알 것이라 생각하고 그런 답을 얻는 것이 상담이라 생각하는 경우가 종종 있다. 따라서 상담자는 상담 과정에서 내담자에게 기대되는 것들에 대해 상담 초기에 구체적으로 안내를 할 필요가 있다. 상담 과정의 안내에 대한 설명서를 준비해서 내담자로 하여금 읽게 하고 사인을 받아 내담자의 책임을 구체화하는 것도 한 가지 방법이다.

(2) 중기 단계: 문제해결하기

중기 단계에서는 내담자를 변화시키기 위한 구체적인 시도들이 이루어진다. 초기 단계에서 탐색된 내담자의 문제들에 대한 본격적인 해결을 위한 여러 가지 상담 개입이 이 단계에서 시도된다. 구체적인 문제해결 방법은 내담자가 가진 심리적 문제의 수준과 유형에 따라 크게 다르게 진행된다. 내담자가 현재 당면한 문제의 원인과 발생에 대해 이론에 근거하여 임상적 설명을 함으로써 이론에 따른 상담 개입과 전략을 활용하게 된다. 상담이론이 필요한 이유는 바로 내담자의 문제해결을 위한 지도의 역할을 제공하는 데에 있다. 내담자의 다양한 문제를 설명하기 위해서 상담자는 여러 가지 문제 영역을 설명할 수 있는 이론들(예: 상담이론, 진로발달이론, 학습 심리에 관한 이론 등등)에 대해서 많이 아는 것이 필요하다. 많이 알면 알수록 내담자의 문제를 설명하는 데 효과적인 이론을 선택하여 적용할 수 있는 역량이 높아지기 때문이다.

평생교육사로서 학습상담 직무를 수행하기 위해 전문적인 상담자가 알아야 하는 수준의 다양한 이론을 숙지하는 것은 그 역할과 역량의 범위를 넘어서는 일이지만, 성인 학습자를 이해하고 이들의 문제에 대한 이해와 해결하기 위한 방안들을 도출하기 위해서는 적어도 발달심리학적 지식과 학습상담을 위한 개입과 전략에 관한 지식은 반드시 갖추어야 한다.

(3) 종결 단계: 성과 다지기

성공적인 중기 단계를 통해 내담자들은 처음 상담을 통해 해결하고자 했던 문제를 해결하게 되고, 자신에 대해 이전보다 깊고 넓게 이해하는 경험을 하게 된다. 문제가 해결되었다고 해서 바로 상담을 종결하기보다는 변화된 내담자가 실제 삶에서 또 다르게 부딪히는 문제에 대해, 스스로 대처하는 과정 속에서 상담의 성과를 다지는 시간을 마련할 필요가 있다. 이를 훈습이라고 하는데 배우고 익힌다는 학습의 의미와 마찬가지로, 상담에서 훈습의 과정은 종결 단계에서 내담자가 새롭게 실험하는 대처 방안에 익숙해질 수 있도록 함으로써 상담의 성과를 다지는 데 중요한 역할을 한다.

수업 활동 8-1 〈굿 윌 헌팅〉 영화를 통한 상담의 이해

- 영화 〈굿 윌 헌팅〉 감상 후, 다음의 내용에 대해 작성해 보고 조원들과 이야기를 나누어 보자.
  - –주인공 윌과 상담자 숀과의 상담 과정에서 내담자 윌이 마음의 문을 열고 자신의 내면에 상처에 다가갈 수 있게 한 상담자의 인성적, 전문적 자질에 대해서 각자 관찰한 것을 작성해 보자.
  - –영화 속에서 살펴볼 수 있었던 상담 면접의 원리와 과정에 대해 각자 관찰한 내용을 작성해 보자.
- 상담 활동에 대해 이전과 다르게 새롭게 알게 되었거나 깨달은 점에 대해서 조원들과 함께 이야기를 나누어 보자.

참고문헌

권석만(2012). 현대 심리치료와 상담이론. 학지사.

이장호, 정남운, 조성호(2010). 상담심리학의 기초. 학지사.

Egan, G. (2002). *The Skilled Helper: a problem management and opportunity development approach to helping* (7th ed.). Pacific Grove, CA: Brooks Cole.

Hill, C. E. (2014). *Helping skills: Facilitating exploration, insight, and action* (4th ed.). Washington DC: American Psychological Association.

Lambert, M., & Cattani-Thompson, K. (1996). Current findings regarding the effectiveness of counseling: Implications for practice. *Journal of Counseling & Development, 74*, 601-608.

Maslow, A. (1970). *Motivation and personality* (2nd ed.). New York: Harper & Row.

Patterson, C. H. (1970). A model for counseling and other facilitative human relationships. In W. Van Hoose & J. Pietrofesa (Eds.), *Counseling and guidance in the twentieth century* (pp. 173-188). Boston: Houghton Mifflin.

Patterson, C. H. (1971). Are ethics different in different settings? *Personnel and Guidance Journal, 50*, 254-259.

Raichle, M., MacLeod, A. M., Snyder A. Z., Powers, W. J., Gusnard, D. A., & Shulman, G. L. (2001). A default mode of brain function. *Proceedings of the National Academy of Science 98*, 676-682.

Seligman, L. (2006). *Theories of counseling and psychotherapy: systems, strategies, and skills* (2nd ed.). Prentice Hall.

제9장

상담조력 기술

이 장은 효과적인 상담을 위한 대화의 방법인 조력 기술에 대해 학습함으로써 평생교육사로서 학습상담의 직무 역량을 개발하는 것에 목적이 있다. 내담자의 마음을 들여다보고 탐색할 수 있는 조력 기술에는 주의 집중과 경청, 재진술, 감정반영, 질문하기가 있고 자신과 상황 그리고 타인에 대해 새롭게 조망할 수 있는 통찰기법인 직면, 해석하기의 기법과 마지막으로 새로운 행동을 실행하는 것을 촉진하기 위한 기법으로서 조언 주기나 정보제공하기 등이 있다. 성인학습을 이끌어 가는 데 필수적인 상담조력 기술을 중심으로 학습해 보기로 한다.

1. 주의 집중과 경청

누군가와 대화를 할 때 상대방에게 자신의 주의를 집중하는 것은 상대방에게 제공할 수 있는 최고의 선물이라 할 수 있다. 내담자에게 그런 선물을 주고자 하는 마음으로 자신의 주의를 내담자에게 집중하여 잘 들어 준다면, 내담자는 그 자체로 감동과 사랑을 받는다고 느껴 자신의 마음을 열고 자신의 내면을 탐색할 수 있게 된다. 공자께서 말씀하시길, '말하는 것은 3년이면 학습하지만, 잘 들을 줄 아는 경청의 기술은 60년이 걸린다.' 하여 이순(耳順)이라 하였던 것처럼, 내담자의 말을 들을 때에는 내담자와 함께하는 마음으로 내담자의 입장에서 잘 들을 수 있어야 한다. 이러한 기술은 내담자가 안전하고 편안하게 느끼게 도와주고, 그들의 생각과 감정을 탐색하도록 해 준다. 상담자는 이러한 기술을 의식적으로 생각하거나 인지하지 않지만 내담자에게 큰 영향을 미칠 수 있다. 주의 집중과 경청하기 연습을 위한 소집단 활동을 통해서, 상담 면접을 위한 가장 기본적인 기술을 습득할 수 있다.

1) 주의 집중하기

주의 집중을 할 때, 상담자는 신체적으로 내담자에게 향해야 한다. 주의 집중의 목표는 상담자가 내담자의 생각과 감정에 대해 터놓고 이야기 하는 데에서 내담자에게 주의를 기울여 그들과 의사소통하고 그들을 촉진하는 것이다. 주의 집중은 모든 다른 도움을 위한 개입의 실행에 기초가 된다. 상담 회기과정에서 상담자가 눈 맞춤이나 상체 앞으로 기울이기 등을 많이 보일수록 상담자의 성별과 무관하게 내담자들은 상담자가 더 매력적이고 촉진적이라고 평정하였다(Fretz, Corn, Tuemmler, & Bellet, 1979).

주의 집중과 경청의 의사소통은 대부분 비언어적 행동을 통해서 하고 내담자의 비언어적 행동을 알아차려서 내담자들이 경험하는 것을 동시에 관찰한다. 주의 집중을 위한 비언어적 행동들(예: 눈 마주치기, 얼굴 표정, 고개 끄덕이기, 몸의 자세와 몸동작)은 동시에 나타나지만 구체적으로 어떤 행동들이 있는지 살펴봄으로써 자신의 비언어적 행동에 대해 관찰해 보기로 하자.

(1) 눈 마주치기

눈 마주치기는 중요한 비언어적 행위로서 쳐다보기와 응시는 전형적으로 대화를 시작하고 유지하거나 피하기 위해 사용된다. 응시함으로써 우리는 친밀감과 흥미, 순종, 권위를 전달할 수 있다(Hill, 2014). 눈은 대화를 관찰하고, 피드백을 제공하고, 이해함을 전달하기도 하지만 응시의 회피나 눈 마주치기의 포기 등은 고민이나 불안 또는 타인과 이야기하고 싶지 않다는 것을 표현하기도 한다.

상담 상호작용 중에 눈 마주침은 적절하게 이루어질 필요가 있다. 너무 적은 눈 마주침은 듣는 이가 흥미 없어 한다는 감정을 유발할 수 있고, 너무 잦은 눈 마주침은 불안하거나 강요당한다거나 압도당하는 감정을 일으킬 수 있다. 응시도 이와 유사하게 무례하거나 모욕적이고 위협적일 수 있다. 내담자가 편하게 느낄 수 있는 시선의 위치는 내담자의 입과 턱 사이로, 상담자는 이곳을 바라보는 것이 좋다.

여러분은 평상시에 타인을 바라볼 때, 어떻게 응시를 하는지 스스로 관찰해 보았는가? 눈 맞춤과 같은 응시의 목적은 타인의 행동 방식에 관한 정보를 수집하는 '탐색', 통합적인 대화의 흐름을 조정하려는 '조절' 그리고 느낌과 태도의 전달을 위한 '표현'의 목적이 있다(Kendon, 1967). 자신의 가정에서 시선 응시에 관해 배웠던 것을 떠올려 보자. 꾸중받을 때 당신은 어른의 눈을 똑바로 쳐다보는가? 혹은 눈길을 돌리는가? 그런 경험은 현재 권한이 있는 누군가를 바라보는 방식에 대한 자신의 생각에 어떻게 영향을 미쳤을까? 현재 동료나 또는 자신보다 권위가 낮거나 사회적 지위가 낮은 사람을 응시하는 방식은 어떠한가? 이러한 질문(MacCluskie, 2010)에 답해 봄으로써 자신이 학습한 사람을 응시하는 방식이 내담자를 바라보는 방식에 어떻게 영향을 미칠 수 있을지에 대해 성찰해 보자. 눈은 마음의 창이라는 말이 있듯이, 타인을 사랑과 연민으로 바라본다면 자신도 좋을 뿐만 아니라 상대에게는 큰 위안의 선물을 주는 것과 같다. 반대로, 눈을 부릅뜨고 상대를 제압하기 위해 응시하는 것은 상대에게 위협감을 주고 압도당하게 하는 것으로 위험한 상황이 아닌 경우에는 피해야 하는 응시의 방법이다.

(2) 얼굴 표정

우리는 얼굴 표정을 통해 많은 감정과 정보를 의사소통하기 때문에 비언어적인 의사소통에서 얼굴은 중요한 신체 부위이다(Hill, 2014). 에크만과 프리센(Ekman & Friesen, 1969)은 세계 각지의 사람들에게 얼굴 표정 사진을 통해 여러 문화에 걸쳐 같은 의미를 나타내는 표정이 있음을 밝혔다. 이를테면, 사람들은 괴로우면 눈물을 흘리고 반항적일 때 머리를 흔들며 행복할 때 웃음을 짓는다. 우리는 대부분 눈으로부터 공포와 분노를 읽으며, 대부분 입으로부터 행복을 읽는다고 한다(Hill, 2014).

상담 과정에서 상담자는 웃음을 지어 사람을 친근하게 만들며 탐색을 격려할 필요가 있다. 그러나 내담자가 심각한 문제에 대해 이야기할 때는 웃는 것은 부적절하므로 그에 맞는 적합한 표정과 걱정의 표현을 하는 것이 중요하다. 많이 웃는 상담자는 진실되지 못하거나 내담자 문제를 조롱하는 것처럼 보일 수 있다.

상담자는 얼굴 표정을 통해 의사소통을 하고 있다는 것을 자각해야 한다. 내담자가 재미있고 즐거운 이야기를 하면 함께 웃고 미소를 짓거나 슬픈 이야기를 할 때에는 눈물을 지을 수도 있어야 한다.

(3) 고개 끄덕이기

적절하게 머리를 끄덕이는 것은 내담자로 하여금 상담자가 경청하고 있고, 그들이 말하는 것을 잘 따라오고 있다는 것을 전해 주는 비언어적 행동이다. 얼굴 표정과 마찬가지로 머리 끄덕임도 적정 수준이 있다. 너무 적은 머리 끄덕임은 내담자가 함께하지 않는다고 느끼게 만들 수 있고, 너무 많으면 혼란을 유발할 수 있다. 너무 많이 머리를 끄덕이면 내담자 입장에서는 상담자가 형식적으로 내 이야기를 듣는구나라고 느낄 수 있다. 필자도 수업시간에 학생 중에 고개를 너무 많이 끄덕이는 학생이 있으면, 오히려 수업에 방해가 된다는 것을 종종 체험하게 되는데 내담자를 산만하게 할 정도로 머리를 끄덕이는 것은 주의해야 한다. 즉, 상담자로서 머리 끄덕임이 적절한지에 대해 늘 알아차리는 것이 필요하다.

(4) 몸의 자세

상담자에게 권하는 몸의 자세는 상체를 내담자 쪽으로 기울이고 팔짱을 끼거나 다리를 꼬지 않고 개방적인 자세를 취하는 것이다(Egan, 1994). 일정 시간 동안 이렇게 있는 것이 힘들 수 있지만, 이러한 자세는 내담자로 하여금 상담자가 주의를 집중하고 있다는 것을 효과적으로 전달할 수 있다.

(5) 몸동작

몸동작은 언어내용이나 얼굴 표정만으로는 얻을 수 없는 정보를 제공한다. 특히 다리와 발의 움직임은 의도적으로 인식하고 자발적으로 억제하기 힘들기 때문에 가장 비언어적인 누설의 출처가 된다(Ekman & Friesen, 1969). 발을 계속 떤다거나 다리를 흔든다면, 내담자가 무엇을 느끼고 있는지 주목해야 하고 상담자 자신도 그런 비언어적 행동을 하고 있다면 자각하고 그 의미가 무엇인지 살펴보아야 한다.

2) 경청하기

경청하기는 내담자가 이야기하는 것을 듣고 이해하는 것이다. 내담자가 단지 명백하게 말하는 것이 아닌 진짜 의미하는 것을 들으려 노력하거나 '세 번째 귀'로 경청해야 한다(Hill, 2014). 상담자는 언어적 메시지뿐만 아니라 비언어적 메시지를 듣는 것이다. 내담자는 다양한 방법으로 상담자와 대화를 하는데, 가장 명확한 것은 자신의 사고와 감정, 경험을 표현하는 데 사용하는 언어이다. 상담자는 주의 집중하기 기술과 최소한의 격려어(예: 음, 네, 아……)를 사용함으로써 내담자에게 초점을 맞추고, 경청하는 자세를 통하여 내담자가 이야기를 지속할 수 있게 할 수 있다. 상담자 관점에서가 아니라 내담자 관점에서 내담자의 경험을 이해하기 위해 경청한다. 경청하기의 열쇠는 내담자에게 온전히 주의 집중하는 것이다. 상담자는 내담자의 말을 경청하는 것뿐 아니라 비언어적인 행동을 경청하는 것을 배우는 것도 중요하다. 어떤 내담자는 언어적 메시지뿐만 아니라 다양한 방식으로 자신의 의사를 전달할 수 있는데, 상담자는 이러한 비언어적 행동에 대해 자신의 입장에서 해석하기보다는 내담자에게 직접 물어봄으로써 탐색을 촉진할 수가 있다. 예를 들어, 만일 내담자가 팔짱을 끼고 다리를 꼬고 앉아 있다고 해서 그녀가 반드시 억누르거나 방어적인 것은 아니다. 이것은 그녀가 춥거나 팔과 다리를 꼬고 앉는 버릇이 있다는 것을 의미할 수도 있다.

요컨대 경청은 내담자에게 생각이나 감정을 자유롭게 표현할 수 있게 북돋아 주며, 자신의 방식으로 문제를 탐색하게 하며, 상담에 대한 책임감을 느끼게 한다. 내담자의 말을 잘 경청해 주는 것만으로도 상담에서 내담자는 치유의 경험을 할 수 있다. 누군가 자신의 이야기를 50분 동안 주의 집중해서 들어주는 경험을 해 본다면, 상담이 일상의 대화와는 다르게 자신의 내면과 만나게 함으로써 자신에 대한 이해를 넓힐 수 있다는 것을 체험할 수 있을 것이다. 다음의 수업 활동을 통해서 주의 집중과 경청하기의 기술을 훈련해 보기로 하자.

수업 활동 9-1 상담조력 기술의 훈련: 주의 집중과 경청하기(Hill, 2014)

♣상담자, 내담자, 관찰자의 역할을 통해서 주의집중과 경청하기 기술을 연습해보자.

• 상담 상호작용에 있어서 상담자와 내담자의 과제

1. 세 사람이 한 조가 된다. 한 사람씩 돌아가며 역할을 바꿔 모두 상담자, 내담자, 관찰자 역할을 해 본다.
2. 상담자는 자신을 내담자에게 소개하고 내담자가 무슨 말을 하고 싶은지 묻는다.
   "안녕하세요. 저의 이름은 OOO입니다. 이 상담은 저의 상담조력 기술을 훈련하기 위한 것입니다. 무슨 이야기로 시작할까요?"
3. 내담자는 조금은 수월한 주제를 한두 문장으로 말한다(자기 개방하기에 안전한 주제).
   –진로/미래의 계획, 전공 선택, 대학원 진학, 친구 문제 이성문제, 학습과 학교 관련 문제, 가벼운 가족 문제, 자주성–독립 관련 갈등 문제, 인간관계 등
4. 상담자는 잠시 멈추고 나서 내담자가 말한 것을 그대로 반복해서 말한다. 많은 상담자에게 그대로 반복해서 말하는 것은 이상하게 여겨질지 몰라도 이 실습의 목표는 잘 경청하고 내담자가 말하는 것을 제대로 들었는지를 실습하는 것이다.
5. 내담자가 8번에서 10번 정도 말할 기회가 올 수 있을 때까지 계속해라. 이 과제에만 집중해 보라.

• 상담 상호작용에 있어서 관찰자의 과제

1. 다음과 관련된 상담자 행동을 관찰하고 필기하시오.
   –내담자가 말한 것을 그대로 옮길 수 있는 상담자의 능력

–주의 집중하는 행동 중 긍정적인 것과 향상이 필요한 것 각각 하나씩

2. 내담자 행동 관찰하기

–당신이 발견한 내담자의 비언어적 행동

–비언어적 행동의 의미 추론

3. 상담자와 내담자로 하여금 과제에 충실하도록 한다.

• 상담 상호작용 후 토론

1. 상담자는 어떤 주목하기 행동이 좀 편안했는지, 그리고 내담자가 말한 것을 그대로 반복한 것에 대해 무엇을 느꼈는지 토의한다.

____

____

2. 내담자는 상담자의 주목하기와 경청기술을 받는 입장에서 어떠하였는지를 이야기한다.

____

____

3. 관찰자는 상담자에게 피드백을 제공한다(긍정적/향상이 필요한 것).

____

____

2. 요약, 명료화를 위한 재진술

재진술은 내담자 말의 내용이나 의미를 반복 혹은 부연하는 것으로, 내담자의 말보다 더 짧지만 유사한 단어로 이루어져 있고 더 구체적이고 명확한 진술의 형태이다. 재진술은 가정적으로 진술할 수도 있고 직접적으로 진술할 수도 있다. 재진술의 예시를 살펴보면, 내담자가 현재 말한 것이나 상담

회기에서 말한 것과 연관되는 내용에 대해 다음과 같이 진술하는 형태이다. "당신의 부모님이 이혼하셨군요." 또는 "요약하면, 시험을 보고 나서 기분 나빠 하는 자신을 이전과 다르게 보게 되었다는 말로 들리는군요."

1) 재진술 사용의 목적

재진술을 하는 이유는 바로 상담자가 거울이나 반향판이 되어 주는 역할을 함으로써 내담자가 자신의 생각을 들어 볼 수 있는 기회를 제공하기 위함이다(Hill, 2014). 내담자 자신의 문제가 다른 사람에게 어떻게 들리는지 들을 수 있고 내담자가 문제를 명확히 하고 문제의 특정한 측면을 좀 더 사려 깊게 탐색하여 이전에는 고려하지 못했던 측면에 관해 생각하게 하는 기능이 있다. 반면, 상담자 입장에서 재진술의 기법은 내담자에게 들은 것에 대한 정확성을 확인하기 위한 방안으로 실수를 바로잡고 상담자가 내담자에게 귀 기울이며 이해해 준다고 느끼게 하는 목적이 있다. 즉, 내담자가 이미 알고 있는 것을 반복하는 대신 문제의 초점을 두고 더 깊이 이야기할 수 있도록 도울 수 있다.

2) 재진술 방법

재진술을 하는 구체적인 방법을 살펴보면, 첫째, 내담자가 가장 중점을 두는 것, 열중하는 듯 보이는 것, 의문스러워하거나 모순되어 보이는 것 그리고 탐색되지 않은 것에 주의를 기울이고 집중한다. 둘째, 내담자가 말한 것의 핵심을 파악하여 내담자의 메시지 중 가장 중요한 내용에 초점을 둔다. 셋째, 내담자의 진술보다 일반적으로 짧고 더 간결하게 진술하되, 재진술의 강조점은 다른 사람의 생각이 아닌 내담자의 생각에 두고 다음과 같은 말하기 형식을 빌려 전달할 수 있다. '제가 당신의 말을 들으니~ 인 것 같습니다, 그건 마치 ~처럼 들리는군요, 저는 ~인지 아닌지 궁금하네요, 당신은 ~라고 말하고 있군요. 그래서 ~이군요.'

일상생활에서 이와 같은 말을 구사하는 것에 익숙하지 않아서 처음에 이러한 상담의 대화 방법을 연습할 때, 부끄럽고 어색할 수도 있다. 수업 활동 9-2를 통해서, 내담자의 말을 요약하거나 명료화하기 위한 재진술을 연습해 보자.

수업 활동 9-2 상담조력 기술의 훈련: 재진술하기

• 상담 상호작용에 있어서 상담자와 내담자의 과제

1. 세 사람이 한 조가 된다. 한 사람씩 돌아가며 역할을 바꿔 모두 상담자, 내담자, 관찰자 역할을 해 본다.
2. 상담자는 자신을 내담자에게 소개하고 내담자가 무슨 말을 하고 싶은지 묻는다.
   "안녕하세요. 저의 이름은 ○○○입니다. 이 상담은 저의 상담기술을 훈련하기 위한 것입니다. 무슨 이야기로 시작할까요?"
3. 내담자는 한 주제에 대해 몇 문장으로 이야기한다.
4. 상담자는 내담자가 다음에 무슨 이야기를 할 것인가를 생각하지 말고 경청하며 듣는다. 내담자 진술 후에는 잠시 멈추고 심호흡한 후 어떤 이야기를 할 것인가를 생각하고, 내담자 진술 중에서 가장 주요한 부분에 초점을 맞춘 후 몇 개의 단어로 재진술한다. 이 실습의 목적에 맞게 감정에 초점을 두지 말고 단지 재진술을 한다.
5. 적합한 주의 집중 행동을 유지하는 것을 기억하라.
6. 5~10번 정도 반복하라.

• 상담자, 내담자였을 때 각각 무엇을 배우고 깨달았는지 소감을 나누어 보자.

3. 반영하기

반영은 내담자의 말과 행동에서 표현된 기본적인 감정, 생각 및 태도를 상담자가 다른 참신한 말로 부언해 주는 조력 기술이다. 이것은 내담자의 자기 이해를 도와줄 뿐만 아니라 내담자로 하여금 자기가 이해받고 있다는 인식을 갖게 하는 효과가 있다.

상담자는 내담자의 감정에 초점을 두고 반영하거나 내담자가 말한 내용에 초점을 두고 의미를 반영할 수가 있다. 감정의 반영은 내담자의 감정에 대한 명확한 파악을 포함하여 내담자 진술을 반복하여 말하고 재표현하는 것이다. 그 감정은 내담자가 진술한 것이나(똑같거나 유사한 단어로) 상담자가 내담자의 비언어적 행동이나 내담자의 메시지 내용에서 추론하기도 한다. 반영은 가설적으로 조심히, 또는 명확한 진술로 표현할 수 있다.

1) 감정반영의 목적

감정반영의 목적은 내담자가 자기감정을 파악하도록 하는 데 도움을 준다. 내담자가 상담자의 반영을 경청하는 것은 자신이 정말로 무엇을 느끼는지 재고하고 재검토할 수 있도록 해 준다. 감정반영은 내담자로 하여금 자신의 내적 경험으로 들어갈 수 있게 하는 이상적인 중재가 된다. 반영을 통해 상담자가 내담자를 이해하려고 열심히 노력하기 때문에 그들의 관계를 구축하는 데 도움을 줄 수 있다. 구체적인 감정 반영의 방법을 살펴보면 다음과 같다.

2) 감정반영의 방법

첫째, 내담자가 그 자신을 드러낼 때 자신이 비하되거나 당혹해하거나 수치스러움을 당하지 않고 수용되고 평가받고 존중받을 것이라고 느낄 수 있도록, 반영을 다정하게, 감정이입적으로 실행해야 한다.

둘째, '당신은 ~하게 느끼는군요.'라는 형식을 반복적으로 사용할 경우에 내담자가 짜증날 수 있으므로 형식을 변화시킬 필요가 있다. 이를테면, 감정 단어 대신 비유법을 사용하는 것도 좋다. "아, 마치 당신이 안개 속에 있는 것처럼 느껴집니다."와 같이 말이다.

셋째, 모든 감정을 반영하려 하기보다 가장 현저한 감정을 반영하는 것이 효과적인데, 내담자의 언어적, 비언어적 행동에 주의를 기울이면 내담자가 경험하는 감정에 보다 가깝게 반영을 할 수가 있다.

넷째, 과거 감정보다 현재 감정에 초점을 두고 감정의 강도도 내담자 수준에 맞춰야 할 필요가 있다. 내담자가 '기분이 괜찮아요.'라고 얘기했는데 '그러게요, 엄청 행복해 보여요.'라고 상담자가 반영을 한다면, 내담자는 아닌데 왜 그러지 하는 생각을 할 수 있기 때문에 감정 반영의 수위 조절을 조심스럽게 해야 한다.

끝으로, 내담자가 스스로 자신의 감정을 명료하게 할 수 있도록 상담자는 가설적으로 감정을 표현해 줄 필요가 있다. '당신은 화가 났네요.'라고 말하여 탐색을 가로 막을 실수를 줄이고 '아마 당신은 화가 났을 수도 있겠네요.'라고 가설적 형태로 반영을 하는 것이 내담자가 자신을 탐색하고 이해하는데 도움이 된다. 수업 활동 9-3을 통해서 구체적인 감정 반영의 방법을 연습해 보기로 하자.

수업 활동 9-3 상담조력 기술의 훈련: 감정 반영하기

- 해석으로서 감정 반영의 방법
  - 내담자가 상담자의 해석을 받아들일 수 있을 때 탐색이 깊어지는데 정확성과 수위조절이 중요하다. 다음의 방법을 통해 상담 대화의 기술을 훈련해 보자.
  - 상담자, 내담자, 관찰자 역할을 나누어서 내담자는 최근에 경험하였던 정서를 유발한 사건을 간략하게 말하고 상담자는 다음에 제시된 감정반영의 기법을 활용하여 반영을 제공하되, 5~8번 정도 연습할 수 있도록 대화를 진행한다.
  - 관찰자는 상담자와 내담자의 상호작용 모습을 핸드폰으로 비디오 촬영하여 상담자의 조력 기술에 대한 피드백을 제공한다.

"_____ 때문에	____하게 느끼시는군요."
해석적 요소 1 〈느낌의 원인과 이유〉	해석적 요소 2 〈느낌 그 자체〉

- 상담자, 내담자 그리고 관찰자였을 때 각각 무엇을 배우고 깨달았는지 소감을 나누어 보자.

4. 질문하기

질문하기는 상담에서 매우 중요한 대화의 방법이다. 우리가 사용하는 언어는 불완전하여 사람들마다 사용하는 똑같은 단어이더라도 같은 의미로 부호화되지 않는다는 사실을 전제하여 항상 그 말을 하고 있는 사람에게 물어서 정확한 의미가 무엇인지 탐색해야 내담자가 경험하고 있는 사실이 무엇인지 보다 정확하게 탐색할 수 있다. 예를 들어, 성인 학습자가 '사람들은 믿을 수가 없어요. 그래서 저는 혼자 하는 게 편해요.'라고 말하면 대부분 그렇구나 하고 넘어가는 경우가 많지만 상담에서는 '그 사람들이 누구인가요?' '언제

부터 그런 태도를 지니게 되었나요?' 등 학생이 과거 경험에 의해 또는 미래의 불안으로 개념화한 내용이 내담자에게 어떤 방식으로 영향을 주는지 탐색하고자 할 때 사용할 수 있는 중요한 상담 대화의 기법이다.

앞서 상담의 대화에서 전문적 자질에서 설명했던 디폴트 모드 신경망에 대해서 기억하는가? 이 신경망으로 인해 사람들은 저마다의 자서전적 이야기를 만들어 외부 상황에 대해 기억하고 해석하여 실제 자신이 경험한 사건과는 다르게 지각하고 표현하는 경우가 많다. 바로 질문기법은 내담자가 만들어내고 있는 빈약한 이야기 구조 속에서 실제의 사건이 무엇인지 좀 더 풍부하고 구체적으로 살펴보기 위한 대화의 방법이다. 이야기 속에서 생략되었거나 지나치게 편향된 방식으로 이야기를 할 때 실제로 일어난 것이 무엇인지 경험의 진짜 모델을 탐색하는 방향으로 질문을 할 필요가 있다(김계현, 2002).

바람직한 질문의 형태는 개방적이고 명확하며 알아듣기 쉬워야 한다. '예, 아니오'로 답변하게 되는 폐쇄형 질문 또한 사실을 확인하기 위해 필요한 형태이지만 내담자의 상황, 감정, 사건 등의 내용, 방법, 시기, 장소 등의 상세한 답변을 요구하기 위해서는 육하원칙에 근거하여 질문하는 개방형 질문이 보다 바람직하다. 그러나 '왜'라는 질문은 상담 장면에서 논란이 되는 것으로, 내담자로 하여금 취조를 당하는 느낌을 주기 때문에 대안 질문을 사용하는 것을 권하고 있다. 질문의 기초기술과 내담자의 빈약한 이야기 속에서 생략된 부분을 메꾸는 질문과 일반화 현상을 구체화기 위한 질문하기 방법에 대해 알아보자.

1) 질문의 기초 기술

문장형태를 달리 함으로써 질문에 대한 대답을 조절하는 기술로서 열린 질문(개방형 질문)과 닫힌 질문(폐쇄형 질문), 직접 질문과 간접 질문, '왜'라는 질문에 대해서 살펴보자.

첫째, 열린 질문과 닫힌 질문의 기술이다. 질문기법을 연습하게 하면 많은 학생이 의외로 닫힌 질문을 훨씬 더 많이 사용하는데 일상의 대화에서 열린 질문보다는 닫힌 질문을 사용하는 것이 익숙하기 때문일 것이다. 열린 질문은 폭넓고 다양한 응답을 얻고 싶을 때 하는 질문으로 '시험이 끝났는데 기분이 어때요?'와 같이 다양한 답을 기대할 수가 있다. 반면에 닫힌 질문은 제한된 응답을 요구하는 질문으로, '시험이 끝났는데 기분이 홀가분하지요?'와 같이 내담자의 이야기를 제한적으로 들을 수 있다.

둘째, 직접 질문과 간접 질문의 형태로 질문을 할 수가 있다. 의문문의 형태로 끝나는 질문이 직접 질문으로 '지난 한 주일 동안 무슨 일이 있었나요?'라고 질문하는 것이다. 반면, 간접 질문은 문장의 형태는 의문문이 아니지만 의미상으로 의문문인 것을 말한다. '지난주에 어떤 큰일이 있었는지 궁금하네요!'와 같이 간접적으로 조심스럽게 질문하는 방법이라 하겠다.

셋째, '왜' 질문과 그 대안적 질문 기술이다. 앞서 언급하였듯이, '왜' 질문은 상담에서 논란이 되고 있는 질문형태로 내담자에게 책임추궁, 도덕적 비난, 행동비판 등의 의미를 줄 수 있어 가급적 다른 질문으로 대체하는 것이 좋다. 다음의 예를 살펴보자.

- 왜 질문: '그 곳에 가지 말라고 선생님이 말했는데, 왜 또 갔어요?'
- 대안적 질문: '무엇인가 당신을 그곳에 또 오게 하는 힘이 있나 보죠? 그 힘이 뭘까요?'

이 두 질문을 짝과 함께 선생님과 학생의 역할을 번갈아 가면서 해 본다면, '왜'라는 질문과 대안적 질문의 차이를 확연하게 느낄 수가 있을 것이다.

2) 생략된 부분을 메꾸는 질문

내담자가 꺼내 놓는 이야기를 경청하며 생략된 부분들을 메꿔 가면서 질문하는 방법이다. 주어가 확실하게 있는지를 확인하고 필요한 경우 주어를 말하게 하거나 술어에 보충이 필요한지를 판단하고 필요시에 생략된 부분을 보충할 수 있도록 질문한다. 예를 들어, '화가 났어요.'라고 내담자가 말했다면, '누구에게? 무엇에?'와 같이 생략된 주어와 목적어를 설명할 수 있도록 질문을 하는 것이다. 이러한 생략 현상을 빨리 감지하는 데 도움이 되는 몇 가지 힌트가 있다.

첫째, 비교급과 최상급의 표현에서처럼 '보다, 더, 가장, 최고, 제일' 등의 어구에는 생략이 많다. '이것이 가장 쉬운 일이지요?'라는 반응에서 생략된 내용을 메꾸는 질문을 한다면, '어떤 일들 중에서 가장 쉽다는 의미인가요?'라고 질문하는 방법이다. 즉, '누구보다? 어떤 점에서?'와 같은 질문을 통해 생략된 부분을 보충하기 위한 질문을 하는 것이다.

둘째, '~해야만 한다, ~해서는 절대 안 된다.'와 같은 극단적 표현을 할 경우에, 내담자는 자신의 경험을 제한하고 있기 때문에 열린 마음으로 자신의 상황을 보게 하기 위해서 다르게 질문할 필요가 있다. 예를 들면, '이번에 전산세무 2급 자격증을 반드시 따야 해요.'라고 한다면, '그렇지 않으면 어떠한데 반드시 이번에 따야 하나요?'라고 질문할 수가 있다.

3) 일반화 현상 다루기

내담자가 일반화하여 말할 경우에 구체적인 사실 정보가 생략되어 있어 상담 개입의 방법으로서 질문을 할 필요가 있다. 내담자가 지시대상이 없는 불확실한 단어나 구절로 말할 경우에, 지시 대명사가 구체적으로 무엇인지 확인하는 질문을 한다. 예를 들어, '아무도 내 말을 듣지 않아요.'라고 일반화하여 말한 경우에, 상담자는 '아무도란 누구를 말씀하는 건가요?'라고 질문을 함으로써 '아무도'라는 지시 대명사가 누구를 말하는 것인지를 탐색하는 것이다.

'모두, 누구나, 다, 아무도, 전혀, 절대, 완전히' 등의 단어를 사용하여 절대 일반화하는 경우에도 내담자의 일반화가 절대적인 것이 아니고 예외가 있음을 깨닫도록 상담 개입으로서 질문을 활용할 수가 있다. 다음의 예시를 살펴보자.

■ 내담자: 내 말에 귀 기울이는 사람 하나도 없어요.

■ 상담자: 당신 말에 조금이라도 귀 기울인 사람이 한 명도 없다는 말인가요?

예시에서처럼 우리는 부지불식간에 경험을 일반화하는 경우가 종종 있다. 이럴 때에 내담자가 있는 그대로 보고 표현할 수 있도록 상담자는 내담자로 하여금 맹점을 보게 함으로써 열린 마음을 갖고 세상을 볼 수 있게 도와줄 수가 있다. 수업 활동 9-4를 통해서 다양하게 질문하는 방법에 대해서 연습해 보자.

수업 활동 9-4 상담조력 기술의 훈련: 질문하기[1)]

• 앞서 배운 내용을 바탕으로 생략된 부분을 메꾸기 위한 질문을 작성해 보자.

1) "나는 대학에 가야만 한다." ____________________

2) "그는 대학에 안 갈 수 없단다." ____________________

3) "서클활동에 너무 깊이 빠지면 안 된다." ____________________

---

1) 김계현(2002) 카운슬링의 실제에서 발췌(p. 206-207)

4) “내가 두 여자를 동시에 사랑한다는 것은 있을 수 없다.” ____________________

5) “어느 누구도 두 사람을 동시에 사랑할 수 없다.” ____________________

6) “아무도 날 좋아하지 않을 것이다/좋아하지 않는다.” ____________________

7) “그 이야기는 차마 꺼낼 수 없다.” ____________________

8) “나는 내 안의 감정을 말로 표현 못 해요.” ____________________

• 일반화 현상을 다루기 위한 질문기법을 토대로 다음의 연습 문제에 답을 작성해 보자.

1) “아무도 내 말을 듣지 않아요.” ____________________

2) “난 언제나 조금이라도 불편할 듯한 상황은 미리 피하곤 하지요.” ____________________

3) “나는 개를 무서워해요.” ____________________

4) “사람이란 모름지기 남을 위해서 살아야 해요.” ____________________

5) “그녀를 만나는 건 우리에게 너무 고통스런 일이지요.” ____________________

6) “너무 자세한 것은 이야기하지 않기로 하지요.” ____________________

7) “누구나 때로는 그런 식으로 느끼지 않나요?” ____________________

5. 정보제공하기

정보제공이란 직·간접적인 문제해결, 의사결정, 피드백 제공을 위해 사람, 활동, 행사, 자원, 대안, 결과나 절차에 관한 자료 또는 사실을 말로 전달하는 방법이다. 아마도 성인 학습자들과 상담을 할 경우에 가장 많이 활용하는 상담조력 기술일 것이다. 초심 상담자의 경우에, 내담자들이 정보를 요청할 즉시 정보를 제공해야 하는 것으로 알고 있는데 반드시 그렇지 않다. 먼저 정보제공의 유형들에는 어떤 것이 있는지 살펴보고 효과적인 정보를 제공하는 원칙과 방법에 대해 학습한 후에, 연습해 보기로 하자.

1) 정보제공의 유형

상담 과정에서 상담자가 제공하는 정보의 유형은 크게 다섯 가지 정도로 분류할 수가 있다(Hill, 2014). 이에 대해 간략하게 살펴보면 다음과 같다. 첫째, 상담 과정에 대한 준비 설명 및 관련 정보의 제공이다. 내담자 역할, 상담의 대가와 이득, 상담 과정에 포함된 경험에 대해 준비시키는 정보를 제공하여 상담을 구조화할 수 있다. 상담에 대한 준비와 설명을 통해 상담을 더 잘 받아들이고, 계속해서 나아가려는 동기를 갖게 되며 상담에 보다 적극적으로 참여할 수 있게 된다.

둘째, 내담자가 규정된 방식으로 해 나갈 수 있도록 돕기 위해 설명과 지침을 제공하는 것이다. 내담자가 습득하거나 강화하거나 약화시키거나 버릴 필요가 있는 내담자 행동에 대한 정보 및 심리 검사 절차에 대한 설명이나 행동 변화를 위한 구체적 방법을 제공하고 새로운 행동을 시도할 때 경험할 수 있는 잠재적 결과에 대해 안내하는 것 등이 포함된다.

셋째, 내담자가 가지고 있는 관점을 확인시켜 주거나 바꾸거나, 확장시켜 주기 위해 피드백을 제공할 수가 있다. 피드백은 상담자가 내담자의 행동 또는 행동의 영향에 대하여 그들에게 정보를 제공하는 것이라 정의할 수 있다. 피드백의 예시를 살펴보면 다음과 같다.

- '당신은 역할극에서 자신에 대해 아주 명료하고 간결하게 표현했어요.'
- '당신은 많이 웃었으며, 변화를 꾀하는 데 더 개방적인 것 같아 보여요.'
- '나는 당신이 이완 훈련 동안 당신의 발을 톡톡 차는 것을 알아챘어요.'
- '정말 잘하셨어요. 의사 결정하는 어려운 일을 시작했네요. 그러나 당신이 어떤 예를 제시해 줄 수 있었으면 좋겠어요.'

이와 같이 피드백을 제공할 경우에 유의해야 할 점은 실질적이고 구체적이며 가급적이면 긍정적 측면에 대해 제공하는 것이 좋다는 것이다. 내담자에 대한 피드백은 상담자가 내담자의 행동에 관해 개인적 관찰을 제공하고 있다는 명백한 이해와 함께 조심스럽게 주어져야 한다. 평가적인 표현보다는 묘사적 표현을 사용하고, 약점 전에 강점을 강조하는 것이 내담자가 피드백을 듣는 것을 쉽게 한다. 불유쾌한 정보 제공 시에는 적절한 정도의 지지적이며 비언어적 행동을 보이면서 전달하고 특히, 제7장에서 학습한 'I-Message' 기법을 통해 전달하는 것이 효과적이다. 브래머와 맥도널드(Brammer & Macdonald, 1996)는 효과적인 피드백이 내담자의 자기 인식을 높여 주고 그것은 행동의 변화를 이끈다고 제안했다.

넷째, 내담자의 생각을 수정하거나 재조직하고 새로운 의미를 줄 수 있는 관점을 재구성하는 데 도움이 되도록 대안적 관점을 제공하는 것 또한 정보를 제공하는 것이다. 방어적 반응을 줄이면서 문제를 직시하여 새로운 방식으로 행동하도록 도와주기 위해 피드백 차원에서 정보제공을 시도할 수 있다. 내담자가 받아들일 수 있는 것이 무엇인지 고려한 후 상황이나 행동에 대한 새로운 명칭 또는 의미를 붙여 줌으로써 대안적 관점을 재구성할 수 있게 할 수 있다. 예를 들어, 내담자가 '제 인생에서 있어서 지금은 실패의 연속의 시점이에요.'라고 말할 때 상담자는 '연속된 실패 속에서 한편으로는 새롭게 배우고 성장할 수 있는 기회의 시점이기도 하지요.'라고 반응하는 것을 말한다.

다섯째, 내담자 관심사와 관련된 정보를 제공하거나 정보를 탐색할 수 있는 출처를 직접적으로 제공하는 것이다. 내담자가 요구하는 정보를 제공할 경우에는 내담자가 목표를 정한 후 사용해야 한다. 또한 내담자가 기존에 알고 있는 정보의 질과 양에 대해서 탐색함으로써 대안을 넓히거나 특정 대안의 잠재적 결과를 파악하고 잘못된 정보를 바로잡을 수 있는 기회를 마련할 필요가 있다. 내담자의 문제와 관련된 다양한 정보를 제공할 수 있는 정보의 출처에 대해서 상담자는 숙지해야 할 필요가 있는데 대표적으로 진로(커리어넷: http://www.careernet.re.kr, 워크넷: http://www.work.go.kr 등), 성(청소년 성 상담실: http://www.ahsex.org, 가족보건복지협회: http://www.ppfk.or.kr), 법률(대한법률구조공단: http://www.klac.or.kr), 평생학습(국가평생교육진흥원: www.nile.or.kr, 국가평생학습포털 늘배움 서비스: http://www.lifelongedu.go.kr) 등에 대한 정보를 미리 찾아보고 안내할 필요가 있다. 효과적인 상담자는 내담자가 필요한 것과 그것을 얻을 수 있는 방법에 대한 정보를 안내하는 방식으로 정보를 제공해야 한다.

〈표 9-1〉 **정보제공의 유형**

유형	정보출처	내용	예
준비설명	프로그램지침, 기관 방침, 절차 설명	상담 및 프로그램 과정, 절차 안내	상담 및 프로그램 과정에 대한 전반적 설명
설명/지침	설명서, 절차 설명	제안한 행동을 설명하는 정보, 실행방법, 잠재적(긍정, 부정) 결과	내담자 역할 , 검사실시 설명문
피드백	각종 평가 및 검사 자료	개인적 특성 및 수행 능력에 관한 정보	각종 평가 및 검사 결과
대안적 관점 (재구성)	사건, 자원, 사람 등	상황을 설명하는 대안적 준거 틀	적응적 사고, 긍정적 관점
지식정보	참고자료, 자료은행, 웹 사이트	사건, 자원, 사람 혹은 대안들에 관한 정보	정보탐색기술, 학업, 성, 직업, 법률, 의료정보

2) 효과적인 정보제공의 방법

내담자가 정보를 요구할 때 즉각적으로 정보를 제공하는 것은 적절하지 않다. 내담자의 현재 욕구와 목표에 맞을 때에 제공하는 것이 가장 잘 받아들이게 되는 시점이다. 효과적으로 정보를 제공하기 위해서 다음 몇 가지 사항에 대해 고려해야 한다.

첫째, 내담자가 필요한 정보를 활용하여 실행할 의도에 대해서 살펴보아야 한다. 상담자는 자신이 제공하고자 하는 정보가 내담자가 이미 알고 있는 정보일 수도 있기 때문에 내담자가 관심 있는 정보에 대해서 내담자는 어떤 정보를 가지고 있으며, 어떤 정보가 필요한지에 대해 우선적으로 탐색해야 한다. 또한 지금 이 시점에서 정보를 제공하는 것이 적절한가에 대해서도 내담자의 욕구와 목표의 측면에서 살펴보아야 한다.

둘째, 정보를 제공할 시에는 내담자 능력에 맞게 단계적으로 분할하여 제공하는 것이 보다 좋다. 내담자가 미처 준비되지 않았는데 너무 많은 정보를 제공할 경우에, 오히려 내담자의 실행력을 떨어뜨릴 수 있는 문제가 있다.

셋째, 정보를 제공할 때에 상담자는 공감적이고 예의 바른 태도로 제공할 필요가 있다. 상담이 전문적 활동이라고 해서 내담자는 아무것도 모른다고 전제하고 마치 자신은 모든 것을 아는 전문가인 양 정보를 제공하게 되면, 아무리 좋은 정보라 할지라도 내담자가 오히려 거부할 수 있다. '세상에서 가장 믿을 수 없는 정보는 전문가로부터 나온 사적인 의견이다.'라는 생각을 항상 염두에 두고 자신이 아는 게 전부가 아니라는 것을 알고 있으면서 내담자에게 새로운 정보를 알려주는 자세가 필요하다.

끝으로, 정보제공 후 내담자의 반응을 확인하여 적절한 개입이었는지 가늠해 볼 필요가 있다. 예를 들어, '얼마나 도움이 되었는지 모르겠네요. 제가 드린 정보를 듣고 어떠하셨는지 말씀해 주실 수 있을까요?'라고 질문한다면 내담자가 정보에 대해 갖는 감정과 태도 표현이 용이하게 되어 정보를 수용하고 활용할 가능성이 높아지게 된다.

수업 활동 9-5 상담조력 기술의 훈련: 정보제공하기

• 정보제공 조력기술을 연습하기 위해 다음의 내담자 반응에 대해 상담자 반응과 그 반응을 하는 상담자 의도를 적어 보자.

〈연습 1〉

내담자: 선생님, 이 검사 결과가 무엇을 말하는지 도통 모르겠어요. 설명 좀 해 주세요.

상담자 반응: ______________________________

〈연습 2〉

내담자: 저는 미국의 명문대학으로 유학을 가고 싶어요. 하버드나 예일대학이요. 그런데 하버드나 예일대학에도 서양화 전공이 있나요? 두 개 대학 중 어떤 곳도 좋아요. 제 전공을 살려서 갈 수 있는 대학을 알고 싶어요. 그리고 어떻게 갈 수 있는지도 알려 주세요.

상담자 반응: ______________________________

〈연습3〉

내담자: 전문상담교사가 되고 싶은데 어떻게 될 수 있나요?

상담자 반응: ______________________________

6. 직접적 안내(조언)

직접적 안내(direct guidance)는 상담자가 제안하는 것, 지시를 주는 것, 혹은 상담 장면 외에서 내담자가 해야 한다고 생각하는 것에 대하여 충고나 조언을 제공하는 것으로 정의 할 수 있다(Hill, 2014). 다음의 예시를 살펴보자.

'잠이 안 와서 다음 날 직장에서 실수하면 어떡하지 하는 근심이 떠오를 때, 그냥 눈만 감고 가만히 누워 있어도 쉬는 것이니까 그냥 쉬어야지.'라고 속으로 말해 보세요.

직접적 안내는 확고한 지식과 경험에 기초한 신뢰받는 상담자가 내담자가 무엇을 해야 도움이 될 수 있는지에 대한 좋은 방법을 제시하는 것으로, 이론적 근거가 명확할수록 내담자에게 도움이 될 수 있다. 앞의 예시의 경우, 자신이 충분히 잠을 자지 못하면 일상생활에 지장이 올 것이라는 내담자의 잘못된 추론에 대해 그냥 누워 있어도 우리 몸과 마음은 휴식을 취한다는 사실을 바탕으로 수면에 대한 태도 변화에 대한 안내를 제시한 것이다.

직접적 안내 또는 조언을 줄 때에 몇 가지 고려할 사항이 있다. 첫째, 상담자는 직접적 안내를 사용하기 전에 자신의 의도에 대하여 생각해야 한다. 자신이 전문가라는 인식을 내담자에게 심어 줄 의도로 직접적 안내를 하는 것인지, 내담자가 변화하지 않고 머물러 있어 상담자 자신이 답답하여 제시하려고 하는 것인지 등 그 의도에 대해 잘 살펴볼 필요가 있다.

둘째, 상담자는 내담자가 충고를 들을 준비가 되어 있기 때문에 이 기술을 사용하고 있음을 확실히 해야 한다. 모든 상담 대화의 기술은 내담자에게 치유적 도움이 되는 방향에서 이루어져야 하기 때문에 직접적 안내나 조언을 줄 경우에도 내담자에게 도움이 될 것인지에 대한 확신이 중요하다.

셋째, 상담자는 내담자의 동기를 평가하기 전까지는 직접적 안내를 해서는 안 된다. 만약 내담자가 '저 남편과 헤어질까요?'라고 질문을 할 때, 상담자는 섣불리 조언을 해서는 안 된다. 내담자가 직접적 안내를 요구 할 때 상담자는 이것이 직접적인 요구에 의한 것인지 의존적 감정에 대한 표현인지를 구별해야 한다. 어떤 내담자는 상담자가 조언에 대한 자신의 요구를 무시할 때 종종 부정적 반응을 보이기도 한다. 이럴 때에는 내담자의 감정에 대해 개방적으로 이야기하게 함으로써 상담자의 조언이 왜 필요하고 조언을 준다면 어떻게 활용할 것인지에 대한 동기를 탐색하는 것이 선행되어야 한다.

넷째, 상담자는 자신이 도움을 줄 수는 있지만 내담자에게 그것을 따르도록 강요할 수는 없다는 것을 알아야 한다. 직접적인 안내의 문제는 문제해결에 대한 책임감을 자칫 잘못하면 내담자에서 상담자에게로 옮겨 놓음으로써 의존성을 강화하는 문제를 야기할 수 있다. 반대로 상담자가 너무 많은 직접적 안내를 사용하고 충고를 따르도록 요구하는 상담자를 내담자가 무시한다면, 긴장과 저항 혹은 반항까지도 야기할 수 있다. 따라서 직접적 안내와 조언은 내담자의 동기에 대한 탐색과 적절한 시점에 대해 내담자에게 도움이 되는가에 대한 고려 후에 이루어져야 한다. 수업 활동 9-6을 통해서 직접적 안내(조언)에 대해 연습해 보기로 하자.

수업 활동 9-6 상담조력 기술의 훈련: 직접적 안내(조언)

♣ **다음의 예시를 읽고 질문에 답해 보자.**

• 다음 내담자 반응 중 가장 효과적인 조언의 시기로 판단되는 반응은?

예 1) 저는 내성적인 성격인데 어떻게 하면 외향적이고 사교적인 성격을 가질 수 있습니까?

예 2) 요즘 가정문제가 복잡해져서 공부에 집중할 수 가 없습니다. 어떻게 하면 좋겠습니까?

예 3) ○○의 물건을 훔쳤는데, 너무나 탐이 나서 그것을 저의 체면을 손상시키지 않고 돌려주는 방법이 없을까요?

예 4) 공부에 투여하는 시간은 남보다 많은데 성적에 대한 효과는 없어요. 어떻게 하면 좋을까요?

♣ **다음 절차에 따라 내담자가 요구하는 사항에 대한 직접적 안내(조언)를 연습해 보자.**

* 내담자: 여자 친구와 헤어져야 할까요?

<u>절차 1: 예비절차</u>

–예) 이런 구체적인 문제를 가지고 왔군요. 이 상담을 통해 문제해결에 필요한 구체적인 의사결정이나 방안을 얻어 간다면 만족할 수 있을 듯한데 당신의 생각은 어떠한가요?

–구체적인 의사결정 또는 지시나 조언을 얻는 것이 상담의 1차적 목표임을 명백하게 규정한 후에, 조언을 주어야 한다.

<u>절차 2: 고려해 본 생각, 시도해 본 것에 대한 질문</u>

–예) 이전에 여자 친구와 갈등을 경험할 때 어떻게 하셨나요?
–어떤 노력과 시도도 해 보지 않았다고 하다면, 내담자가 문제해결을 향한 동기 수준이 낮고 해결 가능성에 대한 무력감이 있을 수 있다. 변화하고자 하는 의지에 대해 격려하고 내담자 수준에 맞는 행동 대안에 대해 탐색해 보게 한다.
–내담자가 행했던 시도가 있었으나 별로 효과적이지 않았다고 한다면, 그런 노력에 대한 격려 후, 대안적 방안에 대해 조언을 제공한다.

절차 3: 조언의 수용과 실천에 대한 언어화 및 확인
–예) 당신은 지금 나에게 조언을 구하고 있는데, 내가 조언하면 당신은 나의 조언을 받아들일 의향이 있는지 궁금합니다.

절차 4: 한 가지 아이디어
–한 가지 이상의 아이디어를 제공하는 것은 피해야 한다.

절차 5: 조언에 대한 내담자의 생각 묻기
–예) 저의 조언이 당신에게 어떻게 도움이 될지 궁금합니다.
–정확하게 의도와 내용을 이해했는지 확인할 필요 있다.
–지시와 조언의 실행에 대한 잠재적 결과 검토 가능하다.

참고문헌

김계현(2002). 카운슬링의 실제(2판). 학지사.

이장호, 정남운, 조성호(2010). 상담심리학의 기초. 학지사.

Brammer, L., & Macdonald, G. (1996). *The helping relationship: Process and skills*. NY: Allyn & Bacon.

Egan, G. (1994). *The skilled helper: A problem-management approach to helping*. CA: Brooks/Cole.

Ekman, P., & Friesen, W. V. (1969). The repertoire or nonverbal behavior:

categories, origins, usage and coding. *Semiotica, 1*, 49-98. http://doi.org/10.1515/semi.1969.1.1.49

Fretz, B. R., Corn, R., Tuemmler, J. M., & Bellet, W. (1979). Counselor nonverbal behaviors and client evaluations. *Journal of Counseling Psychology, 26*(4), 304-311.

Kendon, A. (1967). Some functions of gaze direction in social interaction. *Acta Psychologica, 26*, 22-63.

Hill, C. E. (2014). *Helping skills: Facilitating exploration, insight, and action* (4th ed.). Washington DC: American Psychological Association.

MacCluskie, K. (2010). *Acquiring counseling skills: Integrating theory, multiculturalism, and self-awareness*. NJ: Pearson/Merrill.

제10장

상담이론

이 장은 성인 학습자를 위한 상담 직무를 수행하기 위해 필요한 기초 지식인 상담의 이론에 대해 정신분석적 상담이론과 인간중심적 상담이론 그리고 인지행동적 상담이론(합리적 · 정서적 상담, 인지주의 상담, 마음챙김에 기반한 상담) 세 가지를 중심으로 살펴보고자 한다. 현존하는 상담 및 심리치료의 이론이 무려 400여 개가 된다고 하는데 그 모든 이론을 다 이해하고 적용할 수는 없다. 일반적으로 상담자는 특정한 이론에 대해서 좀 더 전문적인 훈련을 쌓아 가기 마련이지만 인간의 마음을 이해하고 설명하는 대표적인 상담이론에 대해서 어느 정도 숙지하고 적용할 수 있는 역량을 갖추는 것은 상담자의 전문가적 태도를 견지하는 중요한 윤리적 행위이다.

평생교육사로서 학습상담 직무를 수행하기 위해 인간의 심리적 문제의 원인과 행복에 이르는 방법에 대해 설명하는 상담이론을 학습한다면 성인 학습자들이 경험하는 내면적인 어려움들에 대해 보다 더 쉽게 이해할 수 있게 된다. 성인 학습자들을 이해하고 이들에게 적용할 수 있는 대표적인 상담이론에 대해서 각 이론이 취하고 있는 인간관과 심리적 부적응의 원인을 설명하는 핵심 개념, 행복한 삶을 살아가기 위한 상담의 목표와 과정에 대해 살펴보기로 한다.

1. 정신분석적 상담이론

프로이트(Sigmund Freud, 1856~1939)에 의해서 창시된 정신분석 상담이론은 인간의 마음에 영향을 주는 '몸'의 요소를 강조한 이론으로 인간의 동물적 측면을 부각시켜 인간의 불합리한 모습을 이해하는 데 기여한 이론이다. 프로이트가 뱀장어의 생식기를 연구한 이력에서도 알 수 있듯이 인간을 이해하는 데 있어서 생물학적 관점에서 접근하여 인간 행동은 기본적인 생물학적 충동과 본능을 만족시키려고 하는 '욕망'에 의해 동기화되는 것으로 가정하였다. 여러분은 이에 대해 얼마나 동의하는가? 인간은 동물과 다르다는 것에 대해서 당연하게 받아들이고 있고 인간은 합리적 존재라는 관점의 철학이 우세한 시절에, 정신분석 상담이론은 인간이 가지고 있는 동물적 속성을 파헤치고 그 욕망이 인간의 성격 발달과 정신 병리에 어떻게 영향을 주는지에 대해 분석함으로써 인간이 지니고 있는 마음의 본질에 대해 보다 심층적인 이해를 할 수 있는 계기를 마련하였다는 점에서 타의 추종을 불허하는 이론으로 자리매김하게 된 게 아닌가 싶다.

구체적으로 정신분석적 상담이론이 지향하는 인간에 대한 기본 관점인 인간관과 성격 발달 이론, 심리적 문제의 원인과 상담 과정과 방법에 대해서 간략하게 살펴보기로 하자.

1) 인간관: 인간에 대한 기본 관점

프로이트가 보는 인간은 비합리적이고 결정론적인 존재이다. 동물과 마찬가지로 인간 또한 생물학적 욕망이 있는 몸을 지닌 존재이기 때문에 욕망을 따라 행동을 할 수밖에 없다는 존재라는 것이다. 프로이트가 말하는 욕망은 생명을 유지하기 위한 자기 보존적 욕망(예: 식욕, 수면욕, 배설의 욕구)과 종족을 보존하기 위한 성적인 욕망을 말한다. 자기보존적 욕망을 충족시키기 위해서 인간은 성욕에 비해 큰 갈등을 경험하지 않는다. 배고프면 밥을 먹고, 잠이 오면 수면을 취하는 데 있어서 심리적으로 갈등을 하지 않고 그 욕망을 충족시킬 수 있는 조건이 주어지면 얼마든지 충족이 가능하다. 그런데 성욕은 좀 다르다. 성적인 욕망이 일어난다고 해서 성욕을 바로 충족시킬 수 있는가? 만약 그렇다고 한다면 동물과 크게 다르지 않을 것이다. 인류가 진화할 수 있었던 것은 종족을 보존하는 욕망을 사회적 합의에 따라 조절해 온 결과이기 때문에 성욕을 충족시키는 문제는 무의식적 수준에서 심리적 갈등을 유발하게 된다.

프로이트는 이러한 욕망을 성적이며 공격적인 충동으로서 비합리적인 강한 힘으로 작용해 인간의 행동을 주도하는 것으로 보았다. 이러한 심리 성적 에너지를 리비도라 하였고 리비도가 어디에 집중되느냐에 따라서 성격 발달 양상이 다르다고 가정하였다. 즉, 인간의 성격은 어린 시절의 경험들과 심리 성적인 에너지에 의해 결정된다고 보았다. 인간의 외적인 행동이나 감정 혹은 생각은 외적인 환경이 아니라 모두 정신 내적인 원인, 즉 심리적 동기에 의해 결정되고 이러한 원인들은 개인의 자각 범위를 넘어선다고 보는 무의식적 정신 결정론의 입장을 취하고 있다.

2) 성격 발달

프로이트는 앞서 설명한 인간에 대한 두 가지 기본 관점을 바탕으로 인간의 성격 발달에 대해 설명하였다. 인간을 움직이게 하는 힘인 정신적 에너지, 즉 심리 성적 에너지인 리비도가 집중되는 부위가 다르다는 가정에 따라 성격이 발달한다는 이론을 제안하였다.

(1) 정신적 힘으로서 추동

추동(drive)이란 인간으로 하여금 어떤 행위를 하게 만드는 정신적인 힘이며 욕구, 본능, 충동 등과 비슷한 의미로 사용되기도 한다. 'drive'의 사전적 의미인 '몰다, 운전하다, 이끌다, 조종하다'에서 알 수 있듯이, 인간을 움직이게 하는 정신적 힘, 정신적 에너지라는 의미에서 본능이라 하지 않고 본능적 추동이라는 용어를 사용한 듯하다. 오늘날 본능적 추동에 근거한 초기 프로이트 이론을 이의 없이 추동 심리학이라 부른다(최영민, 2010).

프로이트는 두 가지 기본 추동—성적 추동인 리비도와 공격적 또는 파괴적 추동인 타나토스—에 의해서 인간의 마음이 움직이게 된다고 보았다. 1920년『쾌락의 원리를 넘어서』라는 책을 통해 자기소멸과 파괴를 향한 죽음 본능(타나토스)에서 유래하는 공격적 욕구 또한 인간 행동의 주된 동력이 된다고 제안하였다. 예를 들어, 유아가 엄마를 사랑하기도 하지만 미워하기도 하고 애착을 보이면서도 떼를 쓰고 공격을 하는 것에서 우리에게 이중 본능이 있음을 알 수 있다.

결국 인간의 발달이란 인간에 내재되어 있는 동물적 속성인 추동을 현실에 맞게 조정해 나가는 방법을 터득하는 과정이라 할 수 있다. 심리적 부적응의 문제는 본능적 욕구를 현실에 맞게 조정해 나가는 데 실패하여 나타난 결과인 셈이다. 예를 들어, 남을 미워하고 원망하는 마음이 들어 상대를 향해 욕을 하고 소리를 지르며 공격적인 행동을 하는 성인이 있다고 한다면, 이런 행동은 정신분석 상담 관점에서는 상대를 공격하고 싶은 본능적 욕구를 조정하지 못해 발생한 심리적 문제로 본다는 것이다. 많은 범죄자나 사회 부적응자의 행위들은 자신 안에 있는 성적인 욕망이나 공격적 욕망을 현실에 맞게 조절하지 못해 비롯된 것으로 그런 행위를 하는 순간만은 결코 인간일 수 없는 것이라 하겠다.

(2) 성격의 구조

프로이트는 인간의 성격이 원초아, 자아, 초자아의 삼원 구조로 이루어진다고 본다. 인간의 마음에 영향을 주는 신체는 살기 위해 동물적 근성인 본능적 욕구가 있을 수밖에 없다. 이를 원초아라고 한다. 원초아는 쾌락의 원리에 의해 인간을 움직이게 하지만 현실적 상황에서 사람들은 본능적 욕구를 있는 그대로 충족시키는 것이 어렵다. 사회적 동물로서 진화한 인간이 자신의 욕망을 조절하기 위해 원초아로부터 자아가 파생되어 현실 원리에 기초하여 무의식적인 원초아의 욕구들은 억압될 수밖에 없다. 이러한 억압된 본능적 욕구들은 무의식 속에 잠재하고 있어 자각하지는 못하지만 개인의 삶에 많은 영향을 미치게 된다. 초자아는 사회화 과정에서 보다 이상적인 인간이 되기 위해 사회적 규범이나 가치관 그리고 양심에 기초한 행위를 하게 하는 성격의 구조이다. 사람들이 무언가 잘못된 행동을 했을 때 수치심과 죄책감을 느끼는 것은 초자아의 활동 결과라 하겠다(이장호 외, 2010).

제7장에서 학습한 뇌과학에 기반한 학습 전략 부분에서 사람들의 뇌가 파충류, 구포유류, 인간의 대뇌 신피질로 구성되어 있다는 것을 기억하는가? 파충류의 뇌와 구포유류의 뇌는 프로이트가 말하는 자기 보존적인 욕망(추동)과 성 본능을 지닌 인간임을 알 수 있게 하는 생물학적 근거가 될 것 이다. 프로이트는 비록 뇌과학이 발전한 시대에 살지는 않았지만 인간을 움직이게

하는 동물적 요소가 어떻게 인간의 발달에 영향을 미치는지 그리고 인간다운 인간으로 살아가기 위해서 정신 내적으로 어떤 일들이 벌어지는지에 대해 정말로 깊은 이해를 하고자 열정을 다 바친 정신의학자이자 심리학자가 아닌가 싶다.

원초아와 자아, 그리고 초자아 간의 성격 역동이 갈등하지 않고 조화를 이룰 수 있다면 우리는 건강한 성격이라 할 것이다. 오늘날의 뇌과학의 용어를 빌려 설명한다면, 전전두엽 피질에 의해서 자신의 욕망을 조절하면서 자신이 무엇을 원하는지 관찰하고 원하는 것을 현실 원리에 기초하여 충족시킬 수 있는 사람이 프로이트가 상상했던 인간다운 인간이 아닐까 생각한다.

(3) 심리성적 성격 발달

프로이트는 인간을 움직이게 하는 정신적 에너지인 리비도가 집중되는 신체 부위에 따라서 구강기(0~1세), 항문기(2~3세), 남근기(4~6세), 잠복기(6세 이상), 그리고 사춘기 이후의 생식기를 통해 성격이 발달한다고 보았다. 프로이트에 의하면, 성격 발달의 중요한 시기는 구강기에서 남근기의 6세까지라 할 수 있다. 이 세 단계의 시기에 어떤 경험을 하느냐에 따라 이후의 성격 발달은 큰 영향을 받게 된다. 정신분석 상담이론이 한 인간을 이해하는 데 있어서 과거 성장배경과 아동기 경험, 특히 남근기까지의 발달 과정을 중요하게 다루는 이유가 여기에 있다.

3) 심리적 문제의 발생

앞서 설명한 성격의 세 가지 구조, 즉 원초아와 자아 그리고 초자아 간 기본적인 갈등을 조화롭게 해결하지 못하게 되면 심리적 문제가 발생한다고 본다. 이때 현실원리에 기초하여 원초아와 초자아 사이의 갈등을 중재하는 자아의 역할이 중요하다. 자아는 불안이나 정신적 갈등에 대처하기 위해 방어기제를 사용한다. 방어기제란 자아가 무의식적 충동을 방어하고 조절하기 위해 사용하는 정신적 대처의 방법들을 말한다. 원초아의 쾌락 원리대로 세상을 살아갈 수 없기 때문에 자아는 원초아의 본능을 현실에 맞게 수정하거나 충족을 지연시키고 다른 것으로 대치하는 방법 등을 사용한다.

성인기의 심리적 발달 특성에서 살펴보았던 미숙한 방어기제는 주로 아동기에 사용하는 것으로, 심리적으로 발달하면서 점차 성숙한 방어기제를 활용할 수 있을 때 정신적 건강을 유지할 수가 있다. 그런데 만약 자아가 방어기제를 사용하여 욕구충족 과정에서 맞게 되는 여러 가지 압력을 적절히 처리하지 못하게 되면, 최후의 방어수단을 동원하게 되는데 바로 심리적 증상이 발생하게 된다. 심리적 증상 또한 자신을 보호하는 수단이 되는 셈이다. 원초아의 충동이 그대로 실현되는 위험보다는 심리적 고통이 훨씬 낫기 때문이다(이장호 외, 2010).

4) 상담의 목표와 과정

정신분석 상담의 목표와 과정 그리고 주요 상담 방법에 대해서 간략하게 소개하면 다음과 같다.

(1) 상담목표

정신분석적 상담의 궁극적인 목표는 내담자가 가지고 있는 자기 행동의 무의식적 동기를 각성하여 의식수준에서 행동할 수 있는 성격으로 변화할 수 있도록 돕는 것이다. 자아의 기능을 강화하여 심리적 증상과 관련된 정신 내적 원인을 해결하여 심리적 문제를 해소하는 뿌리치료라 할 수 있다. 즉, 심리적 증상 제거나 완화에 초점을 두기보다는 심리적 증상을 일으킨 근본 원인인 무의식적 충동이나 갈등을 해결하여 치유하는 상담이론이라 하겠다.

타인과의 관계에서 경험하는 자신의 느낌이나 생각 그리고 행동에 대해서 그 원인이 무엇인지 의식적 수준에서 스스로 이해할 수 있다면 마음에 걸림이 없이 평정한 마음을 찾을 수가 있다. 프로이트는 무의식을 의식화한다면 아주 풍요로운 삶을 살아갈 수 있다고 보았다. 인간의 무의식에 대해 빙산의 일각으로 비유하는데, 바다 밑에 가려진 자신의 무의식을 수면으로 끌어올려 의식하게 된다면, 본래부터 우리에게 있는 지혜의 보배를 되찾는 것이나 다름이 없을 것이다.

(2) 상담의 진행과정

정신분석 상담은 시작, 전이 발달, 전이의 해결단계, 훈습을 거쳐 진행이 된다. 상담초기에 내담자는 자유연상을 통해서 자신의 주관적 느낌이나 생각 등이 자신의 정신 내적 경험에서 비롯된 것임에도 불구하고 상담자에게 점차 투사를 키워 나간다. 이때 상담자는 거울의 역할을 함으로써 내담자는 상담자에게 전이현상을 일으키는 전이 발달 단계로 진입하게 된다. 전이란 내담자가 중요한 인물들에게 느꼈던 감정이나 생각을 상담자에게 귀인하는 현상을 말한다. 이 단계에서 내담자는 과거를 재구성하고 어린 시절의 감정과 갈등이 표면화되어 재경험을 하게 된다. 상담자는 전이를 다루어 나가면서 내담자가 과거와 현재의 경험 사이의 유사점들을 탐구할 수 있도록 전이를 분석하고 해석의 작업을 통해 전이를 해결할 수 있도록 돕는다.

훈습의 단계는 무의식적 갈등이 어떻게 현실생활에서 나타나고 있으며 그에 대한 깨달음을 어떻게 적응적 행동으로 실천할 수 있는지를 검토하며 변화하는 점진적 과정이다. 무의식적 심리 역동에 대한 통찰을 얻고 이에 대한 훈습의 과정을 통해 내담자는 변화할 수 있게 된다.

(3) 주요 상담 방법

정신분석 상담에서 사용하는 주요 방법은 자유연상, 저항이나 전이 그리고 꿈의 분석과 해석 등이 있다. 첫째, 자유연상이란 어떤 대상과 관련하여 마음에 떠오르는 생각, 감정, 기억들을 자유롭게 이야기하도록 하는 것이다. 자유연상을 하는 과정에서 증상과 관련된 과거의 경험이나 기억들이 차츰 드러나게 되며, 상담자는 이를 통해 내담자의 증상이 무의식적으로 어떤 의미를 지니는지를 이해하게 된다.

둘째, 해석은 상담자가 내담자의 꿈, 전이, 저항 등의 의미를 내담자에게 설명하고 가르치는 방법이다. 이러한 상담자의 해석을 통해 내담자는 자신의 문제에 대해 알지 못했던 무의식적 내용들을 의식적 수준에서 이해하고 수용할 수 있게 된다. 해석의 방법은 내담자가 자신의 문제에 대한 통찰을 할 수 있는 준비가 되었을 때 시도하는 것이 유용하다. 여기서는 전이의 해석과 저항의 해석에 대해 살펴보자.

앞서 설명한 전이 현상은 내담자가 상담 장면에서 무의식적인 소망을 드러내는 것으로 왜곡이 담겨 있다. 내담자가 상담자에게 경험하고 있는 감정은 초기 아동기에 경험한 부모와의 관계에서 비롯된 생각, 감정, 기억들에서 비롯됨에도 불구하고 무의식적으로 현재의 상담자에게 그 감정을 투사하기 때문이다. 전이의 해석은 전이 현상에서의 왜곡을 내담자에게 설명하고 이해시키는 것이다. 한편, 저항의 해석은 내담자가 상담에 협조하지 않는 모든 행동들인 저항의 의미를 이해하고 설명하는 방법이다. 예를 들어, 상담 시간에 지속적으로 늦게 온다거나 상담 과정에서 아무런 말을 하지 않는다거나 심지어 상담 과정에서 자신의 탭북을 꺼내 작업을 하는 등의 비협조적인 행동을 한다면 이것은 다루어야 할 중요한 저항의 현상이라 하겠다. 자신의 무의식을 탐사하는 과정은 두렵고 고통을 다시 경험해야 하기 때문에 저항할 수밖에 없다. 필자가 상담했던 한 내담자는 자신이 지난 몇 년 동안 애써서 서

랍 속에 차곡차곡 넣어 둔 것들을 왜 다시 꺼내게 하느냐면서 화를 내며 과거 경험에 직면하는 것에 대해 저항을 보였다. 이럴 때에는 충분히 꺼려질 수 있다는 마음을 공감하고 저항 현상에 대해 적절하게 해석을 함으로써 내담자가 자신의 심리적 고통에 대면할 수 있도록 이끌 필요가 있다.

수업 활동 10-1 정신분석 상담이론의 적용: 자신과 타인 그리고 세상에 대한 이미지 탐색

1. 부모님과 자신과의 관계에 대해 생각해 보자. 여러분이 매우 어렸을 때 부모님은 여러분에게 어떻게 하셨는가? (떠오르는 대로 여러분의 경험을 바탕으로 얘기해 보자)
   만약 부모님이 여러분의 동생을 양육하는 모습을 여러분이 관찰했다면, 부모님의 양육 양식에 대한 어떤 통찰을 가지고 있을 것이다. 여러분이 어렸을 때 받았던 양육이 현재 대인관계에서 각자가 지니는 자신 및 타인에 대한 기대와 행동에 어떻게 영향을 미치는지를 한 단락 정도로 기록해 보자(성격 발달 단계에 따라 기억나는 대로).

2. 기록 후, 자신과 자신이 그동안 맺어 온 대인관계에 대해 새롭게 깨달은 점에 대해서 조원들과 이야기를 나누어 보자.

5) 성인학습 상담에의 적용

정신분석 상담이론은 개인을 이해하는 데 아동기 경험이 중요하고 겉으로 드러난 감정과 행동은 모두 원인이 있다는 것을 강조한다. 만약 성인 학습

자가 학업불안이나 대인관계 갈등, 불편한 정서 등 다양한 부적응 문제로 인해 학업의 지속이나 효율적인 학습에 어려움을 겪는다면, 정신분석 상담이론에 기초해 볼 때 과거의 힘들었던 경험이 원인이 되어 다양한 형태로 성인 학습자의 성장과 발달을 방해할 수 있다는 것을 이해할 수가 있다(조성연, 박미진, 문미란, 2010). 따라서 평생교육사들은 성인 학습자가 드러내는 문제 행동이나 심리적 어려움에 대한 원인이 무엇인지는 모르지만 나름의 이유가 있을 수 있다는 것을 전제하여 판단을 보류하고 성인 학습자로 하여금 과거 경험에 대해 탐색해 볼 수 있도록 도움을 주는 것이 필요하다. 마음이 편해야 학습도 즐겁게 할 수 있기 때문에 심리적 문제가 있어 보인다면 상담을 받을 수 있도록 안내를 하는 것도 평생교육사의 역할이다. 또한 성인 학습자들 중에는 자녀 양육을 병행하며 학습을 하는 경우가 많은데 초기 아동기 경험과 성장 배경을 강조하는 정신분석 상담이론에 기초하여 이들이 호소하는 자녀 양육에 관한 어려움을 해결할 수 있도록 정보를 제공할 수가 있다.

2. 인간중심적 상담이론

인간중심적 상담이론은 칼 로저스(Carl Rogers, 1902~1987)에 의해 창시된 상담이론으로 인간의 자유 의지를 강조하는 관점을 취한다. 인간 행동의 동기에 대해 우리가 자각하지 못하는 무의식적 추동에 의한 것으로 설명한 정신분석적 상담이론과 달리, 인간중심 상담이론은 인간에 대해 스스로 원하는 것을 선택하여 이룰 수 있는 존재로 보고 이미 자기를 실현할 수 있는 기본적 동기와 능력을 지닌 것으로 가정한다. 즉, 우리 인간은 자신의 삶에 대한 통제력을 갖고 있어서 원하는 대로 이룰 수 있고 존재 그 자체로만으로도 이미 행복한 삶을 살아갈 수 있는 무한한 잠재력과 가능성을 지녔다고 가정한다.

말로만이 아니라 실제로 우리 인간은 무한한 가능성을 지닌 존재이다.

프로이트는 인간이라는 존재가 욕망이 가득하여 그 욕망을 조절하면서 아등바등 살아가는 존재의 모습을 강조하였다면, 로저스는 우리가 꿈에서나 그리는 천상의 마음을 지닌 존재로 인간을 바라보는 것으로 이해할 수 있다. 원하는 대로, 꿈꾸는 대로 우리 모두는 이미 다 실현할 수 있는 그 자체로 완전한 존재라는 것을 믿기만 한다면 우리는 정말로 행복한 삶을 살아갈 수 있을 것이다. 이 말만 들어도 그냥 행복하지 않은가? '매 순간순간을 최선을 다해 살아가길…… 지금 그리고 여기에서(Living up to every moment, here and now)'. 로저스가 한 멋진 말이다. 때로는 삶이 지치고 힘들 때, 지금 이 순간에 현존하기를 연습하다 보면 우리는 본래부터 완전한 유기체임을 다시 확인할 수가 있다. 이러한 믿음을 바탕으로 상담자가 내담자를 존중하고 대한다면 내담자는 어느새 자신이 잠시 보지 못한 자신의 잠재 가능성을 실현시킬 수 있을 것이다. 상담 장면에서뿐만 아니라 주변의 모든 사람에 대해 이러한 믿음을 발휘할 수 있다면, 바로 인본주의 삶의 철학이 되는 것이다.

성인 학습자의 독특한 학습 현상을 설명하는 성인학습 이론에서 학습했던 전환 학습이론, 경험 학습이론, 자기주도 학습 이론 모두 바로 로저스의 인간중심적 상담이론을 바탕으로 발전된 이론들이다. 인간중심 상담이론의 관점에서 평생학습을 하는 이유는 아마도 육신으로 인한 욕망에서 벗어나 인간으로서 좀 더 고차원적인 자아를 실현해 나아가기 위함일 것이다. 지금부터 인간중심적 상담이론이 지향하는 인간에 대한 기본 관점인 인간관과 성격 발달이론, 심리적 문제의 원인 및 상담 과정과 방법에 대해서 간략하게 살펴보기로 하자.

1) 인간관

인간중심 상담이론은 인간에 대한 긍정적 시각을 갖고, 인간을 합목적적이고 건설적이며, 현실적 존재인 동시에 아주 신뢰할 만한 선한 존재로 바라본다(김계현 외, 2009). 로저스는 모든 유기체는 자신을 성장시키려는 자연적인 경향성을 지니고 있고 그러한 경향성을 건설적으로 발현하기 위해 살아가는 것으로 보았다. 로저스에게 있어서, 인간은 자신의 가능성을 능동적으로 펼쳐 가는 긍정적인 존재로서 끊임없이 인격적으로 성숙해 가는 존재이다.

(1) 실현 경향성: 인간행동의 동기

로저스에 의하면, 인간은 태어나는 순간부터 자신의 잠재력을 개발하여 보다 가치 있는 존재로 성장하려는 선천적인 성향인 실현 경향성을 가지고 있다. 즉, 누구나가 자신의 잠재력과 가능성을 실현하려는 유기체의 타고난 경향성인 실현 경향성이 있기 때문에 마음껏 원하는 것을 이룰 수 있다고 본다. 현재의 시점에서 자신이 뜻하는 바가 잘 이루어지지 않아 불행하다고 느낄 수 있더라도 자신의 잠재력과 가능성이 부족해서가 아니라 아직 자기 안에 있는 무한한 가능성의 보배를 발견하지 못했을 뿐이라고 본다. 따라서 인간중심 상담은 바로 내담자가 자신이 지닌 실현 경향성대로 다시금 살아갈 수 있도록 촉진적 분위기를 제공하여 스스로 자신의 가능성을 발견할 수 있도록 촉진하는 것에 주력한다.

(2) 지금-여기

앞서 잠깐 설명하였듯이 인간중심적 상담이론은 정신분석에서처럼 과거의 경험이 현재의 행동을 결정한다고 보는 것과는 달리, 인간이 오직 지금 이 순간 여기에서 어떻게 느끼고 생각하느냐에 따라 행동하는 것으로 본다. 오늘의 나를 결정하는 것은 온전한 존재로서의 유기체가 지각하는 지금-여기에서의 경험, 즉 현상적 장인 개인의 주관적 실제의 세계이다. 현상적 장은 매순간 개인의 의식에 지각되고 경험되는 모든 것을 의미한다. 예를 들어, 성인학습 및 상담론을 학습하고 있는 지금-여기에 함께 존재하고 있는 수강생들의 수만큼 현상적인 장이 존재한다고 할 수가 있다. 어느 누구도 지금-여기에서의 경험이 같을 수 없고, 유기체로서 경험하는 현상적인 장이 각자에게 중요하듯이 타인에게도 그들의 현상적 장은 중요하기 때문에 서로 무조건적으로 존중할 필요가 있다. 로저스가 말하는 유기체는 본능적으로 내장되어 있는 감각적 반응뿐만 아니라 계획적이고 사려 깊은 생각과 경험하는 정서 모두를 있는 그대로 수용하는 전체로서의 개인을 말한다.

인간중심 이론에서 존재의 의미는 '거기와 그때(there-and-then)'에 있는 것이 아니라 '지금-여기(here-and-now)'에 있다(이장호 외, 2010). 과거보다는 지금 여기에서 경험하는 현상적 장에서 참된 가치와 의미를 발견하는 것이 중요하다.

2) 성격 발달

로저스의 성격 이론에서 가장 중요한 구성개념은 자기(self)와 자기개념(self-concept)이다(권석만, 2012). 자기는 유기체가 경험하는 현상적 장에서 분화되어 발달한다. 자기에 대한 인식은 어린아이가 내면에서 지각되는 경험과 타인에 대한 경험을 구별할 수 있게 되면서 발달하게 된다. 부모로부터 사랑을 받으며 성장하면서 현재 자신이 어떤 사람인지에 대한 인식으로 자기개념이 형성된다. 정신이 건강한 개인은 현재 자기의 모습을 반영하는 현실적 자기와 중요한 타인에게서 긍정적 존중을 받기 위한 가치조건을 반영한 이상적 자기가 일치한다. 가치의 조건이란 중요한 타인이 부여한 가치에 의해 그 경험을 긍정적 또는 부정적으로 평가하는 것으로, 가치조건을 자기개념의 일부로 내면화한 아이는 이러한 가치조건과 일치하지 않는 경험을 불쾌한 것으로 여기게 된다. 만약 내면화된 가치의 조건화가 심하다면, 유기체가 경험하는 것과 이상적 자기와의 불일치가 지속되어 결국 심리적 부적응의 문제를 일으키게 된다.

3) 심리적 문제의 원인

인간은 누구나 실현경향성이 있어서 유기체적 가치화를 통해서 자신이 어떻게 느끼는가에 따라 경험을 평가한다. 만약 긍정적 존중을 받게 되면 긍정적인 자기 존중에의 욕구가 충족되어 자기에 대한 개념과 유기체가 경험하는 것이 일치하여 스스로 잠재력을 발현하며 건강하게 살아가게 된다. 그러나 다음의 [그림 10-1]에서처럼, 만약 한 개인이 긍정적 존중에의 욕구를 충

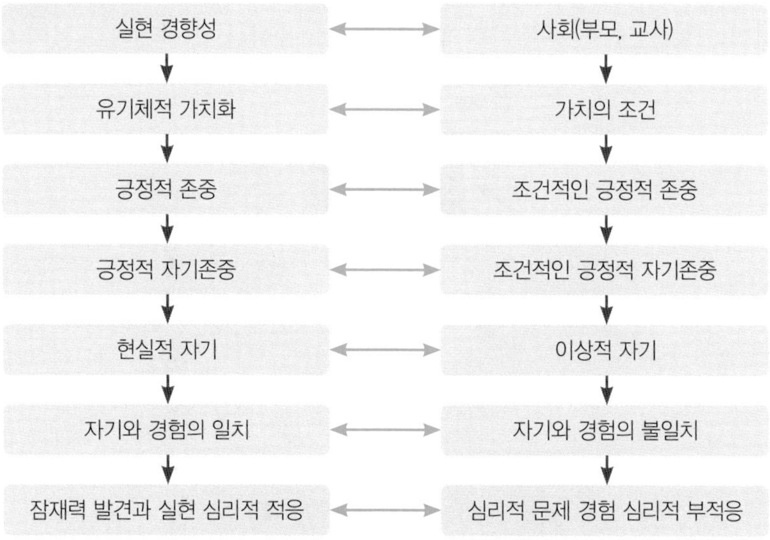

[그림 10-1] **로저스의 심리적 적응과 부적응 모델(권석만, 2012)**

족시키기 위해서 자신이 처한 가정환경에서 가치의 조건화를 통해 조건적인 긍정적 존중을 받게 된다면, 자기와 경험의 불일치로 인하여 진정한 자신으로 살아가지 못하고 심리적 부적응을 경험하게 된다. 따라서 로저스의 상담이론은 현재 상황에서 느끼는 감정과 경험이 중요하다.

4) 인간중심적 상담의 목표와 과정

(1) 상담의 목표와 원리

인간중심적 상담의 목표는 내담자로 하여금 '충분히 기능하는 사람'으로 성장하도록 돕는 것이다. 내담자의 자발성을 증가시키고 보다 생동감 있게 살아나갈 수 있도록 조력함으로써 일반적으로 계속적인 성장의 방향으로 나아가게 하는 것에 강조를 둔다. 충분히 기능하는 사람의 특성을 살펴보면, 첫째, 자신의 유기체적 경험을 자기개념과 일치하는 것으로 받아들여 통합함으로써 심리적으로 건강하다. 둘째, 자기를 신뢰하고, 외부의 가치나 권위적인 타인의 영향을 덜 받으며, 자신의 경험을 두려움이나 방어적 태도 없이 있는

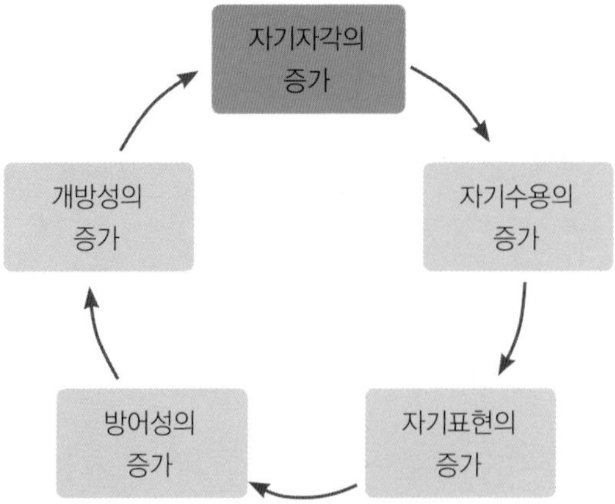

[그림 10-2] **인간중심적 상담의 원리(권석만, 2012)**

그대로 받아들인다. 셋째, 자신의 행동과 결과에 대해 책임을 지면서 자유롭게 자신의 삶을 생산적인 방향으로 주도해 가는 특징이 있다.

인간중심적 상담이론의 상담 원리는 자기 경험에 대한 자각을 높여 자기에 대한 수용과 자기 표현을 증가시키고 방어를 감소시키며 경험에 대한 개방성을 증가시키는 선순환을 촉발하는 것에 있다. [그림 10-2]에서 볼 수 있듯이, 선순환 과정에서 내담자의 실현 경향성이 나타나고 충분히 기능하는 사람으로 성장한다(권석만, 2012).

(2) 상담의 방법

인간중심적 상담이론은 특정한 상담 과정과 방법을 강조하기보다는 상담자와 내담자의 진실한 관계를 강조한다. 상담자는 내담자를 향한 무조건적 긍정적 존중과 공감적 이해 그리고 진실한 태도를 통해 촉진적인 관계를 형성하여 내담자로 하여금 실현경향성을 발현해 나아갈 수 있도록 돕는다. 특히 가장 중요한 태도로서 진실하다는 것은 상담자가 자신의 경험에 대해 솔직하고 꾸밈이 없고 거짓말을 하지 않는 태도를 말한다. 예를 들어, 알지 못하는데 안다고 내담자에게 말을 한다거나 자신의 전문성을 보여 주기 위해 박사 수료인데 박사학위가 있는 것처럼 얘기한다면 진실한 상담자라 할 수 없을 것이다. 그냥 있었던 일을 진실하게 말 할 수 있는 솔직한 상담자에게서 나타나는 진솔한 태도는 자연스럽고 꾸밈이 없기 때문에 내담자에게 편안함과 말할 수 있는 용기를 준다.

로저스는 상담의 과정을 성격의 변화가 일어나는 과정으로 보았다. 자기에 대한 자각이 증가하게 되면 자기 수용이 높아지고 자기에 대한 표현이 확장되면서 성격의 고정성으로부터 변화하는 실체로, 경직된 구조들로부터 유동적인 구조로 변화되어 간다고 보았다. 상담자는 촉진자의 역할을 수행하여 내담자가 상담 과정에서 배운 것들을 일상의 관계에서 새롭게 적용할 수 있도록 조력함으로써 내담자는 자신의 문제에 대해 책임을 갖고 주체적으로 문제를 해결할 수 있게 된다.

5) 성인학습 상담에의 적용

인본주의 학습이론에서도 살펴보았듯이, 로저스의 인간중심적 상담이론은 심리상담뿐만 아니라 교육, 기업체 등 다양한 조직에 영향을 미치고 있다. 주변의 모든 사람을 존중하고 실현 가능한 존재로 믿고 바라보는 사회적 분위기가 형성된다면, 그런 세상은 우리가 바라는 행복한 세상으로 변화할 수 있을 것이다. 평생교육사는 이와 같은 인간중심적 상담이론이 지향하는 인간관을 바탕으로 성인 학습자를 맞이하고 성인 학습자의 성장과 발전에 격려하고 힘을 북돋아 주어, 성인 학습자 스스로 무한한 가능성을 실현해 갈 수 있도록 해야 한다.

수업 활동 10-2 인간중심적 상담이론의 적용(Corey, 2017)

• 다음의 질문에 각자의 의견을 작성해 보고 조원들과 함께 이야기를 나누어 보자.

1. 여러분은 내담자(성인 학습자)가 상담자의 많은 조언이나 충고 없이도 자신의 문제를 이해하고 해결할 능력을 가지고 있다는 생각을 어느 정도로 믿는가?

2. 인간중심 상담이론은 상담자의 진솔성을 매우 강조한다. 여러분은 내담자(성인 학습자)와의 관계에서 얼마나 진실할 수 있다고 확신할 수 있는가?

3. 인간중심 상담이론은 내담자(성인 학습자)와의 상담 관계를 중요시한다. 여러분은 내담자와 어떤 관계를 맺고 싶은가?

4. 공감은 인간중심적 상담의 핵심 요소이다. 내담자(성인 학습자)를 공감하는 능력을 키우기 위해 여러분이 할 수 있는 일은 무엇이 있을까?

3. 인지행동적 상담이론

인간의 마음을 구성하는 인지, 행동, 정서, 신체의 요소들이 서로 어떻게 마음에 영향을 주는지에 대해 통합적으로 살펴볼 수 있는 인지행동적 상담이론에 대해서 학습해 보자. 인지행동적 상담이론은 정신분석 상담이론과 달리, 상담의 진행이 빠르고 단기간에 문제를 해결하는 데 초점을 두고 매뉴얼화되어 있기 때문에 상담 현장에의 적용가능성이 높다는 장점이 있다. 인간중심적 상담이론이 인간의 성격적 변화와 성숙을 목표로 한다면, 인지행동적 상담은 심리적 문제를 해결하는 것을 우선적으로 두고 문제해결 이후에 좀 더 궁극적인 차원의 상담 목표를 추구하는 특성이 있다. 단기간 상담을 진행하고 문제해결에 초점을 두는 목표 지향적 특성으로 인해 학교 상담이나 기업체 상담 그리고 교육 기관 등에서 좀 더 많이 활용되고 있다.

인지행동적 상담이론에는 여러 가지 상담이론이 있는데 전통적인 인지행동적 상담이론과 제3의 물결로 지칭이 되는 마음챙김 명상에 기반한 상담이론으로 구분할 수가 있다. 전통적인 인지행동적 접근의 상담이론과 마음챙김 명상에 기반한 인지행동적 상담이론은 인간의 심리적 문제를 바라보는 관점이 전혀 다르다. 기존의 인지행동적 상담은 건강한 정상성에 대해 가정하여 의학적 모델에 기반해 질병과 증상은 비정상의 상태로 고쳐야 하는 것으로 바라보는 반면에, 마음챙김에 기반한 상담은 건설적이지 않은 게 정상이라는 가정을 취한다. 즉, 적응과 부적응이라 구분 짓는 것이 아니라 변화무쌍한 맥락에서 심리적 불편함에 대해 상대적 적응과 부적응의 상태로 본다. 심리적 고통에 대해서 잘못된 상태라 보는 것이 아니라 인간의 삶 자체가 심리적 고통을 겪을 수밖에 없다고 바라보고 심리적 고통의 보편성을 수용하는 관점을 취한다.

지금부터 성인 학습자들의 학습 문제와 다양한 삶의 문제를 이해하고 이를 해결하는 데 인지행동적 상담이론의 활용 가능성에 대해 살펴보기로 한다. 구체적으로 인지행동적 상담이론의 인간관에 대해 살펴본 후, 엘리스(Ellis)의 합리적 · 정서적 행동 상담이론과 벡(Beck)의 인지 치료 그리고 제3의 물결인 마음챙김에 기반한 상담이론에 대해 중점적으로 살펴보기로 한다.

1) 인간에 대한 기본 관점

인지행동적 접근에서는 감정이나 행동도 중요하지만 사람들이 어떻게 생각하느냐에 따라 감정이나 행동이 달라진다고 가정한다. 감정이나 행동은 우리가 어떻게 생각하느냐에 따라 영향을 받게 된다. 인간은 합리적이고 올바른 사고와 비합리적이고 올바르지 못한 사고를 모두 할 수 있는 존재이므로 인간의 문제행동은 비합리적 사고에 의해 형성된다고 본다. 즉, 특정한 사안에 대해 부정적인 생각을 하기 때문에 부정적인 정서를 느끼게 되고, 결국 문제행동을 하게 된다는 것이다. 예를 들어, 친구가 문자로 "내일 만나기로 한 거 말이야…… 미안하지만 다음으로 미루자. 내가 몸이 아프거든." 이라고 보내 왔다. 이럴 때, 어떤 사람은 정말 그런가 보다 하고 "그래, 다음에 만나자, 몸조리 잘해."라고 답 문자를 마음 편하게 보내기도 하지만 어떤 사람은 그 문자를 받고 화가 난다면, 그 이면에 어떤 생각이 깔려 있는지를 들여다 볼 필요가 있다. "날 만나기 싫어서 거짓말 하는 것일 거야."라고 생각했기 때문에 화가 올라오지만 그 화나는 감정이 상대방으로 인해서 화가 났다고 귀인한다면, 이 사람은 비합리적인 사고로 인해 일상생활에서 좀 더 불편한 정서를 많이 경험할 가능성이 높을 수밖에 없다.

2) 합리적 · 정서적 행동상담

알버트 앨리스(Albert Ellis, 1913~2007)가 창시한 것으로 인지변화를 통해 정서와 행동변화를 이끌어 내고자 하는 상담이론이다. 앞에서 제시된 예시처럼, 인간의 심리적 문제는 외부사건 자체 때문이 아니라 사건에 대한 잘못된 인식과 비합리적 생각의 산물로 간주된다. 내담자의 비합리적 신념에 직면하여 논박을 통해 합리적 신념으로 변화를 유도하는 것이 중요한 합리적, 정서적 행동 상담의 원리이다. 엘리스에 의하면, 인간은 합리적이고 올바른 사고를 할 수 있을 뿐만 아니라 비합리적이고 왜곡된 사고를 할 수도 있는 존재이기도 하다. 오히려 역기능적으로 생각하는 경향성을 지닌 존재이다.

(1) 비합리적 신념

비합리적 신념이란 당위적 요구를 기반으로 형성되어 주변에서 일어나는 사소한 사건을 과잉일반화하게 하여 부적절한 정서와 자기 파괴적 행동을 유발하는 일련의 사고를 말한다. 이러한 비합리적 신념은 현실을 과장하거나 왜곡한 것이며 강요나 명령의 형태를 지닌다. 또한 과도한 감정을 유발하고 개인의 목표를 달성하는 데 도움을 주지 못하는 특성이 있다. 반면에 합리적 신념은 어떤 사건에 대해 판단하지 않고 가능성을 보며 희망과 소망을 반영한다. 많은 선택권과 해결책이 있다고 보기 때문에 문제해결과 건설적 행동을 촉진하는 특성이 있다. 예를 들어, 한 남성이 여자 친구가 헤어지자고 하자 자신은 살 말한 가치가 없고 여자 친구와 함께 하지 않는다면 난 죽는 게 낫다며 자살만이 이 사태를 해결할 수 있는 유일한 해결책이라 생각한다면, '이별은 죽음이다.'라는 비합리적 신념으로 인해 다른 대안들을 볼 수 없는 심각한 상황에 처한 것이라 할 수 있다. 〈표 10-1〉에서 다양한 비합리적 사고의 유형을 살펴볼 수가 있다.

〈표 10-1〉 **비합리적 사고의 유형**

개념	내용
과잉일반화	• 파국화, 왜곡, '견딜 수 없어' 메시지, 의무주의사고, 완벽주의화 사고에 의해 발생
파국화	• 일상생활 속의 소소한 일을 '끔찍한, 파멸적'인 등과 같이 강한 감정이 섞인 말로 표현하는 것
왜곡	• 선/악, 천사/악마, 옳음/그름 등과 같이 모든 것을 양분법적으로 범주화하는 것
'견딜 수 없어' 메시지	• 자신이 도저히 참을 수 없거나 대처할 수 없는 일이거나, 모욕을 당해 왔다거나 특정한 일로 무기력해졌다거나 등과 같은 정서적 가정을 하는 것
의무주의 사고	• 다른 사람에게 '반드시 ~해야 한다.', 또는 '반드시 ~해서는 안 된다.'라는 의미의 말로 도덕적 요구와 의무를 이행해야 함을 강조하는 것
완벽주의화 사고	• 자신에 관한 모든 것이 항상 완벽할 것이라고 가정하는 것 • 사소한 실수도 엄청난 정신적 타격으로 간주

(2) 상담의 목표

상담의 목표는 내담자의 자기 파괴적인 신념을 줄이고, 내담자가 보다 합리적이고 현실적이며 관대한 신념과 인생관을 갖게 하여 더욱 융통성 있고 생산적인 삶을 살아가도록 내담자를 돕는 것이다. 상담자는 교사와 같이 기능하고 내담자는 자신의 문제에 대하여 통찰을 얻고 난 후 자기를 파괴하는 행동을 변화하기 위하여 적극적으로 실천해야 하는 역할에 충실해야 한다.

(3) 상담 과정

상담의 과정은 다음의 도식에서 살펴볼 수 있듯이, ABCDEF 모형으로 설명할 수가 있다. ABC는 비합리적 신념이 정서 문제를 야기하는 과정이고 DEF는 치료의 과정이다. 내담자가 겪는 심리적 문제(C)는 선행사건(A) 때문이 아니라, 그 사건에 대해 내담자가 가지는 신념체계(B)라 보는 것이다. 상담의 과정에서 상담자는 내담자의 비합리적 신념(iB)의 부당성을 적극적으로 논박(D)하여 그것을 합리적 신념(rB)으로 변환함으로써 정서적 건강을 되찾게 하는 효과(E)를 얻게 되는 것이다. 이 모형은 단기상담의 틀로 실행될 수 있다. 특히 내담자가 이해하기 쉽고 향후 스스로 돕기 위한 방법을 제공한다는 이점이 있다.

A(선행사건; Activating events) ▶ iB(비합리적 신념; irrational Beliefs) ▶

C(결과; Consequences)

▼

D(논박; Disputing)

▶ rB(합리적 신념; rational Belief) ▶ E(효과적인 관점; Effective philosophy)

▶ F(효과; new Feelings and behaviors)

[그림 10-3] **ABCDEF 모형**

(4) 상담기술

상담의 기술은 비합리적 신념을 포착하고 비합리적 신념을 논박하기 위한 인지적 기술(소크라테스식 문답법), 정서적 · 환기적 기술(합리적 정서 심상법, 유머), 그리고 행동 변화를 위한 행동적 기술(합리적 역할극, 대처 진술 숙달시키기 등)로 구분이 된다. 논박, 과제제시, 독서법, 자기진술, 수용 등 행동주의 상담에서 사용되는 많은 기술을 그대로 사용한다. 논박하기는 이성적 판단에 근거하여 내담자의 신념이 부적응을 초래하는 비합리적이라는 사실을 인식하게 하여 학생의 비합리적 신념을 합리적 신념으로 대체할 수 있도록 돕기 위한 기법이다. 이러한 상담기술은 다른 이론적 접근에 비해 설득적이고 지시적이며 교수적인 특징이 있다.

수업 활동 10-3 합리적 · 정서적 행동 상담이론의 적용

1. 최근 불쾌한 감정을 경험한 것을 떠올려 보고 ABCDE 모형에 따라 자신의 비합리적 신념을 확인하고 논박하는 것을 적용해 보자.

예시)

A: 인사평가에서 상사에게 평균 점수를 받았다.

B: 내 상사는 나를 더 칭찬해야 해. 내가 얼마나 열심히 일하는지 모르는 멍청이.
그렇게 열심히 일하고도 받아야 할 만큼의 평가를 받지 못하는 것은 끔찍한 일이야.

C: 분노, 수치심, 직장을 잃을지도 모른다는 불안감/상사에 대한 비난 행동

D: 인지/행동/정서적 논박
평균점수가 끔찍한 것인가?
내가 왜 이렇게 불안해하고 수치심을 느끼는가?
상사에게 확인해 보면 어떨까?

E: 비록 나에 대한 평가가 평균이라 실망하긴 했지만 그것이 다는 아니다.
상사가 내가 한 일을 좀 더 잘 알도록 해 보고 다음에는 더 긍정적인 평가를 받겠다.

자신에게 적용)

A : ______________________________

B : ______________________________

C : ______________________________

D : ______________________________

E : ______________________________

2. 자신에 대해 새롭게 깨달은 점과 활동 소감에 대해 조원들과 의견을 교환해 보자.

____

____

____

3) 벡의 인지치료

인지치료는 아론 T. 벡(Aron T. Beck, 1921~ 현재)에 의해 창시된 것으로, 1960년대 정신분석과 행동치료로 잘 치료되지 않았던 우울증 치료를 위해 개발되었다. 인지의 변화에 초점을 맞추어 증상을 치료하는 적극적이고 구조화된 단기상담으로 진행되어 상담 실제에서 널리 활용되고 있고 그 효과에 대한 증거도 상당하다. 벡은 인간을 자신의 의식적 경험에 근거하여 주체적으로 판단하고 행동하는 존재로 보았다.

인지치료 이론은 우울증을 치료하는 이론으로 출발하였으나 점차 불안과 공포증 등을 포함한 정서적 문제, 그리고 사람들의 성격적 문제(예: 경계선 성격장애, 자기애성 인격 장애 등)를 치료하는 이론으로 확장되어 그 효과성이 입증되었다.

(1) 핵심개념

핵심개념으로 자동적 사고, 역기능적 인지 도식, 인지적 왜곡을 이해한다면 심리적 문제가 어떠한 과정을 거쳐 발생하는지에 대한 인지치료의 내용을 쉽게 이해할 수가 있다. 첫째, 자동적 사고란 부정적 사고경향으로, 특정 생활사건을 접하게 되는 경우에 거의 자동적으로 유발되는 일련의 생각을 말한다. 앞서 언급한 여자 친구와의 이별로 인해 자살을 생각하는 남성의 예를 떠올려 보자. 만약 이 남성이 '그래, 나랑 헤어지고서 얼마나 좋은 놈을 만나나 보자. 잘 가라.'라는 생각을 떠올린다면 그 사태를 해결하기 위해 자살을 해야겠다고 다짐하지는 않을 것이다. 그러나 이 남성은 '여자 친구가 없는 인생은 의미가 없다.'라는 생각이 떠올라 자살밖에는 해결할 수 있는 방법이 없다고 극단적인 행동을 하려 하는 것이다. 바로 어떤 사건에 맞닥뜨릴 때, 자동적으로 어떤 생각이 올라오게 되는데 이를 자동적 사고라 한다. 이렇듯 심리적 문제를 해결하기 위해서는 특정 인생 사건에 대해 떠오르는 자동적 사고를 파악하는 것이 중요하다.

둘째, 역기능적 인지 도식은 우울증을 유발하는 인지적 요인으로 완벽주의적이고 당위적이며 비현실적인 역기능적 신념으로 구성된다. 앞서 엘리스의 합리적·정서적 상담이론에서 비합리적 신념과 유사한 개념이라 할 수 있다. 이러한 역기능적 신념은 어린 시절의 경험에 의해 형성된 것으로, 생활사건의 의미를 부정적으로 왜곡하여 해석하는 자동적 사고를 활성화하게 하는 원인이 되고 이로 인해 심리적 문제가 발생한다고 본다. 심리적 문제를 야기하기 쉬운 역기능적 인지 도식의 예(이장호 외, 2010)를 살펴보면 다음과 같다.

- 사람은 멋지게 생기고 똑똑하고 돈이 많지 않으면 행복해지기 어렵다.
- 다른 사람의 사랑 없이 나는 행복해질 수 없다.
- 다른 사람에게 도움을 요청하는 것은 나약함의 표시다.
- 절반의 실패는 전부 실패한 거나 다름없다.
- 인정을 받으려면 항상 일을 잘해야만 한다.
- 한 인간으로서 나의 가치는 나에 대한 다른 사람의 평가에 달려 있다.
- 사람들이 언제 나에게 등을 돌릴지 모르기 때문에 믿을 수 없다.

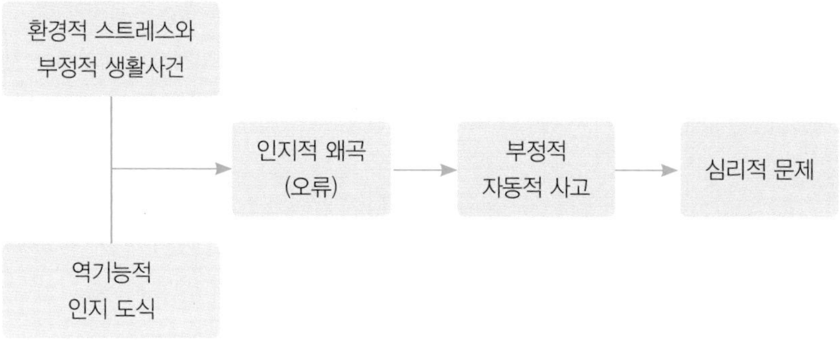

[그림 10-4] **인지치료에서 심리적 문제의 발생 과정(이장호 외, 2010)**

끝으로, 인지적 왜곡(오류)은 정보처리 과정에서 특정 생활사건의 의미를 자의적으로 해석하여 자동적 사고를 생성해 내는 인지과정을 의미한다. 인지적 왜곡의 종류를 살펴보면, 〈표 10-2〉에 제시되어 있다. 인지적 왜곡의 여러 종류의 내용을 읽어 보면 알겠지만, 인지적 왜곡의 특징은 자신과 세상 그리고 타인에 대해 이해하려 할 때, 자기만의 방식으로 고집하여 바라보고 생각하고 해석하여 외부 객관적 현실과의 간극이 멀어지게 된다는 것이다. 심리적 고통을 경험하는 대다수의 내담자는 실제는 그렇지 않은데 자기만의 세상에 갇혀 스스로 만들어 내는 이야기 속에 빠져 스스로 괴로움을 창출하고 있는 경우가 많다.

지금까지 살펴본 인지치료의 핵심개념을 통해 심리적 문제의 발생과정을 도식화하면 [그림 10-4]과 같다. 수업 활동 10-4를 통해서 각자 자신이 지닌 인지적 왜곡이 무엇일지 성찰해 보는 시간을 갖고 자신과 타인 그리고 세상에 대해 좀 더 현실에 가깝게 바라보기 위해 어떤 변화를 해야 할지 살펴보기로 하자.

〈표 10-2〉 **인지적 왜곡(오류)의 종류**

인지적 왜곡	내용
임의적 추론	구체적 근거 없이 또는 정반대의 근거를 토대로 결론을 내리는 것
양분법적 사고	생활사건의 의미를 성공 아니면 실패처럼 이분법적으로 해석하는 것
선택적 추상화	일부 정보만 선택적으로 받아들여 전체인 것처럼 해석하는 것(=정신적 여과)
과잉일반화	몇몇 상황에서의 경험으로부터 일반적인 규칙을 정하거나 결론을 내림으로써 관계없는 상황에도 적용하는 것
확대 · 축소	특정 사건의 의미 또는 중요성을 실제보다 확대 또는 축소하는 것
개인화	자신과 무관한 일을 자신과 관련된 것으로 해석하는 경향성(머피의 법칙을 자기의 것으로 받아들임)
잘못된 명명	특정 대상의 특징이나 행위에 대해 과장되거나 부적절한 명칭을 붙여서 자신의 정체성을 창출하는 오류
파국화	관심 있는 한 가지 사건을 과장하여 비극적 결말을 예상하는 경향성
터널 시야	오로지 상황의 부정적 측면에만 초점을 맞추는 것

(2) 상담의 목표 및 과정

인지치료의 상담 목표는 내담자의 정보처리체계의 오류를 인식하고 수정하는 것이다. 상담자는 내담자가 관련된 정서와 행동, 자동적 사고와 기저에 내재된 사고(역기능적 인지 도식)와 믿음을 확인하고 역기능적 인지 도식이 얼마나 타당한지 평가하여 이를 수정할 수 있도록 내담자와 건강한 협력관계를 구축해야 한다. 상담 진행과정은 크게 세 가지 과업을 달성하는 것을 목표로 이루어진다(이장호 외, 2010). 첫째, 내담자의 부정적인 자동적 사고를 찾아내어 이를 보다 적절한 적응적인 사고로 대치한다. 둘째, 내담자의 사고과정에서의 오류, 즉 인지적 왜곡을 찾아내어 수정한다. 셋째, 부정적인 자동적 사고와 인지적 오류의 기저를 이루는 근원적인 역기능적 인지 도식을 찾아내어 그 내용을 보다 융통성 있고 현실적인 것으로 바꾼다.

(3) 상담 기법

왜곡된 인지를 수정하기 위해 벡의 인지치료는 다양한 기법을 활용한다. 인지수정 기법으로 절대적 진술에 도전하기, 활동 일정 짜기(활동계획을 세우면서 자신의 시간을 통제할 수 있다는 자신감을 키움), 비난을 재귀인하기, 인지적 시연, 주의분산, 대처카드('이 또한 지나가리…….'라는 카드를 책상 위에 붙여놓기), 일지 쓰기(현실적/왜곡된 인지, 감정 등을 기록하여 자각을 증대함), 재명명(난 구제 불능이야 → 난 만능이야), 역할연기, 거리 두기(떨어져서 바라보기), 과제부여 등이 있다.

수업 활동 10-4 인지치료의 기법 적용

♣ 빈틈 메꾸기 방법의 적용

빈 종이를 여러 개의 칸으로 나누어 스트레스 사건, 정서적 경험, 자동적 사고, 대안적인 사고, 정서적 변화 등을 기록해 자신이 자각하지 못하던 자동적 사고로 인해 자신이 경험하는 스트레스 사건과 그 결과로 경험하는 정서적 곤란 사이의 빈틈을 채워 보자.

1. 제일 왼쪽에 문제를 경험했던 상황이나 구체적인 스트레스 사건을 적는다.
2. 세 번째 칸에는 그 상황이나 사건을 경험하고 난 후 일어났던 정서적 결과를 적는다.

3. 그다음 둘째 칸에 문제 상황이나 스트레스 사건과 정서적 결과 사이의 빈틈인 자동적 사고를 확인하여 작성한다.
4. 네 번째 칸에는 부정적 자동적 사고 대신의 다른 긍정적이거나 중립적 사고를 확인하여 작성한다.
5. 다섯 번째 칸에는 4번대로 생각을 바꾸게 된다면 정서적 결과가 어떻게 달라질지 작성한다.

• 기록 후, 자신에 대해 새롭게 깨달은 점에 대해서 조원들과 이야기를 나누어 보자.

4) 마음챙김에 기반한 심리치료

마음챙김 명상은 지난 20년 동안 만성 통증, 불안, 우울 및 다른 장애를 가진 성인들을 위한 마음챙김 명상에 기반한 심리치료의 개발과 시행이 확산되어 심리적 문제와 신체적 질병에 대한 치료로 적용될 뿐만 아니라, 교육 기관과 기업 조직 등에서 자신의 관리와 계발을 위해서 널리 활용되고 있다. 성인에 대한 마음챙김에 기초한 개입들은 임상심리학, 정신의학, 행동 건강 및 정신신체의학 등에서 널리 받아들여졌고, 기분, 불안 및 다른 장애의 치료에 효과적인 것으로 최근 입증되었다. 이미 제7장에서 정서 조절 전략으로서 마음챙김 명상에 대해 간략하게 살펴보았지만 여기에서는 인지행동적 상담과 어떻게 다르고 성인 학습자의 삶의 질을 향상시키는 데 마음챙김 명상에 기반한 상담을 어떻게 적용할 수 있는지에 초점을 두고 살펴보기로 한다.

(1) 마음챙김의 정의

마음챙김(mindfulness)이란 불교의 명상 수행에서 나온 개념으로, '사티(sati)'라는 팔리어를 현대 영어로 번역한 것을 우리말로 마음챙김이라 번역한 것이다. 구체적으로는 의식적 알아차림(awareness), 주의(attention), 지금 이 순간에 온전히 존재함을 기억하기(remembering) 및 지속적인 평정심을 유지하기와 관련된 불교의 복잡한 개념을 표현한 것이라 할 수 있다.

지금 현재, 매 순간 펼쳐지는 자신의 경험에 의도적이고 비판단적으로 주의를 기울임으로써 생겨나는 알아차림(Kabat-Zinn, 1994)이라는 의미가 널리 받아들여지고 있다. 매 순간 일어나는 내부사건(생각, 정서, 지각 및 신체감각) 및 외부사건(환경적, 상황적 및 대인관계적 경험)에 비판단적인 주의를 기울이는 의도적인 수행 행위이다. '지금 이 순간에 머무르기(nowscape)'라고 부르는 풍부하고 복잡한 지각과 경험의 내적 · 외적 세계를 통하여 반복해서 주의를 지금 이 순간으로 돌리는 것이다. 우리는 살아가면서 부지불식간에 행동을 하는 경우가 많다. 운전을 하면서 어제 있었던 기분 좋지 않았던 일에 대한 생각에 빠져 있기도 하고 밥을 먹으면서 내일 있을 시험에 대해 걱정을 하면서도 자신이 지금 이 순간에 무엇을 생각하고 하고 있는지 그리고 무엇을 느끼는지에 대해 자각하지 못한 채 자동적으로 움직이는 경우가 많다.

지속적으로 마음챙김을 수행하게 되면, 생각을 마음속의 순간적인 사건으로서 지각하고 받아들이는 '탈중심화'의 경험을 하게 되고, 감정적 평정심이 생겨나 경험에 대해 있는 그대로 수용하며 내외적 자극에 대해 좋다/싫다, 옳다/그르다 등 분별하지 않고 사회 · 정서적 탄력성을 강화하게 된다. 이러한 마음챙김 능력은 수행과 연습을 통해 향상될 수 있다(Rothwell, 2006)

(2) 마음챙김과 인지행동치료의 차이점

마음챙김에 기반한 상담이론은 행동치료의 역사에서 보면 행동치료, 인지치료에 이어서 나타난 제3세대에 해당된다. 제1세대에는 1950년대에 활성화된 고전적 조건화나 조작적 조건화를 통해서 행동을 수정하는 행동치료가 해당된다. 이들은 관찰 가능한 행동에 초점을 맞추고 인간의 정서를 학습으로 설명하면서 강화나 체계적 둔감법과 같은 이완 기법을 주로 사용한다. 1960년대에 등장한 인지치료는 우울증을 치료할 목적으로 개발되었고, 자극과 반응의 조건화보다는 주로 사고 작용의 역할에 초점을 맞추고 있다. 특히 자동적 사고와 비합리적인 신념을 발견하여 그것을 수정하는 기법을 주로 사용한다. 1990년에 본격적으로 대두한 제3세대는 동양의 명상기법을 전폭적으로 수용하고 건강한 정상성에 대한 가정에 대해 관계적 맥락과 상대성을 강조한 점에서 크게 차이점이 있다.

기존의 인지행동적 상담은 건강한 정상성에 대해 가정하여 의학적 모델에 기반해 질병과 증상은 비정상의 상태로 고쳐야 하는 것으로 바라보는 반면에, 마음챙김에 기반한 상담은 건설적이지 않은 게 정상이라는 가정을 취한다. 즉, 적응과 부정응이라 구분 짓는 것이 아니라 변화무쌍한 맥락에서 상대적 적응과 부적응의 상태로 본다. 심리적 고통에 대해서 잘못된 상태라 보는 것이 아니라 인간의 삶 자체가 심리적 고통을 겪을 수밖에 없다고 바라보고 심리적 고통의 보편성을 수용하는 관점을 취한다. 구체적으로 어떻게 다른지에 대해 〈표 10-3〉에 제시하였다.

〈표 10-3〉 **마음챙김과 인지행동적 상담의 비교**

구분	마음챙김	인지행동적 상담
목표	탄력성 함양	결함의 개선
	• 탄력성을 기반으로 한 접근 • 심리학적 탄력성을 향상함으로써 심리사회적 스트레스 요인에 대한 전반적인 취약성 감소 • 마음챙김훈련을 통해 탄력성과 안녕감 증가 • 감정적 평정심을 증가시키고, 고통이나 불안 유발 상황에 유연하게 대처하는 능력 강화 • 덜 편향된 내적 평가를 바탕으로 더 나은 선택을 하도록 도움	• 결함을 기반으로 한 치료모델 • 역기능적인 사고방식, 편향된 정보처리, 회피행동, 행동적 기술 결함 등은 부적응적인 정서와 행동 야기 및 악화 • 행동기술훈련과 역기능적 사고의 인지적 재구성은 CBT의 핵심적 개입방법
초점	탈중심화	재구성
	• 사고의 과정에 초점을 둠 • 마음챙김 수행 또한 CBT와 동일한 변화 보임 • 탈중심화는 효과성의 주요 요소 • 내담자들은 생각을 '그냥 생각(just thought)'으로만 받아들이는 것을 목표로 생각의 경험을 관찰 • 생각에 대한 의도적이고 비판단적이며 현재에 초점을 둔 알아차림을 반복하는 것은 내적 경험에 대한 그들의 관계를 바꾸는 것을 촉진함 • 메타인지적 통찰	• 사고의 내용에 중점을 둠 • 인지적 편향 발견 → 사고가 정서와 행동에 미치는 영향 인식 → 거리 두는 법 배움 → 현실적인 자기진술을 발달시키는 연습 • 왜곡되고 부적응적인 것으로 확인된 생각을 변화시키는 것을 목표로 함(반복적이고 객관적이며 냉정하게 특정 생각의 정확성 검토) • 메타인지 지식
회피 행동에 대한 관점	삶에의 노출	특정한 상황에 노출
	• 선택에 대한 마음챙김 주의를 고무하고 전반적인 심리학적 탄력성을 향상시킴으로써 회피 행동을 다룸(삶에의 노출) • 원치 않는 생각과 감정을 가진 채 현재에 머무르는 연습은 외부 사건에 대한 자동 반응에 대한 방지를 이용한 무조건적인 심리내적 노출의 종류임	• 불안과 관련된 대상이나 상황에 초점을 둔 노출과제를 사용하여 회피행동을 다룸

	수용	변화
심리적 고통에 대한 관점	• 수용에 기반을 둔 모델 • 매 순간 어떤 일이 발생하여도 비판단적으로 수용하며 관찰하는 것을 연습 • 모든 생각이 '그냥 생각'으로 받아들여지며, 가정된 변화들은 생각 그 자체가 아니라 내담자와 생각의 관계임 • 생각은 그냥 생각이며 왜곡, 역기능적 사고 등이라고 이름 붙이지 않으며, 재구성하려고 노력하지 않음	• 변화에 기반을 둔 모델 • 부적응적인 생각과 행동을 변화시키는 것과 관련

(3) 마음챙김에 기반한 상담의 원리와 방법

마음챙김 명상을 연습하는 것을 주된 상담 방법으로 하는 상담을 마음챙김에 기반한 상담이라고 한다. 대표적인 이론은 마음챙김에 기반한 스트레스 감소 프로그램(Mindfulness Based Stress Reduction: MBSR), 마음챙김에 기반한 인지행동 치료(Mindfulness Based Cognitive Therapy: MBCT), 수용전념 치료(Acceptance and Committment Therapy: ACT)가 있다. 마음챙김에 기반한 상담의 원리는 마음챙김 명상을 통해서 외부 자극에 대한 자동적 반응이 아니라 마음챙김 명상 수행을 통해 의도적인 조절 혹은 숙고 반응을 하는 것에 있다. 즉, 마음챙김 명상 수행을 통해 자신의 생각, 감정, 신체 감각 등의 내적 자극과 외부에서 벌어지는 일들에 대한 외적 자극에 대해 알아차리고 자신의 경험 및 자신의 존재에 대해 있는 그대로 수용하여 현재에 충실하게 존재하는 삶의 방식으로 살아가도록 돕는 상담의 방법이다.

마음챙김 명상의 방법으로는 호흡명상, 바디스캔, 정좌명상, 걷기 명상, 먹기 명상, 하타요가 등이 있다. 마음챙김을 배양하는 4가지 주요기술인 현재의 자각, 내외적 경험에 대해 허용하기, 현재 지금 이 순간에 집중하기, 거리두기(자신의 생각과 감정이 자신이 아니라는 탈중심화를 학습하고 생각과 감정, 신체적 감각에 대해 스스로 다룰 수 있는 기술)는 이와 같은 명상의 방법을 통해 연습할 수 있게 되고 지속적으로 꾸준히 한다면, 마음챙김을 통한 숙고적 반응이 숙달되어 오히려 마음챙김을 하는 수행이 자동화되어 삶에서 큰 변화를 경험할 수 있게 된다.

수업 활동 10-5 **현재의 자각 및 내외적 경험에 대해 허용하기 연습**

- 일상생활 가운데 매일 행하는 활동을 적어도 세 가지 이상(예: 세수하기, 물 마시기, 샤워하기, 쓰레기 버리기, 강의실로 이동하기, 버스 타기 등)을 선택하여 순간순간 의식하여 주의를 기울여 관찰하고 이를 기록해 보자.
  –① 신체감각에서 느껴지는 것, ② 내면에서 일어나는 느낌, 정서/감정, 그리고 생각들이 무엇인지 알아차리고 그 내용을 기록하세요.
  –예: 5월 3일 저녁 먹기
  양상추를 씹는 순간을 의식하였더니 아삭하였고 입에서 녹을 때까지 씹을 수 있었다. 그리고 목에 넘기는 순간에도 내 입안에는 침이 가득했고 소화가 잘되는 기분이 들었다. '내가 먹고 있구나' 하는 것을 의식하면서 감사한 마음이 들었다. 양상추가 내가 먹을 수 있게 되기까지 수많은 사람의 수고가 담겨져 있음을 생각하였다.

- 마음을 챙기는 활동을 연습한 후의 소감을 작성해 보자.

____

____

____

5) 인지행동적 상담이론의 성인학습 상담에의 적용

왜곡된 인지와 비합리적 신념으로 인해 세상을 단편적으로 보고 자신의 삶을 제한하는 성인 학습자라면 효율적인 학습을 하는 데 어려움을 겪을 수 있다. 자신이 알고 있는 것에 집착하고 새로운 것을 학습하는 데 열린 마음을 갖지 못할 수도 있고, 비합리적 신념과 인지적 왜곡이 심할수록 성인 학습자들 간의 관계에서 갈등을 경험할 가능성이 높기 때문이다. 인지행동적 상담이론은 매우 구조화되어 있고 구체적인 기법들이 잘 정리되어 있기 때문에 성인 교육자들은 비합리적 신념에 대해 포착하고 이를 논박할 수 있는 기법들에 대해 숙지하여 자신의 경험에 국한하여 생각하고 행동하려는 성인 학습자들이 좀 더 열린 사고를 하여 효율적인 학습을 할 수 있도록 조력할 수 있다.

앞서 제4장, 성인 학습자에 대한 이해에서 학습하였듯이, 성인 학습자들은 시간을 낭비하기보다는 자신이 어떤 문제를 해결하기 위해 어느 정도의 노력과 시간이 필요한지에 대해 파악하고 실행하는 경향이 있기 때문에 즉각적인 문제해결을 목표로 하고 구조화되어 있는 인지행동적 상담이론은 성인 학습자들에게 좀 더 적합할 수 있을 것이다. 특히 학습을 하는 과정 중에 주의 집중이 떨어지고 마음이 산란해져 학습에서 어려움을 겪는 학습자들의 경우 마음챙김 명상의 방법을 활용한다면, 내외적 경험에 대한 조절 능력을 키워 자기주도적인 학습 능력을 향상시킬 수 있을 것이다.

참고문헌

김계현, 김동일, 김봉환, 김창대, 김혜숙, 남상인, 천성문 공저 (2009). 학교상담과 생활지도. 학지사.

권석만(2012). 현대 심리치료와 상담의 이론과 실제. 학지사.

이장호, 정남운, 조성호(2010). 상담심리학의 기초. 학지사.

조성연, 박미진, 문미란(2010). 성인학습 및 상담. 학지사.

최영민(2010). 정신분석의 역사-분석이론의 진화를 중심으로. 대한신경정신정학회지, 49(1), 9-35.

Corey, G. (2017). *Theory and practice of counseling and psychology* (10th ed.). Boston: Cengage Learning.

Kabat-Zinn, J. (1994). Wherever you go, there you are: mindfulness meditation in everyday life. New York: Hyperion.

Rothwell, N. (2006). The different facets of mindfulness. *Journal of Rational-Emotive and Cognitive-Behavior Therapy, 24*, 79-86.

제11장

성인학습 상담의 실제

지금까지 평생교육사로서 학습 멘토 또는 상담자의 역할을 수행하기 위해 필요한 지식으로 성인 학습자의 이해, 성인학습의 이론, 상담의 기초적 지식과 이론을 학습하였다. 성인 학습자를 위한 학습상담을 진행하기 위한 기술을 배우기 위해서 학습동기와 전략, 정서 및 행동조절 전략, 학습 전략과 같은 학습 방법 향상을 위한 기술 그리고 상담 대화를 이끌어 가기 위한 상담조력 기술을 학습하였다. 이 장에서는 평생교육사로서 학습상담의 직무와 학습 멘토 및 상담자의 역할을 수행하기 위한 성인학습 상담 직무 역량(제2장)에 기초하여 그동안 학습한 지식과 기술 그리고 상담자로서의 태도를 성인학습 상담 실제에 적용하여 성인학습 상담에 관한 체험적 지식을 함양하는 것을 목표로 한다. 평생교육 기관에서 이루어지는 성인학습 상담의 의미와 성인학습 상담을 진행하기 위해 성인학습 상담이 지향하는 목표, 그리고 어떻게 진행해야 하는지 상담 과정에 대해 살펴보기로 한다.

1. 성인학습 상담의 의미와 유형

1) 성인학습 상담의 의미

성인학습 상담이란 성인 학습자가 학습이나 생활 속에서 발생하는 문제를 스스로 해결하고 성장할 수 있도록 전문가가 도와주는 과정이다(나항진 외, 2012). 평생학습에서의 상담은 학습자들이 자기주도적으로 학습하고 타인과 함께 성장할 수 있도록 지원하는 교육적 행위로서, 평생교육 기관 등에서 제공되고 있다(조외현, 서희정, 안영식, 2013). 특히, 개인차원에서의 성인학습 상담은 구체적인 학습상황에 놓인 학습자들을 위해 제공되는 내용으로서, 학습자들이 학습자원을 활용하여 자기주도적인 학습 과정을 진행할 수 있도록 도와주는 것을 강조한다(박응희, 2011). 즉, 성인학습 상담은 성인 학습자들이 학습을 하는 데 어려움을 겪는 제반 문제를 스스로 해결할 수 있도록 심리학적 지식과 이론을 갖춘 전문가가 인지, 행동, 정서 그리고 신념의 변화를 이끌어 내기 위한 상담 대화의 기술을 활용하여 도와주는 전문적 활동이라 하겠다. 평생학습의 맥락에서 성인학습 상담은 학습자들에게 필요한 정보를 제공해 주는 것을 넘어서, 학습 과정의 어려움을 극복하기 위한 상담 서비스 제공, 강좌내용을 더 잘 이해하기 위한 별도의 교육 프로그램의 제공, 자발적 학습문화를 촉진하기 위한 동아리 활동의 지원, 일자리 정보의 제공 및 일자리에 적합한 자격과정에 대한 정보제공 등의 활동과 연계되어 진행될 필요가 있다(박응희, 2011).

이처럼 성인학습 상담은 평생교육사의 전문성 또는 전문직으로서의 정체성을 수립하기 위해 필수적으로 요구되는 역량(정민승, 2010; 조외현 외, 2013)으로, 평생교육사는 학습자 개인에게 적합한 교육과정을 안내하는 역할과 더

불어 학습자들이 구체적인 교육과정의 학습을 진행하면서 생기는 질문과 어려움을 지원하는 역할, 나아가 학습자가 직면한 생애위기에 대해서도 도움을 주는 역할을 수행해야 한다(Dews, 2005: 박응희, 2011에서 재인용).

이미 여러분은 성인 학습자와 상담하기 위해서 성인 학습자의 신체적, 심리적, 인지적, 사회적 발달의 특성에 대한 지식을 쌓았고 아동, 청소년과는 달리 성인들이 어떻게 학습을 하고 학습을 통해 어떤 변화를 경험하는지에 대한 성인학습 이론도 학습하였다. 평생교육사의 직무로서 요구되는 학습상담을 수행하는 데 필요한 기본적인 소양이 함양되었다고 할 수 있을 것이다. 이제부터는 본격적으로 성인 학습자가 자기주도적인 학습 과정을 진행할 수 있도록 어떻게 상담을 이끌어 가야 하는지에 관해 그동안 배운 지식을 상담 실제에 적용하는 것을 학습해 보기로 한다.

2) 성인학습 상담의 유형

제8장 '상담의 기초'에서 상담의 여러 가지 유형에 대해 이미 학습하였듯이, 성인학습 상담 또한 상담 방법이나 상담 주제별로 유형화할 수가 있다. 지금까지 성인 학습자를 위한 상담을 의미할 때 일대일 개인 상담을 전제로 설명하였으나, 소집단을 구성하여 상담을 진행할 수도 있고 평생학습의 대표적인 형태가 온라인 학습인 것처럼, 온라인을 통한 사이버 상담을 통해서 성인 학습자의 문제를 도와줄 수가 있다.

(1) 개인 상담

제8장 '상담의 기초' 부분에서 살펴본 상담의 원리와 방법 그리고 과정의 내용이 바로 개인 상담에 관한 것이다. 개인 상담 방법은 전문적으로 훈련받은 상담자가 내담자가 당면한 문제를 스스로 해결할 수 있도록 조력하는 전

형적인 상담의 방법이다. 앞서 상담 대화의 기술을 활용해서 성인 학습자와 일대일 상담을 진행할 수 있다.

(2) 집단 상담/집단 지도

집단 상담이란 대체로 8~10명의 집단 구성원들(성인 학습자)을 대상으로 집단 리더가 집단 구성원들의 특정 문제를 치유하기 위한 개입으로서, 내담자의 대인관계 능력이나 새로운 행동의 개발과 같이 특별한 종류의 성장과 발달의 기회를 제공하는 상담의 방법이다. 그러나 평생교육사로서 성인 학습자를 대상으로 집단 상담을 실시하는 것은 평생교육사의 전문적 역량을 넘어서는 일이다. 대신에 과제 중심적이고 구조화된 집단 프로그램을 활용하여 집단 지도를 실시할 수 있다. 예를 들어, 학습 전략 향상 프로그램을 활용하여 학습에 문제가 있는 성인 학습자들을 대상으로 소집단 활동을 통해서 자신의 학습 전략을 성찰하고 동료들 간에 정보를 교환하고 피드백을 주고받을 수 있는 상호작용의 기회를 제공하여 새로운 학습이 일어날 수 있도록 조력할 수가 있다.

(3) 온라인 상담

성인학습 상담 기관의 현황(제3장)에서 살펴보았듯이, 성인학습은 원격학습의 형태로 이루어지는 비율이 가장 높다. 원격대학은 학습자와 교수자가 시공간적으로 분리되어 있어 웹 기반 교육체제를 중심으로 이루어져 학습과 관련된 어려움을 해결할 때에도 오프라인 상담실보다는 온라인상에서 상담을 요청하는 경우가 많다. 따라서 성인학습 기관에서는 온라인 상담 게시판을 별도로 설치하여 학습과 관련된 여러 가지 어려움을 해결할 수 있는 기회를 제공할 필요가 있다. 웹 기반 기술의 발전이 평생학습 환경의 변화를 가져왔듯이, 상담 환경 또한 온라인을 통한 화상 통화 방식으로도 진행할 수가 있을 것이다.

2. 성인학습 상담의 원리

학습 멘토로서 평생교육사는 성인 학습자가 평생학습을 하는 과정에서 지속적인 학습을 위한 자원과 정보를 제공하고 이들의 잠재력을 이끌어 내기 위한 촉진자의 역할을 수행해야 한다. 이를 위해서 여러분은 상담 대화의 기술도 배우고 연습을 하였기 때문에 충분히 성인 학습자와 대면하여 상담을 이끌 수 있을 것이다. 앞서 학습한 제8장 '상담의 기초'에서 일반적인 상담의 면접의 원리를 바탕으로 성인 학습자와 상담을 진행할 때, 특별히 어떤 지침과 원리를 따라야 하는지에 대해 살펴보기로 하자. 인본주의 학습 이론을 바탕으로 성인 학습자를 돕는 예술이자 과학으로 알려진 안드라고지가 발전되었듯이, 성인학습 상담의 원리 또한 인간중심적 상담의 철학에 기초한 안드라고지의 기본 가정에 따라 실시할 수 있을 것이다.

1) 자기주도적 학습자로서 존중하기

성인들은 스스로를 독립적이고 자기주도적으로 보기 때문에, 다른 사람들에게 스스로를 책임질 수 있는 사람으로 보이고 그렇게 대우받기를 원하는 깊은 정신적 욕구가 있다. 성인 학습자가 학습이나 진로 또는 심리적 어려움을 겪어 상담을 받고자 할 때, 평생교육사는 성인 학습자가 자신의 삶에서 충분히 자신의 역량을 발휘할 수 있고 스스로 책임질 수 있는 자기주도적인 학습자임을 존중해야 한다. 따라서 평생교육사는 상호 존중과 신뢰, 그리고 협동할 수 있는 분위기를 형성하여 성인 학습자로 하여금 자기주도성을 격려할 필요가 있다. 일시적으로 삶의 여러 가지 문제에 직면해 잠시 방향을 잃고 방황할 수 있다는 점을 수용하되, 여전히 스스로 결정하고 책임을 질 수 있는 학습자라는 것에 대한 믿음과 희망을 전달하여 성인 학습자의 힘을 북돋아 주어야 한다.

2) 성인 학습자의 경험을 수용하기

성인기의 삶은 다양한 대인관계와 사회적 역할을 수행하는 과정에서 해결해야 하는 삶의 이슈들이 있다. 이미 학습하였듯이 성인초기에는 대인관계에서 친근감을 성취하고, 중기에는 생산성을 획득하고 심리적으로는 성숙한 방어기제를 활용하여 살아가는 과업들을 해결해야 한다. 성인 학습자의 정체성은 그들을 특별한 자신으로 만들게 하는 삶의 경험에 의해 영향을 받기 때문에 성인 학습자를 이해하기 위해서는 현재 어떠한 발달적 과업을 이루어야 하는 시기인지 탐색하고 이들이 그러한 과업들을 어떻게 달성하고 성취하였는지에 대한 삶의 경험을 충분히 이야기할 수 있도록 격려할 필요가 있다. 만약 성인 학습자들이 자신들의 경험이 무시되거나 인정받지 못할 경우, 자신들의 경험이 거부되는 것뿐 아니라 자신들도 인간다운 대접을 받지 못한다고 받아들일 수 있기 때문에(Knowles, Holton, & Swanson, 2012), 성인 학습자들과 상담을 할 때에는 이들의 경험을 충분히 수용하고 존중해야 한다.

특히 성인 학습자들이 살아오는 동안 경험한 부정적 사건이나 역경 등에 대해 탐색하고 이러한 삶의 사건이 현재의 삶에 어떻게 영향을 미쳤는지 비판적으로 성찰할 수 있도록 상담을 이끌 필요가 있다. 전환 학습이론에서 살펴보았듯이, 관점의 전환을 통해서 성인 학습자들이 자신의 일상 경험이 지니고 있는 의미들을 새롭게 해석하고 미래의 행동 지침을 새롭게 만들어 갈 수 있도록 조력하는 것이 중요하다.

3) 생애 발달 단계에 따른 학습의 준비도 탐색하기

성인들은 직장인, 배우자, 부모, 그리고 지역사회 일원으로서 다양한 사회적 역할을 수행한다. 성인 초기, 중기, 후기에 따라 요구되는 사회적 역할이 달라 그때마다 학습할 수 있는 내용들이 달라질 수밖에 없다. 따라서 성인 학습자의 현재 당면한 문제가 무엇인지를 정확하게 파악하고 진단하기 위해서는 생애 발달단계상 요구되는 사회적 역할이 무엇이고 이러한 역할을 수행하는 데 있어서 성인 학습자는 얼마나 내외적 자원들을 지니고 있는지 탐색해야 한다. 맥클루스키의 여유 이론(제6장)에서 학습하였듯이, 성인 학습자들이 효과적인 학습을 하기 위해서는 이들에게 요구되는 내외적 짐에 비해 학습을 할 수 있는 힘의 여유가 충분할 필요가 있다. 만약 학습 과정에서 겪는 어려움들이 다양한 역할 수행 과정에서 요구되는 짐이 너무 많거나 아니면, 대처할 수 있는 내외적 자원들이 부족해 겪는 것은 아닌지에 대해 탐색함으로써 성인 학습자가 당면한 문제를 좀 더 정확하게 진단하여 조력할 수가 있다.

4) 학습 목표 지향 및 동기 파악하기

대체로 성인들은 해결해야 할 문제나 이슈를 즉시 해결해야 하는 상황에서 학습에 대한 동기가 유발된다. 주로 이러한 삶의 과제들은 사회적 역할과 관련이 있고, 삶의 경험들과 관련이 있을 수밖에 없다. 성인 학습자들이 학습을 통해서 어떤 문제를 해결하고자 하는지에 대해 관심을 갖고 학습의 동기가 구체적으로 무엇인지 파악할 필요가 있다. 성인 학습자를 이해하기 위해서 성인 학습자의 학습 참여 동기유형들(제4장)을 학습하였듯이, 학습 목표가 명확하여 당면한 문제를 해결하기 위해 학습을 하려는 목표 지향적인 학습자인지, 학습 목표가 명확하지는 않지만 학습하는 분위기 자체에서 의미를 발견하는 활동지향 학습자인지, 학습의 내적 동기를 바탕으로 지식을 습득하고자 하는 학습지향의 학습자인지를 탐색하여 그에 맞는 학습상담을 진행할 필요가 있다. 특히 성인 학습자들이 당면한 실제적 문제가 무엇인지 그에 따라 알고자 하는 욕구가 달라지기 때문에 앞서 설명한 생애 발달단계에 따른 학습준비도와 관련된 학습의 동기와 학습하고자 하는 이유를 탐색하여 자기주도성을 갖고 학습을 진행할 수 있도록 도와줄 필요가 있다.

3. 성인학습 상담의 목표와 과정

성인학습 상담의 목적은 구체적인 학습상황에 있는 성인 학습자들이 학습자원을 활용하여 자기주도적인 학습 과정을 진행할 수 있도록 도와주는 것에 있다. 구체적으로 성인학습 상담은 성인 학습자 개인에게 적합한 교육과정을 안내하고 이들이 구체적인 교육과정의 학습을 진행하면서 생기는 질문과 어려움을 지원할 뿐만 아니라, 성인 학습자가 직면하는 생애 위기에 대해서도 사회적 지지와 격려를 제공하는 것을 목표로 한다. 상담자는 성인 학습자의 문제를 확인하고 문제를 해결하기 위한 상담 목표를 설정하여 행동 변화를 촉진하는 과정을 통해서 이러한 목표를 성취할 수가 있다. 구체적인 성인학습 상담의 목표와 상담 과정에 대해 살펴보기로 하자.

1) 성인학습 상담의 목표

성인학습 상담이 지향하는 궁극적인 목표는 성인 학습자의 자기주도적인 학습 능력을 향상시키는 데 있다. 자기주도적인 학습 능력을 함양하는 과정에서 발생할 수 있는 여러 가지 문제 상황에 따라 성인학습 상담의 목표는 달라질 수가 있다. 궁극적인 목표를 성취하기 위한 과정의 목표와 즉각적인 문제 해결을 요구하는 즉각적 목표로 구분하여 살펴보면 다음과 같다.

(1) 궁극적 목표: 자기주도적 학습 태도의 함양

성인학습을 설명하는 이론들의 공통점은 행복하고 건강한 삶을 살아가기 위해 성인들은 자기주도적인 학습 태도가 필요하다는 것이었다. 앞서 제7장에서 성인 학습자가 자기주도적 학습 태도를 함양하기 위해 필요한 개입의 요소들(동기 향상 전략, 정서 및 행동 조절 전략, 환경관리, 학습 전략)에 대해 학습한 내용을 바탕으로 성인학습 상담자는 성인 학습자의 자기주도적 학습 태도나 준비 등이 어느 정도인지 확인하는 것에서부터 상담을 진행한다. 구체적으로 성인 학습자의 학습 동기, 정서 상태, 시간관리 및 물리적/사회적 환경관리를 포함하는 행동 관리 전략을 얼마나 알고 있고 실천하고 있는지에 대한 현재의 수준을 탐색하고 진단할 필요가 있다.

(2) 과정 목표: 학습 문제의 해결

성인 학습자가 자기주도적 학습 태도의 어떤 측면에서 부족하고 자기주도 학습을 저해하는 요인을 분석하고 진단하여 이를 해결할 수 있도록 조력하는 것이 성인학습 상담의 과정 목표가 된다.

앞서 성인학습 이론에서 이미 학습하였듯이, 성인 학습자가 경험하는 학습 과정은 학습자의 인지, 정서적인 개인 차원뿐만 아니라 성인 학습자가 관계 맺고 있는 인간관계 그리고 소속된 사회 집단 모두 이들의 삶과 학습에 영향을 미친다. 즉, 성인 학습자들이 인식하고 있는 학습 저해 요인은 매우 다양하다. 따라서 확인된 학습 저해 요인의 문제를 해결하기 위해서 성인학습 상담자는 자기주도적 학습 태도 진작을 위한 개입 방안(제7장)과 상담이론에서 학습한 상담의 방법들(제10장)을 활용하여 성인 학습자가 스스로 문제를 해결할 수 있도록 개별적인 과정의 목표를 설정하여 조력하는 것이 필요하다. 과정의 목표 설정에 대한 구체적인 상담 예시는 제12장에서 살펴볼 수 있다.

(3) 즉각적 목표: 학습정보의 제공

성인 학습자가 평생학습에 참여하기 이전에 어떠한 학습을 할 수 있는지에 대한 정보가 필요하다. 이미 평생학습에 참여하고 있는 성인 학습자 또한 자신의 목표를 성취하기 위해서 필요한 학습의 내용이 무엇인지 그리고 어떻게 학습에 참여할 수 있는지에 대한 정보가 필요하기 마련이다. 따라서 성인학습 상담자는 다양한 학습 정보를 제공할 수 있는 출처에 대해 숙지하고 성인 학습자에게 적절한 시점에 정보를 제공할 필요가 있다. 예를 들어, 성인학습자가 진로 전환을 위해 세무회계 2급 자격증을 취득하기를 원해 어떤 과정을 학습해야 하는지 문의를 해 온다면, 성인학습 상담자는 이에 대한 정보를 확인할 수 있는 출처를 제공하거나 직접 자신이 정보를 찾아 제공할 수가 있다. 효과적인 정보제공의 방법(제9장)을 다시 확인하여 성인학습 상담의 실제에 적용하길 바란다.

앞서 제3장에서 학습하였듯이, 최근 국가평생학습포털인 늘배움 서비스(http://www.lifelongedu.go.kr)가 구축되어 평생학습 정보 및 프로그램 등에 대해 지역이나 기관별로 분산된 정보를 모아 제공하고 있어 학습자가 원하는 지역의 강좌를 쉽게 찾을 수가 있다([그림 11-1] 참조). 성인학습 상담자는 학습자와 함께 국가평생학습포털에 접속하여 성인 학습자가 찾고자 하는 정보를 찾는 방법에 대한 안내를 함으로써 성인 학습자의 자기주도성을 높일 수가 있다. 그 밖에 국가평생교육진흥원(http://www.nile.or.kr) 홈페이지나 평생학습계좌제(http://www.all.go.kr), 자격증 취득을 위한 정보를 얻기 위한 산업인력공단 홈페이지(http://www.q-net.or.kr) 등에 대한 정보를 제공하여 성인학습자가 원하는 정보를 얻을 수 있도록 조력한다.

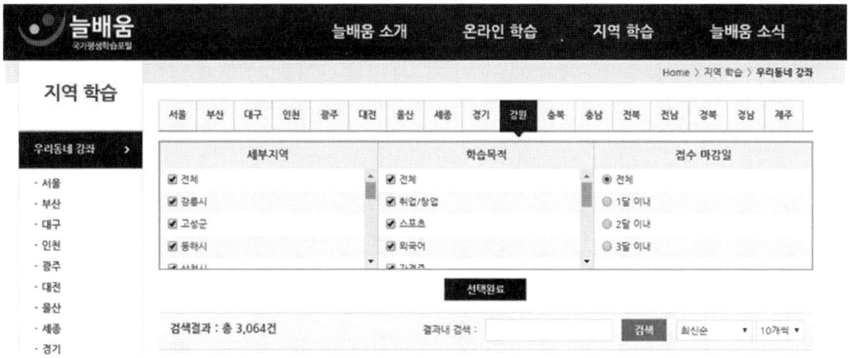

[그림 11-1] **국가평생학습포털 늘배움 서비스**

2) 성인학습 상담의 과정

성인학습 상담을 성공적으로 진행하기 위해서는 성인 학습자와의 신뢰적인 관계를 형성하고 상담 과정 동안 성인 학습자가 보여 주는 행동 이면의 의미를 탐색하고 관계 안에서 이루어지는 대화가 성인 학습자에게 어떤 영향을 미치는지 살피면서 상담 면접을 진행해야 한다. 앞서 성인학습 상담의 목표에 대해서 살펴보았듯이, 성인학습 상담자는 성인 학습자의 궁극적인 상담 목표와 과정 목표 그리고 즉각적인 목표가 무엇인지를 구별하여 상담을 진행하여 상담의 방향성을 명확하게 하는 것이 필요하다. 이제 성인 학습자와 일대일 개인 상담을 진행하는 과정에 대해 살펴보고 자원 내담자(volunteer client)를 대상으로 성인학습 상담을 실시해 본다면, 성인학습 상담에 대한 실무 역량을 키울 수 있을 것이다.

(1) 문제를 확인하기

성인 학습자의 주 호소 문제에 대해 탐색하여 현재 성인 학습자가 제기하는 문제가 무엇인지 확인한다. 그리고 그러한 문제가 어떻게 발생했는지에 대한 배경에 대해서 경청, 재진술 그리고 질문하기 등의 탐색 기법을 활용하여 성인 학습자가 호소하는 여러 가지 어려움에 대한 체계적인 이해와 평가를 할 수 있어야 한다. 자기주도적 학습 태도를 평가하기 위해 표준화 검사인 학습 전략 검사 (MLST-II; 박동혁, 2014)를 실시하거나 앞서 제7장 '성인학습의 실제'에서 학습한 다양한 체크리스트(예: 자기-가치 유지 전략의 점검, 동기 수준 확인, 동기 유지 및 향상을 위한 자기-조절 과정 탐색, 시간 사용의 점검, 물리적/사회적 환경의 관리 점검 등)를 활용하여 성인 학습자의 문제를 진단할 수가 있다. 학습 전략 검사를 활용하여 성인 학습자의 자기주도적 학습 태도에서의 문제점을 확인하고 이를 통해 해석 상담을 진행하는 방법에 대해서는 제12장에서 자세하게 살펴볼 수 있다.

(2) 과정 목표 설정하기

성인 학습자의 행동 변화를 촉진하기 위한 구체적인 상담 개입을 실시하기 위해서 앞서 확인된 문제를 해결하기 위한 과정의 목표를 성인 학습자와 협의하여 설정한다. 성인 학습자가 호소하는 문제의 배경을 이해하고 그 원인을 파악하기 위해 성인학습 상담자는 앞서 학습한 성인학습 이론과 상담이론 그리고 성인 학습자에 대한 발달심리학적 지식을 활용할 필요가 있다.

예를 들어, 제4장 '성인 학습자에 대한 이해'에서 다루었던 '미영 씨 사례'의 내용으로 성인학습 상담을 진행한다고 가정하자. 성인학습 상담자는 미영 씨가 호소하는 문제에 대해 두 아이를 돌보면서 현재의 직업인 청소부의 일과 동시에 간호조무사 자격증 취득 과정을 이수하는 다중역할 갈등으로 확인하고 이를 해결하기 위해 즉각적인 목표로 아이 돌봄 서비스를 받을 수 있는 방안에 대해 검토하고 정보를 제공하기로 세울 수가 있다. 그러나 궁극적으로 다중역할을 수행하면서 성인학습을 수행하기 위해서는 시간 관리뿐만 아니라 미영 씨 자신의 내외적인 자원들을 점검하고 강화할 수 있는 강점들을 격려하고 자기주도적 학습 태도를 향상시키기 위해 필요한 내적인 자원들을 개발하는 것을 과정 목표로 설정하는 것이 필요하다. 이 과정에서 맥클루스키의 여유 이론(제6장 '성인학습의 이론')에서 학습한 '내 삶의 힘과 짐 분석표'를 활용하여 미영 씨 자신으로 하여금 현재 당면한 문제의 원인에 대해 종합적으로 살펴볼 수 있는 기회를 제공하는 상담 개입을 통해서 문제에 대한 통찰과 알아차림을 이끌어 낼 수가 있을 것이다.

(3) 행동 변화 촉진하기

성인 학습자가 자신의 문제에 대해 이해하고 그 이유에 대한 통찰을 얻게 되면 이제는 변화를 위한 실행을 촉진하는 단계로 자연스럽게 흘러가게 된다. 앞서의 미영 씨 사례에서 만약 미영 씨가 다중역할 갈등 상황에서 아이들을 돌보는 문제에 대해 여성가족부에서 지원하는 아이 돌봄 서비스로 해결하였으나 미영 씨 자신이 공부할 시간을 확보하지 못해 학습에서 어려움을 호소하고 있다면 행동전략과 학습 전략의 측면에서 점검하고 부족한 영역을 개선할 수 있도록 행동 변화에 초점을 둘 필요가 있다. 만약 학습 전략의 기술이 부족하였다는 것이 확인이 된다면, 성인학습 상담자는 미영 씨에게 새로운 학습 전략에 대해 안내하고 이를 실천할 수 있도록 조력하고 실천을 강화할 수 있는 방안에 대해서도 상담을 통해 계획을 세우는 개입을 시도할 수가 있을 것이다.

수업 활동 11-1 성인학습 상담 시연: 첫 회기 상담

- 첫 회기 상담에서 성인학습 상담자는 어떻게 시작해야 할지에 대해서 토의해 보자. 제9장 '상담조력 기술'에서 학습했던 것을 바탕으로 인사, 상담자 소개, 성인학습 상담의 구조화, 성인학습자의 문제 확인하기를 어떻게 할 수 있는지 구체적으로 논의해 보자.

-인사
-상담자 소개
-성인학습 상담의 구조화
-성인 학습자의 문제 확인하기

- 앞에서 논의한 사항을 바탕으로, 둘씩 짝을 지어 상담자와 성인 학습자 역할 시연을 통해서 첫 회기 상담을 연습해 보자.

____

____

____

- 상담 시연을 통해서 배우고 깨달은 점에 대해서 의견을 나누어 보자.

____

____

____

참고문헌

나항진, 강갑원, 권희안, 김경미, 박성희, 송선희(2012). 성인학습 및 상담. 양서원.

박동혁(2014). MLST-Ⅱ 학습전략검사. 인싸이트.

박응희(2011). 평생교육상담의 노인교육접근 가능성에 대한 이론적 탐색. 교육문화연구, 17(1), 99-119.

정민승(2010). 평생교육사의 전문직 정체성 형성의 조건. 평생학습사회, 6(2), 151-167.

조외현, 서희정, 안영식(2013). 평생교육사의 평생학습상담 역량에 관한 요구분석. 평생학습사회, 9(3), 93-113.

Dews, B. (2005). Theorien der Übergänge; Auf dem Weg zu einer Metatheorie der Kommukationsformate Erwachsenenbildung, Beratung, Theraphie. In: REPORT, Jg. 28, Nr. I,s. 150-157.

Knowles, M. S., Holton, E. F., & Swanson, R. A. (2012). *The adult learner: The definitive classic in adult education and human resource development*. NY: Routledge.

제12장

주제별 성인학습 상담 방법

우리나라 대표적인 성인학습 기관인 방송통신대학교에서 2007년에 조사한 결과에 의하면(조성연 외, 2010), 성인학습자들이 이메일 상담으로 요청한 상담의 주제들을 살펴보면 부정적 정서의 문제가 전체 상담의 31.9%이었고 다중역할 갈등, 중도탈락, 경제적 어려움 등의 학업문제가 24.5%, 대인관계 및 가족의 문제 18.8%, 그리고 진로 문제가 8.5%인 것으로 나타났다. 이후 2014년도 방송통신대 온라인 게시판 상담 내용을 분석한 연구 결과(은혜경, 조영미, 진선미, 2014)에서도 2007년과 비슷한 패턴으로 상담 내용이 분석되었다. 가장 높은 빈도로 나타난 학습상담 내용으로 부정적 정서 조절의 어려움(두려움/불안/막막함, 우울/실망/답답함, 압박감/부담감, 분노/짜증)이었고, 원격대학 학습 전략의 부족(효과적인 독학방법 부재, 학습설계의 어려움, 집중 · 기억 및 시간 관리 전략 부족, 기초학습능력 부족), 다중역할 갈등(공부시간 확보의 어려움, 동시다발적 수행에 대한 심리적 부담감, 학

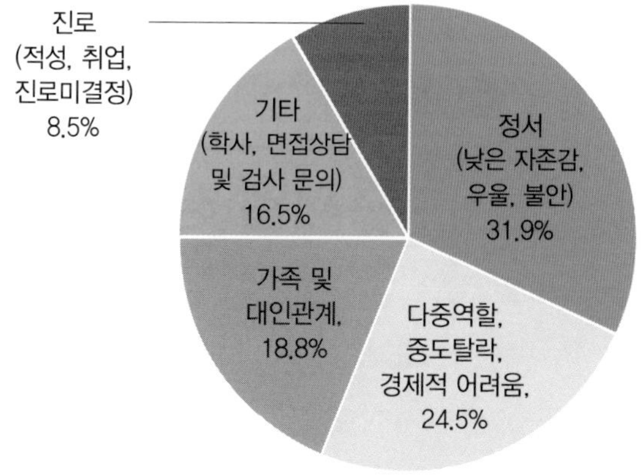

[그림 12-1] **한국방송통신대학교 이메일 상담 내용**

업수행으로 인한 일상생활 제한, 학사관리 어려움, 우선순위 설정의 어려움), 낮은 성적으로 인한 어려움, 그리고 진로설계 및 수행의 어려움 순서로 나타났다.

이와 같은 부정적 정서 조절의 어려움과 학습 전략의 부족, 다중역할 갈등, 낮은 성적으로 인한 어려움 등 성인학습 상담의 문제는 결국 성인 학습자들이 자기-관리와 학습 과정에서 자기-모니터링을 통한 자기주도적 학습 태도(Garrison, 1997)에서 겪는 어려움으로 이해할 수가 있다. 제6장 '성인학습의 이론'에서 학습하였듯이, 다양한 성인학습 이론의 공통점은 행복하고 건강한 삶을 살아가기 위해서 성인에게 요구되는 것은 자기주도적인 학습 능력을 향상시키고 자신의 삶에서 성장과 성숙의 변화를 이끌어 내는 것이었다. 성인 학습자들이 성인의 역할을 수행하면서 필요한 학습을 진행하는 과정에서 겪을 수 있는 다양한 문제는, 성인 학습자가 속한 사회적 맥락에서 자신을 잘 이해하고 조절할 수 있으며 자신이 처한 학습 환경을 잘 관리함으로써 해결할 수가 있다.

성인 학습자들이 평생학습에 참여하는 실태(제1장)에서 살펴보았듯이, 대졸 이상의 취업자들이 직업 관련 학습에 참여하는 비율이 높은 것은 경력개발과 진로의 문제를 해결하기 위한 목적이 크다. 따라서 성인학습 기관에서 실시되는 상담은 학습 정보 제공 및 방법에 대한 안내와 상담뿐만 아니라 성인들의 발달 단계별 역할 수행에 요구되는 과업을 잘 성취할 수 있도록 진로나 대인관계 등 다양한 문제에 대해서 도움을 줄 필요가 있다.

이 장에서는 지금까지 학습한 다양한 성인학습 이론과 성인 학습자에 대한 발달심리학적 지식 그리고 자기주도적 학습 태도의 구성 요소들을 통한 자기주도적 학습 태도의 진작을 위한 구체적인 방법 등을 성인학습 상담 실제에 어떻게 활용할 수 있을지에 대해 학습하는 것을 목표로 한다. 대표적인 성인학습 상담의 주제(예: 학습문제의 진단과 평가, 진로 상담, 심리·정서적 상담)를 중심으로 살펴보고 성인학습 상담 실무 역량을 함양해 보자.

1. 학습문제의 진단과 평가: 학습 전략 검사의 실시 및 해석 상담

성인학습 상담 과정은 성인 학습자의 문제를 확인하고 상담 과정의 목표를 설정하여 행동변화를 촉진하는 것으로 진행한다는 것을 앞서 제11장에서 학습하였다. 성인 학습자의 문제를 확인하기 위해 이미 학습한 다양한 도구(예: 제6장 학습양식 진단 검사/맥클루스키의 힘과 짐의 분석표, 제7장 자기-가치 유지 전략의 점검/동기 수준 확인/동기 유지 및 향상을 위한 자기-조절 과정 탐색/시간 사용의 점검/물리적·사회적 환경의 관리 점검표 등)를 활용하여 평가할 수 있고 표준화 검사 도구를 활용하여 진단할 수도 있다.

이 절에서는 표준화 심리검사 도구로서 학습 전략 검사(Multi-dimensional Learning Strategy Test 2nd: MLST-II)를 실시하고 해석하는 상담 방법에 대해 알아보고자 한다. 학습 전략 검사는 국내에서 개발되어 대학생 이상의 성인을 대상으로 표준화된 검사로서 성인 학습자가 보이는 다양한 심리적 특성을 하나의 검사를 통해서 통합적으로 확인할 수 있다는 간편함이 있고 자기주도 학습 지수가 산출되어 성인 학습자의 학습 문제를 진단하고 이해하는 데 유용하다(박동혁, 2014). 이 검사 결과를 기초로 성인 학습자의 자기주도적인 학습 태도를 진단하고 검사 결과를 해석하는 상담을 통해서 상담의 과정 목표를 설정할 수가 있다. 먼저 학습 전략 검사의 개요를 살펴본 후에 검사 실시 방법과 검사 결과에 대한 해석 상담을 위한 구체적인 방법에 대해 살펴보자.

1) 학습 전략 검사의 개요

(1) 검사의 목적

학습자가 사용하는 학습 전략이 얼마나 효과적인지 이해하고 학업 성취도에 영향을 줄 수 있는 다양한 요인에 대해 살펴봄으로써 학습자로서 자신의 장단점을 이해하고 학습에서의 효율성을 높이는 데 있다. 구체적으로 자신이 활용하는 학습 전략과 스스로 공부하는 능력인 자기주도적 학습 능력을 확인할 수 있어 효율적인 학습을 위해 변화할 필요가 있는 요인을 파악할 수가 있다.

(2) 검사의 구성

학습 전략 검사(MLST-II)는 크게 성격특성, 정서특성, 동기특성, 행동특성으로 구성되어 있으며, 성격특성의 하위요인으로는 효능감, 결과기대, 성실성, 정서특성은 우울, 불안, 짜증, 동기특성은 학습, 경쟁, 회피 동기로 행동특성은 시간 관리, 공부환경 외 6개 요인으로 이루어져 있다. 네 가지 구성요소와 하위요인에 대한 설명은 〈표 12-1〉에 제시하였다. 제7장 '성인학습의 실제'에서 자기주도적 학습 태도를 진작하기 위한 다양한 개입의 요소(예: 인지, 동기 및 정서, 행동, 사회적 맥락의 조절)을 확인하고 각각의 개입 전략을 이미 학습한 바 있다. 이 검사를 통해서 성인 학습자의 자기주도적 학습 태도와 관련된 다양한 요인에 대해서 살펴볼 수 있음을 알 수 있다.

성인학습 상담자가 검사를 활용하여 상담을 진행하고자 한다면, 해당 검사의 이론적 근거에 대한 명확한 지식을 갖추고 내담자에게 설명할 수 있어야 한다. 따라서 이 검사 도구를 활용하기 위해서 여러분은 앞서 학습한 자기주도 학습이론과 자기주도적 학습 태도 진작을 위한 다양한 개입의 요소에 대해 자신의 말로 내담자가 쉽게 이해할 수 있는 수준으로 설명할 수 있도록 충분히 연습을 해야 한다.

〈표 12-1〉 **검사의 구성**

구성요소	하위요인	설명
성격특성	효능감	• 원하는 결과를 얻기 위해 필요한 노력과 행동을 자신의 힘을 해낼 수 있으리라는 믿음과 신념의 정도
	결과기대	• 행동에 대한 개인의 신념으로 주어진 행동이 어떤 확실한 결과를 산출할 것이라는 개인적인 기대로 자신의 노력을 통해 앞으로 분명히 더 좋은 결과가 있으리라는 확신과 기대
	성실성	• 원하는 목표를 달성하기 위한 인내와 지속적인 노력
정서특성	우울	• 문항의 예: 속상하고 울적할 때가 있다. • 우울한 학생들은 그렇지 않은 학생들에 비해, 새롭거나 복잡한 과제를 배우는 데 주의 집중유지의 어려움이나 동기부족, 활력의 저하와 같은 특성으로 인해 제시된 과제를 완료하는 데 곤란을 겪음
	불안	• 문항의 예: 마음이 초조하고 조바심을 자주 느낀다. • 불안한 상태에 높이면, 주의 집중에 어려움이 있고 불안 수준이 높을 경우 과제를 적절히 조직하는 데 필요한 단서를 활용하지 못하고, 정보 처리수준이 깊지 못하며 학습 전략의 사용도 제한적임
	짜증	• 문항의 예: 내 마음대로 되는 일이 하나도 없다. • 좌절로 인한 분노, 폭력적 충동, 불만족감, 과민함, 성가심 등을 나타냄

동기특성	학습동기	• 문항의 예: 내가 공부하는 이유는 배우는 것이 즐겁기 때문이다. • 학습지향의 목표
	경쟁동기	• 문항의 예: 좋은 성적을 받았을 때 남들이 알아주어야만 만족감을 느낀다. • 수행지향의 목표
	회피동기	• 문항의 예: 공부를 하는 중요한 이유는 창피당하고 싶지 않기 때문이다. • 회피동기가 높을 경우 학업 성취에 대한 불안감으로 인하여 자기-가치 유지 전략을 사용함.
행동특성	시간 관리	• 문항의 예: 공부 계획을 미리 세운다. • 시간을 얼마나 효율적이고 계획성 있게 사용하고 있는지의 정도
	수업 듣기	• 문항의 예: 수업시간을 잘 활용하기 위해 예습을 하는 편이다. • 수업에 대한 적극성, 수업 중 집중능력, 수업을 통해 중요한 내용을 파악할 수 있는지 여부
	노트필기	• 문항의 예: 노트필기를 할 때 별생각 없이 받아 적기만 한다. • 노트필기를 성실히 하는지 여부와 노트필기 요령, 노트활용 정도
	공부환경	• 문항의 예: 혼자 공부할 때 주로 사용하는 장소가 따로 있다. • 자신이 주로 공부하는 장소가 집중에 도움이 되는 정도, 혹은 집중에 방해가 되는 자극을 스스로 차단하는 능력
	집중전략	• 문항의 예: 공부할 때 전적으로 공부에 집중한다. • 집중력의 정도, 집중을 유지할 수 있는 능력의 여부, 집중이 잘되지 않을 때의 대처방법
	읽기전략	• 문항의 예: 책을 빨리 읽는 편이지만, 기억은 잘 나지 않는다. • 책을 읽을 때 읽은 내용에 대한 이해력, 기억의 정도, 핵심내용 파악능력, 교과서나 참고서의 활용능력
	기억전략	• 문항의 예: 기억을 잘하기 위해 공부한 내용을 요약해서 정리한다. • 정확한 기억과 기억한 내용을 오랜 시간 동안 유지하는 데 필요한 기억방법과 요령의 정도
	시험전략	• 문항의 예: 시험이 발표되면 불안해서 마구잡이식으로 공부를 하게 된다. • 계획적인 시험 준비의 여부와 시험에서의 실수를 줄이기 위해 필요한 전략의 사용 여부

2) 검사 실시 방법

검사 실시의 과정을 설명하면 다음과 같다. 첫째, 대학 · 성인용 학습 전략 검사는 185문항으로 구성된 지필검사로 약 30~40분 정도 소요됨을 알려 준다. 둘째, 가능한 검사의 첫 장에 있는 지시문과 예를 읽어 준다. 셋째, 문항에 대한 반응의 방법에 대해 설명해 준다. 문항을 지나치게 오래 생각할 필요는 없으며 정확히 이해되었다고 판단되면 즉각적으로 응답하는 것이 솔직한 자신의 모습을 나타낼 수 있다고 안내한다. 또한 가급적 빠뜨리는 문항 없이 모든 문항에 솔직하게 응답할수록 자신의 현재 상태에 대해 잘 파악할 수 있다는 것을 알려 준다. 넷째, 검사가 끝나면 답안지를 회수하기 전에 핵심적인 개인 정보(성명, 성별 등)가 누락되지 않도록 한 번 더 확인한다.

3) 검사 결과 해석을 위한 상담 진행

검사 해석을 위한 개인 상담은 다음과 같은 절차로 진행하면 된다. 첫째, 간단한 인사와 함께, 상담자를 소개한다. 이때 앞서 상담 대화의 방법을 연습했던 방식으로 진행하면 된다.

> 상담자: 안녕하세요? 저는 평생교육사로서 성인학습 상담을 훈련받고 있는 ○○○입니다. 오늘은 지난 회기에 실시한 학습 전략 진단 검사 결과를 살펴보고 앞으로 어떤 상담 목표로 상담을 진행할 것인지에 대해 이야기를 나눌까 합니다. 어떠한가요?

둘째, 학습 전략 검사 결과를 해석하기 전에 실시한 검사가 어떠한 검사인지 소개한다. 이때 상담자는 검사의 목적과 검사의 구성 요소들에 대해 사전에 충분히 숙지하여 자연스럽게 설명할 수 있도록 연습을 많이 해야 한다. 다음 상담자 반응의 예를 살펴보자.

상담자: 학습 전략 진단 검사를 어떤 검사로 기억하고 계신가요? 아, 네 맞습니다. 이 검사는 학습자 ○○○ 님이 스스로 보고한 내용을 바탕으로 ○○○ 님의 자기주도적인 학습 전략에 대해서 살펴볼 수 있는 검사입니다. 학습 동기의 수준, 학습에 방해되는 요인들 그리고 다양한 학습 전략을 얼마나 사용하고 계신지 알 수가 있습니다. 즉, 자기주도적인 학습자로서의 장단점을 확인할 수 있습니다. 이 검사는 표준화 검사로서, 대학생/성인 규준 집단에 비교하여 ○○○ 님의 상대적 위치를 확인할 수 있어요. 혹시라도 이해가 되지 않으시면 언제든 말씀해 주세요.

이 검사를 실시하는 목적은 성인 학습자의 학습 전략이 얼마나 효과적인지 이해하고 학습 목표를 달성하기 위해 변화해야 할 부분에 대해서 알아봄으로써 자기주도적 학습자로서 학습에서의 효율성을 높이는 데 있습니다. 학습에서 어려움이 있으시더라도 자신의 노력과 의지에 따라서 학습 전략과 자기주도 학습 능력은 향상될 수 있기 때문에 얼마든지 어려움을 극복할 수 있습니다. 자, 그러면 함께 검사 결과를 살펴볼까요?

셋째, 내담자와 검사 결과를 함께 살펴본다. 상담자는 척도의 구성과 이론적 근거에 대해 충분히 숙지해서 내담자에게 설명할 수 있어야 한다. 학습 전략 검사 결과의 예시는 [그림 12-2]와 같다.

넷째, 검사 해석을 실시한다. 해석의 순서는 [그림 12-2]에 나타난 숫자대로 진행하면 된다. 1번 해석 전 참고지표(보충척도, 부가 정보), 2번 자기주도 학습지수(Learning Quotient: LQ), 3번 하위척도별 점수, 4번 학습 전략 유형의 순서로 설명한다. 차례대로 알아야 할 검사의 기본 정보에 대해 소개하면 다음과 같다.

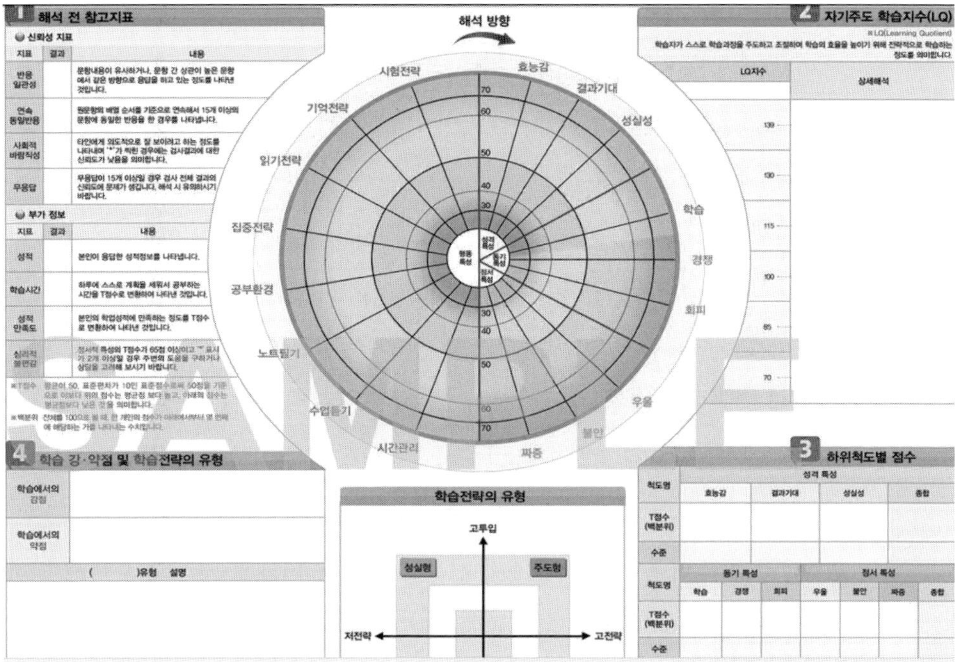

[그림 12-2] **학습 전략검사 결과 예시**

(1) 해석 전 참고지표: 보충척도의 해석 및 부가정보의 확인

보충척도는 검사결과를 보다 신뢰롭고 타당하게 하기 위해 구성된 척도들로 신뢰성 지표의 값을 산출한다. 신뢰성 지표에 대한 내용은 〈표 12-2〉에서 확인할 수 있다.

〈표 12-2〉 **신뢰성 지표**

척도명	설명 및 해석방법
반응 일관성	• 문항 간 상관이 대략 .60이면 유사한 문항에 대해 일관된 답변을 하는 것을 나타냄. • 높음: 대부분의 유사한 문항에서 일관성을 보임. • 양호: 80%의 수준에서 일관성을 보임. • 낮음: 50% 이하의 수준으로 일관성을 보임.

연속동일반응	• 15개 이상의 문항을 같은 번호로 표기했을 때 '예'로 표기됨. • 신뢰하기 어려움.
사회적 바람직성	• T 〉65, 필요 이상으로 자신을 좋게 보이려는 경향. • 해석할 시에 이를 고려해야 함.
무응답	• 응답하지 않은 문항의 수를 나타냄. • 무응답의 이유를 파악하는 것이 필요함.

부가정보는 내담자 자신이 보고한 성적 수준, 규준집단과 비교했을 때, 자신의 필요나 목표에 의해 공부하게 되는 시간을 반영하는 학습시간, 성적에 대한 주관적 만족도, 심리적 불편감이 있다. 성적에 대한 주관적 만족도는 실제 성적간의 상관이 .20～.30 수준의 정적 상관을 나타낸다고 한다(박동혁, 2014). 주관적 만족감이란 실제의 성적 수준과는 별개로 자신의 수행에 대한 해석 방식이 중요한 영향을 미치게 된다. 따라서 만족감이 낮은 경우 어떠한 이유로 만족할 수 없는지에 대해 탐색하는 것이 필요하다. 끝으로, 심리적 불편감은 일반적으로 경험되기 어려운 증상에 대해 '예'라고 표기한 경우, *표로 표시되며 최대 5개까지 표기된다. 2개 이상이라면 전반적인 심리적 불편감이 매우 높을 것이고 학습의 문제보다 심리적 불편감의 문제가 보다 시급한 상황일 수 있어 이에 대한 전문적인 심리 측정이 필요한 상황이라 하겠다. 만약 *표의 결과가 있는 경우에, 성인 학습자에게 어떤 심리적 불편함이 있는지에 대해 탐색하고 심리적 문제를 다루는 상담에 대한 안내를 제공하는 것이 필요하다.

(2) 자기주도 학습지수

자기주도 학습지수(Learning Quotient: LQ)는 학습자의 현재 자기주도 학습 수준을 단일 지표로 보여 주는 값이다. 성격특성, 학습 전략, 학습동기 세 가지 요인의 총점을 표준화시켜 합산하여 그 값의 평균을 100, 표준편차 15로

환산한 점수로, 평균보다 높을 경우 비슷한 연령대의 규준집단에 비해 학습량도 많고 주도적인 학습태도를 가지고 있다고 볼 수 있다. 자기주도 학습 지수의 해석 지침은 다음의 〈표 12-3〉에 제시하였다.

〈표 12-3〉 **자기주도 학습 지수의 해석**

수준	해석
높음 (주도형)	규준집단에 비해 학습량 많음. 분명한 목표 의식, 다양한 학습 전략과 요령을 효율적으로 구사할 수 있음. LQ지수로 추정한 성적은 중상위권이나 상위권(67%의 가능성)
다소 높음 (주도형)	공부에 대한 자신감, 흥미 대체로 높음. 학습 전략 면에서 일부 부족한 부분이 있을 수 있음. 학업 성취 향상을 위해 자신의 학습 전략에서 변화를 추구할 필요 있음. 중상위권의 성적으로 추정됨(72% 가능성).
보통 (잠재형: 학습에 대한 흥미, 자신감을 갖춤)	공부 습관이 크게 나쁘지는 않지만 개발할 부분이 많을 수 있음. 기본적인 일은 하지만, 스스로 자신에게 필요한 공부가 무엇인지를 찾아서 하는 적극적인 태도 다소 부족할 수 있음. 잘못된 학습 습관에 대한 변화가 필요해 보임.
다소 낮음 (성실형)	복습 등 스스로 공부하는 시간이 부족할 것으로 보임. 책상에 오래 앉더라도 집중력이나 학습 전략이 부족해 노력한 만큼의 성과를 얻지 못할 수 있음. 공부에 대한 동기도 다소 부족할 수 있음. 공부에서 느끼는 성취감이나 재미보다는 마지못해 하는 느낌이 강할 수 있음. 중~중하위권 성적으로 추정(67%)
낮음 (정체형: 수동적, 의존적 학습자)	공부 시간 부족, 숙제나 공부 억지로 하거나 하지 않을 수 있음. 공부에 대한 자신감, 해도 안 될 것이라 낙담하거나 공부에 대한 막연한 걱정에 공부를 끈기 있게 유지하기 어려울 수 있음.

(3) 하위 척도별 점수의 확인

성격, 정서, 동기, 행동특성의 각 하위 척도들의 점수는 백분위 점수로 높음(81~100), 다소 높음(61~80), 보통(41~60), 다소 낮음(21~40), 낮음(0~20)

으로 보고된다. 백분위 점수란 특정 원점수 아래에 있는 학생들의 백분율이 얼마인가를 보여 주기 때문에 대표 표본 안에 학생들의 상대적인 위치를 알 수 있다. 예를 들어, 동기특성의 백분위 점수가 98.2라면, 규준집단 안에서 98.2%의 학습자들이 더 낮은 점수를 나타낸다는 것을 의미한다.

(4) 학습 전략 유형의 확인

에너지의 투입량과 다양한 학습 전략 사용의 정도 두 가지 차원에 따라 성실형(고투입-저전략), 주도형(고투입-고전략), 잠재형(저투입-고전략), 정체형(저투입-저전략)의 유형으로 구분된다. 내담자가 어느 유형에 해당되는지를 한눈에 알아볼 수가 있고 학습 과정에서 나타나는 학습자의 장·단점을 확인하여 어떤 측면에서 변화가 필요한지에 대해 탐색한 후, 상담의 과정 목표를 설정할 수가 있다. 마음의 상담 과정 목표 설정을 위한 상담의 예를 읽어보고 어떻게 상담을 이끌어 가야 할지 머릿속에서 이미지 훈련을 해 본 후, 짝과 함께 각자의 검사 결과를 맞바꿔서 해석 상담을 진행해 보도록 하자.

4) 상담 과정 목표 설정을 위한 상담의 예

여러분이 만나게 되는 성인 학습자의 학습 전략 검사 결과는 정말 다양하고 그 이면에 있는 학업에서의 어려움 또한 학습자마다 다르기 때문에 결과에 국한하여 내담자를 이해하려 하기보다는 내담자에게 무슨 일이 일어나고 있는지에 대해 함께 탐색할 필요가 있다. 내담자가 자신의 문제를 확인하고 수용하게 되면, 그에 따라 상담의 목표를 설정하되, 반드시 내담자와 합의하여 상담 목표를 설정해야 한다. 학습 전략 검사 결과를 바탕으로, 성인 학습자의 문제를 확인하고 상담 과정의 목표를 설정하는 상담의 예를 살펴보자.

상담자 1: 지금까지 ○○○님의 학습 전략 결과를 살펴보았습니다. 학습 전략의 유형에서 볼 수 있듯이, 잠재형으로 확인이 되는데요. 이 결과에 대해서 어떻게 생각하십니까?

내담자 1: 네, 맞는 것 같아요. 제가 지금 최선을 다하고 있지 못하고 있는 게 사실이에요.

상담자 2: 어떤 이유에서 최선을 다하지 못하고 계신가요?

내담자 2: 여기 보면, 제가 학습 동기가 그닥 높지 않단 말이에요. 내가 왜 그러한가 생각해 보니까 사실 대학원 공부하랴 직장생활 하랴 제가 원하던 대학원 공부를 하고 있지 못하고 있어요. 생각보다 많은 공부를 해야 하는데 요즘은 그래 …… 그냥 석사 대충 받고 자격증 받으면 되지 하면서 처음 공부 시작할 때하고는 다르게 동기가 많이 떨어졌어요.

상담자 3: 다중역할을 하는 것이 힘이 들지요. 늘 시간에 쫓기는 것 같고 분주한 마음도 들고요…….

내담자 3: 네, 맞아요! 다중역할이 맞아요. 집에서도 남편한테 아이들한테도 밥도 제대로 못 해줘서 미안하고 그렇다고 대학원에서 상담 공부를 하는데 학교에서 아이들 상담을 잘 하는 것 같지도 않고요……. 또 막상 대학원에 와서는 제가 해야 할 것만 간신히 하고 있는 거예요……. 그게 싫었어요. 지금은 중도 탈락만 하지 말자 하는 마음으로 학교를 다니니까 한편으로는 마음이 편했지만 뭔가 불편한 마음이 있었는데 제가 왜 그러한지 이제 알 것 같아요.

상담자 4: 일과 학업, 그리고 가정에서 모두 다 잘 하고 싶으셨지만 심적으로나 신체적으로나 부담이 컸을 것 같습니다. 그러면 앞으로 어떻게 변화하고 싶으신가요?

내담자 4: 음……. 제가 왜 자꾸 짜증이 나는지 이유를 알았어요. 또 제가 원하는 것이 대학원에서 최선을 다해 공부하고 싶음 마음이 컸는데 그렇지 못하는 내 상황, 그러니까 남편의 요구와 아이들의 요구를 모두 들어줘야 한다는 것 때문에 나도 모르게 대학원 공부에 소홀할 수밖에 없었던 것 같아요. 내가 원하는 대로 상담자로서 보다 전문성을 키우려면 대학원 공부가 정말 중요해요.

상담자 5: 전문성을 키우기 위해 대학원 공부를 시작했는데 막상 최선을 다하지 못하고 있는 이유가 가족들의 요구와 기대에 우선적으로 부응하고 있기 때문이라는 사실을 알게 되신 것 같습니다.

내담자 5: (고개를 끄덕이며) 제가 둘 다 완벽하게 잘 할 수 없는데 저만 하는 일이 더 많아졌고 가족들은 그대로 제게 요구하고 있다는 거예요……. 정말 힘들었어요…….

상담자 6: 대학원 공부 시작하면서 새로운 학업 생활에 적응하는 것 자체도 힘드셨을 텐데요. 다중역할 갈등 상황이 문제였던 것 같습니다. 어떠한가요?

내담자 6: 음……. 그런 것 같아요. 제가 아직 동시에 여러 역할을 수행하는 것이 서투른 것 같아요. 직장 일 하면서는 대충 해결이 되었던 것 같은데 대학원 공부까지 하려니까 너무 힘에 부쳤어요.

상담자 7: 그럼요……. 대학원 공부 자체가 많은 것을 요구하기 때문에 더 힘들게 느껴졌을 지도 모르겠습니다. 지금까지 이야기한 것을 정리하면, ○○○ 님은 다중역할을 수행하는 상황에서 대학원 공부에 최선을 다하고 싶다는 바람을 확인하신 것으로 보입니다. 제가 잘 이해했는지 궁금하군요.

내담자 7: 네, 맞아요. 다중역할 갈등 상황이지만 저는 상담 전문성을 위해 대학원 공부가 중요했고 그래서 용기 내어 공부를 시작한 것인 만큼 정말 잘하고 싶어요.

상담자 8: 네, 알겠습니다. 그러면 앞으로 상담 전문성 향상을 위한 대학원 공부를 잘하기 위해 다중역할 갈등 상황을 효율적으로 대처하기로 상담 목표를 설정하면 어떨까 싶은데요……. ○○○ 님 의견은 어떠하신지요?

내담자 8: 좋아요. 정말 제가 잘 대처했으면 하는 바람이 커요. 애들과 남편한테 원망하는 마음도 좀 표현하고 싶고 알아서 밥들을 차려 먹으면 좋으련만…….

상담자 9: 그러게요……. 저도 동감합니다. 다중역할 상황을 잘 대처하기 위해서는 여러 가지 행동 관리 전략이 필요할 것입니다. 방금 말씀하신 것처럼, 가족들에게 도움을 구하고 협력하는 분위기를 만드는 것도 한 가지 대안이 될 수 있을 것입니다. 효과적인 의사소통의 방법과 시간 관리, 협력 관계를 만들기 등에 대해서 차근차근 이야기하면서 대처 행동에서의 변화가 있도록 노력하시면 될 것 같습니다. 다중역할 갈등을 효율적으로 다루기 위해 필요한 행동 전략들에 대해서 다음 시간에 이야기하고 추후에는 전문성을 키우기 위한 대학원 공부에 대해서 살펴보는 두 번째 목표를 설정해도 좋을 것 같습니다.

내담자 9: 결국엔 제가 상담자로서 전문성을 키우는 것이 제일 중요한 목표입니다. 대학원에서 어떻게 공부를 해야 전문성을 더 키울 수 있는지에 대해서도 이야기하고 싶어요.

앞의 상담 사례에서 상담자는 성인 학습자(내담자)와 합의하여 상담의 목표로서 다중역할 갈등 대처하기와 상담 전문성 함양을 위한 대학원 과정을 성공적으로 이수하기를 과정의 목표로 수립하였다. 이후 상담자는 궁극적인 성인학습 상담의 목표인 성인 학습자의 자기주도적 학습 태도를 향상시키기 위해 앞의 사례 내담자에게 필요한 행동 관리와 의사소통의 기술 그리고 학습 전략의 측면에서 변화할 수 있도록 상담의 방향을 설정하여 진행할 수가 있을 것이다.

지금까지 살펴본 바와 같이, 평생교육사는 성인학습 이론과 실제에 대한 기초지식을 숙지하는 것이 가장 중요하며 이를 내담자 상황에 맞게 적용하고 사후에 효과성에 대한 분석과 평가 활동을 통해 상담 직무 역량을 키울 수 있어야 할 것이다.

수업 활동 12-1 학습 전략 검사 결과 해석 상담 시연

- 학습 전략 검사 결과에 대한 집단 해석 워크숍 후, 자신의 학습 습관에 대해서 새로이 알게 된 점, 변화해야 할 부분에 대해 성찰해 보자.

- 자신의 검사 결과에 대한 이해를 바탕으로, 짝과 함께 서로의 검사 결과지를 교환하여 상담자-내담자 역할을 통해 학습 전략 검사 결과 해석 상담을 연습해 보자.

- 상담자, 내담자 상담 시연 후, 배우고 깨달은 점에 대해서 의견을 나누어 보자.

- 학습상담 실습을 위해 자신에게 필요한 지식, 태도, 기술에 대해 자가 평가해 보자.

※ 교수자는 사전에 학습 전략 검사를 학생들에게 실시하고 다음 시간에 학습 전략 검사 결과 해석을 위한 워크숍으로 수업을 진행한 후에, 수업 활동을 실시하는 것이 효과적이다.

2. 워크넷을 활용한 진로 상담

성인 학습자가 학습을 하는 이유는 다양하겠지만 진로개발이나 직업에서의 변화를 목적으로 학습을 하는 경우에, 성인 학습자는 성인학습으로 쌓이는 경력이 자신의 진로나 직업 선택과 연계되길 희망한다. 제1장에서 학습했듯이, 현대사회는 4차 산업혁명의 시대를 맞이하여 인공지능의 기술 발전으

로 현재 존재하고 있는 직업들이 인공지능으로 대체되어 수년 내에 상당수의 직종들이 사라지게 될 것이라 예측되고 있다. 게다가 기술의 발전으로 인한 세계화의 물결은 생존하기 위해 지속적인 학습을 요구하고 있고 자신의 일자리를 창출하기 위해 현대인들은 끊임없이 준비하며 살아가야 한다. 무엇보다도 기대 수명이 늘어나 우리는 일생 동안 인생 2모작이 아닌, 3모작의 시대에 살고 있어 은퇴 후 30년 동안의 생계유지를 위해 어떤 일을 하며 살아가야 할지에 대한 계획과 준비가 필요하다. 이렇듯 오늘날 급변하는 노동시장에서 생존하기 위해 성인학습의 요구는 점점 더 높아지고 있고 결과적으로 성인 학습자들의 진로 및 직업 상담은 성인학습 상담에서 중요한 상담 주제로 부상하고 있다(Gendron, 2001).

불안정하고 급변하는 노동시장에서 성인 학습자들이 어떤 진로를 선택하고 선택한 진로를 개발하기 위해 무엇을 실천해야 하는지에 대해 조력하기 위해서는 진로 상담에 대한 지식이 필요하다. 성인기의 사회적 발달 특성 부분(제4장)에서 진로발달에 관해 간략하게 살펴보았으나, 진로 상담을 전문적으로 실시하는 것은 평생교육사의 직무를 넘어서는 일이므로, 직무로서 상담을 진행할 수 있는 범위 내에서 진로 및 직업 상담의 방안에 대해 소개하고자 한다.

대체로 진로 상담은 파슨스의 3단계 추론(Parsons, 1909)에 기초하여 자기 자신에 대한 이해, 직업세계에 대한 이해, 그리고 앞의 두 내용의 합리적 연결을 통해서 진로 선택활동을 돕는 것으로 진행한다. 성인학습 상담의 주제로서 진로 상담은 성인 학습자의 진로 관련 자기이해를 높이고 성인 학습자 자신의 진로 발달 특성(적성, 능력, 흥미, 포부 등에 대한 이해)에 맞는 직업 정보를 탐색하고 구직 능력을 향상시키는 것을 목표로 한다. 이제부터 성인 학습자의 진로개발을 위한 진로 상담을 위해 고용노동부에서 제공하는 워크넷을 활용한 진로 상담 방안을 살펴보기로 하자.

1) 워크넷(http://www.work.go.kr)의 구성과 활용 목적

진로 상담은 여타 다른 상담과 달리, 컴퓨터 보조 프로그램을 활용하거나 웹 기반 상담 방안을 활용할 수 있는 장점이 있다. 우리나라에서는 노동부에서 개발된 워크넷(Worknet)과 교육부 산하 직업능력개발원에서 개발된 커리어넷(Careernet)이 대표적인 웹 기반 진로 상담 프로그램으로 활용되고 있다.

성인 학습자와 진로 관련 문제로 진로 상담을 진행하기로 합의하였다면, 성인 학습자의 자기 이해를 돕기 위해서 워크넷에서 제공하는 웹 기반 척도(예: 직업심리검사-홍미, 능력, 가치관 등의 평가)를 활용하여 상담을 진행할 수가 있다. 성인 학습자가 자신의 특성을 이해하고 이를 바탕으로 진로 대안을 확장하여 자신의 진로를 선택할 수 있는 준비가 되었다면, 워크넷을 통해 직업정보 검색 기능을 활용하여 직업세계에 대한 이해를 높이고 구직을 위한 상담을 진행할 수가 있다.

(1) 워크넷의 구성

진로 상담에서 워크넷을 활용할 수 있는 내용들은 직업 정보 · 심리검사와 구직정보이다. 워크넷은 진로 상담 과정에서 내담자의 자기이해와 직업세계에 대한 이해를 높이기 위해서 진로 관련 다양한 심리검사를 실시할 수 있고 직업 정보 및 학과 정보를 탐색할 수가 있다. 워크넷 메인 홈페이지에서 직업 · 진로에 들어가면 아래의 [그림 12-3]과 같이 직업 정보 검색과 직업심리검사를 실시할 수 있는 페이지로 이동하게 된다.

먼저 직업심리검사를 보면, 청소년용 심리검사와 성인용 심리검사로 구성되어 있으며, 성인용 심리검사의 종류와 내용은 [그림 12-4]와 같다. 성인용 심리검사는 직업적성, 직업선호도, 구직준비도, 창업적성, 직업전환, 직업 가치관, 기본 역량 검사, 이주민 취업 준비도 검사, 중장년 직업 역량검사 등 성

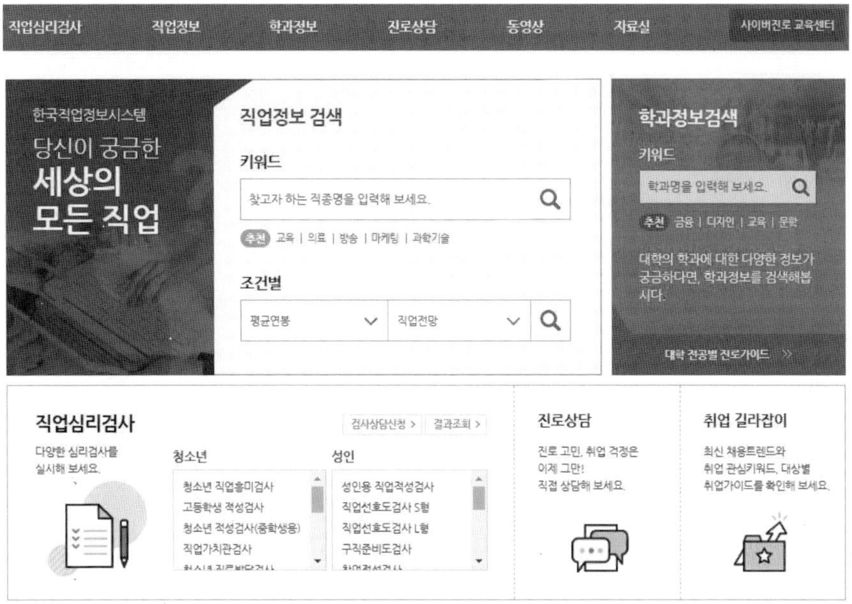

[그림 12-3] **직업 정보 · 심리검사 화면**

인초기에서 중장년층 대상까지 폭넓게 적용할 수 있는 검사들로 구성되어 있다. 이러한 검사들은 인터넷에서 편리하게 실시할 수 있고 동시에 가까운 고용 센터에 방문하여 지필로도 검사를 받을 수 있다.

[그림 12-3]에서 확인할 수 있듯이 직업 정보 검색란에 직업명을 작성하게 되면, 한국직업정보시스템으로 연결되면서 자신의 특성에 맞는 직업을 찾을 수 있는 검색 창([그림 12-5] 참조)이 제시된다. 예를 들어, [그림 12-3] 화면에서 직업 정보 검색란에 경영컨설턴트를 작성하여 검색을 하게 되면 [그림 12-5]의 화면이 나타나서 조건별, 개인 특성에 맞는 구체적인 직업 정보를 탐색할 수 있다. 직업 정보 화면 좌측에 위치한 직업 탐방, 미래를 함께할 새로운 직업 코너와 직업 · 취업 · 학과 동영상 자료를 통해 진로선택과 취업 준비에 필요한 정보를 얻을 수가 있다. 직업 동영상 자료는 실제 직업인들의 인터뷰 내용으로 구성되어 다양한 직업에 대해 해당 직업인의 생생한 체험과

[그림 12-4] **성인용 직업심리검사**

경험담을 시청할 수가 있기 때문에 직업 정보의 내용과 질적인 측면에서 활용 가치가 매우 좋다.

(2) 워크넷 활용의 목적

진로 상담에서 컴퓨터 보조 프로그램으로서 워크넷을 활용하는 목적은 다음과 같다. 첫째, 웹 기반 직업 심리검사를 사용하여 내담자의 자기이해를 돕기 위함이다. 진로 상담 과정에서 흥미, 성격, 능력, 가치관 등에 대해 좀 더 객관적인 관점에서 살펴보기 위해 내담자 스스로 검사를 실시할 수 있고 그 결과에 대해 상담자와 함께 살펴봄으로써 보다 심층적인 자기 이해를 높일

[그림 12-5] **직업 정보 탐색 화면**

수 있다.

둘째, 직업세계의 이해를 돕고 구체적인 진로 설계 및 구직 활동을 도울 수 있다. 한국직업정보시스템과 학과 및 직업 정보 관련 동영상의 자료를 통해 내담자의 직업세계에 대한 이해의 폭을 넓힐 수 있다. 특히 자신이 지닌 지식과 개발된 업무수행능력과 같은 특성에 기초한 직업 정보를 검색할 수 있다는 점에서 현실 가능한 진로 대안을 탐색하는 데 매우 유용한 정보를 얻을 수가 있다.

셋째, 워크넷의 활용 방법을 제시함으로써 내담자 스스로 진로 및 직업 정보를 탐색할 수 있도록 조력하기 위함이다. 더불어 상담자 입장에서는 워크넷에서 제공하는 다양한 직업 정보들을 확인함으로써 진로 상담에서 요구되는 직업 정보원들을 사용할 수 있는 역량을 개발할 수가 있다.

2) 워크넷을 활용한 진로 문제의 진단과 평가

진로 상담에서 내담자 평가는 크게 'Big Three'로 거론되는 흥미, 가치, 능력(Lent & Brown, 2013)에 관한 평가를 의미한다. 워크넷의 구성과 내용에서 살펴본 것처럼, 워크넷은 청소년과 성인을 대상으로 진로 상담 과정에서 내담자 평가를 위한 Big Three 검사 도구들을 쉽게 활용할 수 있는 장점이 있다. 다양한 검사 도구가 구비되지 못한 상담 환경이라면, 내담자와 함께 웹 기반 척도를 활용하여 내담자의 자기 이해를 향상시킬 수가 있다. 바로 이러한 점이 워크넷의 유용성이라 할 수 있다. 특히 내담자의 능력 평가는 최대수행 능력 검사로서 시간이 많이 걸리고 상담자들에게 특별한 훈련과 교육을 요구하기 때문에 상대적으로 진로 상담 과정에서 내담자의 능력 평가를 소홀히 하는 경우가 있는데 워크넷의 적성 검사는 그런 제한점을 극복하면서 능력 평가를 실시할 수 있어 활용 가치가 있다. 워크넷이 제공하는 웹 기반 검사 도구들을 간략하게 소개하면 다음과 같다.

(1) 흥미 평가

개인의 흥미에 맞는 직업을 선택할 경우, 즉 개인과 환경의 일치는 직업 만족도와 상관이 높으며, 특히 직업적 안정성, 적응력 그리고 성취감과 긍정적인 관계가 있음이 보고되고 있다(Harms, Roberts, & Winter, 2006). 진로 상담 구조 안에서 흥미의 평가는 내담자의 직업적, 교육적 선택을 돕기 위해 가장 많이 활용되는 검사라 할 수 있다. 워크넷에서 실시할 수 있는 흥미검사로는 청소년용 직업흥미검사, 대학전공 흥미검사, 성인용 직업 선호도 검사 L형, S형, 준고령자 직업 선호도 검사 등이 있다. 이상의 검사들은 홀랜드(Holland) 인성 이론을 바탕으로 흥미의 육각형 모델(현실형, 탐구형, 예술형, 사회형, 기업형, 관습형)에 기초하여 내담자의 흥미를 파악할 수 있다. 홀랜드의 인성이론에 대해 자세히 알고자 한다면, 진로발달과 상담이론에 관한 참고문헌을 참고하길 바란다.

(2) 가치관 평가

일의 가치는 사람들이 일에서 무엇을 얻기를 원하는지에 대한 해석을 포함(Nord, Brief, Atieh, & Doherty, 1990)하고 있다. 가치는 일을 하는 이유와 일의 의미 모두를 이해하는 핵심 요소(Dawis, 2001)로서 진로 상담에서 일에 대한 가치 탐색은 매우 중요하다. 가치관 평가는 내담자의 내재적 동기의 맥락에서 진로 및 직업 관련 선택을 살펴볼 수 있다. 우리나라의 경우는 성취와 성공에 대한 가치의 추구가 높아서(박영신, 김의철, 2013) 내재적 동기에 의한 진로 선택보다는 외재적 동기의 측면에서 공적 정체감을 중시하는 경향이 진로 미결정의 요인으로 탐색되고 있어(최윤정, 2015) 내담자들로 하여금, 자신이 어떠한 이유로 돈을 벌고 일을 하려고 하는지에 대한 가치를 탐색하게 할 필요가 있다.

제7장 '성인학습의 실제'에서 내재적 동기 향상을 위한 전략으로서 삶의 가치관 탐색 활동을 통해 삶의 궁극적 목표를 명료화 하여 성인 학습자의 학습동기를 살펴보게 하는 것이 필요하다는 것을 이미 학습하였다. 성인 학습자가 어떤 이유로 학습을 하고자 하는지에 대해서 지배적인 삶의 가치관을 확인하는 것은 결국에는 진로와 연계되기 때문에 진로 및 학습상담 모두에서 가치관 탐색은 중요한 상담 개입의 요소가 된다. 워크넷에서는 청소년과 성인 대상 모두 직업가치관 검사를 제공하고 있어서 내담자의 가치 탐색을 통해 내재적 동기에 의한 진로 선택을 도울 수 있다.

(3) 능력평가

능력 평가는 능력(abilities), 기술(skills), 그리고 적성(aptitudes)의 측면에서 살펴볼 수 있는데 능력은 특정 업무 혹은 행동을 완료하기 위한 육체적 혹은 정신적 능력(학습되었거나 태생적이거나)으로 정의된다. 반면, 기술은 실행과 반복적 사용을 통해 후천적으로 학습된 민첩함을 말한다. 진로 상담에서 적성은 직업에 의해 요구되는 기술을 습득하고 배울 수 있는 가능성으로 이해된다(Dawis, Goldman, & Sung, 1992). 따라서 진로 상담에서 내담자의 능력을 고려하는 것은 타고난 정신적 능력, 현재까지 개발한 기술 그리고 향후 자신의 의지로 배움을 통해 향상할 수 있는 직업 적성을 통합적으로 연결 짓는 일이 필요하다. 성인 학습자가 성인학습에 참여하는 이유는 배움의 의지를 바탕으로 직업 적성 능력을 향상시키는 경우가 대부분이기 때문에 어떠한 학습이 필요하고 무엇을 학습해야 할지에 대해, 즉 학습 내용을 결정하기 전에 진로 적성을 탐색하는 것이 보다 효율적인 학습을 진행할 수가 있다.

워크넷에서 제공하는 적성 검사는 최대 수행 능력 평가로서 언어, 수리, 추리, 공간, 지각속도, 과학 능력, 집중 능력, 색채 능력, 사고 유연성 측면에서 내담자의 직업 적성을 이해할 수 있다. 만약 다양한 영역에서 최상위 수준의 적성을 보이는 내담자라면, 인지적인 복합성을 요구하는 어려운 직무를 요구하는 직업군에 보다 적합하다는 것을 의미한다. 한편, 자신이 선호하는 직업군에서 요구하는 적성의 능력이 부족할 경우엔 내담자가 배움을 통해 좀 더 개발할 수 있는 능력 요인들을 확인할 수 있도록 도울 수가 있다.

3) 직업 정보 탐색을 위한 워크넷 활용 방안

성인 학습자가 자신의 진로에 대한 탐색을 위해 자기이해 활동을 통해서 원하는 방향의 진로에 대한 윤곽을 그리게 되면, 몇 가지 대안을 중심으로 구체적인 직업 정보를 탐색하도록 조력할 필요가 있다. 진로 상담에서 직업 정보 탐색의 목적과 직업 정보 검색을 위한 워크넷의 활용 방안에 대해 살펴보기로 하자.

(1) 직업 정보 탐색의 목적

진로 상담에서 내담자에게 직업 정보를 제공하고 탐색하게 하는 목적은 크게 교육적 목적과 동기 부여를 위한 목적(Gysbers, Heppner, & Johnston, 2009)이 있다. 교육적 목적은 내담자가 다양한 직업 세계에 대한 이해를 넓히고 진로 대안을 확장하게 하는 것이라면, 동기 부여의 목적은 내담자에게 자극을 주고 도전감을 심어 주어 진로 결정과 수행에 대한 확신감을 주기 위함이다.

(2) 직업 정보 검색을 위한 워크넷의 활용

워크넷은 다양한 직업 정보를 검색할 수 있는 한국직업정보시스템을 구축하고 있으며, 학과 및 직업 관련 동영상 자료를 제작, 보급하고 있어 직업 정보 탐색 및 선택 실행을 위한 진로 상담 단계에서 필수적으로 활용되고 있다. 한국직업정보시스템을 통해서 다양한 조건을 통해 직업을 검색하고 직업에 대한 여러 정보를 확인할 수가 있으며, 키워드 검색, 조건별 검색, 자신의 특성(지식, 업무수행능력)에 맞는 직업에 대해 조사할 수 있다. 한국직업사전에는 약 15,000개의 직업명이 수록되어 고용직업, 표준직업, 표준산업별 분류기준에 따라 직업을 조사할 수 있다.

진로 상담 과정에서 내담자에게 관심 있는 직업에 관한 정보를 탐색하는 과제를 부여할 때, 워크넷을 활용하는 방법을 제시할 수 있다. 상담자 자신도 워크넷을 통해 직업 정보 출처와 내용에 대한 숙지를 하여 자원이 풍부한 상담자로서의 역량을 발휘할 수가 있다. 평생교육사로서 워크넷을 통한 진로 및 직업 정보를 다루는 역량을 개발한다면, 성인 학습자의 학습 동기를 높이고 진로와 연계된 학습을 안내하고 선택할 수 있도록 도움을 줄 수가 있을 것이다.

4) 자기이해-직업 세계의 이해를 통한 진로 의사결정의 방법

진로 상담의 목표는 앞의 상담 과정을 통해서 성인 학습자의 흥미, 성격, 능력, 가치관 등을 탐색하여 자신이 원하는 삶의 방향과 진로가 구체화되어 새로운 직업 세계로 전환하기 위해 직업 정보를 탐색하여 보다 현실적인 진로 대안을 선택할 수 있도록 도와주는 것이다. 몇 가지 진로 대안이 탐색되었다면, 각 대안에 대해 자신의 삶의 가치관과 구체적인 진로 목표, 현실적인 여건 등에 대해 평가해 봄으로써 의사결정을 도울 수가 있다. 여기서는 진로 대안 평가를 통해서 내담자의 선택을 도와주는 상담 개입으로 대차대조표 활동에 대해 간략하게 살펴보기로 한다.

(1) 진로 대안 선택을 위한 대차대조표의 활용

대차대조표(banlance sheet appproach; Janis & Mann, 1977)는 불확실한 상황 아래에서 결정을 내리는 것을 돕기 위해 사용할 수가 있다. 대학선택이나 진로선택과 같은 영역에서 대차대조표 접근법의 유용성은 개발자뿐만 아니라 다른 연구자들(Mann, Beswick, Allouache, & Ivey, 1989)에 의해서도 증명되었다. 대차대조표를 이용한 결정자들은 결정한 것에 대해 실천하는 과정에서 겪는 실패에 대해 보다 더 잘 대처를 하는 것으로 나타나고 있다. 왜냐하면 의사결정을 할 수 있는 모든 것을 했다고 느끼기 때문에 최선의 선택이었다는 것에 대해 내담자가 보다 더 잘 수용하기 때문이다.

대차대조표의 독특한 특징은 고려해야 할 요인들에 대한 범주를 확인해 준다는 점이다. 내담자는 직업의 실제 특징과 또는 특정한 선택으로 인한 결과를 작성하게 되는데 구체적인 방법은 다음의 수업 활동 12-2에서 살펴볼 수 있다. 이러한 활동을 통해 진로 대안을 선택하는 과정에서 성인 학습자는 자신이 새롭게 배워야 하는 것과 개발해야 할 능력에 대한 검토가 이루어져 자연스럽게 학습 활동과 연계하여 자신의 진로에 대해 성찰할 수 있는 기회가 된다.

수업 활동 12-2 대안 선택을 위한 대차대조표 활용하기

• 대차대조표 작성 방법의 안내

1) 직업선택들을 작성하고 대차 대조표 안에 기입하라.
   –앞서 진로 상담 과정에서 충분히 탐색된 선택지를 작성하는 것이 중요하다. 대차대조표는 포함된 모든 선택을 주의 깊게 고려한 후에 시작해야 한다.
2) 진로변화의 결과로 생길 수 있는 개인적 이익 그리고/또는 손실을 나열하라.
   –상담자는 각 선택에 대해 발생할 수 있는 장단점에 대해 내담자가 탐색할 수 있도록 안내할 필요가 있다.
3) 각 선택에 대해 +5에서 –5까지 각 특징(고려변수)의 기대되는 이익에 비중을 할당하라.
4) 당신이 선택한 결과로서 생길 수 있는 다른 사람의 이익 그리고/또는 손실을 측정하라.
5) –5에서 +5까지 다른 사람에게 발생할 수 있는 이익 그리고/또는 손실을 측정하라.
6) 다양한 진로선택의 결과로서 자기승인 혹은 불승인의 유형을 나열하라.
7) –5에서 +5까지 자기 승인 혹은 불승인의 경중을 재어 보라.
8) 선택으로부터 초래되는 사회적 승인 혹은 불승인의 출처를 나열하라.
9) –5에서 +5까지 잠재적 선택으로부터 초래되는 사회적 승인 또는 불승인의 출처를 측정하라.
10) 긍정적 그리고 부정적 비중의 합계에 따라 각 진로선택에 대한 가치를 평가하라.

● 대차대조표 활동지

고려 변수	진로 선택 과정					
	선택1		선택2		선택3	
	+	–	+	–	+	–
가. 자신을 위한 실질적인 이익/손실						
1. 개인 수입						

2. 일의 흥미 가치						
3. 선호하는 도시에서 살 기회						
4. 사회적 지위						
5. 교육 기회						
6. 여가 기회						
7. 기타						
나. 중요한 타인을 위한 실질적인 이익/손실						
1. 개인 수입						
2. 일의 흥미 가치						
3. 선호하는 도시에서 살 기회						
4. 사회적 지위						
5. 교육 기회						
6. 여가 기회						
7. 기타						
다. 자기 승인 또는 불승인						
1. 도덕적 혹은 합법적 고려사항						
2. 타인을 위한 봉사						
3. 자아상						
4. 기타						
라. 사회적 승인/불승인						
1. 남편/아내로부터						
2. 가까운 친구로부터						
3. 동료로부터						
4. 기타						
합계: 진로선택에 대한 가치 평가						

• 각자 자신의 진로 대안 세 가지를 기록하고 앞의 방법대로 대차대조표를 작성해 보고 조원들과 활동 후 소감을 나누어 보자.

____

____

• 대차대조표의 활동을 통해서 자신에 대해 무엇을 배우고 깨달았는지 조원들과 의견을 나누어 보자.

____

____

3. 심리 · 정서 문제에 관한 상담

성인기의 발달적 이해(제4장)에서 살펴보았듯이, 성인기의 삶은 신체, 인지능력, 인간관계(예: 결혼, 가족, 우정), 그리고 사회적 역할에서의 변화를 동시 다발적으로 경험하는 복잡한 인생의 시기이다. 다양하고 복잡한 삶의 과업들에 직면하여 대다수의 성인은 인생의 고통을 경험하고 그런 경험을 통해서 보다 깊이 있는 인간으로 거듭나 성숙의 길로 접어든다. 베일런트(Vaillant, 1994; 2002)의 성인기 삶에 대한 종단적 연구 결과에서 나타난 것처럼, 노후의 행복한 삶을 살아가기 위해서 성인 초기부터 중기 동안 심리 사회적 위기를 잘 극복하여 성숙한 방어기제를 활용할 수 있는 건강한 성격을 형성하고 나아가 좀 더 품격 있는 품성을 계발하는 것이 요구된다. 만약 삶의 당면한 문제에 대해 원만하게 해결하지 못하고 인생의 역경과 난관 속에서 스스로 해결할 수 있는 자기주도성이 부족하게 되면, 심리 · 정서적으로 고통을 겪을 수가 있다.

주변에서 쉽게 목격할 수 있는 성인들의 삶의 어려움은 가족관계의 갈등으로 인한 이혼과 자녀들의 문제 그리고 실직으로 인한 경제적 곤란 등 참으로 다양하다. 여러 가지 당면한 삶의 문제를 해결하고 이를 극복하는 과정 자체가 성인 학습자로 하여금 심리 · 정서적으로 고통을 일으킨다. 따라서 평생교육사는 이러한 삶의 발달 단계에 처한 성인 학습자들이 경험할 수 있는 심리적 문제에 대한 이해와 이를 극복할 수 있는 현실적인 조력 방안에 대한 역량을 개발할 필요가 있다.

독자들은 이미 심리 · 정서적인 문제를 다루기 위한 상담의 이론(제10장)을 학습하였다. 그러나 이를 상담 실제에 적용하기 위해서는 상담 실습과 슈퍼비전이라는 전문적 훈련을 받아야 성인 학습자에게 보다 전문적으로 도움을 줄 수가 있다. 평생교육사가 학습 멘토 또는 학습 조력자로서의 역할을 수행하는 데 요구되는 상담 역량으로는 전문적인 심리 상담을 실시하기에는 다소 역부족일 수 있다. 만약 우리나라 성인학습 기관에 상담 전문가가 고용된다면 평생학습 사회에서 성인 학습자들이 원스톱으로 진로와 학업 그리고 다양한 발달적 이슈를 해결할 수 있는 길이 열릴 수 있겠지만 현실적으로는 그렇지 못한 실정이다. 그렇다면, 평생학습 사회에서 상담의 역할과 필요성에 대한 논의가 평생학습 분야에서 점차 증가하고 있는 이 시점에서 평생교육사들은 성인 학습자의 심리 · 정서적인 문제에 대해 어떻게 접근하여 도움을 줄 수 있을까? 다음의 절차에 따라서 현실적으로 성인 학습자의 심리 · 정서적인 문제를 해결하는 데 도움을 줄 수가 있을 것이다.

1) 심리·정서적 문제의 인식과 수용의 정도 파악

먼저 성인 학습자의 심리적 어려움에 대한 충분한 공감과 함께 성인 학습자가 자신의 문제에 대해 어느 정도로 인식하고 수용하고 있는지의 정도를 파악한다. 상담의 기초와 상담 대화의 조력 기술에서 학습한 것을 활용하여 성인 학습자 입장에서 공감하고 질문 등을 활용하여 성인 학습자가 현재 경험하고 있는 문제에 대해 확인한다. 예를 들어, 만약 성인 학습자가 자신의 학업에 방해가 되는 요인으로서 가족관계의 갈등으로 인해 경험하는 부정적 정서에 대한 인식이 명확해서 이에 대한 직접적인 해결 방안을 요청할 경우에는 앞서 정서 조절 전략(제7장 성인학습의 실제)에서 학습하였던 것을 바탕으로 도움을 줄 수가 있다. 또는 인지행동적 상담이론에서 학습한 상담의 과정과 방법을 참조하여 불편한 정서를 다루는 방안에 대한 직접적 안내와 정보를 제공하는 상담을 진행할 수가 있다. 그러나 성인 학습자가 학습뿐만 아니라 일상생활을 지속하는 것이 어려울 정도로 심리적 증상이 심각해 보인다면, 상담 전문 기관에 의뢰할 필요가 있다. 이에 대해서 수업 활동 12-3을 통해 연습을 해 보자.

2) 전문적 상담 기관에의 의뢰

만약 성인 학습자가 자신의 심리적 불편함의 문제에 빠져 학업과 일상생활에서도 어려움을 겪고 있다고 확인이 된다면, 전문적 상담 기관에 의뢰를 할 필요가 있다. 심각한 심리적 불편함으로 인해 성인 학습자를 상담 전문 기관에 의뢰하기 위해서 평생교육사는 다양한 상담 기관에 대한 정보를 찾아 성인 학습자에게 적절하게 정보를 제공하고 안내를 한다. 지역사회 내에 유료 상담 기관과 무료 상담 기관 등을 파악하고 해당 기관과 연계하여 성인 학습자의 정신건강 문제를 해결할 수 있도록 도움을 줄 필요가 있다. 성인을 대상으로 실시하는 무료 상담 기관으로는 고용센터(심층 직업 상담 시 심리·정서적 상담이 가능함), 건강가정 지원센터(가족상담, 아이돌봄 지원 등), 정신건강복지센터(심리 상담, 가족 상담, 자살예방 상담 등) 등이 있다. 각 센터의 홈페이지에 들어가면, 해당 지역과 가까운 센터들의 연락처를 확인할 수 있다.

수업 활동 12-3 심리 · 정서적 상담 사례 다루기

• 다음 사례[1]를 읽고 평생교육사로서 다룰 수 있는 상담 사례와 의뢰해야 할 사례를 구분해 보자.

1. 내가 무엇을 얻고자 하는 것인지도 모르겠고 공부가 힘에 부칩니다. 의욕 상실, 자신감 상실 때문에 좀 쉬었다 다시 시작할까 하는 생각을 하고 있습니다.
2. 집중력이 매우 낮고 항상 정신이 산만하여 집중력을 갖고 공부를 한다 해도 잘 못합니다. 공부를 하려고 해도 잘 안 되니 자꾸 우울해지고 무기력해지면서 대인기피증까지 심합니다. 학업을 지속하는 것이 너무 힘이 듭니다.
3. 학업에 대해 의기소침해지고 자신감이 떨어지고 있으며 앞으로의 삶에 대해 걱정이 됩니다.
4. 항상 우울한 기분이 들고 자꾸 자신감이 없어지고 짜증나고 화나고 툭하면 울 것 같고 무기력하고 쉽게 피로해져서 잠만 오고 모든 것이 귀찮아 공부를 못하겠어요.
5. 자꾸 우울하고 불안해요. 모든 것을 포기하고 싶어지고 폭식증이 생겨 살도 많이 쪘어요.
6. 신혼 때, 남편의 의처증이 심각했습니다. 생활의 탈출구와 스트레스를 풀기 위한 방법으로 공부를 하려면 남편의 눈치를 봐야 합니다. 제가 우울증에 걸려서 자살이라도 할까 봐 걱정이 되어 상담을 신청합니다.
7. 도움을 주지 않고 자신의 요구만 하는 남편한테 너무 화가 나고 이제는 내가 과연 학업을 지속할 수 있을까 의문이 들어요. 학업을 계속해야 하는지 아니면 꿈을 접어야 하는지 계속 고민하다가 수강 신청도 못하고 시간이 흘러 버렸어요.

• 앞의 사례 중, 평생교육사로서 다룰 수 있는 심리 · 정서적인 문제의 상담 사례는 무엇일지 조원들과 토의해 보자.

____

____

____

1) 출처: 조성연 외(2010). 성인학습 및 상담(pp. 197-198).

• 앞의 사례 중, 평생교육사가 다룰 수 있는 상담 사례를 찾았다면, 어떻게 상담을 할 수 있을지 조원들과 함께 상담 계획을 구상해 보자.

• 조별로 논의한 상담 계획을 발표하고 심리 · 정서적 문제에 대한 상담 방안에 대해 배우고 깨달은 점을 작성해 보자.

참고문헌

박동혁(2014). MLST-II 학습 전략검사. 인싸이트.

박영신, 김의철(2013). 한국인의 성취 의식: 토착 심리 탐구. 교육과학사.

은혜경, 조영미, 전선미(2014). 원격대학 성인학습자들이 호소하는 학업상담 내용 분석-게시판 상담내용을 중심으로-상담학연구, 15(6), 2509-2534.

조성연 외(2010). 성인학습 및 상담. 학지사.

최윤정(2015). 대학생 진로 문제의 개념화를 위한 진로 미결정의 잠재요인 탐색. 상담학연구, 16(3), 175-193.

Dawis, R. V. (2001). Toward a psychology of values. *Counseling Psychologist, 29*, 458-465.

Dawis, R. V., Goldman, S. H., & Sung, Y. H. (1992). Stability and change in abilities for a sample of young adults. *Educational and Psychological Measurement, 52*, 457-465.

Garrison, D. R. (1997). Self-directed learning: Toward a comprehensive model.

Adult Education Quarterly, 48(1), 18-33.

Gendron, B. (2001). The role of counselling and guidance in promoting lifelong learning in France. *Research in Post-Compulsory Education, 6*(1), 67-96.

Gysbers, N. C. Heppner, J., & Johnston, J. A. (2009). *Career counseling: Contexts, processes, and techniques* (3rd ed.). VA: American Counseling Association.

Harms, P. D., Roberts, B. W., & Winter, D. (2006). Becoming the Harvard man: Person-environment fit, personality development and academic success. *Personality and Social Psychology Bulletin, 32*, 851-865.

Janis, I. L., & Mann, L. (1977). *Decision making: A psychological analysis of conflict, choice, and commitment*. NY: Free Press.

Lent, R. W., & Brown, S. D. (2013). Understanding and facilitating career development in the 21st century. In S. D. Brown & R. W. Lent (Eds.), *Career development and counseling: Putting theory and research to work* (2nd ed., pp.1-27). NY: Wiley.

Mann, L., Beswick, G., Allouache, P., & Ivey, M. (1989). Decision workshops for the improvement of decision-making skills and confidence. *Journal of Counseling & Development, 67*(8), 478-481.

Nord, W. R., Brief, A. P., Atieh, J. M., & Doherty, E. M. (1990). Studying meanings of work: The case of work values. In A. Brief & W. Nord (Eds.), *Meanings of occupational work: A collection of essays*. MA: Lexington Books.

Parsons, F. (1909). *Choosing a Vocation*. Boston: Houghton Mifflin Co.

Vaillant, G. E. (1994). *Ego mechanism of defe nse: A guide for clinicians and researchers*. Washington: American Psychological Association.

Vaillant, G. E. (2002). *Aging well: Surprising guideposts to a happier life from the landmark Harvard study of adult development*. Boston: Little, Brown & Company.

찾아보기

인명

내용

최윤정(Yoonjung Choi)

연세대학교 교육학과 학사 및 동 대학원 석사(상담심리 전공)
서울대학교 교육학과 박사(교육상담 전공)
전 미국 위스콘신 매디슨 대학교 진로교육센터 초빙연구원
한국기술교육대학교 테크노인력개발전문대학원(진로 및 직업 상담 전공) 교수
현 강원대학교 교육학과(교육상담 전공) 교수
한국생애개발상담학회 사례관리위원장, 한국심리학회 학교 편집위원, 한국상담심리학회 상담심리사 1급(주수퍼바이저), 한국명상학회 부편집위원장(명상지도전문가 R급)

〈주요 저서〉

진로상담 척도 핸드북(공저, 학지사, 2014)

〈주요 논문〉

고학력 기혼여성의 진로단절 위기 경험에 대한 개념도(concept mapping) 연구: 진로지속 여성과 중단 여성 간의 비교(2007)
상담학 연구에서 개념도(concept mapping)방법의 적용(2007)
여성 진로 상담 관점에서 본 다중역할(일–가족) 균형의 구성개념 및 측정에 관한 경험적 연구 고찰(2009)
대졸 기혼 직장여성의 개인특성, 환경적 지지 및 일–가족 다중역할 갈등 완화 간의 관계(2010)
대학생의 진로결정 자율성 하위요인에 의한 진로결정 수준의 차별적 진단(2010)
대졸기혼직장 여성이 지각한 사회적 지지와 다중역할 현실성에 따른 집단 분류와 일–가족 갈등의 차이(2011)
중 · 고등학생의 진로발달 관련 변인 및 진로교육 경험과 자기주도 학습태도와의 관계: 다수준 분석의 적용(2012)
진로상담 수퍼비전 구성요소에 관한 고찰(2012)
여성 진로 발달 및 상담에 관한 국내 연구 동향(2013)
진로 개입 성과 연구의 동향과 향후 과제(2014)
진로상담 수행 역량 자가 평가 척도의 타당화(2014)
Career Development and School Success in Adolescents: The Role of Career Interventions(2015)
대학생 진로 문제의 개념화를 위한 진로 미결정의 잠재요인 탐색(2015)
마음챙김 명상에 기초한 인지치료(MBCT)가 정서 · 행동 관심군 고등학생의 우울 및 자살생각 감소에 미치는 효과 및 상담 성과(2016)
진로진학상담교사의 진로상담 수행 역량 및 상담자 발달 수준과 직무역할: 자가평가를 중심으로(2016)
단기 마음챙김 명상이 학교 폭력 가해 청소년의 공감 및 자기조절능력에 미치는 효과(2017) 외 다수

성인학습 및 상담론

Adult Learning and Counseling

2018년 10월 10일 1판 1쇄 발행
2021년 2월 25일 1판 2쇄 발행

지은이 • 최윤정
펴낸이 • 김진환
펴낸곳 • ㈜ 학지사
04031 서울특별시 마포구 양화로 15길 20 마인드월드빌딩
대표전화 • 02-330-5114 팩스 • 02-324-2345
등록번호 • 제313-2006-000265호

홈페이지 • http://www.hakjisa.co.kr
페이스북 • https://www.facebook.com/hakjisa

ISBN 978-89-997-1665-2 93370

정가 19,000원

이 도서의 국립중앙도서관 출판시도서목록(CIP)은 서지정보유통지원시스템 홈페이지(http://seoji.nl.go.kr)와 국가자료공동목록시스템(http://www.nl.go.kr/kolisnet)에서 이용하실 수 있습니다.
(CIP 제어번호: CIP2018029826)